HISTOIRE CONTEMPORAINE

LA

TROISIÈME RÉPUBLIQUE

FRANÇAISE

A

HISTOIRE CONTEMPORAINE

LA
TROISIÈME RÉPUBLIQUE
FRANÇAISE

PAR

ADOLPHE MICHEL

AVEC UNE LETTRE PRÉFACE

DE

EDGAR QUINET

TOME PREMIER

(Année 1870)

DE LA DÉCLARATION DE GUERRE AU BOMBARDEMENT DE PARIS

Texte orné de Cartes et de Portraits

PARIS

DEGORCE-CADOT, ÉDITEUR, 70bis, RUE BONAPARTE

—

1873

A M. ADOLPHE MICHEL.

Mon cher Monsieur,

Je lis avec un vif intérêt, souvent douloureux, la *Troisième République française,* et je m'interromps pour vous remercier. Quelle expérience concentrée dans ces pages, où la conscience et l'intelligence des événements s'éclairent constamment l'une par l'autre !

Voilà un enseignement pour tous ceux qui cherchent la lumière.

Que la France vous lise ; elle verra dans un miroir fidèle ce que coûtent les sauveurs et les idolâtries.

Jamais peuple ne fut plus près de la mort et ne s'en est retiré si vite !

II

Les grandes capitulations militaires tiennent nécessairement une large place dans le récit. Il faut,
en effet, que de telles calamités soient souvent
remises sous nos yeux, si nous voulons y échapper
pour toujours. Prenons garde qu'après les capitulations militaires ne viennent les capitulations politiques, je veux dire l'abandon de notre principe
vital. Ne cédons pas chaque jour à l'ennemi une
partie de notre cause, jusqu'à ce que nous soyons
pris, comme dans Metz, par la famine. Ne refaisons
pas la capitulation de Metz dans l'ordre politique.
Ne livrons pas nos prisonniers, par inertie, la République et la démocratie.

C'est une des leçons que je tire des événements
racontés avec une si scrupuleuse exactitude dans
votre excellent ouvrage.

Recevez, mon cher Monsieur, avec mes félicita-
tions, l'expression de mes sentiments tout dévoués.

Edgar QUINET.

Paris, 12 mai 1873

HISTOIRE

DE LA

TROISIÈME RÉPUBLIQUE

FRANÇAISE

INTRODUCTION

La Révolution de 1789 a donné à la France une société nouvelle, mais cette société n'a pas encore trouvé son gouvernement. Avec des mœurs démocratiques, la France a conservé jusqu'à ce jour des institutions monarchiques ; elle possède l'égalité civile depuis quatre-vingts ans, et l'égalité politique depuis vingt-quatre ans seulement. Tout citoyen français a le droit de voter, mais tout citoyen français ne sait pas lire et écrire son bulletin de vote et la cause de l'instruction obligatoire n'est pas encore gagnée ; le libre exercice du suffrage universel est consacré par la loi, mais, pendant toute la durée du second Empire, l'autorité l'a rendu illusoire par la candidature officielle. La France n'a plus de religion d'État, et l'on a dit justement que la loi est athée pour indiquer la séparation absolue du gouvernement civil de l'autorité religieuse ; l'État salarie pourtant les Églises ; l'élément religieux empiète à chaque instant sur le pouvoir civil et lui crée des embarras sans cesse renaissants. Quatre-vingts ans

après la Révolution française, la loi oblige tout citoyen, même
l'incrédule et l'athée, à participer au budget des cultes, et cette
criante anomalie, source de discrédit pour les Églises, trouve encore des défenseurs, et de chauds défenseurs. Le plus pressant
besoin d'un pays régi par le suffrage universel est que les citoyens
puissent se réunir, pour contrôler, discuter, juger les actes du
gouvernement et les titres des hommes qui briguent les suffrages populaires ; le droit de réunion n'existe pas, ou, ce qui
revient au même, il est à la merci du caprice administratif. Tout
Français jouit des droits de citoyen, et, en ce sens, l'égalité est
parfaite ; mais l'égalité cesse quand il s'agit du service militaire qu'on doit à sa patrie. Cette esquisse, tout incomplète
qu'elle est, laisse entrevoir la série des réformes que l'avenir est
chargé d'accomplir. Ces réformes sont répandues autour de nous,
elles flottent dans l'air qu'on respire, et l'on aura moins de peine
à les faire entrer dans les institutions qu'à les faire sortir des
esprits.

Notre histoire, depuis la fin du siècle dernier, est donc un contre-
sens, une lutte constante entre nos institutions et nos mœurs. Tous
les vingt ans environ, un choc terrible se produit : c'est un gouvernement qui s'écroule, une révolution qui s'opère. Les intérêts
sont en souffrance : travail, commerce, industrie, tout s'arrête. La
crise passée, aura-t-on, du moins, gagné au changement ? Le pouvoir qui se lève comprendra-t-il mieux son rôle que le pouvoir
tombé ? Les classes dites dirigeantes vont-elles profiter de l'expérience, se résigner aux concessions nécessaires, assurer pour
longtemps la paix sociale ? Puisqu'il est bien avéré que la Révolution de la fin du xviiie siècle a introduit un esprit nouveau, puisqu'il est bien prouvé que les vieilles pratiques gouvernementales
sont usées, et que chaque époque apporte avec elle des revendications nouvelles, va-t-on se plier à des exigences légitimes ? Va-t-on
comprendre que l'art de gouverner est l'art de savoir céder à
temps ? S'il en avait été ainsi, notre histoire ne serait pas, depuis
le commencement du siècle, une suite d'orages. Les divers gouvernements qui se sont succédé en France ont tous, sous des
formes différentes, engagé la même lutte, et ils ont eu la même
fin. Qu'est-ce que la dictature du premier Napoléon, sinon la négation de tous les principes proclamés par les grands esprits du
xviiie siècle ? Qu'est-ce que la Restauration, sinon une réaction

implacable, au point de vue politique et religieux, contre l'œuvre émancipatrice de 1789? Louis XVIII et Charles X continuent le règne de Louis XVI, comme s'il ne s'était rien passé entre le serment du Jeu-de-Paume et la chute de l'Empire. En 1830, la Révolution, balayant le trône du droit divin, essaye de reprendre son cours ; mais Louis-Philippe a vite oublié les promesses du duc d'Orléans. Le gouvernement que Lafayette baptise « la meilleure des républiques » devient la propriété d'une bourgeoisie avide, inintelligente, qui traite la France en province conquise. Tout est mensonge et fiction sous ce gouvernement constitutionnel. On voit à la tête de l'État un monarque qui fausse l'esprit du gouvernement représentatif, en intervenant sans cesse de sa personne entre le ministère et le pays ; le pays est livré à l'aristocratie de l'argent par un système électoral remis aux mains de 200,000 privilégiés ; un ministère impopulaire met son honneur à ne pas se retirer ; un roi entêté risque sa couronne pour conserver des serviteurs qui le compromettent. La révolution s'accomplit, et la monarchie constitutionnelle va rejoindre en exil la monarchie de droit divin, mais plus odieuse encore, s'il est possible, que son aînée. Charles X s'était acheminé de Saint-Cloud à la frontière avec une lenteur majestueuse, accompagné d'une escorte imposante. Louis-Philippe, gagnant les côtes de Normandie sous un déguisement burlesque, porte le dernier coup au prestige de la monarchie.

La République de 1848 va-t-elle compléter l'œuvre de 1789 et abolir le contraste persistant des institutions avec les mœurs ? Elle commence par décréter le suffrage universel ; mais en donnant à chacun le droit de voter, il aurait fallu répandre l'instruction à flots et mettre chaque citoyen en état d'exercer son droit avec discernement. Certes, les bonnes intentions ne manquaient pas aux hommes intègres qui étaient alors à la tête du gouvernement, mais l'instruction d'un peuple ne se fait pas en un jour, et l'on se trouva bientôt en présence des plus terribles difficultés qu'un gouvernement puisse rencontrer. On avait donné aux classes ouvrières des espérances chimériques en proclamant le droit au travail et en ouvrant les ateliers nationaux. La bourgeoisie rancunière et cléricale sut habilement mettre à profit cette faute échappée à des esprits trop généreux. Par la dissolution violente des ateliers nationaux, elle provoque les journées de Juin, coup mortel qui frappe au cœur la République. La République, dans son caractère social, était morte, mais il dépendait de la bourgeoisie victorieuse de conserver les institutions républicaines, et sa conduite eût été d'autant plus sage que son triomphe sur l'insurrection avait été plus complet; elle ne le voulut pas ; elle ne put pas pardonner à la République d'être venue au monde sans son consentement ; la rancune provinciale se donna libre carrière contre un gouvernement auquel on ne pardonnait pas son origine parisienne. On mutile le suffrage universel par la loi du 31 mai ; on rédige une constitution vicieuse qui met en présense une assemblée et un président élus l'un et l'autre par le suffrage populaire et appelés à se heurter. Quand Louis-Napoléon Bonaparte juge les voies suffisamment préparées pour le succès du crime qu'il médite, il se démasque, viole la représentation nationale, tue, proscrit : c'est l'Empire qui s'annonce.

Ce n'est pas sous ce régime que la France, battue par tant d'orages, se reposera enfin à l'ombre des libres institutions qu'elle cherche depuis si longtemps. Un gouvernement fondé par le crime peut-il compter sur un long avenir? Dépend-il de lui de se faire amnistier par des plébiscites frauduleux et peut-il bien parler aux honnêtes gens de droit, de légalité, de liberté, lui qui n'a tenu compte, pour s'élever, ni du droit, ni de la légalité, lui qui a jeté en prison les représentants légaux du pays et peuplé des défenseurs de la constitution les rivages de l'exil ? Vainement le second Empire se donne-t-il comme respectueux de la souveraineté nationale ; vainement apporte-t-il comme don de joyeux avénement l'abrogation de la loi du 31 mai. Sa préoccupation constante est de fausser l'expression de la souveraineté nationale et de vicier dans sa source l'exercice du suffrage universel ; il invente, à cet effet, les candidatures officielles. Les scandales de ce système de corruption sont connus, et la France en a vu les conséquences. Ce système a donné à la France un Corps législatif sans indépendance ; il a permis au gouvernement impérial, libre de tout contrôle, d'entreprendre l'expédition du Mexique, de désorganiser l'armée, de gaspiller les finances, de corrompre l'esprit public par le débordement du luxe, et de préparer enfin, comme en riant, les catastrophes de sa chute. La France a chèrement expié cette absence d'indépendance, et quant à l'Empire lui-même, il s'est aperçu, mais trop tard, que la servilité des hommes n'est pas, pour le pouvoir, une garantie de durée. Le châtiment de ceux qui sèment la servitude est de recueillir la lâcheté. Aux jours critiques, aucun de ces serviteurs des temps prospères ne s'est présenté pour défendre le trône de Napoléon III. Ainsi l'ingratitude ressemble quelquefois à la justice.

Pour la troisième fois, la France est en République. A chaque ébranlement, poussée par un instinct irrésistible, elle revient à cette forme de gouvernement comme à ses institutions naturelles. Elle semble deviner que seule la République lui assurera la paix et l'harmonie sociale ; et il est visible, en effet, pour les esprits libres de préjugés, que l'avenir appartient à un gouvernement capable de s'assouplir aux évolutions du suffrage universel.

N'est-ce pas seulement sous un gouvernement républicain qu'un peuple s'appartient et que la génération d'aujourd'hui laisse toute sa liberté d'action à la génération de demain ?

Les adversaires les plus décidés de la forme républicaine en sont réduits, d'ailleurs, même en France, à présenter contre elle des objections tirées de l'ordre purement pratique ; théoriquement, presque tout le monde est républicain ; on accorde que ce gouvernement est le plus rationnel, le plus adéquat au suffrage universel, le plus apte à former un peuple aux vertus civiques, mais on objecte aussitôt que la France n'est pas mûre pour des institutions si parfaites. Il est vrai que la France est encore très-arriérée sous le rapport de l'instruction ; il est également vrai que les gouvernements monarchiques l'ont très-mal préparée à la pratique des mœurs républicaines ; mais ceci est non moins certain : la foi monarchique est perdue, bien perdue, — et il est permis de douter que jamais elle renaisse. Non, elle ne renaîtra pas : il faut donc en prendre son parti et ne pas s'abandonner à des regrets stériles. La monarchie est morte ; les rois, comme les dieux, s'en vont, et les peuples arrivent. Accepter la République en toute loyauté, avec le désir de la faire durer, y rallier les esprits en un vigoureux faisceau, c'est tout d'abord une question de patriotisme, au lendemain de nos défaites ; c'est ensuite, au lendemain d'une guerre civile terrible, une question de prudence, et, disons le mot, d'intérêt pour la bourgeoisie française. Conservateurs, bourgeois, riches ou pauvres, pas d'illusions ! l'ordre, dont vous évoquez la nécessité à si juste titre, est désormais une chimère avec la monarchie. La sagesse ne consiste pas à vouloir arrêter le torrent

de la démocratie, comme l'ont essayé des gouvernements mal
conseillés ; elle nous dit de travailler à le diriger et à régulariser
son cours. Ne sommes-nous pas las enfin du spectacle monotone
de nos bouleversements périodiques ? Ne voyons-nous pas que les
haines s'enveniment et que, si la guerre civile de juin 1848 a duré
quatre jours, la Commune a duré deux mois ?

Il y a presque toujours dans la vie des peuples, comme dans la
vie des individus, un moment solennel entre tous où, les fautes
accumulées ayant déterminé de cruelles épreuves, il faut en venir
aux résolutions hardies. La destinée se décide en ces instants
critiques, et, suivant le choix qui a été fait, c'est vers le relè-
vement qu'un peuple marche, ou vers la décadence. La France
est arrivée à cette heure solennelle : sa gloire militaire, qui a
rempli l'univers, a été tout à coup éclipsée. Jetée par un gouvernement criminel dans une guerre à laquelle elle n'était pas préparée, elle a été vaincue, plus que vaincue, démembrée, foulée
aux pieds par un ennemi animé contre elle d'une haine féroce ;
elle a subi des capitulations inouïes dans l'histoire des peuples,
et, pour comble d'infortune, sous les yeux de l'étranger, elle s'est
déchirée elle-même, de ses propres mains, dans une guerre civile
dont le souvenir épouvante. De si dures leçons seraient-elles
perdues ? Serions-nous, au lendemain de ces événements, les
mêmes hommes, le même peuple qu'avant ? Non : l'espoir de tous
les patriotes est, au contraire, que sous les coups répétés de l'adversité, le génie de la noble et généreuse France va reprendre
un essor vigoureux, laisser là des traditions surannées, causes
de tous nos échecs, et se retremper, se rajeunir dans des institutions démocratiques qui seront le couronnement de la grande
Révolution de 1789 ; et, pour le dire en passant, voilà où réside le
puissant intérêt de l'heure présente. La période actuelle de notre
histoire est moins saisissante, en effet, par le récit des batailles
et la grandeur tragique de nos infortunes que par le travail des
esprits auquel nous assistons. Nous avons sous les yeux un
peuple qui cherche des voies nouvelles, des institutions nouvelles, bien convaincu qu'il irait à sa ruine en persistant dans ses
vieux errements. Constatons-le dès maintenant avec un légitime
orgueil : dans sa défaite, la France a conservé toute la lucidité de
sa raison. Cette vieille terre du bon sens, cette fière patrie
ne veut pas mourir, malgré la peine que se donnent les méde-

cins accourus à son chevet aussitôt la guerre finie ; elle vivra donc ; et après avoir donné au monde le spectacle de ses faiblesses, de ses erreurs, d'une chute profonde, elle offrira peut-être un spectacle non moins imprévu : celui d'un peuple qui s'instruit à l'école de l'adversité et se retrouve debout, quand on le croyait gisant à terre.

Cette rapide esquisse des quatre-vingts dernières années de notre histoire nationale porte un enseignement : la France n'aura de repos assuré qu'en rétablissant l'harmonie entre ses lois et ses mœurs. Si l'on ne veut pas faire du suffrage universel un vain mot, et de ce mot un péril social, il n'y a pas à hésiter : il faut se mettre à l'œuvre et asseoir définitivement la République sur les ruines de la Monarchie. Alors, véritablement, l'ère des révolutions sera close. Un peuple a-t-il jamais eu à se repentir plus que nous de s'être livré à un gouvernement d'aventure ? Jamais abdication fut-elle plus sévèrement punie que la nôtre ? Les dangers du gouvernement personnel se sont-ils jamais révélés sous un relief plus saisissant que dans les événements dont nous entreprenons le récit ? L'histoire de nos défaites et de nos douleurs porte avec elle le plus profond des enseignements. Malheur à nous s'il était perdu !

Cette histoire contient aussi une consolation : non, même au milieu de ses plus grands désastres, la France n'a pas offert le spectacle d'un peuple dégénéré. La décadence ne connaît pas ces élans sublimes. L'armée française a montré sur tous les champs de bataille les vertus qui ont fait son illustration. Ils n'étaient pas dégénérés les soldats de Forbach, de Frœschwiller, de Gravelotte, de Saint Privat, de Bazeilles ; mais à quoi sert la valeur sous des chefs incapables ou traîtres ? Des flots de sang généreusement versé ne conjurent ni les périls de l'imprévoyance, ni les fautes des généraux. Les plus braves succombent, quand ils sont accablés sous le nombre. Mais ceux qui les voient tomber pour la patrie ont le droit d'être fiers de leur trépas, de saluer en eux les victimes d'une surprise et de lever vers l'avenir des regards pleins d'espoir.

LÉOPOLD DE HOHENZOLLERN.

HISTOIRE

DE LA

TROISIÈME RÉPUBLIQUE FRANÇAISE

LIVRE PREMIER

WISSEMBOURG, FRŒSCHWILLER, FORBACH.

Napoléon III et le plébiscite. — La candidature de Léopold de Hohenzollern. — Émotion causée en France par cette nouvelle. — Déclaration de M. de Gramont, ministre des affaires étrangères, le 6 juillet. — C'était une provocation. — M. Benedetti se rend à Ems auprès du roi de Prusse. — Renonciation du prince Antoine au nom de son fils Léopold. — M. Benedetti demande des garanties au roi de Prusse. — Refus. — Le télégramme de M. de Bismarck. — Interprétation donnée à ce document par le gouvernement impérial. — La guerre est décidée au château de Saint-Cloud. — M. Emile Ollivier porte la déclaration de guerre à la tribune du Corps législatif. — Discours de M. Thiers. — Attitude de la majorité. — MM. Jules Favre et Gambetta demandent la dépêche officielle de M. de Bismarck. — Il n'y en avait pas. — *A Berlin !* Napoléon III généralissime. — Ses préoccupations à Saint-Cloud avant de partir. — Proclamation aux Français. — Les généraux placés à la tête de l'armée. — Situation respective des huit corps d'armée de la France. — La France n'est pas dégénérée, elle n'était pas préparée à la guerre. — La désorganisation du service : pas de vivres, pas de munitions ; — dépêches officielles. — L'affaire de Sarrebrück. — Batailles de Wissembourg, de Frœschwiller et de Forbach. L'invasion.

L'Empire avait duré près de vingt ans ; presque tous les complices du guet-apens de Décembre étaient morts. Napoléon III, vieilli, inquiet, songeait à assurer la couronne sur la tête de son fils. La violence s'était imposée en sa personne pendant une longue suite d'années, mais il sentait qu'il laisserait à Napoléon IV un héritage lourd à porter ; de nouvelles générations avaient grandi, chez qui le mépris parlait plus haut que la crainte ; le flot de l'opposition montait ; les souvenirs du 2 Décembre, évoqués tout à coup par le procès Baudin, avaient ravivé dans les cœurs une haine trop longtemps assoupie. Napoléon III voulut rajeunir son ouvrage en faisant un appel apparent à la liberté. Le despote rendit à la liberté cet hommage ; il annonça des réformes libérales ;

il s'entoura d'un ministère libéral, présidé par un transfuge du parti républicain, et pour sanctionner ce retour à un gouvernement libre, il se servit de l'instrument favori des gouvernements despotiques, le plébiscite.

Par le plébiscite du 8 mai 1870, Napoléon III ne promit pas seulement la liberté à la France ; il lui promit aussi la paix. Le peuple français répondit à cet appel par plus de sept millions de *oui*. Trois mois après, Napoléon III déclarait la guerre à l'Allemagne. On se souvint alors de cette parole tombée de sa bouche en 1867 :

« Il n'y a que les gouvernements faibles qui cherchent dans les complications extérieures une diversion aux embarras de l'intérieur. »

L'Espagne fut la cause indirecte de la guerre.

Il y avait de l'autre côté des Pyrénées un soldat d'aventure à la recherche d'un roi. Auteur de la révolution qui chassa de son trône Isabelle II de Bourbon, le maréchal Prim songeait à restaurer la monarchie ; l'ambition qui l'avait poussé à détrôner une reine lui disait maintenant de couronner un roi, mais un roi à lui. La sensuelle et bigote Isabelle s'était réfugiée en France. Tandis que, perdant tout espoir de regagner son peuple, elle abdiquait, dans un hôtel de Paris, en faveur de son fils, le prince des Asturies, Prim découvrait en Allemagne un prince en disponibilité, parent du roi de Prusse, Léopold de Hohenzollern, qui, par l'ironie des choses, était petit-cousin du côté de sa mère, née Murat, de l'empereur Napoléon III. Léopold accepta les offres du maréchal Prim. La guerre allait sortir de ces négociations entre un soldat turbulent et ce prince inconnu.

Les pourparlers avaient duré près d'un an sans éveiller l'attention de la France, tout occupée de sa politique intérieure ; mais quand on apprit à Paris qu'un prince prussien allait devenir roi d'Espagne, l'émotion fut très-vive. On ne songea pas à se demander si le prince Léopold garderait longtemps sa couronne dans cette Espagne fertile en révolutions ; on ne voulut pas savoir si la Prusse, en laissant aller un de ses princes à Madrid, faisait bien ou mal ; on vit dans cette intrigue une menace pour la France, une sorte de défi de la diplomatie de Berlin. La nouvelle s'était répandue à Paris le 3 juillet ; le surlendemain, un député demandait à interpeller le gouvernement ; le 6, M. de

Gramont, ministre des affaires étrangères, étant monté à la tribune, lut la déclaration suivante :

« Il est vrai que le maréchal Prim a offert au prince Léopold de Hohenzollern la couronne d'Espagne et que ce dernier l'a acceptée. Mais le peuple espagnol ne s'est pas encore prononcé, et nous ne connaissons point encore les détails d'une négociation qui nous a été cachée.

« Aussi une discussion ne saurait-elle aboutir maintenant à aucun résultat pratique ; nous vous prions, messieurs, de l'ajourner.

« Nous n'avons cessé de témoigner nos sympathies à la nation espagnole et d'éviter tout ce qui aurait pu avoir les apparences d'une immixtion quelconque dans les affaires intérieures d'une noble et grande nation en plein exercice de sa souveraineté ; nous ne sommes pas sortis, à l'égard des divers prétendants au trône, de la plus stricte neutralité, et nous n'avons jamais témoigné pour aucun d'eux ni préférence ni éloignement. Nous persistons dans cette conduite.

« Mais nous ne croyons pas que le respect des droits d'un peuple voisin nous oblige à souffrir qu'une puissance étrangère, en plaçant un de ses princes sur le trône de Charles-Quint, puisse déranger l'équilibre actuel des forces en Europe et mettre en péril les intérêts et l'honneur de la France. (*Bruyants applaudissements.*)

« Cette éventualité, nous en avons le ferme espoir, ne se réalisera pas.

« Pour l'empêcher, nous comptons à la fois sur la sagesse du peuple allemand et sur l'amitié du peuple espagnol.

« S'il en était autrement, forts de votre appui, messieurs, et de celui de la nation, nous saurions remplir notre devoir sans hésitation et sans faiblesse. » (*Applaudissements prolongés.*)

Rarement la diplomatie avait parlé un pareil langage. Quoi donc ! de l'aveu du ministre des affaires étrangères, le peuple espagnol ne s'est pas prononcé, le gouvernement français dit avoir observé la plus stricte neutralité entre les divers prétendants, il est résolu à persister dans cette conduite ; et l'on ajoute aussitôt qu'on ne se croirait pas obligé de souffrir l'avénement d'un prince allemand sur le trône de Charles-Quint ! Pourquoi dire avec tant d'imprudence qu'on saura remplir son devoir sans hésitation et sans faiblesse, si le fait qu'on redoute vient à se réaliser ? Que demandait la France justement alarmée des projets de la diplomatie prussienne? La renonciation pure et simple du prince de Hohenzollern. Fallait-il mettre ce prince dans l'impossibilité de reculer en blessant son amour-propre et celui de l'Espagne?

Les esprits encore maîtres d'eux-mêmes en France et à l'étranger entendirent avec douleur la provocation de M. de Gramont. On jugea avec sévérité le gouvernement français, parce qu'il paraissait chercher la guerre. Le gouvernement et le ministre furent, en revanche, très-applaudis par la majorité du Corps législatif, expression des candidatures officielles, et par une presse accoutumée à donner le spectacle de sa frivolité. Néanmoins, en dépit des paroles imprudentes tombées de la tribune française, on croyait encore qu'un arrangement était possible.

Le roi de Prusse se trouvait à Ems. L'ambassadeur de France à Berlin, M. Benedetti, se rendit auprès de lui pour l'inviter à faire revenir son parent sur une adhésion dont il n'avait pas calculé les conséquences. Le roi Guillaume répondit qu'il verrait son cousin. Deux jours après, on apprit que le père du prince Léopold avait publiquement renoncé pour son fils à la couronne d'Espagne. Le 12 juillet, l'ambassadeur d'Espagne à Paris, M. Olozaga, annonçait officiellement au gouvernement français que le prince Léopold avait retiré sa candidature; l'incident paraissait clos. A cette nouvelle, les esprits oppressés par l'inquiétude éprouvèrent un immense soulagement. La France avait eu gain de cause, la perspective de la guerre s'éloignait, la dignité de la France était intacte; le ministre Ollivier parcourait l'enceinte du Corps législatif annonçant, la dépêche à la main, que la paix ne serait pas troublée.

Mais l'Empire voulait la guerre, et cette solution pacifique, loin de le satisfaire, lui inspira l'idée de présenter à la Prusse des exigences nouvelles. Pour les bonapartistes exaltés, ce n'est pas assez que le prince Léopold se retire; il leur faut des garanties: il faut que le roi de Prusse prenne l'engagement de s'opposer à l'avenir à toute candidature. Étonnement en Europe. Dès ce moment, les sympathies se déplacent: la France cesse d'avoir raison.

M. Benedetti retourne auprès du roi de Prusse et lui soumet les nouvelles exigences de son gouvernement. Le roi refuse de s'engager, comme on le lui demande. M. Benedetti ne se rebute pas: le lendemain, il sollicite une nouvelle audience. C'est alors que le roi fît répondre par un de ses aides de camp qu'il n'avait plus aucune communication à faire au gouvernement français. M. Benedetti adressa au ministre des affaires étrangères la dépêche suivante :

« A la demande d'une nouvelle audience, le roi m'a fait répondre qu'il ne saurait reprendre avec moi la discussion relativement aux assurances qui devaient, à notre avis, nous être données pour l'avenir. Sa Majesté m'a fait déclarer qu'elle s'en référait à cet égard aux considérations qu'elle m'avait exposées. »

Le refus du roi de Prusse avait été annoncé par M. de Bismarck à toute l'Allemagne en ces termes :

« Après que la renonciation du prince de Hohenzollern a été communiquée officiellement au gouvernement français et au gouvernement espagnol, l'ambassadeur a demandé à Sa Majesté le roi, à Ems, de l'autoriser à télégraphier à Paris que Sa Majesté s'engageait à refuser à tout jamais son consentement, si le prince de Hohenzollern revenait sur cette détermination. Sa Majesté a refusé de recevoir de nouveau l'ambassadeur, et lui a fait dire par un aide de camp qu'elle n'avait pas de communication ultérieure à lui faire. »

Cette dépêche, interprétée comme une insulte par le ministère français, décida de la guerre. Elle était arrivée à Paris le 14 juillet. L'empereur Napoléon convoqua aussitôt le conseil des ministres à Saint-Cloud, et là on prit la résolution suprème.

Le lendemain, une foule immense, inquiète, s'était assemblée autour du Palais-Bourbon. M. de Gramont lut la déclaration de guerre à la tribune du Sénat ; M. Émi e Ollivier, à la tribune du Corps législatif. Après avoir résumé les négociations, M. Ollivier prononça ces paroles :

« Notre surprise a été profonde lorsque, hier, nous avons appris que le roi de Prusse avait notifié à notre ambassadeur qu'il ne le recevrait plus et que, pour donner à ce refus un caractère non équivoque, son cabinet l'avait communiqué officiellement à tous les cabinets d'Europe.....

« Dans ces circonstances, tenter davantage pour la conciliation eût été un oubli de dignité et une imprudence. Nous n'avons rien négligé pour éviter une guerre. Nous allons nous préparer à soutenir celle qu'on nous offre, en laissant à chacun la part de responsabilité qui lui revient. »

L'impudent rhéteur fut couvert d'applaudissements par la majorité. M. Ollivier avait pourtant affiché en plusieurs circonstances,
même depuis qu'il était ministre, un grand amour pour la paix.
Mais sa situation était menacée par la coalition des bonapartistes
de la première heure qui voulaient la guerre pour ramener l'Empire aux violences de son origine. Il se décida pour la guerre, et
il ajouta ces mots, maintenant célèbres :

« De ce jour commence pour les ministres, mes collègues et
pour moi, une grande responsabilité. Nous l'acceptons le *cœur
léger.* »

M. Thiers monte à la tribune au milieu des interruptions et des
murmures de la majorité :

« Ne devons-nous pas, nous aussi, dit-il, avoir la parole? Et
avant de la prendre, ne nous faut-il pas un instant de réflexion ?
(*Interruption à droite.*)

« L'histoire, la France, le monde nous regardent. On ne peut
pas exagérer la gravité des circonstances; sachez que de la décision que vous allez émettre peut résulter la mort de milliers d'hommes. (*Exclamations au centre et à droite.*)

« Avant de prendre une résolution si grave, une résolution de
laquelle dépendra, je le répète, le sort du pays et de l'Europe,
messieurs, rappelez-vous le 6 mai 1866. Vous m'avez refusé la
parole alors que je vous signalais les dangers qui se préparaient...
Vous êtes comme vous étiez en 1866...

« Eh bien, messieurs, est-il vrai, oui ou non, que sur le fond,
c'est-à-dire sur la candidature du prince de Hohenzollern, votre
réclamation a été écoutée, et qu'il y ait été fait droit? Est-il vrai
que vous rompez sur une question de susceptibilité, très-honorable,
je le veux bien, mais vous rompez sur une question de susceptibilité.

« Eh bien ! messieurs, voulez-vous qu'on dise, voulez-vous
que l'Europe tout entière dise que le fond était accordé et
que pour une question de forme vous vous êtes décidés à verser
des torrents de sang? (*Bruyantes exclamations à droite et au
centre.*)

« ... Je ne voudrais pas qu'on puisse dire (*interruptions*) que
j'ai pris la responsabilité d'une guerre fondée sur de tels motifs.

« ... Sans aucun doute, la Prusse s'est mise gravement dans
son tort, très-gravement. Depuis longtemps, en effet, elle nous

disait qu'elle ne s'occupait que des affaires de l'Allemagne, de la destinée de la patrie allemande, et nous l'avons trouvée tout à coup, sur les Pyrénées, préparant une candidature que la France devait ou pouvait regarder comme une offense à sa dignité et une entreprise contre ses intérêts.

« Vous vous êtes adressés à l'Europe, et l'Europe, avec un empressement qui l'honore elle-même, a voulu qu'il nous fût fait droit sur ce point essentiel ; sur ce point, en effet, vous avez eu satisfaction ; la candidature du prince de Hohenzollern a été retirée. »

Au centre et à droite. Mais non ! non !

A gauche. Très-bien ! parlez !

« ..... Quant à moi, je suis tranquille pour ma mémoire ; je suis sûr de ce qui lui est réservé pour l'acte auquel je me livre en ce moment ; mais, pour vous, je suis certain qu'il y aura des jours où vous regretterez votre précipitation. (Allons donc ! allons donc !)·

A gauche. Très-bien ! très-bien !

M. THIERS. « Eh bien ! quant à moi... »

M. LE MARQUIS DE PIRÉ. Vous êtes la trompette antipatriotique du désastre. (N'interrompez pas !) Allez à Coblentz ! (*Plusieurs membres qui entourent M. de Piré le font rasseoir.*)

M. THIERS. « Offensez-moi !... Insultez-moi !... Je suis prêt à tout subir pour défendre le sang de mes concitoyens, que vous êtes prêts à verser si imprudemment !... »

M. LE GARDE DES SCEAUX. Non ! non !

M. THIERS. « Je souffre, croyez-le bien, d'avoir à parler ainsi... »

M. LE MARQUIS DE PIRÉ. C'est nous qui souffrons de vous entendre ! (*Exclamations diverses.*)

M. THIERS. « Dans ma conviction, je vous le répète en deux mots, car si je voulais vous le démontrer vous ne m'écouteriez pas, vous choisissez mal l'occasion de la réparation que vous désirez, et que je désire comme vous... »

M. GAMBETTA. Très-bien !

M. THIERS. « Plein de ce sentiment, lorsque je vois que, cédant à vos passions, vous ne voulez pas prendre un instant de réflexion, que vous ne voulez pas demander la connaissance des dépêches sur lesquelles votre jugement pourrait s'appuyer, je dis, messieurs, permettez-moi cette expression, que vous ne remplissez pas dans toute leur étendue les devoirs qui vous sont imposés... »

M. LE BARON JÉRÔME DAVID. Gardez vos leçons ; nous les récusons.

M. THIERS. « Dites ce que vous voudrez, mais il est bien imprudent à vous de laisser soupçonner au pays que c'est une résolution de parti que vous prenez aujourd'hui. (*Vives et nombreuses réclamations.*)

« Je suis prêt à voter au gouvernement tous les moyens nécessaires quand la guerre sera définitivement déclarée ; mais je désire connaître les dépêches sur lesquelles on fonde cette déclaration de guerre. La Chambre fera ce qu'elle voudra ; je m'attends à ce qu'elle va faire, mais je décline, quant à moi, la responsabilité d'une guerre aussi peu justifiée. » (*Vive approbation et applaudissements sur plusieurs bancs de la gauche.*)

M. Thiers n'était pas seul à demander communication des fameuses dépêches pour lesquelles on déclarait la guerre.

« Ce n'est pas sur extraits, dit M. Gambetta, ce n'est pas par allusions, mais par une communication directe, authentique, que vous devez saisir la Chambre : c'est une question d'honneur, il faut qu'on sache en quels termes on a osé parler de la France. »

Le garde des sceaux balbutie une réponse embarrassée. En fait, le roi de Prusse a refusé de prendre aucune espèce d'engagement et a refusé de recommencer avec l'ambassadeur français un entretien inutile, puisqu'il avait dit son dernier mot ; cette décision a été notifiée par un télégramme aux cabinets du sud de l'Allemagne. Mais où est la dépêche officielle de la Prusse ?

« Où est la dépêche officielle ? demande à son tour M. Jules Favre ; où est le compte rendu de la conférence dans laquelle notre ambassadeur a vu méconnaître la dignité de la nation ? Voilà ce que nous avons le droit d'examiner. Eh bien ! on n'a rien apporté à cette tribune, si ce n'est des télégrammes, et ce n'est pas avec des télégrammes qu'on peut décider une question de paix ou de guerre. »

La dépêche officielle n'existant pas, le ministère ne pouvait pas la communiquer. Ainsi la déclaration de guerre reposa sur un mensonge du gouvernement. Pendant qu'on apportait à la tribune ces misérables équivoques, on ne négligeait rien au dehors pour entraîner l'esprit public. La *Marseillaise*, longtemps proscrite, était autorisée dans les théâtres. Des bandes égarées ou stipendiées

par la préfecture de police parcouraient les boulevards en criant :
A Berlin! Dans la séance de nuit du Corps législatif, le marquis
de Talhouët lisait un rapport où il était dit : « Les explications catégoriques du ministre de la guerre nous ont montré, qu'inspirées
par une sage prévoyance, les deux administrations de la guerre
et de la marine se trouvaient en état de faire face, avec une
promptitude remarquable, aux nécessités de la situation. »

Le ministre de la guerre, directement interpellé par un député,
avait répondu :

« Nous sommes prêts, cinq fois prêts. »

Sur ces assurances, les hommes qui s'étaient montrés le plus
opposés à la guerre avaient voté les crédits demandés. Quand la
guerre était irrévocablement déclarée, quand l'épée de la France
était hors du fourreau, le patriotisme ordonnait de ne plus regarder en arrière. L'Empire disparaissait derrière la grande image
de la Patrie.

Des ordres furent immédiatement donnés pour rappeler les
troupes d'Algérie et d'Italie, et, du nord au midi, la France se pré-
para à soutenir cette guerre qu'elle n'avait pas voulue, que l'Empire entreprenait sans réflexion, sans alliances, à la stupéfaction
de l'Europe. La diplomatie prussienne avait, du reste, singulièrement refroidi l'Europe pour la France, en publiant un projet
d'annexion de la Belgique dû à Napoléon III.

La France était donc seule en face de l'Allemagne. Était-elle
au moins bien commandée et bien approvisionnée?

Napoléon III s'attribua le commandement direct de l'armée française. Il prit le titre de généralissime, et partit vers la fin de juillet
du palais de Saint-Cloud pour se rendre à Metz.

Avant de s'éloigner, il avait congédié le Corps législatif et le
Sénat : il ne voulait laisser debout derrière lui que le pouvoir de
l'impératrice, instituée régente par décret du 23 juillet.

L'histoire conserve des documents qui montrent les pauvres
préoccupations de ce souverain, dans les derniers jours de sa
résidence à Saint-Cloud, au moment où la France, précipitée dans
la guerre à son insu, en était réduite à compter sur la prévoyance
de ceux qui avaient engagé son honneur et la vie de ses enfants.
Ce sont des notes sur le « service de bouche » de Sa Majesté en
campagne. On ne dressait pas de plan de campagne, on ne se
demandait pas si l'armée avait des munitions et des vivres, mais

on décidait « qu'il y aurait toujours deux tables, soit au bivouac, soit pendant les séjours, afin de laisser à l'empereur la faculté de faire des invitations en plus ou moins grand nombre. » Rien n'était oublié dans ce programme : on désignait ceux qui s'asscoiraient à la première table et ceux qui figureraient à la seconde ; on réglait le service des valets de chambre de l'empereur ; on nommait l'escorte chargée des précieux bagages de l'empereur ; on rédigeait une note très-soignée « sur l'organisation des équipages de MM. les aides de camp et officiers d'ordonnance de l'empereur et sur leur tenue de campagne ; » on allouait à chacun d'eux une somme de 20,000 francs à titre d'indemnité d'entrée en campagne, indemnité qui fut pour l'empereur de 600,000 francs, en dehors de sa liste civile. L'empereur emmenait à sa suite un escadron de cent-gardes, cinquante chevaux de poste, quatorze voitures avec le personnel des écuries, trente chevaux de selle avec leur personnel, de nombreux fourgons de bagages, toute sa maison militaire, et sa police ; il n'oubliait pas sa police.

Entouré de cette armée domestique, Napoléon III n'osa point traverser Paris ; il monta furtivement en chemin de fer à Saint-Cloud. Lorsqu'en 1859 il avait déclaré la guerre à l'Autriche, pour affranchir l'Italie « des Alpes à l'Adriatique, » son départ avait ressemblé à un triomphe ; aujourd'hui il ressemblait à une fuite.

Avant de partir, l'Empereur publia la proclamation suivante :

« Français,

« Il y a dans la vie des peuples des moments solennels où l'honneur national, violemment excité, s'impose comme une force irrésistible, domine tous les intérêts et prend seul en main la direction des destinées de la patrie. Une de ces heures décisives vient de sonner pour la France.

« La Prusse, à qui nous avons témoigné pendant et depuis la guerre de 1866 les dispositions les plus conciliantes, n'a tenu aucun compte de notre bon vouloir et de notre longanimité. Lancée dans une voie d'envahissement, elle a éveillé toutes les défiances, nécessité partout des armements exagérés, et fait de l'Europe un camp où règnent l'incertitude et la crainte du lendemain.

« Un dernier incident est venu révéler l'instabilité des rapports internationaux et montrer toute la gravité de la situation. En présence des nouvelles prétentions de la Prusse, nos réclamations se sont fait entendre. Elles ont été éludées et suivies de procédés dédaigneux. Notre pays en a ressenti une profonde irritation, et aussitôt un cri de guerre a retenti d'un bout de la France à l'autre. Il ne nous reste plus qu'à confier nos destinées au sort des armes.

« Nous ne faisons pas la guerre à l'Allemagne, dont nous respectons l'indépendance. Nous faisons des vœux pour que les peuples qui composent la grande nationalité germanique disposent librement de leurs destinées.

« Quant à nous, nous réclamons l'établissement d'un état de choses qui garantisse notre sécurité et assure l'avenir. Nous voulons conquérir une paix durable, basée sur les vrais intérêts des peuples, et faire cesser cet état précaire où toutes les nations emploient leurs ressources à s'armer les unes contre les autres.

« Le glorieux drapeau que nous déployons encore une fois devant ceux qui nous provoquent est le même qui porta à travers l'Europe les idées civilisatrices de notre grande Révolution. Il représente les mêmes principes ; il inspirera les mêmes dévouements.

« Français,

« Je vais me mettre à la tête de cette vaillante armée qu'anime l'amour du devoir et de la patrie. Elle sait ce qu'elle vaut, car elle a vu dans les quatre parties du monde la victoire s'attacher à ses pas.

« J'emmène mon fils avec moi, malgré son jeune âge. Il sait quels sont les devoirs que son nom lui impose, et il est fier de prendre sa part dans les dangers de ceux qui combattent pour la patrie.

« Dieu bénisse nos efforts. Un grand peuple qui défend une cause juste est invincible.

« NAPOLÉON. »

Tel fut le commandant suprême de l'armée française : un homme qui se croyait un grand général, parce qu'il avait fait des études d'artillerie ; qui, à Magenta, avait compromis l'armée ; qui avait failli faire perdre la bataille de Solférino ; qui n'avait ni le génie rapide des grands capitaines, ni le coup d'œil du général, ni la science du stratégiste, ni même peut-être le courage personnel du soldat ; mais c'était un Napoléon et il croyait à son étoile !

Il avait sous ses ordres Canrobert, héros du 2 décembre, brave de sa personne, mais dépourvu de grandes capacités militaires, ainsi qu'il l'avait montré au siége de Sébastopol ; Mac-Mahon, caractère intègre, soldat plein de bravoure, vainqueur à Magenta par une inspiration heureuse ; Lebœuf, élevé pour la circonstance à la dignité de major général, officier d'artillerie distingué, ministre de la guerre présomptueux, imprévoyant, sans autre titre pour commander une armée que la faveur du souverain ; Bazaine, connu depuis le Mexique comme un vaillant soldat, plus encore comme un ambitieux, mais non démasqué encore, et passant pour le plus capable de nos généraux divisionnaires ; de Failly, général de salon, valseur des Tuileries, parrain des chassepots à Mentana, chansonné par ses soldats ; Frossard, gouverneur du prince impérial, courtisan ; Ladmirault, peu connu en dehors de l'armée, jouissant dans le monde militaire d'une réputation d'excellent tacticien ; Félix Douay, soldat du Mexique, où il avait dévoilé l'ambition de Bazaine dans des lettres qui depuis ont été publiées.

À la date du 2 août, l'effectif général de l'armée du Rhin s'éleva, d'après les documents officiels, à deux cent quarante quatre mille huit cent vingt-huit combattants, divisés en huit corps, échelonnés sur la frontière dans les positions suivantes :

Le premier corps, commandé par Mac-Mahon, entre Strasbourg et Haguenau ; il comptait quarante mille hommes.

Le deuxième corps, aux ordres du général Frossard, entre Forbach et Sarreguemines ; environ trente-deux mille hommes.

Le troisième corps, commandé par Bazaine, entre Saint-Avold et Boulay ; quarante-deux mille hommes.

Le quatrième corps, aux ordres du général Ladmirault, entre Sierk et Thionville ; environ vingt-cinq mille hommes.

Le cinquième corps, sous le général de Failly, entre Niederbronn et Sarreguemines ; vingt-cinq mille hommes.

Le sixième corps, commandé par le maréchal Canrobert, et composé de quarante mille hommes environ, était à Châlons.

Le septième corps, sous les ordres du général Félix Douay,

attendait à Belfort des troupes d'Italie et d'Afrique destinées à le compléter.

Le huitième corps, aux ordres du général Bourbaki, était formé de vingt-cinq mille hommes de la garde impériale, et se trouvait à Metz avec Napoléon III et son fils.

Si l'on retranche les trois derniers corps, dont l'un était en voie de formation à Belfort, et les deux autres en arrière de la frontière, il reste environ cent cinquante mille hommes jetés de Sierck à Strasbourg, sur une ligne de cent kilomètres au moins. La distance d'un corps à l'autre était telle, qu'il leur était impossible de se secourir en cas d'attaque. A quoi pouvait servir ce rideau de soldats? Ni à l'attaque, ni à la défense. Quel était donc le but qu'on se proposait? Hélas! Napoléon III n'avait pas de plan ; le major général Lebœuf épuisait les troupes en marches et contre-marches ; on s'était mis entre les mains du hasard. Un général envoyé à Belfort pour prendre le commandement de sa brigade ne trouvait dans cette place ni son artillerie ni ses hommes, et télégraphiait au ministre de la guerre : « Que dois-je faire? je ne sais pas où sont mes régiments. »

La France commençait la guerre avec moins de trois cent mille hommes, et dès les premiers jours d'août, l'Allemagne en avait rassemblé cinq cent soixante cinq mille ; par suite de l'absence complète de toute conception stratégique, les forces de la France se trouvèrent éparpillées sur une immense étendue ; elles étaient, pour comble de malheur, commandées par des hommes d'une incapacité notoire, Napoléon III et le maréchal Lebœuf, et, en sous-ordre, par des généraux qui se jalousaient entre eux ; ajoutons, pour que le tableau soit complet, que la désorganisation régnait partout : les vivres et les munitions manquaient, les arsenaux étaient vides, certaines places fortes étaient abandonnées. Le général de Failly écrit de Bitche, le 18 juillet : « Envoyez-nous de l'argent pour faire vivre les troupes. » Le 20 juillet, on télégraphie de Metz : « Il n'y a à Metz ni sucre, ni café, ni riz, ni eau-de-vie, ni sel, peu de lard et de biscuit. » Le général Ducrot télégraphie de Strasbourg, le 20 juillet : « Demain il y aura à peine 50 hommes pour garder la place de Neuf-Brisach, et Fort-Mortier, Schlestadt, la Petite-Pierre et Lichtenberg sont également dégarnis. » Bazaine écrit de Saint-Avold, le 20 juillet : « Nous n'avons pas une carte de la frontière de France. » Le commandant du quatrième corps écrit de Thionville au major général , 24 juillet : « Le quatrième corps n'a encore ni cantines, ni ambulances, ni voitures d'équipages pour les corps et les états-majors. » L'intendant du troisième corps, de Metz, 24 juillet : « Le troisième corps quitte Metz demain. Je n'ai ni infirmiers, ni ouvriers d'administration, ni caissons d'ambulance, ni fours de campagne, ni train, ni instruments de pesage, etc. » De Mézières, on télégraphie, le 25 juillet : « Il n'existe aujourd'hui, dans les places de Mézières et de Sedan, ni biscuit, ni salaisons. » De Metz, 27 juillet : « Les détachements qui rejoignent l'armée continuent à arriver sans cartouches et sans campement. »

Tel était l'état militaire de la France quinze jours après la déclaration de guerre.

On était au commencement d'août; depuis plus de quinze jours la guerre était déclarée, et l'armée française restait inactive, au grand étonnement de l'Europe qui ne s'expliquait pas cette hésitation de la part d'un gouvernement si prompt à se mettre en campagne. On avait pensé que le plan de Napoléon III consistait à se jeter hardiment au delà du Rhin, à séparer les États du Sud du reste de l'Allemagne et à déconcerter l'ennemi par des coups rapides. On n'avait pas pensé que Napoléon III n'avait pas de plan, et que l'armée française était désorganisée.

Cependant, le 2 août, Napoléon III résolut d'ouvrir les hostilités par une tentative sur Sarrebrück. Cette ville, située sur la rive gauche de la Sarre, et dominée par des hauteurs du côté de la France, était défendue par un millier d'Allemands environ. Pour l'attaquer, on mit en mouvement quinze mille hommes des corps de Frossard, Bazaine et de Failly, en présence de l'empereur, du prince impérial et des courtisans accourus de Metz pour assister à cette fête dont le futur Napoléon IV était le héros. Le dénoûment de cette comédie fut tel qu'on pouvait l'attendre. Des obus et des mitrailleuses délogèrent de la ville les huit cent Prussiens qui s'y trouvaient, et aussitôt l'on fit savoir à toute la France que le prince impérial s'était couvert de gloire. Napoléon III adressa à l'impératrice la dépêche suivante :

« Louis vient de recevoir le baptême du feu. Il a été admirable de sang-froid, n'étant nullement impressionné, et semblait se promener au bois de Boulogne. Une divison du général Frossard

LA TROISIÈME RÉPUBLIQUE FRANÇAISE

LE GÉNÉRAL ABEL DOUAY

Tué à Wissembourg.

Degorce-Cadot. édit. Paris.

a pris les hauteurs qui dominent la rive gauche de Sarrebrück. Les Prussiens ont peu résisté. Il n'y a eu qu'un feu de tirailleurs et de canonnade. Nous étions en première ligne, mais les balles et les boulets tombaient à nos pieds. »

Cette ridicule affaire, qui coûta la vie à une centaine d'hommes, fut un thème fécond pour la presse bonapartiste. On parla beaucoup, on parla longtemps des vétérans qui avaient pleuré d'attendrissement en voyant le jeune Louis ramasser des balles.

Des événements plus sérieux ne devaient pas tarder à occuper l'attention.

L'armée allemande allait paraître à Wissembourg.

Depuis longtemps l'Allemagne était prête, et souhaitait la guerre avec la France ; elle la souhaitait surtout depuis qu'elle avait remporté sur l'Autriche de si rapides victoires ; mais elle eut l'art de se faire provoquer, pour attirer de son côté les sympathies de l'Europe. Quelques jours après la déclaration de guerre, M. de Bismarck ayant fait publier par les journaux anglais un plan d'annexion de la Belgique à la France, tracé de la main de Napoléon III, l'effet de cette révélation fut immense. Cette publication, jointe aux fanfaronnades du gouvernement français, mit aussitôt toutes les puissances sur la réserve. Chacune d'elles avait compris qu'il y avait tout à craindre d'un souverain qui, en pleine paix, osait tramer des projets si audacieux.

La France resta donc seule en présence de l'Allemagne, de cette Allemagne à qui l'on avait enseigné dès le commencement du siècle la haine du nom français. Cette haine froide, raisonnée, était devenue l'âme même du patriotisme allemand. Les poetes de l'autre côté du Rhin chantaient la destruction de Paris, les moralistes flétrissaient la grande cité du nom de Babylone moderne, les savants annonçaient la fin du rôle des races latines dans le monde, les militaires, les professeurs appelaient une vengeance complète de l'humiliation d'Iéna, les patriotes enfin, c'est-à-dire la presque universalité des Allemands, entendaient mener à bonne fin l'unité de leur patrie sous le sceptre d'un seul roi ; mais, pour eux, quel était l'obstacle ? C'était la France. Ces divers motifs de haine, plus ou moins légitimes, mais très-réels, étaient devenus un puissant instrument entre les mains de M. de Bismarck ; au nom de la grande patrie allemande, M. de Bismarck avait violemment annexé à la Confédération du Nord des États jaloux de leur indépendance ; au nom de la grande patrie allemande, M. de Moltke avait porté l'organisation militaire à sa plus haute perfection. La guerre de 1866 contre l'Autriche avait montré la redoutable puissance de l'armée prussienne, sous des chefs tels que le comte de Moltke et le prince Frédéric-Charles. Cet avertissement, du reste, n'avait pas été perdu pour la France : les rapports du colonel Stoffel sont précieux à cet égard ; mais l'empereur Napoléon se berça jusqu'au dernier moment d'une illusion funeste : il crut que les États du Sud refuseraient de marcher avec la Prusse ; il crut que les provinces annexées de force à la Confédération du Nord seraient pour lui des alliés ; il espérait briser l'unité germanique par les moyens qui devaient, au contraire, la resserrer et la consolider ; une partie de l'opinion publique partagea, d'ailleurs, ces vues fausses, et, dès l'ouverture des hostilités, les bruits les plus étranges coururent dans le public, répétés à plaisir par une presse légère, toujours ouverte aux mensonges. Si l'empereur Napoléon garda cette illusion jusqu'au bout, les avis salutaires ne lui avaient pas fait défaut. L'ambassadeur de France à Berlin l'avertissait, dès 1867, que l'Allemagne était poussée à l'unité par un mouvement irrésistible, et ce renseignement authentique fut confirmé en mainte occasion par tous les représentants militaires ou diplomatiques du gouvernement impérial.

En admettant que l'espoir de détacher de la Prusse les États du Sud ne fût pas chimérique, quelle était la conduite à suivre dès l'ouverture des hostilités ? Il fallait se jeter hardiment en Allemagne et empêcher la jonction des armées confédérées par la promptitude et la vivacité de l'attaque. Telle ne fut pas, on le sait, la tactique de Napoléon III. Du 18 juillet au 2 août, l'armée française s'épuisa en marches et contre-marches. Le 2 août, l'escarmouche de Sarrebrück ne fut pas autre chose qu'une mise en scène destinée à provoquer un certain retentissement autour du fils de Napoléon III.

Cependant, l'armée allemande, prête pour cette guerre depuis 1868, opérait sa concentration avec une précision merveilleuse et se dirigeait vers la frontière. Elle était divisée en trois corps. La première armée, forte de 120,000 hommes et commandée par le général Steinmetz, formait la droite et se trouvait non loin de Sarrebrück aux premiers jours d'août.

La deuxième armée, sous le prince Frédéric-Charles, comp-

tait environ 240,000 hommes, et allait franchir la frontière à
Sarreguemines.

La troisième, commandée par le prince royal de Prusse, et forte
d'environ 200,000 hommes, attaquait le 4 août, à Wissembourg,
la division du général Abel Douay, avant-garde perdue du corps
de Mac-Mahon.

La division Douay était campée à l'extrême frontière de la
France, sur cette mémorable colline du Geissberg illustrée par la
victoire de Hoche sous la première République. On domine, de
cette hauteur, Wissembourg et le cours de la Lauter; cette rivière est bordée de bois épais que le général français avait négligé
de faire explorer par ses reconnaissances. Ainsi, non-seulement
la division Douay était laissée par le maréchal Mac-Mahon dans
une position périlleuse où il était difficile de lui porter secours,
mais, en outre, le général se gardait mal. Il ne s'était pas douté
que, dans la nuit du 3 au 4 août, près de 100,000 hommes avaient
bivouaqué dans les bois de la Lauter. Grande fut sa surprise lorsqu'il entendit le canon éclater sur Wissembourg, et lorsqu'il vit
des obus éclater au milieu de ses troupes, lancés des hauteurs de
Schweigen. Les soldats faisaient la soupe; ils courent aux armes,
dans le désordre d'un camp surpris par l'ennemi. Le général
Douay détache à la hâte une partie de ses forces et les envoie au
secours des régiments laissés dans Wissembourg; mais que peuvent neuf mille hommes contre quatre-vingt-dix mille Allemands
qui débordent sans cesse des bois et menacent d'entourer d'un
cercle de fer cette poignée de soldats? Le brave général, désespéré, dit-on, de s'être laissé surprendre, se précipite au-devant de
la mort, et tombe, léguant à ses soldats un exemple sublime mais
inutile. Wissembourg reste aux mains de l'ennemi; il y avait eu
un sanglant combat des rues, où les gardes nationaux avaient
rivalisé de bravoure avec les troupes régulières. Deux fois
les turcos, emportés par un élan irrésistible, avaient enfoncé les
bataillons prussiens et leur avaient pris des canons; deux fois,
sous un ouragan de mitraille, ils avaient été ramenés en arrière. Il
fallut enfin cesser cette lutte inégale et reculer; on laissa entre
les mains des Allemands un canon et cinq cents prisonniers, et
sur le champ de bataille, deux mille morts ou blessés. Les troupes
se replièrent sur le col du Pigeonnier, qui commande la ligne
de Bitche. La valeureuse division Douay s'était battue pendant

huit heures sans recevoir de secours. La division Ducrot, se trouvait à Wœrth, à trente kilomètres en arrière, elle ne fit aucun
mouvement au bruit du canon.

L'Alsace était ouverte à l'ennemi et l'invasion commençait.

Le maréchal Mac-Mahon était à Strasbourg, lorsqu'il apprit
la mort du général Douay et la déroute de Wissembourg. Il
accourut pour rallier les débris de la vaillante division si
maltraitée. Le maréchal avait commis une double faute : il avait
laissé les huit mille hommes de Douay isolés, exposés aux coups
de l'ennemi ; en outre, au lieu de leur conseiller de battre en retraite au cas où ils seraient attaqués par des forces supérieures, il
leur avait ordonné de garder leurs positions à tout prix. Il se hâta
de réparer sa faute et de concentrer toutes les troupes répandues dans la contrée. Le général de Failly reçut l'ordre de se
rapprocher de lui avec le 5ᵉ corps, la division Conseil-Dumesnil
fut aussi rappelée ; malheureusement, soit que l'ordre ne fût pas
assez impératif, parce que le maréchal n'avait pas le sentiment du
danger dont il était menacé, soit mollesse de la part du général de
Failly, le 5ᵉ corps devait arriver trop tard. Les termes des dépêches envoyées au général de Failly donneraient à penser que le
maréchal Mac-Mahon ne s'était pas rendu un compte exact de la
marche des armées allemandes.

Quoi qu'il en soit, le 6 août, Mac-Mahon était à Frœschwiller, occupant les collines qui dominent le cours de la Sauer ; il
avait à son extrême gauche Langensulzbach, et Morsbronn à son
extrême droite. L'aile gauche de son armée, formée de la division Ducrot, s'étendait de Nechwiller à Frœschwiller, faisant face
à la route de Lembach, par où l'ennemi devait déboucher ; au
centre, la division Raoul, placée sur les coteaux boisés situés
entre Frœschwiller et Elsashausen, se trouvait en présence de la
petite ville de Wœrth, bâtie sur le bord de la Sauer ; la division
de Lartigue formait l'aile droite, d'Elsashausen au village de Morsbronn. En arrière étaient placées la division Conseil-Dumesnil
et la division Abel Douay, maintenant division Pellé, renforcées
de la grosse cavalerie des généraux Septeuil, Bonnemain, Michel et Nansouty. L'effectif total de ces forces était de trente-cinq
mille hommes. Les huit mille soldats du général Abel Douay
s'étaient battus à Wissembourg contre quatre-vingt-dix mille

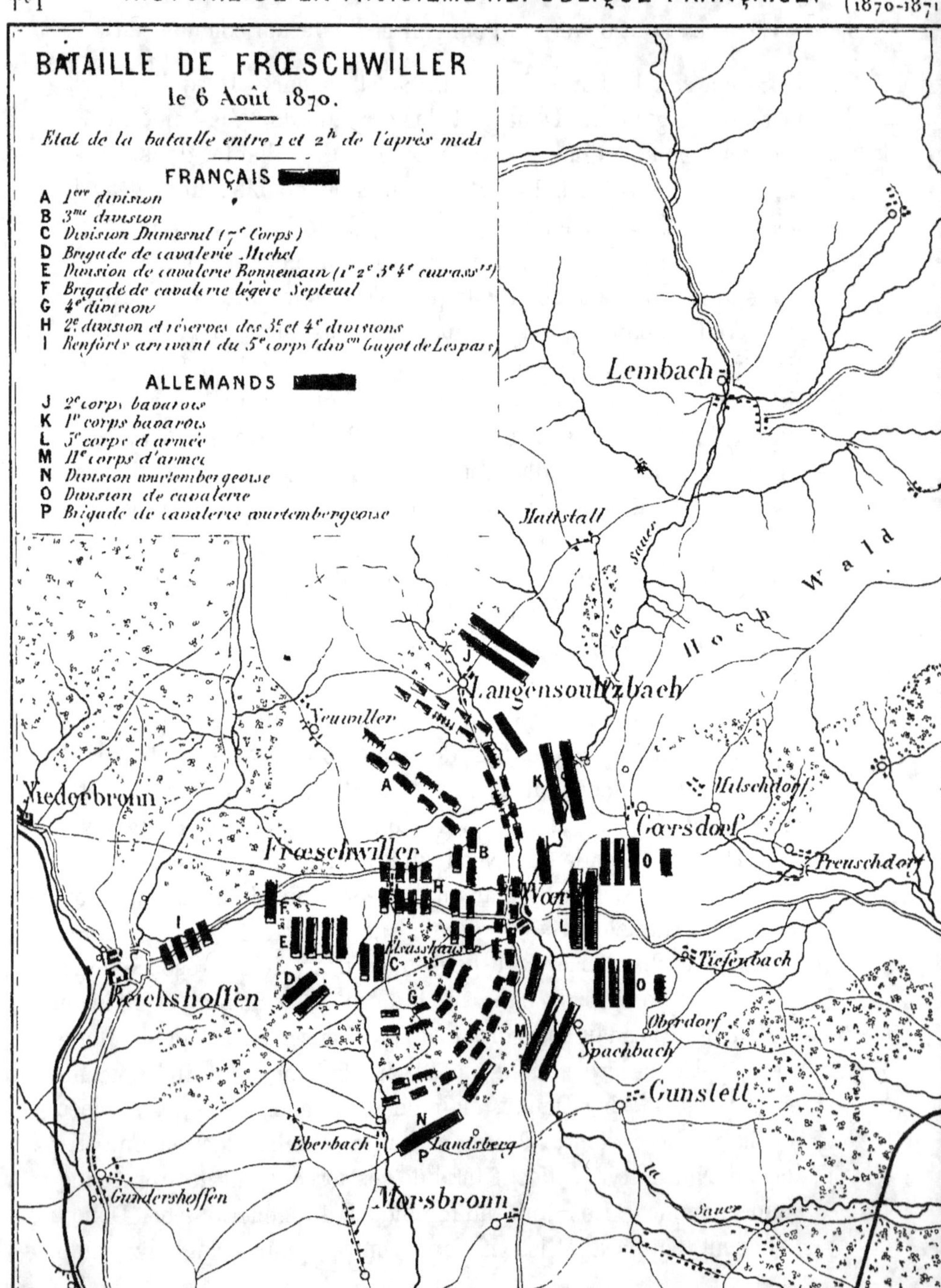
BATAILLE DE FRŒSCHWILLER
le 6 Août 1870.
Etat de la bataille entre 1 et 2ʰ de l'après midi
FRANÇAIS
A 1ᵉʳᵉ division
B 3ᵐᵉ division
C Division Dumesnil (7ᵉ Corps)
D Brigade de cavalerie Michel
E Division de cavalerie Bonnemain (1ᵉʳ 2ᵉ 3ᵉ 4ᵉ cuirass¹ˢ)
F Brigade de cavalerie légère Septeuil
G 4ᵉ division
H 2ᵉ division et réserves des 3ᵉ et 4ᵉ divisions
I Renforts arrivant du 5ᵉ corps (div⁵⁰ⁿ Guyot de Lespart)
ALLEMANDS
J 2ᵉ corps bavarois
K 1ᵉʳ corps bavarois
L 5ᵉ corps d'armée
M 11ᵉ corps d'armée
N Division wurtembergeoise
O Division de cavalerie
P Brigade de cavalerie wurtembergeoise
Lembach
Mattstall
Hoch Wald
la Sauer
Langensoultzbach
Neuwiller
Niederbronn
Frœschwiller
Hilschdorf
Gœrsdorf
Preuschdorf
Wœrth
Elsasshausen
Tiefenbach
Reichshoffen
Oberdorf
Spachbach
Gunstett
Eberbach
Landsberg
Gundershoffen
Mœrsbronn
la Sauer

Allemands ; les trente-cinq mille hommes de Mac-Mahon, à Wœrth, allaient engager la lutte contre cent soixante mille.

Dans la nuit du 5 au 6 août, l'armée allemande, partie de Wissembourg, avait occupé les hauteurs de la rive gauche de la Sauer. Le 2ᵉ corps bavarois s'était approché de Langensulzbach par la route de Lembach ; le 5ᵉ corps prussien était arrivé au village de Preuschdorf, à une lieue de Wœrth ; le 11ᵉ s'était établi sur les hauteurs de Gunstett, avec son artillerie. La cavalerie fut disposée en arrière, sur la route de Soulz à Wœrth.

Le combat commence le 6 août, à l'aube, par une violente fusillade entre les tirailleurs bavarois et les avant-postes de la division Ducrot. Bientôt le feu est ouvert sur toute la longueur du front des deux armées. Le bruit sourd de l'artillerie se mêle au crépitement de la fusillade. Sur les coteaux boisés de Gœsdorff et de Gunstett, les Allemands ont disposé des batteries qui lancent des obus dans le camp français par-dessus le vallon. Vers huit heures, le but de l'armée ennemie se dessine : cette armée veut franchir la Sauer, entre Elsashausen et Wœrth, et couper l'armée française. Une colonne d'infanterie du 5ᵉ corps passe la rivière pour attaquer Elsashausen ; elle est repoussée avec vigueur. Deux fois Wœrth est enlevé par les Allemands, et deux fois il est repris par les soldats des divisions Raoul et Lartigue. Jusqu'à midi, l'avantage est à l'armée française ; mais tandis que les troupes de Mac-Mahon s'épuisent, tandis que le 5ᵉ corps de Failly, que l'on attend toujours, ne vient pas, les Prussiens ne cessent de recevoir des renforts : des trains de chemin de fer versent des troupes fraîches à deux pas du champ de bataille ; ainsi accourent tour à tour la divison Schachtmeyer qui se place à Gunstett, sur la gauche du 5ᵉ corps prussien ; le général Bose, qui amène le reste du 11ᵉ corps ; la division Gersdorff, qui vient prêter main-forte aux troupes très-compromises dans la lutte avec les divisions Raoul et Lartigue ; et enfin l'avant-garde des Wurtembergeois, qui décida de la journée. L'artillerie allemande s'était renforcée dans les mêmes proportions et avait pris sur la nôtre un avantage très-marqué.

Il est une heure ; plus de soixante mille hommes ont été engagés du côté de l'ennemi sans que le résultat désiré ait été obtenu. L'arrivée des Wurtembergeois décide un nouvel effort. Toute une armée sort des bois de Wœrth, se précipite sur cette ville, qu'elle emporte, et pousse une vigoureuse attaque contre Frœsch-willer. La division Raoul, admirable de ténacité, défend pied à pied le village et les jardins qui l'entourent ; mais comment résister à ces masses toujours grossissantes ? Le brave général Raoul vient d'être frappé mortellement ; une partie de l'artillerie est démontée, les munitions font défaut aux mitrailleuses. A droite, vers Elsashausen, les divisions Lartigue et Conseil-Dumesnil faiblissent ; le centre et la gauche de l'armée française sont menacés d'être cernés. Le maréchal Mac-Mahon, le désespoir dans l'âme, cherchant sans cesse à l'horizon le général de Failly, qui n'arrive pas, ne peut plus se faire illusion sur le sort de la journée. Il ne lui reste plus qu'à sauver la gauche et le centre qui vont être enveloppés, écrasés, ou forcés de mettre bas les armes. Il ordonne alors aux lanciers et aux cuirassiers de charger l'ennemi. Ces braves vont mourir presque tous, mais ils sauveront l'armée.

On s'arrête avec respect devant ces héros du sacrifice.

Au signal donné, lanciers et cuirassiers s'élancent à travers un terrain accidenté, coupé de houblonnières, parsemé d'arbres derrière lesquels s'abritent les tirailleurs allemands ; avant d'arriver à leur but, et d'avoir pu frapper, les intrépides cavaliers sont fauchés par les balles et les obus. Aux premières décharges, le sol est jonché de leurs cadavres ; ils se reforment, chargent encore avec une impétuosité désespérée qui fait l'admiration et la terreur des Allemands ; mais en un clin d'œil ils sont dispersés, foudroyés, anéantis ; la plus grande partie de l'armée a pu, du moins, battre en retraite.

A trois heures, Frœschwiller est aux mains de l'ennemi, et les débris de l'armée de Mac-Mahon s'écoulent en désordre par la route de Reischoffen à Saverne. La 1re division du 5e corps arrive enfin pour recueillir les fuyards et protéger la retraite. L'ennemi, d'ailleurs, avait été assez cruellement éprouvé pour renoncer à toute poursuite immédiate. Nous avions perdu cinq mille hommes tués ou blessés, huit mille prisonniers, trente canons, six mitrailleuses, deux drapeaux. La lutte avait duré onze heures. Le général Colson et le général Raoul étaient tués. Les pertes en tués ou blessés étaient à peu près les mêmes du côté des Allemands. Le général Bose, commandant en chef du 11e corps prussien, avait trouvé la mort sur le champ de bataille. Les bagages et la correspondance du maréchal Mac-Mahon avaient été pris dans la fureur de la lutte.

L'Alsace était perdue pour la France après cette lutte sanglante, et, dans l'état où était l'armée, on ne pouvait plus songer à défendre les défilés des Vosges.

Le même jour, le général Frossard essuyait un grave échec à Forbach, en Lorraine.

On se souvient qu'après la puérile affaire de Sarrebrück le général Frossard avait conservé, mais sans les fortifier, les hauteurs qui dominent le cours de la Sarre. Parmi les plateaux qui forment comme une citadelle dans cette partie de la Lorraine, le plus élevé est celui de Spickeren, situé à une petite distance de Forbach et entouré d'une ceinture de forêts. Détaché avec 28,000 hommes dans cette position aventurée, Frossard n'était pas sans crainte sur les conséquences possibles de son isolement. Heureusement l'état-major impérial eut la bonne idée de concentrer les troupes, après la cruelle leçon de Wissembourg. Bazaine, appelé au commandement supérieur des 2e, 3e et 4e corps, reçut l'ordre de se rapprocher de l'Alsace menacée. Le mouvement de concentration devait s'effectuer de la manière suivante : le corps de Frossard (2e) marcherait dans la direction de Bitche ; le corps de Bazaine (3e) se porterait à Sarreguemines ; celui de Ladmirault (4e) à Haut-Hombourg ; la garde devait rester à Saint-Avold. Le grand quartier général commençait à reconnaître la faute qu'il avait commise en éparpillant les troupes de Sierck à Wissembourg.

Le général Frossard s'était mis en mouvement le 5 août au soir ; le 6 au matin, des troupes étaient distribuées de la manière suivante : la division Laveaucoupet campait sur le plateau de Spickeren, d'où elle dominait la route de Sarrebrück ; la division Bataille était à trois kilomètres en arrière, au village d'Œttingen ; la division Vergé, dans le vallon qui s'allonge sur la gauche de Spickeren ; une brigade gardait le hameau de Stiring, au fond du vallon ; une autre se tenait en arrière de Forbach. Des bois profonds couronnent cette vallée, en sorte que les soldats de la division Vergé pouvaient être criblés de balles par l'ennemi, sans que celui-ci courût aucun danger ; mais il fallait, selon le général Frossard, garder la gare de Forbach, où avaient été déposés des munitions et des vivres. On avait détaché quelques troupes dans

le bois de Saint-Arnual, sur la droite de Spickeren. En somme, la
position de Spickeren était très-forte, pourvu que le général Frossard prît des précautions en vue d'une attaque, et qu'il ne fût
pas abandonné par le maréchal Bazaine, commandant en chef ;
celui-ci, en vertu des ordres de concentration arrivés du quartier
impérial, avait sous la main les troupes du 3ᵉ et du 4ᵉ corps, et ces
troupes se trouvaient, en effet, à la distance de quatorze ou quinze
kilomètres de Forbach le jour de la bataille.

Le 6 août, la première armée prussienne, commandée par
Steinmetz, se trouvait de l'autre côté de la Sarre, lorsque le général Kamecke apprit que l'armée française avait abandonné les
hauteurs de Sarrebrück. Le général prussien pensa que ce mouvement en arrière était l'indice d'une retraite générale de l'armée
française ; aussitôt, il ordonne à sa division de franchir la Sarre ;
la canonnade commence ; la fusillade éclate à son tour sur la lisière
des bois.

Le général Frossard se trouvait à Forbach, à quatre kilomètres
de Spickeren ; il fait aussitôt prévenir Bazaine qu'il est attaqué,
mais il ne juge pas à propos de venir voir par ses yeux ce qui se
passe.

La fusillade augmente d'intensité : une grêle de balles s'abat
sur la brigade Jollivet, de la division Vergé, imprudemment placée, comme il a été dit plus haut, au fond du vallon de Stiring.
Des hauteurs boisées qui leur servent d'asile, les Allemands
tirent à coup sûr; nos soldats à découvert essuyent des pertes sensibles et ripostent sans efficacité. En même temps, le général Kamecke attaque de front, avec une grande vigueur, le plateau de
Spickeren ; il est repoussé, et les Allemands, décimés par le feu de
la division Laveaucoupet, rentrent sous bois. Dans l'intervalle, le
général Vergé avait lancé, dans le bois de la Brême-d'Or, quatre
régiments, résolus à déloger les tirailleurs qui nous font toujours
beaucoup de mal. Un feu meurtrier les accueille. Où ils avaient
cru rencontrer un simple rideau de grand'garde, nos soldats se
heurtent à des régiments entiers. On vit une fois de plus ce qu'il
en coûte de ne pas fouiller les bois; les Prussiens avaient tendu
des fils de fer d'un arbre à l'autre; ces fils indiquaient à l'ennemi
la ligne qu'il ne devait pas dépasser, ils servaient à le diriger
pendant la nuit; en outre, ils empêchaient les méprises, si fréquentes dans les escarmouches à travers les taillis. Il ne fallait

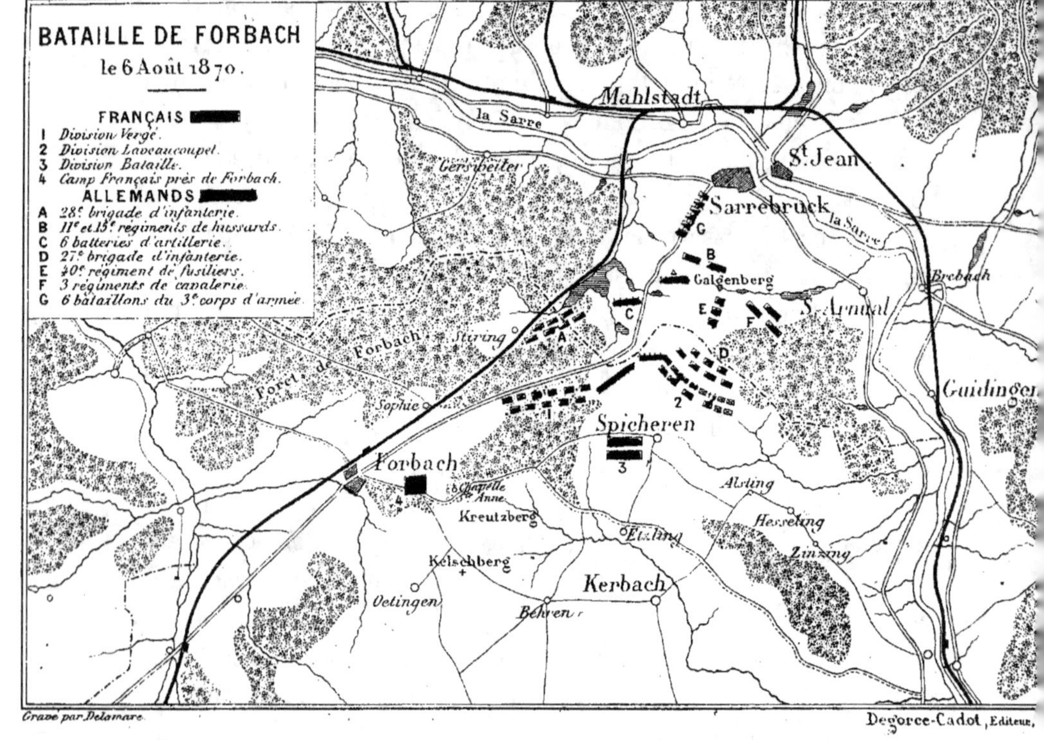

BATAILLE DE FORBACH
le 6 Août 1870.
FRANÇAIS
1 Division Vergé.
2 Division Laveaucoupet.
3 Division Bataille.
4 Camp Français près de Forbach.
ALLEMANDS
A 28e brigade d'infanterie.
B 11e et 15e régiments de hussards.
C 6 batteries d'artillerie.
D 27e brigade d'infanterie.
E 40e régiment de fusiliers.
F 3 régiments de cavalerie.
G 6 bataillons du 3e corps d'armée.
la Sarre
Mahlstadt
Gersweiler
St Jean
Sarrebruck
la Sarre
G
B
Galgenberg
Brebach
A
E
F
St Arnual
C
Forêt de Forbach
Stiring
A
D
Guidingen
Sophie
1
2
Spicheren
Forbach
3
Alsting
4
Chapelle Anne
Kreutzberg
Hesseling
Etzling
Zinzing
Kelschberg
Oetingen
Behren
Kerbach

Gravé par Delamare.

Degorce-Cadot, Editeur.

pas songer, en dépit de la valeur des troupes, à déloger les Prussiens à la baïonnette ; on ne leur faisait aucun mal en tirant sur eux, car ils étaient abrités derrière le pied des arbres, d'où ils faisaient sur nous des décharges meurtrières. A quoi bon engager une lutte inégale ? Il fallut reculer, non sans laisser dans le bois beaucoup de morts et de blessés.

Les renforts ne cessaient d'arriver aux Allemands, selon la coutume. Vers deux heures, une nouvelle attaque est dirigée contre le plateau de Spickeren. Le général prussien von François est tué. La division Laveaucoupet soutient le choc avec l'admirable ténacité dont elle a fait preuve depuis le commencement de la bataille. Mais aucun secours n'arrive, et le général Frossard ne juge pas à propos de venir juger par lui-même de ce qui se passe. Il est toujours en arrière, à Forbach ; de là il expédie des télégrammes à Bazaine. Mais Bazaine ne répond pas, n'envoie aucun secours, et, quoique commandant en chef des troupes engagées, reste à Saint-Avold, où il n'a que faire. Les généraux divisionnaires qui sont autour de lui n'accourent pas davantage au bruit du canon. Pendant ce temps, les Prussiens reçoivent des troupes fraîches qui, à peine arrivées, sont jetées en avant. A trois heures, la division Barnckow paraît avec plusieurs batteries. Une brigade du corps du prince Frédéric-Charles passe la Sarre à Saint-Arnual, traverse les bois, débouche sur le plateau. Un combat acharné s'engage ; là, meurt le brave général Doëns. Enfin, vers sept heures, notre position étant menacée d'être prise à revers, Frossard, toujours à Forbach, se décide à ordonner la retraite. Mais l'héroïque division Laveaucoupet n'abandonne que vers dix heures du soir le plateau qu'elle défend depuis le matin. Nous avions plus de quatre mille hommes tués ou blessés ; tous les approvisionnements de la gare de Forbach étaient tombés aux mains de l'ennemi ; les lignes de la Moselle étaient perdues ; ce qui était pis encore, la démoralisation gagnait les troupes qui dépensaient en vain tant de sang et de courage.

La bataille avait duré toute la journée ; cinq mille Prussiens tués ou blessés jonchaient les bois ; mais il faut bien le dire, quoi qu'il en puisse coûter à notre vanité, les Allemands n'avaient engagé que vingt mille hommes environ pour remporter cette victoire, et le général Frossard avait vingt-huit mille hommes sous ses ordres. Il est vrai que Frossard ne parut pas sur le champ de bataille ; il est vrai que Bazaine ne tint aucun compte des télégrammes qui lui furent expédiés ; il est vrai que les généraux divisionnaires, placés à une petite distance, ne firent aucun mouvement au bruit du canon. De mesquines jalousies amenèrent la perte de la bataille de Forbach ; la responsabilité de cet échec pèse sur le général Frossard : elle pèse plus encore sur le maréchal Bazaine.

Napoléon III, généralissime des armées françaises, était resté à Metz pendant que ces tristes événements se passaient à la frontière. Les routes de Metz à Forbach et à Fræschwiller étaient libres encore ; mais tel était le désordre du commandement, et telle l'incurie du quartier impérial, que le chef suprême ignorait ce qui se passait en dehors de la ville. L'histoire recueille avec une pitié méprisante les dépêches que ce souverain expédiait à Paris tandis qu'on se battait à Fræschwiller et à Forbach. Elles doivent être conservées, parce qu'elles sont uniques dans leur genre :

A Sa Majesté l'Impératrice, à Saint-Cloud.

« Metz, le 6 août 1870, à 3 h. du soir.

« Je n'ai pas de nouvelles de Mac-Mahon. Ce matin, les reconnaissances du côté de la Sarre ne signalaient aucun mouvement de l'ennemi.

« J'apprends maintenant qu'il y a un engagement du côté du général Frossard.

« Il est trop loin pour que nous puissions y aller.

« NAPOLÉON. »

Quelques heures après, arrivait à Paris cette autre dépêche de l'empereur :

« Je n'ai pas encore de nouvelles de Mac-Mahon.

« Sur la Sarre, le corps du général Frossard a été seulement engagé, et le résultat est encore incertain. — J'ai bon espoir.

« NAPOLÉON. »

Les armées allemandes avaient culbuté tout ce qui s'était trouvé
sur leur passage; elles s'avançaient en France avec l'assurance
que donnent des victoires inespérées. La première armée, commandée par le général Steinmetz, celle qui s'était battue à Forbach, marchait sur Metz; elle était forte de cent mille hommes;
la deuxième, sous les ordres du prince Frédéric-Charles, suivait la route de Sarreguemines à Pont-à-Mousson, et se disposait à barrer la route de Verdun au maréchal Bazaine, occupé à
concentrer ses troupes sous le canon de Metz; la troisième,
commandée par le prince royal de Prusse, après avoir combattu à
Wissembourg et à Frœschwiller, avait franchi les Vosges et s'a-
vançait vers Nancy. Le 13 août, elle atteignait Frouard et coupait
la ligne ferrée de Paris à Metz et à Strasbourg.

Avant d'assister à de nouveaux chocs sanglants, nous devons
revenir à Paris et voir les sentiments excités dans la grande cité
et dans les régions officielles par les tristes événements dont nous
avons fait le récit.

LE GÉNÉRAL COUSIN-MONTAUBAN, COMTE DE PALIKAO.

LIVRE DEUXIÈME.

BATAILLES AUTOUR DE METZ.

Paris, très-impressionnable, très-patriote, surexcité par les exagérations du chauvinisme, avait été mystifié dans la journée du 5 août par une fausse dépêche qui annonçait une grande victoire de Mac-Mahon. D'après ce télégramme mensonger, Landau était pris, l'armée française avait d'un seul coup fait vingt-cinq mille prisonniers parmi lesquels se trouvait, disait-on, le prince royal de Prusse. Il y eut à cette nouvelle une explosion de joie, une ivresse, un délire ; les fenêtres de la cité furent ornées de drapeaux ; de longues colonnes de citoyens défilèrent sur les boulevards en chantant. Mais si l'ivresse fut vive, elle fut de courte durée ; on sut bientôt que la nouvelle était fausse. Le désenchantement fut grand. Du désenchantement on passa à la stupeur au premier bruit de la défaite de Wissembourg ; la stupeur devint de l'indignation et de la colère, quand on sut que l'armée française avait été battue à Frœschwiller et à Forbach.

On ne se doutait pas encore alors de l'immense désarroi qui régnait dans l'armée par suite de l'incurie de l'intendance, non moins que par le désordre et le décousu du commandement. Quelques indices de cet état affligeant avaient percé dans les récits adressés par des témoins à différents journaux ; mais on croyait à l'exagération ; en outre, le patriotisme commandait la plus grande réserve ; le major général Le Bœuf avait pris les mesures les plus sévères contre les correspondants envoyés par les journaux français et par les journaux étrangers. Comment aurait-on su que les vivres manquaient souvent aux troupes fatiguées ; que des généraux n'avaient pas trouvé leurs divisions dans les villes qui leur avaient été désignées ; que les munitions, les tentes, les objets de première nécessité faisaient défaut à certains corps, et enfin que les troupes s'épuisaient en marches et contre-marches par suite de l'absence complète d'un plan de campagne? Les échecs de Vissembourg, de Frœschwiller et de Forbach plongèrent dans l'étonnement un pays qui comptait sur des victoires, parce qu'il connaissait la bravoure de ses soldats et ne connaissait pas l'incapacité de la plupart de ses généraux. Le 8 août, Paris bouillonnait d'indignation et accusait hautement le généralissime de l'armée française, Napoléon III, et son major général, le maréchal Le Bœuf.

Paris cependant n'osa point, à cette date, tenter le renversement de l'Empire, et la suite des événements a montré qu'en cela son instinct pénétrant l'induisit en erreur. Ce scrupule s'explique par l'ardeur du patriotisme qui animait alors toutes les classes. Comme on ne se doutait pas de la profondeur du mal, on était porté à croire qu'il était temps encore de réparer les fautes commises et de reprendre l'avantage. Nul n'aurait voulu avoir l'air d'amener de nouvelles causes d'inquiétude au moment où l'angoisse était si vive dans tous les cœurs. On s'imaginait que la destitution du maréchal Le Bœuf et la retraite de l'empereur, en tant que généralissime, changeraient la face des choses, et cette croyance devait amener des malheurs autrement grands que ceux qu'on avait à déplorer. On peut, en effet, considérer comme certain aujourd'hui que si l'Empire fût tombé au lendemain de nos revers, l'armée de Châlons serait revenue à Paris. La France n'aurait pas connu le désastre de Sedan.

La gravité des nouvelles et l'excessive fermentation des esprits avaient décidé l'impératrice à revenir immédiatement de Saint-Cloud à Paris pour convoquer le Sénat et le Corps législatif. D'abord fixée au 11 août, la convocation fut avancée au 9, vu les circonstances. Des proclamations de l'impératrice régente et des ministres couvrirent les murs. L'impératrice Eugénie disait :

« Français !

« Le début de la guerre ne nous est pas favorable, nos armes ont subi un échec.

« Soyons fermes dans ce revers et hâtons-nous de le réparer.

« Qu'il n'y ait parmi nous qu'un seul parti, celui de la France ; qu'un seul drapeau, celui de l'honneur national.

« Je viens au milieu de vous. Fidèle à ma mission et à mon devoir, vous me verrez la première au danger pour défendre le drapeau de la France.

« J'adjure tous les bons citoyens de maintenir l'ordre ; le troubler serait conspirer avec nos ennemis.

« *L'impératrice régente,*

« Eugénie.

« Fait au palais des Tuileries, le 7 août 1870, 11 h. m. »

Les ministres s'exprimaient ainsi :

« Français !

« Nous avons dit toute la vérité.

« Maintenant, à vous de remplir votre devoir ; qu'un même cri sorte de toutes les poitrines d'un bout de la France à l'autre !

« Que le peuple entier se lève, frémissant, dévoué, pour soutenir le grand combat !

« Quelques-uns de nos régiments ont succombé sous le nombre : notre armée n'a pas été vaincue.

« Le même souffle intrépide l'anime toujours !

« Soutenons-la !

« A l'audace momentanément heureuse, opposons la ténacité qui dompte le destin ! Replions-nous sur nous-mêmes, et que nos envahisseurs se heurtent contre un rempart invincible de poitrines humaines !

« Comme en 1792 et comme à Sébastopol, que nos revers ne soient que l'écho de nos victoires !

« Ce serait un crime de douter un instant du salut de la patrie, et surtout de n'y pas contribuer.

« Debout, donc ! debout !

« Et vous, habitants du Centre, du Nord et du Midi, sur qui ne pèse pas le fardeau de la guerre, accourez d'un élan unanime au secours de vos frères de l'Est !

« Que la France, une dans les succès, se retrouve plus une encore dans les épreuves !

« Et que Dieu bénisse nos armes !

> « *Le garde des sceaux, ministre de la justice et des cultes,* ÉMILE OLLIVIER ; — *le ministre des affaires étrangères,* duc DE GRAMONT ; — *le ministre de l'intérieur,* CHEVANDIER DE VALDROME ; — *le ministre des finances,* SEGRIS ; — *le ministre de la guerre par intérim,* général vicomte DEJEAN ; — *le ministre de l'agriculture et du commerce,* LOUVET ; — *le ministre de la marine et des colonies,* amiral RIGAULT DE GENOUILLY ; — *le ministre des travaux publics,* PLICHON ; — *le ministre de l'instruction publique,* MÉGE ; — *le ministre des lettres, sciences et beaux-arts,* MAURICE RICHARD ; — *le ministre présidant le conseil d'État,* E. DE PARIEU. »*

Enfin, M. Ollivier jugeait à propos d'adresser une proclamation spéciale aux « Parisiens, » insinuant, avec sa maladresse proverbiale, qu'on avait trouvé sur un espion prussien la preuve que des Français peu patriotes voulaient se soulever pour mettre l'armée « entre deux feux. » Odieux mensonge, qui, du reste, ne prolongea pas les jours du ministère.

Voici le texte de cette proclamation :

« Parisiens !

« Notre armée se concentre et se prépare à un nouvel effort.

« Elle est pleine d'énergie et de confiance.

« S'agiter à Paris, ce serait combattre contre elle et affaiblir, au moment décisif, la force morale qui lui est nécessaire pour vaincre.

« Nos ennemis y comptent.

« Voici ce qu'on a saisi sur un espion prussien amené au quartier général :

« Courage ! Paris se soulève ; l'armée française sera prise entre « deux feux. »

« Nous préparons l'armement de la nation et la défense de Paris.

« Demain, le Corps législatif joindra son action à la nôtre.

« Que tous les bons citoyens s'unissent pour empêcher les rassemblements et les manifestations !

« Ceux qui sont pressés d'avoir des armes n'ont qu'à se présenter aux bureaux d'engagement.

« On les enverra tout de suite à la frontière.

« Paris, le 8 août 1870. »

Le Corps législatif se réunit le 9 août ; une foule immense couvrait la place et le pont de la Concorde ; le Palais-Bourbon était gardé par les troupes. Mais aucune menace n'était proférée en ce moment contre le gouvernement ; on comptait encore sur la sagesse et sur la vigueur du Corps législatif; on espérait, en dépit de son origine servile, qu'il saurait se mettre au niveau des circonstances et prendre les résolutions viriles que dictait le patriotisme.

La séance fut émouvante. M. Jules Favre demanda que l'empereur fût rappelé, car il était démontré pour tout le monde que sa présence à l'armée était une source d'embarras et d'indécisions funestes. M. Jules Favre proposa, en outre, la nomination d'une commission composée de quinze membres choisis dans l'Assemblée et qui prendrait en main le pouvoir, vu la gravité des circonstances. Cette proposition fut rejetée comme inconstitutionnelle.

Le ministère, battu en brèche par tous les côtés de la Chambre, allait succomber devant un ordre du jour présenté par les bonapartistes exagérés qui détestaient du fond du cœur le cabinet Ollivier. Cette majorité qui, naguère, encensait M. Ollivier et ses collègues, vota l'ordre du jour qui les mettait en suspicion. Le cabinet tomba. Le général Cousin-Montauban, comte de Palikao, le même auquel le Corps législatif avait refusé une dotation quelques années auparavant, fut chargé de constituer un nouveau cabinet. Le 10 août, le ministère Palikao était composé. Le général Cousin-Montauban fut favorablement accueilli comme ministre de la guerre, malgré les légitimes préventions qu'inspirait son passé ; quant à ses collègues, ils étaient tous des bonapartistes ardents, et on put soupçonner qu'ils auraient plus à cœur le maintien de la dynastie que le salut de la patrie.

Voici la composition de ce ministère :

Guerre : comte de Palikao.
Intérieur : M. Henri Chevreau.
Finances : M. Magne.
Justice et cultes : M. Grandperret.
Agriculture et commerce : M. Clément Duvernois.
Marine : M. l'amiral Rigault de Genouilly.
Travaux publics : M. le baron Jérôme David.
Affaires étrangères : M. le prince de la Tour-d'Auvergne.

On a vu plus haut que l'opinion publique était pressée de voir l'empereur Napoléon abandonner le commandement suprême de l'armée et le major général Le Bœuf donner sa démission. Dans la séance du 12 août, M. de Palikao lut à la tribune une dépêche de Napoléon III qui disait : « J'ai accepté la démission de M. le maréchal Le Bœuf comme major général de l'armée. » Le lendemain, M. de Palikao annonçait que Bazaine avait été investi du commandement en chef de l'armée, et que Napoléon n'exerçait plus aucun pouvoir militaire. Cette déclaration fut bien accueillie ; mais il n'était pas vrai que l'empereur eût quitté le commandement. Des dépêches ultérieures l'attestent.

Napoléon III comprenait peut-être la faute qu'il avait commise en se mettant à la tête de l'armée ; il ne se faisait pas illusion sur la responsabilité qu'il assumait devant la France ; mais déposer le commandement parce que tel était le vœu de l'opinion publique, c'était à ses yeux une abdication déguisée dont les conséquences le remplissaient d'effroi. Aussi refusa-t-il longtemps de céder le premier rang à un autre, ou, pour mieux dire, il ne cessa jamais de se considérer comme le chef suprême de l'armée, ainsi qu'on le verra plus tard à Sedan. Cette peur de n'être plus compté pour rien explique ses longues hésitations avant de consentir à la destitution du maréchal Le Bœuf. « Je ne puis l'accepter, écrivait-il à l'impératrice, tant que je n'aurai pas quelqu'un qui ait ma confiance pour le remplacer. » Et encore : « Pour ce qui concerne l'armée, il ne faut rien faire sans me consulter. »

Dans ce moment, c'est-à-dire au lendemain de la formation du ministère Palikao, l'Empire n'était pas menacé, mais il était aisé de prévoir qu'il ne résisterait pas à de nouvelles défaites. L'histoire doit rendre justice à tous et rétablir la vérité quand elle a été travestie dans le feu des récriminations. Les partis songeaient moins à renverser le gouvernement impérial qu'à trouver les moyens de sauver la patrie ; on en a une preuve dans la proposition de M. Jules Favre tendant à faire nommer une commission de quinze membres : étant nommée par le Corps législatif, cette commission ne pouvait être que dévouée au gouvernement ; une autre preuve est dans le bon accueil fait à la nomination du général Cousin-Montauban au ministère de la guerre et dans la confiance qu'inspirait le maréchal Bazaine. On savait que le général Palikao dirigeait sur Châlons toutes les troupes disponibles ; on savait que le maréchal Mac-Mahon reconstituait une armée prête à se mettre en campagne ; le Corps législatif avait voté la réorganisation des gardes nationales ; toutes les pensées étaient donc tournées vers les départements de l'Est, où de graves événements ne devaient pas tarder à se passer. Le 14 août, lorsqu'on apprit dans Paris l'attaque dirigée par Blanqui et quelques-uns de ses amis contre une caserne de pompiers à La Villette, il y eut un cri général de réprobation. Toutefois, dans l'entourage du gouvernement, on n'était pas rassuré. Le 10 août, l'impératrice télégraphiait à son mari, dont elle ne pouvait pas secouer la torpeur maladive :

« Dans quarante-huit heures, je serai trahie par la peur des uns et par l'inertie des autres. »

Revenons maintenant sur le théâtre de la guerre. Nous avons

laissé les trois armées allemandes s'avançant sur le territoire, dans la direction de Metz, de Pont-à-Mousson et de Nancy.

Dans quelle situation se trouvait l'armée française?

Le maréchal Bazaine, investi du commandement le 12 août, se trouvait sous les murs de Metz où, en comptant le corps de Frossard qui était venu le rejoindre, il disposait d'une armée de cent soixante mille hommes. Le maréchal Mac-Mahon était arrivé à Châlons, où il avait été rejoint par le corps du général de Failly, et il se hâtait de refaire une armée avec les troupes que lui envoyait le général de Palikao.

Bazaine resterait-il avec ses cent soixante mille hommes sous les murs de Metz où il ne pouvait tarder à être cerné, ou viendrait-il à travers l'Argonne au camp de Châlons pour donner la main au maréchal Mac-Mahon et se rabattre avec lui sous les murs de Paris? Telle fut la question agitée dans un conseil de guerre présidé par l'empereur et tranchée dans le sens le plus sage. On décida que l'armée commandée par Bazaine partirait de Metz, le 14 août, pour se diriger sur Verdun. Le but de la deuxième armée allemande étant de couper la route de Verdun à Bazaine et d'enfermer son armée dans les murs de Metz, il importait d'agir avec décision et de ne pas perdre de temps, car déjà le prince Frédéric-Charles avait franchi la Moselle à Pont-à-Mousson et s'avançait à marches forcées vers la route qui conduit de Metz à Verdun en passant par Longeville, Gravelotte, Rézonville et Mars-la-Tour. Des trois routes qui vont de Metz à Verdun, le maréchal s'était décidé pour la plus méridionale, c'est-à-dire la plus menacée, car les Prussiens n'avaient pas encore franchi la Moselle au nord de Metz et ils l'avaient franchie du côté du sud.

Le 14 août, à midi, le mouvement de retraite sur Verdun commença. Napoléon avait pris les devants avec son fils et gagné Longeville, à une lieue de Metz.

En partant, au milieu de l'indifférence générale, Napoléon adressa aux habitants de Metz les adieux que voici :

« 14 août 1870.

« En vous quittant pour aller combattre l'invasion, je confie à « votre patriotisme la défense de cette grande cité. Vous ne per-

« mettrez pas que l'étranger s'empare de ce boulevard de la
« France, et vous rivaliserez de courage avec l'armée.

« Je conserverai le souvenir reconnaissant de l'accueil que j'ai
« trouvé dans vos murs, et j'espère que dans des temps plus heu-
« reux, je pourrai vous remercier de votre noble conduite.

« NAPOLÉON.

« Du quartier impérial de Metz. »

Le maréchal Bazaine parut très-heureux de voir l'empereur
s'éloigner ; il se sentait enfin le maître, et dès ce moment on le
voit moins pressé de marcher sur Verdun. Déjà l'on avait perdu
vingt-quatre heures, puisque rien n'empêchait d'exécuter le 13 le
mouvement ordonné pour le 14. Enfin l'ordre de départ est donné :
les divisions Frossard et Canrobert traversent la Moselle, suivies
des réserves d'artillerie et de cavalerie. Il reste encore sur la rive
droite les corps des généraux Decaen et Ladmirault et la garde,
campés entre les forts Queuleu et Saint-Julien, et ils se disposent à se mettre en marche, lorsque, vers trois heures, ils sont
brusquement attaqués par le corps du général Steinmetz. Le général prussien, prévenu par un espion que l'armée française doit
passer la Moselle le 14 août, était accouru à marches forcées pour
retarder notre retraite. Un combat très-violent s'engage auprès
de Borny et dure jusqu'à la nuit. Nos troupes gardent leurs positions malgré les assauts réitérés de Steinmetz ; le maréchal Bazaine montre de véritables qualités militaires et inaugure son
commandement à la complète satisfaction des troupes ; mais notre
marche sur Verdun se trouvait retardée, et en ce sens, l'ennemi
avait atteint son but sans avoir remporté une victoire, comme
l'annonça précipitamment le roi de Prusse à sa femme.

Nos pertes s'élevèrent à trois mille six cent huit morts, dont
deux cents officiers ; le général Decaen avait été grièvement atteint
d'un coup de feu à la jambe. Les Prussiens perdirent près de
cinq mille hommes. Mais ils considéraient comme un résultat
très-important de nous avoir fait perdre une journée.

Il dépendait du maréchal Bazaine de réparer cette perte de
temps en pressant la marche de son armée ; le 15 août au matin
il en était temps encore. Frédéric-Charles avait passé la Moselle
vers Pont-à-Mousson pendant la bataille de Borny, et s'avançait

à marches forcées vers la route de Verdun, mais il lui était impossible de concentrer assez de troupes le 15 et même le 16 pour livrer une bataille décisive, si Bazaine avait le désir de le gagner de vitesse et de se dérober.

Telle ne fut pas l'intention du maréchal Bazaine.

De Metz à Gravelotte, il y a trois lieues ; on mit un jour pour les franchir. Le 15 août, l'armée atteignait le plateau de Gravelotte avec une lenteur désolante. Le 2ᵉ corps (Frossard) s'arrêtait à Rézonville ; le 6ᵉ (Canrobert) se plaçait sur la droite de la route, à la hauteur du village de Saint-Marcel ; la garde restait à Gravelotte. Pendant que l'armée allemande marchait avec une rapidité prodigieuse, l'armée de Bazaine s'en allait à petits pas. Dès ce moment, le doute n'est plus possible sur les intentions de Bazaine ; il ne voulait pas s'éloigner de Metz ; sa grande préoccupation, pendant la bataille de Gravelotte, qui va commencer, fut de maintenir des communications avec la ville et de se ménager une retraite. Il ne pouvait pas mieux entrer dans les vues de l'ennemi, et si le prince Frédéric-Charles l'avait conseillé, il ne l'aurait pas conseillé autrement.

Le 16 août, de bonne heure, l'avant-garde du 3ᵉ corps prussien se heurte à l'improviste aux divisions de cavalerie Faron et Valabrègue, détachées à Vionville.

Une panique entraine la cavalerie jusqu'à Rézonville, au milieu des divisions de Frossard. Frossard porte ses troupes en avant, Canrobert l'appuie ; les lignes prussiennes plient, quoique soutenues par le feu de plusieurs batteries disposées en demi-cercle en avant de la route. La cavalerie allemande lancée contre nos lignes est décimée à la fois par les obus, les chassepots et les mitrailleuses. La garde impériale a relevé les premières lignes épuisées ; le corps de Ladmirault vient d'arriver sur le champ de bataille. Le feu de l'ennemi baisse sensiblement. Si le maréchal Bazaine tentait maintenant un effort suprême, il culbuterait les Allemands qui se trouvent devant lui, et la route de Verdun serait libre ; mais, écrit un témoin, le colonel d'Andlau, « ou le maréchal Bazaine ne comprit pas cette situation, puisqu'il n'essaya pas d'en profiter, ou il ne voulut pas la comprendre, parce qu'il avait d'autres projets. On le voit, en effet, ne plus quitter l'extrême gauche de l'armée, observer les différents chemins qui conduisent de la vallée sur le plateau de Gravelotte, y appeler sans cesse de nouvelles troupes et les masser successivement à la tête des ravins qui vont à Ars et à Gorze. Toutes ses craintes sont pour un mouvement tournant de l'ennemi vers ce côté, et *il semble que sa seule pensée soit de rester en communication avec cette ville de Metz dont il ne devrait plus se préoccuper.* »

Telle était bien, en effet, la préoccupation dominante du maréchal Bazaine. Au moment où ses soldats se faisaient tuer par milliers pour disputer à l'ennemi la route de Verdun, il ne songeait aucunement à Verdun ; son unique souci était de conserver libres ses communications avec Metz.

Cependant des renforts arrivent sans cesse aux Prussiens. Au bruit de la violente canonnade engagée depuis le matin, les troupes de Frédéric-Charles ont doublé le pas. Elles arrivent vers cinq heures, et une nouvelle attaque se dessine, attaque furieuse, où les grosses masses de cavalerie se heurtent et s'égorgent avec une rage qu'on n'avait pas vue encore à ce degré d'intensité. Déjà l'après-midi, dans la fureur du combat, une brigade de hussards prussiens s'était précipitée sur une batterie de la garde, où se trouvait le maréchal Bazaine avec son état-major, et le maréchal avait dû mettre l'épée à la main. Dans les péripéties saisissantes de la lutte, trois escadrons de cuirassiers blancs et trois escadrons de uhlans avaient pénétré, au triple galop de leurs chevaux, au milieu des lignes françaises : des mitrailleuses couchent les premiers rangs par terre ; les autres, véritable ouragan de fer, continuent leur course effrayante. Tout à coup, ils sont pris en flanc par la cavalerie Forton, fusillés de front par l'infanterie, enveloppés dans un cercle de feu : presque tous périssent.

L'avantage était resté à nos troupes. À la nuit tombante, l'armée française, fière de sa victoire, conservait toutes les positions qu'elle occupait le matin ; elle avait perdu en morts ou blessés 16,954 hommes ; les pertes de l'ennemi étaient plus grandes encore. Mais 80,000 hommes n'avaient pas été engagés par le maréchal Bazaine. Grâce à la valeur de ces troupes fraîches, on se frayera un passage. En avant ! en avant ! Tel est le cri de cette armée qui vient d'arroser de son sang les coteaux de Gravelotte, et qui a sous les yeux des monceaux de cadavres pour attester la sublime grandeur de ses efforts.

O stupéfaction ! À cette armée impatiente de recueillir le fruit de sa valeur, arrive dans la soirée l'ordre de reculer ! Le maréchal Bazaine l'ordonne : il faut rétrograder vers Gravelotte. Pourquoi? pourquoi? C'est donc inutilement que dix-sept mille morts ou blessés jonchent le champ de bataille ! C'est donc pour revenir sous Metz qu'on s'est battu douze heures ! C'est donc pour laisser les Allemands s'attribuer la victoire qu'on va quitter ces positions conservées au prix de tant de sang répandu ! A cette nouvelle, soldats et officiers furent plongés dans la consternation. Le soir de la bataille de Gravelotte, la grande armée du Rhin perdit l'espérance ; elle se demanda avec une anxiété profonde ce que voulait son commandant en chef ; mais elle ne l'apprit bien que le lendemain, à la bataille de Saint-Privat.

En ordonnant à son armée de reculer vers Metz après la sanglante et glorieuse bataille de Gravelotte, le maréchal Bazaine ne jetait pas seulement l'insulte aux efforts surhumains qu'elle avait faits pour s'ouvrir la route de Verdun ; il abandonnait dans les ambulances de Rézonville des milliers de blessés qui allaient être recompensés de leur bravoure en tombant aux mains de l'ennemi, avant de mourir, faute de soins. Ce n'est pas tout : on avait réuni sur le plateau de Gravelotte d'immenses quantités d'approvisionnements, caisses de biscuit, linge, chaussures, effets de campement, le maréchal ordonna qu'on y mît le feu ; un immense brasier s'alluma et dura toute la journée du 17. Les Prussiens ne savaient ce que cet incendie voulait dire ; l'armée française, en se retirant vers les positions qui lui étaient assignées, contemplait ce spectacle avec un morne désespoir et songeait douloureusement aux infortunés blessés qui appelaient en vain des secours dans les ambulances de Rézonville.

L'armée, tournant le dos à Metz, fut échelonnée sur les hauteurs accidentées qui courent à l'ouest de la ville, de Rozerieulles à Saint-Privat, sur une longueur de dix kilomètres.

Le 2ᵉ corps (général Frossard) s'étendait de Rozerieulles au Point-du-Jour, sur la crête des collines qui font face à Gravelotte et commandent la route de Verdun. Le 2ᵉ corps, formé des divisions Vergé et Bataille et de la brigade Lapasset, comptait environ quinze mille hommes. Au pied de ces collines, coule la petite rivière de la Mance, qui va se jeter dans la Moselle près d'Ars, et dont les bords pouvaient être utilisés en vue d'une attaque de l'ennemi.

Le 3ᵉ corps (maréchal Le Bœuf) occupait l'espace compris entre

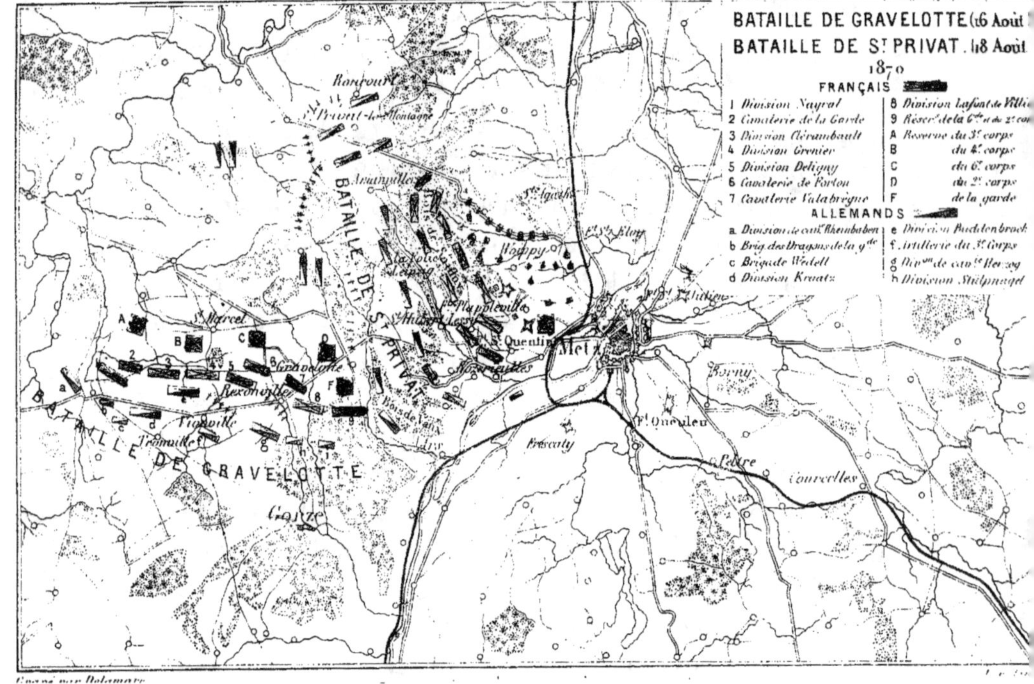
BATAILLE DE GRAVELOTTE (16 Août
BATAILLE DE St PRIVAT. 18 Août
1870
FRANÇAIS
1 Division Nayral
2 Cavalerie de la Garde
3 Division Clérambault
4 Division Grenier
5 Division Deligny
6 Cavalerie de Forton
7 Cavalerie Valabrègue
8 Division Lafont de Villiers
9 Réserve de la 6me et de 2e corps
A Réserve du 3e corps
B du 4e corps
C du 6e corps
D du 2e corps
F de la garde
ALLEMANDS
a Division de cav. Rheinbaben
b Brig des dragons de la 9de
c Brigade Wedell
d Division Kraatz
e Division Buddenbrock
f Artillerie du 3e Corps
g Division de cav. Herzog
h Division Stülpnagel
Roncourt
St Privat-la-Montagne
Amanvillers
BATAILLE DE St PRIVAT
St Agathe
St Eloy
Woippy
La Folie
Leipzig
Plappeville
St Julien
Châtel St Germain
St Marcel
Quentin
Metz
A
B
C
D
Vernéville
Gravelotte
Rezonville
F
Borny
BATAILLE DE GRAVELOTTE
Tignville
Trinville
Vaux
Bois de la Dame
Scy
Fort Queuleu
Frescaty
St Pierre
Courcelles
Gorze
Gravé par Delamare

le Point-du-Jour et la ferme de Leipzig et de Moscou. Il comptait environ trente-six mille hommes, sous le commandement des généraux Montaudon, Metman, Aymard et Castagny.

Le 4e corps (général Ladmirault) s'étendait de la ferme de la Folie à Amanvilliers, en passant par Montigny-la-Grange. Il était formé de trois divisions sous les ordres des généraux de Cissey, Grenier et Lorencez, et comprenait vingt-six mille hommes.

Le 6e corps (maréchal Canrobert), formant l'extrême droite, était à cheval sur la route de Metz à Briey, s'étendant d'Amanvilliers à Saint-Privat-la-Montagne. Les quatre divisions étaient sous les ordres des généraux Tixier, Bisson, Lafont de Villiers et Levassor-Sorval. On peut évaluer le chiffre de ces troupes à vingt-six mille hommes.

En tout cent trois mille hommes, sur un front de bataille de douze kilomètres. Il faut ajouter que le maréchal Bazaine avait en réserve, au pied du fort de Plappeville et dans le camp retranché de Metz, toute la garde impériale, la cavalerie et la réserve générale d'artillerie, soit environ trente mille hommes et cent vingt bouches à feu.

Telles étaient les positions occupées par l'armée française dans la soirée du 17 août, pendant que le prince Frédéric-Charles lançait des détachements de uhlans dans la direction du nord, craignant que Bazaine ne se fût dérobé à la suite de la bataille de Gravelotte. Lorsqu'il apprit que l'armée française s'était rapprochée de Metz, il fut rempli de joie et donna des ordres pour hâter la concentration des deux armées allemandes ; dans sa pensée, la bataille qui allait être livrée serait décisive. La journée du 17 et la nuit qui la suivit furent employées à préparer une attaque générale sur nos lignes.

Quant au maréchal Bazaine, il ne parut nullement se douter que le soleil qui allait se lever éclairerait une des plus sanglantes batailles du siècle. Après avoir donné les ordres qu'on sait pour la distribution des troupes, il se retira dans son quartier général, à Plappeville, abandonnant tout à la fatalité. Il ne lui vint pas à la pensée de visiter les campements, ni de s'assurer par lui-même si ses ordres avaient été exécutés avec intelligence. Cependant des avis réitérés lui furent donnés ; des officiers placés en observation dans le clocher de la cathédrale avaient signalé le passage de fortes colonnes ennemies se dirigeant de Rezonville vers Amanvilliers ; des paysans accouraient pour annoncer que des masses ennemies se portaient vers Conflans. Bazaine resta impassible.

L'extrême droite de l'armée était dans une situation très-périlleuse. Le corps du maréchal Canrobert, à Saint-Privat, pouvait être pris en flèche par l'ennemi ; de grands bois entouraient ses positions, des ondulations de terrain très-avantageuses pour l'attaque le laissaient exposé aux coups imprévus d'un adversaire dont la hardiesse était connue. Il était, en outre, aisé de prévoir que le 6ᵉ corps aurait à supporter plus que tout autre le choc des Allemands, car il gardait la route de Bricy, la seule désormais praticable à l'armée française pour se retirer par les Ardennes. Pour comble de malheur, le 6ᵉ corps, en même temps qu'il était le plus exposé à être attaqué, était aussi le moins complet de tous. Envoyé successivement de Châlons à Nancy, et de nouveau à Châlons, puis appelé subitement à Metz, il était arrivé le 9 août, laissant en arrière une partie de sa deuxième division, son artillerie et son parc de réserve ; il n'avait ni mitrailleuses, ni les six batteries de réserve que comportait son effectif. Cette cause d'infériorité n'aurait pas échappé au maréchal Bazaine, s'il eût visité les campements dans la journée du 17. On vit, dans la journée du 18, les effets de cette impardonnable négligence.

Huit corps d'armée allemands dont l'effectif total s'élevait à deux cent quarante mille hommes, avaient pris position dans la nuit du 18 août.

La bataille commença vers midi, par une brusque attaque sur les positions de Lebœuf et de Frossard au Point-du-Jour ; au centre, le corps Ladmirault contenait le choc des 9ᵉ et 3ᵉ corps prussiens. La canonnade devint en peu de temps d'une extrême violence sur cette ligne de dix kilomètres, qui s'étend de Rozerieulles à Saint-Privat. La garde royale prussienne, soutenue par le 10ᵉ corps et les Saxons, avait reçu l'ordre de marcher sur Saint-Privat et de briser notre aile droite.

Quatre heures s'étaient écoulées depuis l'engagement de la lutte et l'ennemi avait été repoussé de tous les points qu'il avait essayé d'aborder ; Lebœuf et Frossard lui avaient fait subir des pertes sensibles ; le 9ᵉ corps avait été écharpé en attaquant la position de Ladmirault ; mais, tandis qu'à notre gauche la bataille semblait se ralentir, elle prenait une intensité extraordinaire vers la droite, dans la direction de Saint-Privat. On entendait gronder de ce côté une canonnade terrible, et l'horizon était en feu. L'effort de l'ennemi se portait tout entier de ce côté. Désespérant de briser la résistance des admirables troupes de Lebœuf, Frossard et Ladmirault autour d'Amanvilliers, le prince Frédéric-Charles s'est décidé à porter toutes ses forces contre le corps de Canrobert. Le 6ᵉ corps, composé de vingt-six mille hommes et dont l'artillerie est incomplète, a devant lui quatre-vingt mille hommes et environ deux cents bouches à feu.

Cependant, le maréchal Bazaine reste tranquillement à son quartier général de Plappeville. Le tonnerre qui gronde autour de lui, les lueurs sinistres de Saint-Privat, les angoisses des officiers qui l'entourent sans rien comprendre à sa quiétude, rien ne le touche. Vers trois heures, il se décide à regarder du haut du fort Saint-Quentin, mais, au lieu de s'occuper de ce qui se passe vers Saint-Privat, il donne toute son attention à l'aile gauche et fait placer quelques pièces de canon sur la lisière du bois de Vaux, où elles étaient inutiles. Puis il remonte à cheval, traverse le parc d'artillerie de réserve où sont cent vingt bouches à feu de gros calibre qui sauveraient notre aile droite ; il voit ensuite les batteries de réserve de la garde également au repos, il voit les chevaux d'artillerie qui ne sont pas même garnis, et il ne donne aucun ordre ; il ne paraît pas se douter que le sort de son armée et de la France se joue à quelques kilomètres !

Il était cinq heures : les Prussiens, ayant échoué partout, tentaient un effort désespéré sur Saint-Privat. Une artillerie formidable écrasait nos lignes, et l'artillerie de Canrobert, manquant de munitions, ne tirait presque plus. C'était le moment pour Bazaine de faire avancer les cent vingt bouches à feu de réserve. Le prince de Wurtemberg, commandant la garde royale, cherchait encore les Saxons à l'horizon et ne les voyait pas paraître. Cependant l'heure avance, le jour baisse. Le prince Frédéric-Charles ordonne au prince de Wurtemberg d'enlever le village de Saint-Privat. « Les brigades, dit le prince Frédéric-Charles, dans son rapport, se précipitèrent avec une bravoure qu'on ne saurait dépasser contre des hauteurs fortement occupées et battues par un feu rasant de mousqueterie ; mais les pertes considérables qu'éprouvèrent nos bataillons forcèrent le prince de Wurtemberg à interrompre son attaque et à attendre la coopération des Saxons sur le flanc de l'ennemi. » Fusillée de front par les divisions de Canrobert et de flanc par une brigade de la division de Cissey, très-habilement déployée, la garde prussienne reculait abîmée ; à ce moment la victoire était à nous, si Bazaine eût fait avancer les trente mille hommes de la garde impériale et la puissante artillerie qu'il s'obstinait à laisser en réserve.

Mais Bazaine ne parut même pas sur le champ de bataille pendant cette journée mémorable ! Il resta dans Plappeville, il laissa massacrer ses pauvres soldats et il commit ce crime froidement, dans une impassibilité qui est un des scandales de l'histoire.

A six heures, les Saxons ont achevé leur marche tournante ; ils entrent en ligne avec quatre-vingts pièces de canon qui, jointes aux cent quatre-vingts pièces de la garde royale, menacent d'anéantir notre aile droite prise à la fois de front et en écharpe. Canrobert, sur le point d'etre enveloppé dans Saint-Privat, abandonne vers sept heures ce malheureux village dévoré par les incendies allumés par les obus. La retraite sonne, ou plutôt la déroute ; les soldats, qui se sont battus tout le jour avec tant de bravoure, se livrent au découragement en voyant l'inutilité de leurs efforts immenses. Le 6ᵉ corps s'écoule en désordre vers Metz par la route de Woippy, entraînant dans sa course le corps de Ladmirault, foudroyé à son tour par l'artillerie prussienne. Les divisions se melent ; c'est une cohue sans nom. Par bonheur, les Prussiens ne lancent pas de cavalerie à la poursuite de cette armée démoralisée. Nous avions perdu douze mille hommes tués ou blessés. Les pertes de l'ennemi paraissent avoir eté plus considérables.

En réalité, l'armée du Rhin n'existait plus ; elle se trouvait bloquée sous Metz par la bataille de Saint-Privat ; toutes les routes qui lui auraient permis de communiquer avec le reste de la France étaient interceptées. M. de Moltke avait réalisé son plan, et les circonstances lui avaient donné, pour atteindre ce but, un auxiliaire sur lequel il n'avait pas compté : le maréchal Bazaine, que nous retrouverons plus tard continuant son œuvre.

LIVRE TROISIÈME.

SEDAN

La France ne connaissait pas encore l'étendue de ses désastres ; elle était entretenue dans ses illusions et son ignorance par le ministre de la guerre, le comte de Palikao, homme très-versé dans l'art de dissimuler la vérité et très-habile à couvrir les mauvaises nouvelles du masque d'une discrétion patriotique. La majorité du Corps législatif, d'ailleurs, donnait toute son approbation à ce silence embarrassé ; si parfois le ministre de la guerre lisait des dépêches à la tribune, elles étaient presque toujours contraires à la vérité ; l'une d'elles annonçait un jour que, pendant la bataille du 18 août (Saint-Privat), trois corps prussiens avaient été précipités dans les carrières de Jaumont. On parla beaucoup des carrières de Jaumont, et les journaux à sensation donnèrent des renseignements très-émouvants sur l'engloutissement des Prussiens dans cet abîme fantastique. Par ces mensonges, on exaltait les pensées et on préparait, sans le vouloir, de terribles explosions de colère pour le jour où la triste vérité serait enfin connue. Peut-être faut-il ajouter, à la décharge du comte de Palikao, que les nouvelles qu'il recevait lui-même du théâtre de la guerre étaient loin quelquefois de présenter les événements sous leur vrai jour. On en jugera par la dépêche envoyée à l'empereur par le maréchal Bazaine, le soir de la terrible bataille de Saint-Privat :

Le maréchal Bazaine à l'empereur.

« Camp du fort de Plappeville, 18 août 1870,
8 h. du soir.

« J'ignore l'importance de l'approvisionnement de Verdun ; je crois qu'il est nécessaire de n'y laisser que ce dont a besoin la place.

« J'arrive du plateau ; l'attaque a été très-vive. En ce moment, sept heures, le feu cesse. Nos troupes constamment restées sur leurs positions. Un régiment, le 60e, a beaucoup souffert en défendant la ferme Saint-Hubert. »

Personne, assurément, après avoir lu cette dépêche, ne se serait douté de la gravité des événements qui s'étaient accomplis sous les murs de Metz. Le lendemain, le maréchal Bazaine complétait son rapport sur la journée du 18 août par la dépêche suivante, qui a une grande importance au point de vue historique. Elle est adressée à Napoléon III :

« Ban-Saint-Martin, 19 août 1870.

« L'armée s'est battue hier toute la journée dans les positions de Saint-Privat et de Rozerieulles. Ce n'est que vers neuf heures du soir que le 4ᵉ et le 6ᵉ corps ont fait un changement de front, l'aile droite en arrière, pour éviter d'être tournés par la droite, tentative faite par des masses ennemies à la faveur de la nuit. Ce matin, j'ai fait descendre le 2ᵉ et le 3ᵉ corps de leurs positions, et l'armée est de nouveau groupée sur la rive gauche de la Moselle, de Longeville au Sansonnet, formant une ligne courbe qui s'étend par le Ban-Saint-Martin, derrière les forts de Saint-Quentin et de Plappeville. Les troupes sont fatiguées par suite de ces combats incessants qui rendent les distributions et tous soins impossibles. Il est absolument indispensable de leur accorder un ou deux jours de repos.

« Le roi de Prusse était ce matin à Rézonville avec le général de Moltke. Tout indique que les Prussiens veulent entreprendre quelque chose contre Metz.

« *Je compte toujours prendre la direction du nord et me jeter par Montmédy sur la grande route de Sainte-Menehould à Châlons, si celle-ci n'est pas trop fortement occupée. Dans ce dernier cas, je marcherai par Sedan et même par Mézières pour gagner Châlons..... »*

Cette dépêche, expédiée de Metz le 19 août, ne fut connue à Paris que le 22. On verra tout à l'heure les funestes décisions dont elle fut la cause.

Le lendemain, Bazaine recevait du maréchal Mac-Mahon, alors à Châlons, une dépêche datée du 16 août et conçue en ces termes :

« Camp de Châlons, 16 août 1870, 3 h. 25.

« Si, comme je le crois, vous êtes forcé de battre en retraite très-prochainement, je ne sais, à la distance où je suis de vous, comment vous venir en aide sans découvrir Paris. Si vous en jugez autrement, faites-le-moi savoir. »

Le maréchal Mac-Mahon était arrivé au camp de Châlons le 16 août avec les débris du 1ᵉʳ corps, que nous avons laissé sur la route de Saverne après la bataille de Frœschwiller. La retraite de celle armée vaincue offre un des plus navrants tableaux que l'on ait jamais vus. Les régiments vont pêle-mêle ; les routes, changées en torrents boueux par des pluies continuelles, sont encombrées de voitures de paysans qui fuient leurs villages à l'approche de l'ennemi ; les soldats ont perdu leurs bagages, ils n'ont pas de vivres et se livrent au maraudage ; plus de discipline; la marche dans la boue, les haltes sans feu, les nuits sans sommeil ont achevé d'abattre les plus fiers courages. Pour comble de malheur, les soldats seraient dans l'impossibilité de se défendre, si l'ennemi les attaquait tout a coup : les cartouches qu'ils portent dans leur musette, à défaut de sac, sont mouillées, hors d'état de servir. Dans le désordre de cette fuite navrante, le maréchal Mac-Mahon oublia de faire sauter le tunnel de Saverne. Ainsi, les passages des Vosges etaient ouverts à l'ennemi, et on ne songeait pas même à retarder sa marche en détruisant cet ouvrage. Les débris du 1er corps arrivèrent le 16 août à Châlons, où ils furent rejoints trois jours après (20 août) par le corps de Failly. On se hâtait de former une armée nouvelle destinée à couvrir Paris ou à donner la main au maréchal Bazaine.

Napoléon III venait d'arriver, lui aussi, à Châlons. Parti de Metz, le 14, après avoir annoncé dans une proclamation mensongère qu'il allait « combattre l'invasion, » il s'était d'abord arrêté à Longeville. Le 15, il avance jusqu'à Gravelotte et s'arrête dans une auberge où il passe le reste de la journée et la nuit, muet, accablé, tantôt traçant des plans sur le sable, tantôt pleurant comme un enfant, excitant plus encore la pitié que le mépris. On ne saura jamais les songes qui obsédèrent le César chancelant pendant la nuit qu'il passa dans cette pauvre auberge. Quelles images durent s'agiter devant ce contempteur de la justice, quand il comprit, qu'au milieu des malheurs attirés sur la France par sa témérité, l'heure de la justice allait sonner pour lui ! Au moment où il franchit, à l'aube du 16 août, le seuil de l'auberge de Gravelotte, une scène inoubliable se fixa dans l'esprit des assistants. Un officier supérieur l'a racontée :

« A peine, dit ce témoin, le crépuscule apparaît-il, que l'empereur sort de la mauvaise auberge où il a passé la nuit; son visage fatigué porte l'empreinte du chagrin et de l'inquiétude, les larmes semblent y avoir tracé de profonds sillons, son regard est plus voilé encore que d'habitude, sa démarche dénote l'affaissement

MAC-MAHON

Degorce-Cadot, édit. Paris.

J. Claye, imp.

qui l'accable ; dans son entourage, on voit la tristesse sur tous les visages, la désillusion dans toutes les pensées. Le maréchal Bazaine arrive et cause quelques instants avec l'empereur et son fils. La brigade des dragons et des lanciers de la garde se forme sur la route, prête à l'escorter ; les voitures avancent et le signal du départ est donné !

« Ce fut là un triste spectacle, qu'il n'est guère possible d'oublier, quand on en a été témoin ; il y avait dans cette scène nous ne savons quoi de lugubre qui serrait le cœur.

« N'était-il pas navrant de voir ce souverain obligé de s'éloigner au moment même où ses soldats se préparaient au combat ? Quel contraste entre ce départ et l'entrée triomphale à Metz quinze jours auparavant ! »

Napoléon arrivait à Verdun, pendant qu'on se battait à Gravelotte. Là, pressé de s'éloigner des pays menacés par l'ennemi, il voulut partir tout de suite. Les wagons manquaient ; on découvrit cependant une voiture affectée au transport des bestiaux ; on osait à peine la lui offrir. Il s'en contenta. On couvrit le fond du wagon d'un matelas, on y étendit cette majesté livide, et le train partit pour le camp de Châlons. Là, dit-on, sous la pâleur du visage, les soldats reconnaissaient encore l'empereur et ne le saluaient plus.

Le lendemain, 17 août, un conseil de guerre se réunit au camp de Châlons sous la présidence de l'empereur. Le prince Napoléon, le maréchal Mac-Mahon, le général Berthault, le général Schmitz et le général Trochu, arrivé la veille, assistaient à la séance. Le général Trochu fut nommé gouverneur de Paris ; on décida qu'il partirait immédiatement pour son nouveau poste et que l'empereur rentrerait après lui dans la capitale. La maréchal Mac-Mahon, nommé commandant en chef de l'armée de Châlons, devait se rabattre sur Paris avec ses troupes. Toutefois, il attendrait, avant de s'éloigner, des nouvelles de Bazaine qui, selon toute probabilité, était sur la route de Metz à Verdun. Les deux armées tâcheraient de se rejoindre et de se retirer ensemble sur la route de Paris pour rester en communication avec la partie du territoire qui n'était pas encore envahie. Quant au général Trochu, en arrivant à Paris, il devait se hâter d'armer les remparts et de mettre la ville en état de défense. On espérait que l'investissement complet de la capitale serait empêché par l'armée de secours commandée par Mac-Mahon, et, dans ce but, on se proposait de mettre cette armée en position derrière la rive gauche de la Seine. Aussitôt ces sages décisions arrêtées, le général Trochu partit, et Napoléon III écrivit à l'impératrice régente pour la prévenir qu'il suivrait de près le nouveau gouverneur.

Le conseil de guerre de Châlons n'avait pas du tout songé à la résistance que ce plan allait rencontrer auprès de l'impératrice régente et du général de Palikao. L'opinion publique, surmenée par la presse bonapartiste, souhaitait vivement alors que le maréchal Mac-Mahon prît la direction du Nord pour donner la main à l'armée de Bazaine ; on le souhaitait plus vivement encore dans l'entourage de l'impératrice, parce qu'on ne voulait à aucun prix du retour de l'empereur à Paris, dans l'intérêt de sa couronne et de sa dynastie. Aussi, la nomination du général Trochu au poste de gouverneur, très-favorablement accueillie par la population parisienne, fut-elle considérée par le ministère comme une faute et comme un danger. Ce sentiment se fit jour dans la réception faite au général par l'impératrice ; la régente reçut le nouveau gouverneur de Paris, non comme un auxiliaire dans une situation critique, mais comme un ennemi. Le soir même de son arrivée, le général Trochu s'étant rendu aux Tuileries, l'impératrice lui adressa ces paroles :

« Général, les ennemis seuls de l'empereur ont pu lui conseiller ce retour à Paris. Il ne rentrerait pas vivant aux Tuileries. »

Le ministre de la guerre, comte de Palikao, ne montra pas moins de froideur pour le général Trochu ; il lui déclara sans autre détour « que l'armée de Mac-Mahon ne viendrait pas à Paris ; qu'au contraire, de tous les points de la France, et de Paris en particulier, partiraient pour le théâtre des opérations toutes les troupes, tout le matériel qui pourraient être réunis. »

Tel était le cas qu'on faisait des décisions du conseil de guerre de Châlons, présidé par l'empereur en personne.

Le ministre de la guerre s'était empressé de dissuader l'empereur d'un pareil projet ; il le « suppliait de renoncer à l'idée de la marche sur Paris, » parce que cette idée « paraîtrait l'abandon de l'armée de Metz. »

La proclamation du général Trochu aux habitants de Paris, affichée le 18 août, confirma l'impératrice et le ministère dans la pensée que le retour de l'empereur serait le signal d'un soulèvement populaire et de la perte de la dynastie. Le gouverneur s'exprimait ainsi :

Habitants de Paris,

Dans le péril où est le pays, je suis nommé gouverneur de Paris et commandant en chef des forces chargées de défendre la capitale en état de siége. Paris se saisit du rôle qui lui appartient, et il veut être le centre des grands efforts, des grands sacrifices et des grands exemples. Je viens m'y associer avec tout mon cœur ; ce sera l'honneur de ma vie et l'éclatant couronnement d'une carrière restée jusqu'à ce jour inconnue de la plupart d'entre vous.

J'ai la foi la plus entière dans le succès de notre glorieuse entreprise; mais c'est à une condition dont le caractère est impérieux, absolu, et sans laquelle nos communs efforts seraient frappés d'impuissance. Je veux parler du bon ordre, et j'entends par là non-seulement le calme de la rue, mais le calme dans vos foyers, le calme dans vos esprits, la déférence pour les ordres de l'autorité responsable, la résignation devant les épreuves inséparables de la situation, enfin la sérénité grave et recueillie d'une grande nation militaire qui prend en main avec une ferme résolution, dans des circonstances solennelles, la conduite de ses destinées.

Et je ne m'en référerai pas, pour assurer à la situation cet équilibre i désirable, aux pouvoirs que je tiens de l'état de siége et de la loi. Je le demanderai à votre patriotisme, je l'obtiendrai de votre confiance, en montrant moi-même à la population de Paris une confiance sans limites. Je fais appel à tous les hommes de tous les partis, n'appartenant moi-même, on le sait dans l'armée, à aucun parti qu'à celui du pays. Je fais appel à leur dévouement. Je leur demande de contenir par l'autorité morale les ardeurs qui ne sauraient se contenir eux-mêmes, et de faire justice par leurs propres mains de ces hommes qui ne sont d'aucun parti et qui n'aperçoivent dans les malheurs publics que l'occasion de satisfaire des appétits détestables.

Et pour accomplir mon œuvre, après laquelle, je l'affirme, je rentrerai dans l'obscurité d'où je sors, j'adopte l'une des vieilles devises de la province de Bretagne, où je suis né :

« Avec l'aide de Dieu, pour la patrie. »

Général Troch..

Paris, le 18 août 1870

Cet honnête langage, sauf une phrase malheureuse et qui aurait pu être mal interprétée, alla droit au cœur de la population parisienne. On goûta beaucoup le silence du gouverneur à l'endroit de Napoléon III, justement accusé d'être l'auteur des revers de l'armée ; dans le passage relatif à la nation qui prend en main la conduite de ses destinées, ou se plut à saluer le commencement d'une phase nouvelle, l'annonce de la guerre vraiment nationale.

Ces divers symptômes n'échappèrent ni à M. de Palikao ni à l'impératrice. Sans perdre un instant, on insista de nouveau pour faire abandonner l'idée du retour de l'empereur et de l'armée à Paris.

Le maréchal Mac-Mahon eut la faiblesse de se laisser gagner au projet du ministre de la guerre. Il télégraphiait le 19 août :

« Veuillez dire au conseil des ministres que je ferai tout pour rejoindre Bazaine. »

Le sort en est jeté. Cependant le commandant en chef de l'armée de Châlons espère, au moment où il s'engage à remonter vers le nord, que le maréchal Bazaine est en train d'exécuter son projet de retraite sur Verdun ; il ignore encore les tristes conséquences des batailles livrées dans les environs de Metz. Le 20 août, il apprend que Bazaine a reculé sous le canon de la ville à la suite de la bataille de Gravelotte. Il consulte aussitôt M. de Palikao. Celui-ci connaissait déjà les résultats de la bataille de Saint-Privat, il savait très-probablement que Bazaine avait été refoulé dans le camp retranché de Metz ; mais, tenant toujours à sa chimère, il donne une indication fausse au maréchal Mac-Mahon en lui écrivant que, « le 18 au soir, Bazaine occupait comme position la ligne d'Amanvilliers à Sussy. »

Nous sommes au 20 août. Mac-Mahon, hésitant, inquiet, troublé par ce qu'il sait de l'immobilité de Bazaine, se rattache au premier plan adopté, et revient à l'idée de se rapprocher de Paris. Mais ne voulant pas s'éloigner des défilés de l'Argonne, afin d'être prêt à secourir Bazaine, au cas où celui-ci arriverait à la tête de son armée, il s'arrête à Reims. En prenant ces dispositions prudentes, le maréchal considérait à la fois l'intérêt de la France et de son armée. On allait lui apprendre que la stratégie devait céder le pas à la politique et que le salut de la dynastie importait plus que le salut de la patrie.

Le personnage chargé de cette triste mission auprès du maréchal n'était autre que M. Rouher, président du Sénat impérial, l'avocat sans pudeur de l'expédition du Mexique, devenu un personnage politique influent au temps où un Corps législatif servile applaudissait tout ce qui était officiel. Verbeux sans éloquence, passionné sans conviction, grand homme d'État bonapartiste sans aucune des vues philosophiques et morales de l'homme d'État, l'ancien membre du barreau de Riom était le digne serviteur d'un gouvernement qui ne se piquait pas de scrupule, et il avait pris bonne place dans la galerie qui commence au duc de Morny pour finir à Émile Ollivier. Il fut encore une fois le mauvais génie de la France dans l'entrevue de Courcelles ; là, en pré sence de son souverain tombé en enfance, il insista « au point de vue politique, » — le mot est de M. de Palikao, — pour la marche de Mac-Mahon vers Metz. Le maréchal, se plaçant au point de vue militaire, représenta les dangers de l'opération qui lui était conseillée. Ses arguments parurent décisifs, même à M. Rouher, car au bout d'une heure d'entretien, le messager inavoué de l'impératrice et de M. de Palikao se ralliait à l'idée de la retraite sur Paris. Mais il importait de préparer les esprits à ce retour par des proclamations ; on se mit à l'œuvre. M. Rouher rédige d'abord un décret par lequel Napoléon nomme le maréchal Mac-Mahon, duc de Magenta, « général en chef de toutes les forces militaires composant l'armée de Châlons et de toutes ·celles qui sont ou seront réunies sous les murs de Paris ou dans la capitale. » Puis il s'occupe d'un projet de lettre de Napoléon au maréchal Mac-Mahon, qui nous a été également conservé et qui est conçu en ces termes :

Maréchal,

Nos communications avec le maréchal Bazaine sont interrompues. Les circonstances deviennent difficiles et graves. Je fais appel à votre patriotisme et a votre dévouement, et je vous confère le commandement général de l'armée de Châlons et des troupes qui se réuniront autour de la capitale et dans Paris.

Vous aurez, Maréchal, la plus grande gloire, celle de combattre et de repousser l'invasion étrangère.

Pour moi, qu'aucune préoccupation politique ne domine autre que celle du salut de la patrie, je veux *être votre premier soldat*[1], combattre et vaincre ou mourir *a côté de vous*[2], au milieu de mes soldats.

Le maréchal Mac-Mahon devait adresser une proclamation à l'armée ; il nous est resté de ce travail deux projets, corrigés sans doute de la main de M. Rouher et dignes à ce titre d'être recueillis par l'histoire, et avec leurs ratures, curieux indices du trouble qui régnait dans les pensées de Napoléon et de M. Rouher.

Le premier projet est conçu dans les termes suivants :

Soldats,

L'empereur me confie le commandement en chef de toutes les forces militaires qui, avec l'armée de Châlons, vont se réunir autour de la capitale.

[1] Les mots en italique sont rayés sur la pièce originale.
[2] Rayé.

Mon désir le plus ardent aurait été de me porter au secours du maréchal Bazaine ; mais, après un mûr examen, j'ai reconnu cette entreprise impossible dans les circonstances où nous nous trouvons. *Nous ne pourrions nous approcher de Metz avant plusieurs jours. D'ici à cette époque le maréchal aura dû briser les obstacles qui l'arrêtent ; notre marche directe sur Metz n'aurait se......*[1]

Pendant notre marche vers l'est, Paris aurait été découvert et une armée prussienne nombreuse pouvait arriver sous ses murs. Après les revers qu'elle a subis sous le premier Empire, la Prusse a créé une organisation militaire qui *lui permet d'armer rapidement son peuple et de mettre, en quelques jours, sous les armes sa population entière ; elle dispose donc de forces considérables. Les fortifications de Paris arrêteront le flot ennemi ; elles nous donneront le temps et les moyens*[2] lui a permis de mettre en mouvement des armées considérables. Les fortifications de Paris arrêteront *le flot*[3] l'ennemi et nous donneront le temps *d'organiser*[4], d'utiliser à notre tour toutes les forces militaires du pays.

L'ardeur nationale est immense ! la patrie est debout ; j'accepte avec confiance le commandement que l'empereur me confère.

Soldats, je compte sur votre patriotisme, sur votre valeur et j'ai la conviction *qu'avec de la persévérance*[5] que nous vaincrons l'ennemi et le chasserons de notre territoire.

Dans la seconde proclamation, le maréchal disait :

Soldats,

L'empereur me confie les fonctions de général en chef de toutes les forces militaires qui, avec l'armée de Châlons, se réuniront autour de Paris et dans la capitale. *Mon vif désir et ma première pensée*[6] Mon désir le plus ardent était de me porter au secours du maréchal Bazaine ; mais cette entreprise était impossible. Nous ne pouvions nous rapprocher de Metz avant plusieurs jours ; d'ici à cette époque, le maréchal Bazaine aura sans doute brisé les obstacles qui l'arrêtent ; d'ailleurs, pendant notre marche directe sur Metz, Paris restait découvert et une armée prussienne nombreuse pouvait arriver sous ses murs

Le système des Prussiens consiste à concentrer leurs forces et à agir par grandes masses.

Nous devons imiter leur tactique ; je vais vous conduire sous les murs de Paris, qui forment le boulevard de la France contre l'ennemi.

Sous peu de jours, l'armée de Châlons sera doublée. Les anciens soldats de vingt-cinq à trente-cinq ans rejoignent de toutes parts. L'ardeur nationale est immense ; toutes les forces de la patrie sont debout.

J'accepte avec confiance le commandement que l'empereur me confère.

Soldats, je compte sur votre patriotisme, sur votre valeur ; *j'ai l'espoir de vaincre*[7], et j'ai la conviction qu'avec de la persévérance et du temps nous vaincrons l'ennemi et le chasserons de notre territoire.

Quand ce travail fut terminé, M. Rouher reprit le chemin de Paris pour prévenir le comte de Palikao et l'impératrice de la

---

[1] Les phrases en italique sont rayées sur l'original.
[2] Rayé.
[3] Rayé.
[4] Rayé.
[5] Rayé.
[6] Rayé sur l'original.
[7] Rayé.

résolution adoptée. Fatalité désolante ! les dépêches de Bazaine, expédiées de Metz le 19 août, arrivaient le même jour à Paris ; le plan arrêté à Châlons fut immédiatement abandonné, au grand contentement de la régente et du ministre de la guerre. Dans la première de ces dépêches, on s'en souvient, Bazaine disait à Mac-Mahon : « Je compte toujours prendre la direction du Nord et me rabattre ensuite par Montmédy sur la route de Sainte-Menehould et Châlons. » Déjà moins affirmatif dans la seconde, il s'exprimait ainsi : « Je prendrai *probablement* la direction du Nord, etc. »

Très-heureux d'empêcher le retour de l'armée de Châlons et de faire exécuter ses projets favoris, le comte de Palikao écrivit aussitôt à l'empereur :

« Paris, 22 août, 1 heure 5 minutes du soir.

« Le sentiment unanime du conseil, en présence des nouvelles du maréchal Bazaine, est plus énergique que jamais. Les résolutions prises hier soir devraient être abandonnées. Ni lettres, ni décrets, ni proclamations ne devraient être publiés...

« Ne pas secourir Bazaine aurait à Paris les plus déplorables conséquences. En présence de ce désastre, il faudrait craindre que la capitale ne se défende pas.

« Paris sera à même de se défendre contre l'armée du prince royal de Prusse. Les travaux sont poussés très-promptement ; une armée nouvelle se forme à Paris. Nous attendons une réponse par le télégraphe. »

La réponse ne se fit pas attendre :

L'empereur au ministre de la guerre.

« Courcelles, le 22 août, 4 heures.

« Reçu votre dépêche. Nous partons demain pour Montmédy. Pour tromper l'ennemi, faire mettre dans le journal que nous partons avec 150,000 hommes pour Saint-Dizier. »

Le maréchal Mac-Mahon avait reçu ces mêmes dépêches de Bazaine, le 22 dans la matinée, et il en avait averti le ministre de la guerre, par le télégramme suivant :

« Reims, 22 août 1870, 11 heures 45 minutes.

« Le maréchal Bazaine a écrit du 19 qu'il comptait toujours opérer son mouvement de retraite par Montmédy. Par suite, je vais prendre des dispositions pour me porter sur l'Aisne.

« Maréchal MAC-MAHON. »

Cette dépêche se croisa sur le fil télégraphique avec celle du comte Palikao, pressant le maréchal de se porter dans la direction de Montmédy. Mais faut-il conclure des termes dont se sert le commandant en chef de l'armée de Châlons, qu'il était résolu à se porter sur Montmédy sans se laisser une chance de retraite vers le nord de la France et vers Paris ? Nullement. Mac-Mahon va se porter sur l'Aisne à la hauteur de Rethel et Vouziers ; mais si Bazaine ne s'avance pas de ce côté, il pourra revenir en arrière. Dans cette situation qu'il juge aventurée, le maréchal a hâte de prévenir Bazaine du mouvement qu'il opère sur l'Aisne pour se porter à sa rencontre. Il écrit la dépêche suivante, qu'il expédie en plusieurs exemplaires dans l'espoir qu'elle arrivera plus sûrement entre les mains de Bazaine :

Le maréchal de Mac-Mahon au général commandant à Verdun ; au commandant supérieur de Montmédy ; au maire de Longuyon.

« Envoyez au maréchal Bazaine la dépêche très importante que voici ; faites-la-lui parvenir par cinq ou six courriers, auxquels vous payerez, pour remplir cette mission, les sommes nécessaires, quelque élevées qu'elles puissent-être. »

Mac-Mahon à Bazaine.

« Reçu votre dépêche du 19. Je suis à Reims, je marche dans la direction de Montmédy. Je serai après-demain sur l'Aisne, d'où j'opérerai, suivant les circonstances, pour venir à votre secours. »

Des témoins dignes de foi attestent que cette importante dépêche fut remise au maréchal Bazaine dans la journée du 23 août par un agent de police de Thionville. L'auteur de l'ouvrage *Metz, campagne, négociations* raconte qu'un officier de l'état-major général se trouvait en ce moment pour affaires chez le maréchal, qui la lui communiqua.

— Mais, monsieur le maréchal, s'écria-t-il, dès qu'il en eut pris connaissance, il n'y a pas de temps à perdre, il faut partir de suite.

— De suite, de suite, lui fut-il répondu, c'est bien vite, mais après-demain nous verrons.

— Le plus tôt sera le mieux, croyez-moi, ajouta l'officier, et il partit, heureux de la bonne nouvelle qu'il venait d'apprendre.

Ce court entretien n'a jamais été démenti ; nous l'empruntons à un historien digne de confiance : le maréchal Bazaine a reçu la dépêche de Mac-Mahon ; il fit cependant comme s'il n'en avait jamais eu connaissance, et comme s'il avait ignoré les périls auxquels Mac-Mahon exposait son armée et la France pour se porter à son secours.

L'armée de Châlons venait de quitter Reims ; le 23 août, elle traverse la petite rivière de la Suippe ; le 25, elle arrive sur les bords de l'Aisne, la gauche (12ᵉ et 5ᵉ corps) à Réthel, le centre (1ᵉʳ corps) à Attigny, la droite (7ᵉ corps) à Vouziers. Ces divers corps se concentrent dès le lendemain entre Vouziers et Tourteron. Mais on est toujours sans nouvelles de Bazaine : Mac-Mahon, anxieux, interrogeant tous les points de l'horizon, multiplie les messagers, demande partout si l'on a quelque indice de l'arrivée de l'armée de Metz ; il reçoit du commandant de place de Montmédy cette laconique et triste dépêche : « *Pas de nouvelles de Bazaine.* »

En même temps, il apprend qu'une armée allemande passe la Meuse au-dessus de Verdun et va se heurter à lui.

Le péril augmente d'heure en heure ; en avançant jusqu'au Chêne-Populeux, Mac-Mahon a découvert la route de Rethel et de Reims, et rien n'annonce l'arrivée de Bazaine ; tout annonce, au contraire, que l'ennemi avance à marches forcées.

Le prince royal de Prusse avait appris à Châlons le départ de Mac-Mahon dans la direction du nord ; il arrête aussitôt ses colonnes et les lance à la poursuite du maréchal. Le prince de Saxe, commandant de la 4ᵉ armée allemande — armée nouvelle, constituée à la suite de la bataille de Saint-Privat — était averti presque en même temps de la marche de Mac-Mahon. Il passe la

Meuse au-dessus de Verdun et marche rapidement sur le flanc
droit de l'armée française par Varenne, le Grand-Pin, Buzancy,
afin de barrer la route de Vouziers à Montmédy.

Telle était la situation de Mac-Mahon : ses lignes de communication avec Paris à peu près perdues, deux cent soixante-
dix mille Allemands le menaçant de tous côtés, et Bazaine toujours immobile ! Que faire ? Avancer encore du côté de Montmdy ?
c'était folie, il y avait encore trois jours de marche avant d'atteindre
cette place, et il aurait fallu livrer bataille. A quoi bon, si Bazaine
ne marche pas sur Montmédy ? Reculer par la route de Réthel et
de Laon ? L'armée allemande barrait déjà le passage de ce côté.
Une seule voie de salut restait à l'armée française : presser sa
marche et remonter vers Mézières. En proie à de cruelles angoisses, Mac-Mahon écrit, le 27, au commandant supérieur de
Sedan :

« Le Chesne, 27 août 1870.

« Je vous prie d'employer tous les moyens possibles pour faire
parvenir au maréchal Bazaine la dépêche suivante :

« *Le maréchal de Mac-Mahon, à Chesne, au maréchal Bazaine.*

« Maréchal Mac-Mahon prévient maréchal Bazaine que l'arrivée du prince royal à Châlons le force à opérer le 29 sa retraite
sur Mézières, et de là à l'ouest, s'il n'apprend pas que le mouvement de retraite du maréchal Bazaine soit commencé. »

A huit heures trente minutes du soir, le commandant en chef de
l'armée de Châlons faisait part de son projet au ministre de la
guerre, à Paris, en ces termes :

«Le Chesne, 27 août 1870, 8 h. 30 m. du soir.

« Les 1re et 2e armées, plus 200,000 hommes, bloquent Metz,
principalement sur la rive gauche ; une force évaluée 50,000
hommes serait établie sur la rive droite de la Meuse pour gê-
ner ma marche sur Metz. Des renseignements annoncent que

l'armée du prince royal de Prusse se dirige aujourd'hui sur les Ardennes avec 50,000 hommes ; elle serait déjà à Ardeuil.

« Je suis au Chesne avec un peu plus de 100,000 hommes.

« *Depuis le 19, je n'ai aucune nouvelle de Bazaine ;* si je me porte à sa rencontre, je serai attaqué de front par une partie des 1ᵉ et 2ᵉ armées qui, à la faveur des bois, peuvent dérober une force supérieure à la mienne ; en même temps attaqué par l'armée du prince royal de Prusse, *me coupant toute ligne de retraite.*

« Je me rapproche demain de Mézières, d'où je continuerai ma retraite, selon les événements, vers l'ouest. »

A la lecture de cette dépêche, M. de Palikao, l'impératrice et les ministres ne furent pas frappés par la détresse de l'armée, attestée par le cri d'alarme de son commandant en chef ; ils ne pensèrent qu'aux périls qui menaçaient la dynastie, et les considérations politiques qui avaient conduit l'armée de Châlons sur la route de Montmédy prévalurent encore sur les considérations militaires. La dépêche du maréchal de Mac-Mahon était partie du Chesne à huit heures trente minutes du soir ; à onze heures, le ministre de la guerre écrivait — non à Mac-Mahon — mais à l'empereur cette dépêche accusatrice où perce dès le début l'unique préoccupation du gouvernement :

« Paris, 27 août 1870, 11 h. du soir.

« Si vous abandonnez Bazaine, la révolution est dans Paris et vous serez attaqué vous-même par toutes les forces de l'ennemi. Contre le dehors, Paris se gardera. Les fortifications sont terminées. Il me paraît urgent que vous puissiez parvenir rapidement jusqu'à Bazaine. Ce n'est pas le prince royal de Prusse qui est à Châlons, mais un des princes, frère du roi de Prusse, avec une avant-garde et des forces considérables de cavalerie. Je vous ai télégraphié ce matin deux renseignements qui indiquent que le prince royal de Prusse, sentant le danger auquel votre marche tournante expose et son armée et l'armée qui bloque Bazaine, aurait changé de direction et marcherait vers le nord. Vous avez au moins trente-six heures d'avance sur lui, peut-être quarante-huit heures. Vous n'avez devant vous qu'une partie des forces qui bloquent Metz et qui, vous voyant vous retirer de Châlons à Reims, s'étaient étendues vers l'Argonne. Votre mouvement sur

Reims les avait trompés, comme le prince royal de Prusse. Ici tout le monde a senti la nécessité de dégager Bazaine, et l'anxiété avec laquelle on vous suit est extrême. »

La révolution est dans Paris ! c'est-à-dire le trône impérial est menacé; en conséquence, tout doit disparaître devant la nécessité de sauver la couronne de Napoléon III. Périsse plutôt l'armée que la dynastie ! Un pareil cri d'alarme ne pouvait manquer de toucher l'empereur. Cependant, le lendemain, M. de Palikao craignit que le maréchal de Mac-Mahon ne persistât dans son projet de retraite sur Mézières. Il lui écrivit donc :

« Paris, 28 août, 1 h. 30 du soir.

« Au nom du conseil des ministres et du conseil privé, je vous demande de porter secours à Bazaine, en profitant des trente heures d'avance que vous avez sur le prince royal de Prusse. Je fais porter le corps Vinoy sur Reims. »

Le maréchal de Mac-Mahon commit la faiblesse de se résigner, d'obéir à des ordres qu'il condamnait sans doute [dans son for intérieur. Il laissa la politique prendre encore le pas sur la stratégie ; il renonça à la route de Mézières pour avancer sur celle de Montmédy, et cette résolution amena l'un des plus grands désastres que la France ait jamais subis. Nous voici au 30 août : on marche sur Montmédy, non plus par la route de Stenay, que l'on ne croit pas sûre, mais par celle de Mouzon-Carignan tracée plus au nord, et partant plus longue. La marche s'effectue, d'ailleurs, avec un certain désordre, causé par les indécisions du commandant en chef. Ainsi le 5ᵉ corps, dirigé par le général de Failly, continue, on ne sait pourquoi, à tenir la route de Stenay et il essuie une vive canonnade à la hauteur de Nouart.

Déjà, l'avant-veille, ce même corps s'était heurté, près de Buzancy, à la 4ᵉ armée allemande, commandée, on s'en souvient, par le prince de Saxe. Forcé de rebrousser chemin de Nouart, le général de Failly, au lieu d'être en tête, se trouve à l'arrièregarde ; il arrivait le 30 à Beaumont et recevait l'ordre de se porter sur Mouzon, situé à une lieue de distance : les soldats étaient fatigués par de longues marches sous la pluie, par des chemins détrempés; ils avaient plus d'une fois manqué de pain. Le général de Failly leur fit faire une grande halte dans le bas-fond de Beaumont sans se soucier, suivant sa coutume, de prendre les précautions indispensables à la sécurité du camp ; précautions plus utiles que jamais cependant, — le général ne pouvait l'ignorer, — puisqu'il s'était laissé surprendre deux jours avant à Buzancy.

Le 5ᵉ corps s'arrête à Beaumont, dans la matinée du 30 ; les fusils sont démontés, les chevaux dételés ; les soldats se mettent à faire la soupe, pendant que, de son côté, le général de Failly déjeune avec son état-major chez le maire du village, dans l'insouciance la plus coupable. Tout à coup, vers midi, un coup de canon retentit dans les bois environnants, un obus tombe au milieu du camp, puis un second, puis une grêle de fer. Un désordre inexprimable suit cette attaque imprévue ; déjà les hauteurs sont occupées par les Allemands ; quelques régiments se déploient avec une fière contenance, mais toute résistance est inutile. L'artillerie n'a pu être mise en ligne, c'est assez qu'on ait eu le temps de la sauver. Le corps commandé par le général Félix Douay accourt sur le champ de bataille avec l'infanterie du 12ᵉ corps (Lebrun) et fait de vains efforts ; l'engagement de Beaumont équivaut à un véritable désastre ; nous perdons deux mille hommes tués ou blessés, quatre mille prisonniers, vingt-trois canons, tous les bagages : en réalité, le 5ᵉ corps n'existe plus ; les routes et les bois sont pleins de soldats errant à l'aventure, maudissant leurs chefs et mourant de faim. C'en est fait de la marche sur Montmédy.

Tel fut le dernier acte du commandement du général de Failly. Le général de Wimpffen, rappelé d'Afrique, devait arriver le lendemain pour le remplacer.

Napoléon III, pendant cette déroute, sommeillait, suivant son habitude, dans la petite ville de Carignan ; le soir, il rendait compte de l'affaire de Beaumont à l'impératrice, dans des termes dignes d'être conservés, comme un monument de l'insensibilité du personnage, au milieu de ces circonstances solennelles :

« Carignan, le 30 août 1870, 5 h. 40 m. du soir.

« Il y a eu encore un engagement aujourd'hui *sans grande importance*. Je suis resté à cheval assez longtemps.

« NAPOLÉON. »

Le 30, au soir, le maréchal Mac-Mahon ordonnait à ses troupes de battre en retraite autour de Sedan. Persistait-il à vouloir marcher sur Mézières? Le temps pressait, il n'y avait pas une minute à perdre pour gagner l'ennemi de vitesse, car il était visible que le but des armées allemandes était de barrer la route de Mézières et d'acculer l'armée entre la Meuse et la frontière belge. Le maréchal, jouet d'une déplorable fatalité depuis son départ de Châlons, ne sut pas maîtriser la fortune dans le dernier moment de répit qu'elle lui laissait. Il résolut de s'arrêter sous les murs de Sedan.

Cette petite ville, bâtie dans un bas-fond, sur la rive droite de la Meuse, était doublement impuissante à servir de point d'appui solide à une armée en détresse : elle l'était d'abord, parce qu'on n'avait ni le temps, ni les moyens d'armer ses remparts ; elle l'était encore, même si ses murailles avaient été munies de canons, car, étant dominée de tous les côtés par des collines élevées, elle se trouvait, en cas de défaite, à la merci d'un ennemi libre de la foudroyer et de la réduire en cendres. On doit considérer enfin qu'en s'échelonnant en demi-cercle sur ces hauteurs, comme elle allait le faire, l'armée française achevait d'annuler tous les moyens de défense de la place.

Les deux points culminants des collines qui couronnent Sedan sont le village de Saint-Menges et le Calvaire d'Illy. Vers Saint-Menges, la Meuse, après avoir dessiné un grand coude en quittant la ville, revient brusquement sur elle-même et coule perpendiculairement à Donchéry où elle reprend sa course régulière vers le nord-ouest. Des bois, coupés de belles routes forestières, s'étendent en arrière de Saint-Menges jusqu'à la frontière belge. De ce point à la frontière la distance est de sept ou huit mille mètres.

Qu'on essaye maintenant de se représenter la position de l'armée française. Arrivée sous les murs de Sedan, ayant à sa poursuite une armée trois fois plus nombreuse, elle est menacée de tous les côtés. Il y a entre elle et l'armée de Metz, à laquelle elle a voulu donner la main, les deux cent mille hommes du prince Frédéric-Charles. Quatre-vingt mille Allemands, commandés par le prince de Saxe, l'ont harcelée à travers l'Argonne et sur les bords de l'Aisne. L'armée du prince royal de Prusse lui coupe les routes de Paris et de Laon et arrive sur les bords de la Meuse presque en même temps qu'elle. Une seule issue reste au maréchal Mac-Mahon, c'est la route de Mézières, d'où, en décrivant un grand détour, il pourra gagner les places du nord et se rabattre sur Paris. S'il opère cette retraite vers Mézières, il sera protégé sur la gauche par le cours de la Meuse; mais il importe d'agir avec décision et d'utiliser les heures d'avance qu'on a sur l'ennemi.

Si ces considérations sont justes, on voit tout de suite de quelle importance était pour l'armée française l'occupation des hauteurs qui dominent le coude de la Meuse, c'est-à-dire Saint-Menges et Illy. On pouvait dans la journée du 31 août, et même dans la nuit qui suivit, s'emparer de ce point stratégique important. On n'en fit rien cependant, et l'on se perd en conjectures sur les causes de cette faute, dont les conséquences furent incalculables.

En arrêtant ses troupes sous les murs de Sedan, le maréchal Mac-Mahon avait-il renoncé à la marche sur Mézières annoncée dans ses précédentes dépêches ? On a de la peine à le croire ; mais un incident survenu, dans la journée du 31 août, entre le maréchal et le général Ducrot, donnerait à penser que le commandant en chef ne croyait pas le danger aussi pressant qu'il l'était en réalité. Le général Ducrot, commandant du 1er corps, ne voyant de salut pour l'armée que dans une marche accélérée vers Mézières, avait ordonné aux troupes sous ses ordres de tourner Sedan du nord-est au nord-ouest, et de gagner le point culminant des collines qui dominent la place vers Illy et Saint-Menges, au point extrême du coude dessiné par le cours de la Meuse. C'était la seule route possible pour l'armée, la seule issue dans la direction de Mézières. Prévenu de ce mouvement, le maréchal Mac-Mahon écrivit au général Ducrot :

« Mon cher général, je vous avais fait donner l'ordre de vous rendre de Carignan à Sedan, et nullement à Mézières, où je n'avais pas l'intention d'aller. A la réception de la présente, je vous prie de prendre vos dispositions pour vous rabattre dans la soirée sur Sedan, dans la partie est. Vous viendrez vous placer à la gauche du 12e corps, près de Bazeilles, entre Balan et Bazeilles. »

Il résulte de ces instructions que le maréchal croyait avoir le temps de gagner Mézières, même en perdant la journée du 31, ou qu'il comptait remporter une victoire, parce qu'il se faisait illusion sur le nombre des troupes ennemies lancées à sa poursuite. Cette dernière hypothèse est la plus admissible. Mais quelles étaient les dispositions prises par le maréchal dans l'éventualité d'une défaite, que la prudence commande toujours de prévoir? Il est impossible de le savoir; le maréchal ne communiqua aucun plan au général Ducrot, lorsque blessé d'un éclat d'obus il dut quitter le commandement, et depuis il ne s'est pas expliqué sur ses intentions.

À l'heure solennelle où le sort de la France allait se jouer entre la Meuse et la frontière belge, il semble que la fortune eût frappé d'aveuglement ceux qui tenaient dans leurs mains les destinées de la patrie.

Dans la journée du 31 août et dans la nuit qui suivit, l'armée française occupa les positions qui lui étaient assignées sur la rive droite de la Meuse, le long des coteaux qui couronnent la place de Sedan. Le 12ᵉ corps (Lebrun) fut placé en face de Balan et de Bazeilles ; le 1ᵉʳ corps (Ducrot) occupa les bois qui bordent le ravin de Givonne jusqu'à la hauteur de la route de Belgique; le 7ᵉ corps (Douay), campé au nord-ouest de Sedan, ayant à sa gauche la Meuse et à sa droite le Calvaire d'Illy, avait en face Floing et Saint-Menges. Les cruelles expériences de Beaumont et de Buzancy avaient appris aux généraux français qu'ils étaient poursuivis par les armées allemandes avec un acharnement sans égal ; cependant, — chose à peine croyable, mais sur laquelle aucun doute n'est plus permis, — aucun des ponts de la Meuse ne fut coupé après le passage de nos troupes de la rive gauche sur la rive droite : l'ennemi s'en félicita.

Confiantes dans leur immense supériorité numérique, les armées allemandes se proposaient de nous maintenir dans le bas-fond de Sedan et de nous y cerner, en nous coupant l'issue par la Belgique et par Mézières. En conséquence, tandis que les Bavarois dirigeaient, le 1ᵉʳ septembre, au matin, une violente attaque contre le 12ᵉ corps, à Bazeilles, les Saxons et la garde royale, partis en silence pendant la nuit, montaient, par Francheval et Villers-Cernay, vers la route de Belgique; à l'ouest, le 11ᵉ et le 5ᵉ corps prussiens, suivis à distance des Wurtembergeois, passaient la Meuse à Donchéry et à Dom-le-Mesnil, pour atteindre avant nous le débouché de Saint-Menges et d'Illy

T I
BELGIQUE
Route de Meis
Vrigne aux Bois
Iges
Fleigneux
la Chapelle
Bois de Franchedal
Bois de
Amincrois
Menges
Illy
G
Floing
Givonne
Villiers Cernay
Francheval
Pouru aux Bois
Vrigne sur Meuse
la Garenne
W
Claire
Poilly
Daigny
la Meuse Fl
W
I
b
CD
Doncherry
Sedan
Rubecourt
Escombes
Dom de Mesnil
Frénois
b
Wadelincourt
Balan
la Moncelle
Lamecourt
DB
DW
Bazeilles
Pouru St Remy
Messincourt
R
Chevetge
4
Douzy
Chiers R.
Brevilly
Osnes
Remilly
Mairy
Tetaigne
Angecourt
Amblimont
Carignan
Meuse
Raucourt
Mouzon

BATAILLE DE SEDAN
Position des troupes Françaises
et Allemandes à 3 heures.
FRANÇAIS   ALLEMANDS
G   Garde royale
S   Saxons
I B 1er corps bavarois
2 B 2me corps bavarois
4   IVe corps d'armée
C.D. Division de cavalerie
W   Corps Wurtembergeois
II   XIe corps d'armée
5   Ve corps d'armée
R   Réserves de la 3me armée
b   Batteries

Gravé par Delamare.   Degorce-Cadot, Éditeur, Paris   Imp. Lanso

BATAILLE DE SEDAN
le 1er Septembre 1870
FRANÇAIS
A 12me corps (Lebrun)
B 1er corps (Ducrot)
C 5me corps (de Wimpffen)
D 7me corps (Douay)
E Cavalerie
ALLEMANDS
G Garde royale
12 XIIe corps d'armée
4 IVe corps d'armée
1B 1er corps d'armée Bavarois
2B IIme corps Bavarois
11 XIe corps d'armée
5 Vme corps d'armée
W cavalerie wurtembergeoise
Route
Fleigneux
St Menges
Trigne aux Bois
la Chapelle
Illy
Iges
Foing
Givonne
Villers Cernay
Claire
la Garenne
Daigny
Frénois
Sedan
la Moncelle
Trahinzal
Rubecourt
Lamecourt
Bazeilles
Pouru St Remy
Douchery
Wadelincourt
Dom le Mesnil
Chevauge
St Aignan
Chéhery
Remilly
Douzy
Maucourt
Chaus
Mairy
Létaigné
Angecourt
Amblimont
la Meuse Fl
Carignan
Chémery
Raucourt
Mouzon

et nous barrer la route de Mézières. Si ces deux bras se refermaient sur nous, notre situation était désespérée.

Un épais brouillard couvrait la vallée de la Meuse, quand les premiers coups de feu retentirent, à l'aube du 1er septembre, aux abords de Bazeilles. L'infanterie de marine (du 12e corps) défendit ce village avec une ténacité qui coûta cher aux Bavarois. Des combats acharnés rue par rue, maison par maison, firent de Bazeilles le théâtre d'une lutte désespérée, très-sanglante, dont les Bavarois se vengèrent, après leur victoire, en incendiant les maisons que les obus avaient laissées debout. Vers six heures la bataille commençait entre les troupes du 1er corps, échelonnées le long du ravin de Givonne, et les troupes du 12e corps saxon et du corps de la garde prussienne qui avaient passé la Chiers à Douzy et occupé les bois. De ce côté, les soldats du général de Lartigue, attaqués par des forces très-supérieures, étaient obligés de se retirer sur Daigny. Le général de Lartigue et le général de Fraboulet tombaient grièvement blessés.

Presque au même instant, le maréchal Mac-Mahon, accouru sur le lieu de l'action, était lui-même jeté à bas de son cheval, blessé par un éclat d'obus et obligé de remettre le commandement en chef au général Ducrot. Il était environ sept heures. Le général Ducrot n'eut pas plus tôt reçu le commandement, qu'il conçut l'idée de réaliser le plan dont il avait dû, la veille, suspendre l'exécution, sur l'ordre du maréchal. Il venait d'être informé par le maire de Villers-Cernay que l'ennemi opérait un grand mouvement tournant pour nous couper toute issue vers la frontière belge; en outre, il avait peu d'espoir dans le succès de la bataille engagée; il ordonna donc au général Lebrun, commandant le 12e corps et engagé devant Bazeilles, d'opérer un mouvement en arrière et de diriger ses troupes vers les hauteurs de Saint-Menges et d'Illy; il n'était pas trop tard encore, dans la pensée du général Ducrot, pour gagner rapidement la route de Mézières et se dérober à l'étreinte toujours plus menaçante de l'armée allemande. Le mouvement ordonné commença immédiatement; le général Lebrun abandonna non sans regret, les positions où il continuait à se maintenir avec avantage, mais il obéit; déjà la division Vassoigne reculait, et deux divisions du 1er corps suivaient le mouvement de retraite, lorsque, vers neuf heures, un incident inattendu vint arrêter l'exécution du plan du général Ducrot. Le général de Wimpffen réclamait et prenait le commandement en chef, en vertu d'une commission à lui remise, en partant de Paris, par le ministre de la guerre, le comte de Palikao. Le nouveau commandant en chef, arrivé de la veille pour remplacer le général de Failly à la tête du 5ᵉ corps, avait-il eu le temps d'étudier les lieux? S'était-il rendu compte de l'importance des hauteurs de Saint-Menges et d'Illy? Il serait téméraire de l'affirmer. Quoi qu'il en soit, le général de Wimpffen était d'un tout autre avis que le général Ducrot : il ne pensait pas que la route de Mézières fût encore, à cette heure, ouverte pour le passage de l'armée et il croyait qu'on pouvait faire une trouée dans la direction de Carignan.

En conséquence, il ordonne aux troupes du 12ᵉ corps de reprendre les positions qu'elles viennent d'abandonner ; il veut enfoncer les Bavarois à Bazeilles, les précipiter dans la Meuse et se jeter ensuite sur le chemin de Carignan à Montmedy. On ose à peine se demander ce que serait devenue sur cette route une armée affaiblie par une lutte opiniâtre, menacée d'être prise à revers par le prince de Saxe, attaquée de front par Frédéric-Charles, marchant sur Montmédy sans savoir si cette place offrait des ressources suffisantes et sans la certitude que Bazaine viendrait à son secours. Une querelle très-vive s'est élevée, depuis les événements, entre les généraux Ducrot et de Wimpffen : le premier a prétendu que jusqu'à midi la route de Mézières était restée à peu près libre ou qu'elle avait été occupée seulement par des forces insignifiantes dont il aurait été facile d'avoir raison ; le second a répondu, au contraire, que dès les premières heures de la journée, quatre-vingt mille Allemands fermaient le passage à l'armée française. Où est la vérité? où est l'erreur? On peut invoquer ici le témoignage de l'ennemi. Le rapport allemand sur la bataille du 1ᵉʳ septembre constate que dès le matin à six heures le 11ᵉ corps prussien était à Vrigne-aux-Bois ; c'est vers huit heures que l'avant-garde de ce corps s'avança vers Saint-Menges, occupé par les troupes du général Douay. Après une vive résistance, ces troupes se retirèrent entre Floing et Illy. A onze heures, — à onze heures seulement — le 11ᵉ corps était à Saint-Menges, ayant disposé son artillerie au sud du village; le 5ᵉ corps occupait Fleigneux et avait également établi ses batteries au-dessous du village, d'où elles balayaient les positions de l'armée française à la lisière du bois de Garenne. La cavalerie se tenait en arrière. Vers une heure, l'infanterie du 11e corps et l'aile droite du 5e corps attaquaient Floing ; à trois heures, le mouvement de l'armée allemande était terminé : le 11e et le 5e corps donnaient la main à la garde royale venue par Francheval et Villers-Cernay. L'armée française, cernée de tous les côtés, était de plus en plus refoulée par l'artillerie dans la place de Sedan.

De ces indications, puisées dans des documents· ordinairement exacts, il résulte que le général de Wimpffen s'est trompé en affirmant que dès le matin du 1er septembre, quatre-vingt mille hommes barraient la route de Mézières ; le gros des forces ennemies se trouva seulement vers onze heures en position vers Saint-Menges. Que serait-il advenu si le mouvement de retraite commencé vers neuf heures s'était rapidement effectué ? si les deux cents bouches à feu de l'armée française eussent été mises en position sur les hauteurs de Saint-Menges et d'Illy, si l'on avait tenté avec toute l'armée un effort désespéré pour briser le cercle qui se formait autour de Sedan ? Cette entreprise conduite avec la rage du désespoir, par des soldats placés dans l'alternative de vaincre ou de capituler, pouvait-elle aboutir à une issue plus désastreuse et plus humiliante que celle qui se préparait ? Telles furent, hélas ! les déplorables conséquences de ces changements successifs de commandement pendant cette fatale journée. Le général Ducrot, quand il battait en retraite vers Mézières, agissait sans doute comme le maréchal Mac-Mahon eût agi s'il n'avait pas été blessé ; mais comment s'expliquer que le maréchal n'eût donné aucune instruction à son successeur éventuel ?

Entre onze heures et midi, une violente canonnade éclate du côté de Saint-Menges et de Fleigneux. L'artillerie prussienne balaye les positions occupées par les troupes du corps Douay ; puis l'infanterie allemande s'avance en grandes masses ; le général Ducrot lance contre elle la cavalerie du général Margueritte, qui vient de recevoir une blessure mortelle au milieu de son état-major pendant qu'il reconnaissait les positions de l'ennemi. Entraînés par le général de Galliffet, les cavaliers s'élancent, sabrent les premiers rangs de l'infanterie ennemie, et sont arrêtés, fauchés par un ouragan de mitraille ; ils se reforment, chargent une seconde fois avec une admirable furie : leurs rangs épais sont

couchés à terre par le feu combiné de l'artillerie et de l'infanterie.
On dit que voyant ces cavaliers marcher au-devant de la mort
avec ce mépris superbe, le vieux roi de Prusse, saisi d'admiration,
n'avait pu retenir ce cri : « Oh! les braves gens ! » L'artillerie,
accourue à son tour, eut le même sort; les pièces à peine
placées volaient en éclats, les fourgons sautaient, les obus pleuvaient comme grêle; ici encore il fallut céder la place, reculer;
cavaliers et fantassins roulèrent pêle-mêle sous les murs de
Sedan. De ce côté la bataille était perdue. Les troupes, dispersées,
démoralisées, cherchaient des abris contre les obus qui éclataient
de toutes parts.

Quant au brave général de Wimpffen, il ne désespérait pas de
culbuter les Bavarois dans la Meuse et de se frayer un passage vers Carignan et Montmédy. Le 12ᵉ corps luttait toujours
dans Bazeilles avec son indomptable ténacité. De Wimpffen, ne
consultant que son courage, résolut de tenter un effort suprème;
il était temps : des hauteurs qui dominent la ville plus de sept
cents pièces de canons vomissaient des projectiles qui portaient
partout la terreur et la mort; les troupes, se voyant de plus en
plus resserrées dans ce cercle impitoyable, lâchaient pied. Toute
tentative devenait plus difficile d'un moment à l'autre. Le général de Wimpffen prescrit aux généraux Douay et Ducrot de se
rapprocher de Bazeilles, et d'appuyer le mouvement général
qu'il va tenter contre les Bavarois; en même temps, il écrit à
l'empereur ce billet fameux qui fut porté à Napoléon par un capitaine d'état-major :

« Sire,

« Je me décide à forcer la ligne qui se trouve devant le général Lebrun et le général Ducrot, plutôt que d'être prisonnier
dans la place de Sedan.

« Que votre Majesté vienne se mettre au milieu de ses troupes,
elles tiendront à honneur de lui ouvrir un passage. »

« DE WIMPFFEN.

« 1 heure 1/4 — 1ᵉʳ septembre.

Le général Douay ne tarda pas à faire répondre au commandant en chef que, dans la situation critique où il se trouvait, il lui était impossible d'opérer sa retraite vers Bazeilles suivant les ordres qu'il avait reçus. De Wimpffen n'avait pas mis en doute un instant que Napoléon accepterait sa proposition ; il se rapprocha de la porte de la ville pour recevoir l'empereur. Après avoir passé une heure à attendre, en vain, il comprit que l'empereur n'avait nulle envie de tenter une trouée au milieu de ses troupes ; à la tête de cinq ou six mille hommes, il s'avance hardiment vers les hauteurs qui dominent la Moncelle, Bazeilles et Balan. Cette première tentative échoue. Le général de Wimpffen rentre dans Sedan pour appeler des soldats. On lui apprend que le drapeau blanc a été arboré sur la citadelle par ordre de l'empereur ; un officier d'ordonnance de Napoléon lui remet en même temps une lettre par laquelle il est chargé d'aller parlementer avec l'ennemi. Il refuse d'ouvrir le pli et se précipite dans les rues de Sedan pour adresser un suprème appel aux soldats qui commencent à s'entasser contre les maisons. Deux mille hommes répondent à son appel ; il s'avance avec cette poignée de combattants dans la direction de Balan ; mais, de ces soldats, les uns l'abandonnent découragés, les autres tombent sous un feu meurtrier ; les plus hardis, voyant l'inutilité de l'effort, quittent les rangs, retournent vers la place. Le doute n'était plus possible ; la catastrophe dernière apparaissait dans toute son horreur. Les généraux de Wimpffen et Lebrun, se voyant seuls, abandonnés, remettent leur épée au fourreau et rentrent dans Sedan.

Il était cinq heures.

Napoléon III avait répondu au billet du général de Wimpffen en faisant hisser le drapeau blanc sur la citadelle. Il osait néanmoins écrire au roi de Prusse, en lui offrant son épée, « qu'il n'avait pu mourir à la tête de ses troupes. » En exerçant contre tout droit le pouvoir de commandant en chef, Napoléon III assumait sur sa tête la honte de la capitulation, comme il avait assumé la responsabilité de la marche sur Sedan par le rôle qu'il avait joué entre le comte de Palikao et le trop faible maréchal Mac-Mahon. Que le général de Wimpffen ait mis son nom au bas de la convention qui livrait à l'ennemi une armée de quatre-vingt mille hommes valides, avec tout son matériel de guerre, ce n'est pas à lui que l'histoire doit demander compte de la catastrophe dont la France portera éternellement le deuil ; c'est à celui que la conscience française indignée a nommé *L'homme de Sedan*. Le général de Wimpffen n'est pas exempt de reproches, malgré la bravoure dont il fit preuve ; mais qui oserait mesurer sa part de responsabilité avec celle de Napoléon III ? C'est Napoléon qui, dans un intérêt dynastique, il l'a confessé lui-même, entraîna l'armée de Châlons dans le gouffre de Sedan ; c'est Napoléon qui, par ses conseils funestes, dissuada le maréchal Mac-Mahon de rétrograder sur Paris ; c'est Napoléon qui, de son autorité privée, sans avertir le commandant en chef, arbora le drapeau parlementaire et ajouta à l'histoire militaire de la France une page que des Français ne liront jamais sans colère. Et à quel moment Napoléon élevait-il dans les airs le drapeau de la capitulation ? Au moment où les troupes luttaient encore avec une rare intrépidité. Le général Ducrot s'écriait en voyant le drapeau blanc :

— C'est un drapeau d'ambulance dont la croix rouge a été effacée par la pluie.

Le général Faure faisait abattre ce drapeau dans un mouvement d'indignation. Le général de Wimpffen ne pouvait en croire ses yeux, et il répondait à l'officier de l'escorte impériale qui le sollicitait d'aller en parlementaire au quartier général prussien, en adressant un dernier appel aux soldats entassés dans les rues de la ville, pour se frayer un passage à travers l'ennemi.

Napoléon III était pressé d'en finir. Dans la matinée, il était sorti à la tête de son état-major ; il était allé un moment vers Bazeilles sur les positions du 12e corps et un de ses officiers d'ordonnance avait été blessé à quelques pas de lui. Ce courage a paru très-extraordinaire aux complaisants de l'homme de Sedan : ils l'ont, pour ce fait, accablé des plus intempérants éloges. Après avoir promené ses regards ternes sur le champ de bataille, sans émotion visible, sans paraître se douter que le sort de la France se jouait là devant ses yeux, le troisième Bonaparte rebroussait chemin et rentrait dans Sedan pour déjeuner. Il s'enferma dans l'hôtel de la sous-préfecture ; les soldats français provoquaient l'admiration du roi de Prusse : « Oh ! les braves gens ! » mais ils n'arrachaient pas leur propre souverain à sa stupide indifférence.

Quelques heures se passèrent ; le feu des batteries ennemies se rapprocha ; des bandes effarées, cavaliers, artilleurs, débris des corps foudroyés, vinrent apporter l'épouvante dans la place. Ils disaient que tout était perdu, ils criaient à la trahison. Il se forma peu à peu dans les rues et sur les places un inextricable mélange de voitures d'artillerie, d'équipages de toutes sortes. Les blessés arrivaient en foule se couchaient contre les maisons et poussaient vers le ciel des gémissements inutiles ; heureux encore quand ils n'étaient pas foulés aux pieds des chevaux ou écrasés par des voitures lancées au hasard à toute vitesse. Les maisons, les églises regorgeaient de fuyards, et de nouveaux fugitifs, presque tous sans armes, ne cessaient de s'engouffrer dans la place trop étroite. Des fourgons, traînés par des chevaux emportés, se frayaient un passage sanglant à travers cet entassement de créatures humaines. Les obus aussi commençaient à tomber sur cette foule désespérée ; au fur et à mesure que les hauteurs voisines se dégarnissaient de combattants, elles étaient occupées par les batteries allemandes. Des soldats blottis dans les fossés du rempart étaient tués sur place : deux généraux trouvèrent ainsi la mort ; les maisons volaient en éclats, et le tonnerre de l'artillerie grossissait toujours. Ce fracas épouvantable tira l'hôte de la sous-préfecture de son hébétement ; l'homme de Décembre se sentit perdu ; si un obus tombait dans le voisinage, il tressaillait, il avait peur de mourir ; on le voyait changer de couleur. C'est dans un de ces moments de terreur, qu'oubliant qu'il n'avait plus aucun pouvoir, se mettant selon sa coutume au-dessus des lois, il ordonna qu'on dressât le drapeau parlementaire sur la cita-delle ; et comme néanmoins le feu ne cessait pas, il se prit à dire avec une émotion croissante, aux officiers de son entourage, qu'il n'y comprenait rien ; et il faisait allonger la hampe du drapeau blanc. Il demandait pardon au général Ducrot de n'avoir pas, en temps opportun, écouté ses avertissements sur la puissance mili-taire de la Prusse ; il avait des pleurs dans la voix, et de grosses gouttes de sueur ruisselaient sur son visage. Dans les intervalles de silence, il songeait aux endroits paisibles où l'obus brutal ne promène pas la mort. Il dictait un billet au général Ducrot afin de faire cesser le feu, « sur toute la ligne, » et le général refusait de le signer. On cherchait le chef d'état-major pour cette ingrate besogne, et le général Faure répondait fièrement : « Je viens de faire abattre le drapeau blanc, ce n'est pas pour signer un ordre pareil. » On trouvait enfin un général résigné à se rendre vers l'ennemi en parlementaire, le général Lebrun, et Bonaparte respirait. Mais le général Lebrun, au lieu de remplir cette mission, sentait se réveiller tout à coup sa fierté outragée et se laissait entraîner avec le général de Wimpffen à une dernière tentative contre le village de Balan. Vers six heures, Napoléon III supplie le général Ducrot de prendre le commandement : il lui faut sur-le-champ un ambassadeur qui se rendra au quartier général prussien pour débattre les conditions de la capitulation. Le général Ducrot refuse ; le général Douay refuse. Alors l'empereur revient au général de Wimpffen : on le fait chercher, il arrive enfin vers huit heures ; l'empereur lui remet une lettre qui l'accrédite comme parlementaire, et de Wimpffen monte à cheval, avec le général Castelnau et plusieurs officiers ; le cortége se dirige tristement vers Donchéry, quartier général de l'armée allemande. Napoléon III se tranquillise. Pendant que le général va débattre les conditions de la capitulation de la malheureuse armée française, le César imbécile et insensible va se mettre au lit, comptant pour lui-même sur la générosité de son bon frère le roi de Prusse. Tel fut dans cette mémorable journée le rôle du troisième Bonaparte, empereur des Français : il déjeuna, il capitula, il dormit.

Le général de Wimpffen et le général de Castelnau — celui-ci chargé par l'empereur d'une mission toute personnelle — étaient partis pour le quartier général allemand accompagnés de plusieurs officiers ; ils arrivèrent à Donchéry vers dix heures du soir ; ils sont introduits dans une salle au milieu de laquelle était une table couverte d'un tapis. Au bout de quelques minutes d'attente M. de Bismarck, le comte de Moltke et le général de Blümenthal suivis de plusieurs officiers parurent et l'entretien commença.

Le général de Wimpffen voulut savoir d'abord quelles conditions seraient faites à l'armée française dans l'extrémité où elle se voyait réduite. Le comte de Moltke répondit que l'armée serait prisonnière de guerre avec armes et bagages, que son matériel et celui de la place seraient cédés à l'armée allemande, que les officiers seraient prisonniers comme les soldats, mais que pour honorer leur bravoure, on leur laisserait leurs armes. Le général français s'étant récrié et ayant présenté à l'acceptation de ses

NAPOLÉON III

Dentu-Cadot, édit. Paris.　　　　J. Claye, imp.

interlocuteurs des conditions plus douces, en laissant entrevoir que si elles n'étaient pas acceptées il inviterait les troupes à une lutte désespérée, M. de Moltke donna le chiffre des prisonniers non blessés tombés dans la journée entre les mains de son armée, et prit ce prétexte pour insister sur la démoralisation trop réelle des soldats français ; il montra qu'il savait que les vivres et les munitions manquaient dans la place, et il ajouta enfin, comme argument décisif, qu'il avait 240,000 hommes pour cerner la ville et 500 bouches à feu, dont 300 déjà en batterie, pour la réduire en poussière.

Le général de Wimpffen aborda alors des considérations de l'ordre politique : il essaya de représenter à MM. de Bismarck et de Moltke qu'il serait imprudent à eux d'exaspérer la nation française par une dureté si grande, et que plus on lui imposerait de cruels sacrifices, plus ardente serait la haine qu'on allumerait entre les deux nations. A ces mots M. de Bismarck, muet jusqu'alors, intervint pour accuser la nation française d'avoir maintes fois troublé par ses attaques le repos de l'Allemagne ; il dit qu'on ne doit jamais compter sur la reconnaissance d'un peuple, encore moins d'un peuple mobile et changeant comme la nation française, et que l'Allemagne était bien décidée à prendre ses sûretés pour se mettre en garde contre toute agression nouvelle. Ses projets de conquête percent pour la première fois au cours de cette discussion. Les principaux témoins de l'entrevue s'accordent sur ce point ; et leurs attestations ont une grande importance, car depuis on a feint de croire, dans les disputes des partis, que la Prusse ne songeait pas, à cette date, à s'emparer de l'Alsace et de la Lorraine. Les paroles mises par le général de Wimpffen dans la bouche de M. de Bismarck sont celles-ci :

« Le comte de Bismarck, venant ensuite à parler de la paix, me dit que la Prusse avait l'intention bien arrêtée d'exiger, non-seulement une indemnité de guerre de quatre milliards, mais encore la cession de l'Alsace et de la Lorraine allemande, « seule garantie pour nous, ajouta-t-il, car la France nous menace sans cesse, et il faut que nous ayons, comme protection solide, une bonne ligne stratégique avancée. » Et d'autre part, dans une narration due à la plume d'un officier de cuirassiers présent à l'entrevue, on prête à M. de Bismarck cette déclaration catégorique :

« Il faut que la France soit châtiée de son orgueil, de son caractère agressif et ambitieux ; nous voulons pouvoir enfin assurer la sécurité de nos enfants, et pour cela, il faut que nous ayons entre la France et nous un glacis ; il faut un territoire, des forteresses et des frontières qui nous mettent pour toujours à l'abri de toute attaque de sa part. »

Tels étaient, après la bataille de Sedan, les projets de conquête de la Prusse, avoués par le premier de ses hommes d'État.

M. de Moltke menaçait de recommencer le feu le lendemain à neuf heures, si les conditions de la capitulation n'étaient pas acceptées.

L'entretien fini, le général de Wimpffen et sa suite revinrent à Sedan. Il était une heure du matin. Le général de Wimpffen trouva l'empereur couché. Un conseil de guerre fut immédiatement convoqué pour six heures. Toute chance de succès étant chimérique, de l'aveu des généraux présents, les conditions proposées par l'ennemi furent acceptées. Le procès-verbal de cette séance a l'importance d'un document historique ; le voici :

Au quartier général à Sedan, le 2 septembre 1870.

Aujourd'hui, 2 septembre, à six heures du matin, sur la convocation du général en chef, un conseil de guerre, auquel ont été appelés les généraux commandant les corps d'armée, les généraux commandant les divisions et les généraux commandant en chef l'artillerie et le génie de l'armée, a été réuni :

Le général commandant a exposé ce qui suit :

D'après les ordres de l'empereur et comme conséquence de l'armistice intervenu entre les deux armées, j'ai dû me rendre auprès de M. le comte de Moltke, chargé des pleins pouvoirs du roi de Prusse, dans le but d'obtenir les meilleures conditions possibles pour l'armée, refoulée dans Sedan après une bataille malheureuse.

Dès les premiers mots de notre entretien, je reconnus que M. le comte de Moltke avait malheureusement une connaissance parfaite de notre situation et qu'il savait très-bien que l'armée manquait absolument de vivres et de munitions. M. de Moltke m'a appris que, dans la journée d'hier, nous avions combattu une armée de deux cent vingt mille hommes qui nous entourait de toutes parts. — « Général, m'a-t-il dit, nous sommes disposés à faire à votre armée, qui s'est si vaillamment battue aujourd'hui, les conditions les plus honorables ; toutefois, il faut que ces conditions soient compatibles avec les exigences de la politique de notre gouvernement. Nous demandons que l'armée française capitule. Elle sera prisonnière de guerre ; les officiers conserveront leur épée et leurs propriétés personnelles ; les armes de la troupe seront déposées dans un magasin de la ville pour nous être livrées. »

Le général a demandé aux officiers généraux qui faisaient partie du conseil de guerre si, dans leur pensée, la lutte était encore possible ; la grande majorité a répondu par la négative. Deux généraux seuls ont exprimé l'opinion que l'on devait, ou se défendre dans la place, ou chercher à sortir de vive force. On leur a fait observer que la défense de la place était impossible, parce que les vivres et les munitions manquaient absolument ; que l'entassement des hommes et des voitures dans les rues rendait toute circulation impossible ; que, dans ces conditions, le feu de l'artillerie ennemie, déjà en position sur les hauteurs, produirait un affreux carnage, sans aucun résultat utile ; que le débouché était impossible, puisque l'ennemi occupait déjà les barrières de la place et que ses canons étaient braqués sur les avenues étroites qui y conduisent.

Ces deux officiers généraux se sont rendus à l'avis de la majorité.

En conséquence, le conseil a déclaré au général en chef, qu'en présence de l'impuissance matérielle de prolonger la lutte, nous étions forcés d'accepter les conditions qui nous étaient imposées, tout sursis pouvant nous exposer à subir des conséquences plus douloureuses encore.

De Wimpffen. — A. Ducrot. — Général Lebrun. —
F. Douay. — Général Fargeot. — Ch. Dejean.

Vers dix heures, le général de Wimpffen retourna au quartier général prussien et apposa sa signature au bas de la capitulation, dont voici le texte :

Entre les soussignés,

Le chef d'état-major du roi Guillaume, commandant en chef des armées d'Allemagne, et le commandant de l'armée française, tous deux munis des pleins pouvoirs de Leurs Majestés le roi Guillaume et l'empereur Napoléon, la convention suivante a été conclue :

Article 1er. — L'armée française, placée sous les ordres du général Wimpffen, se trouvant actuellement cernée par des troupes supérieures autour de Sedan, est prisonnière de guerre.

Art. 2. — Vu la défense valeureuse de cette armée française, exemption pour tous les généraux et officiers, ainsi que pour les employés spéciaux ayant rang d'officier, qui engagent leur parole d'honneur, *par écrit*, de ne pas porter les armes contre l'Allemagne et de n'agir d'aucune manière contre ses intérêts jusqu'à la fin de la guerre actuelle. Les officiers et employés qui acceptent ces conditions conserveront leurs armes et les effets qui leur appartiennent personnellement.

Art. 3. — Toutes les armes, ainsi que le matériel de l'armée, consistant en drapeaux, aigles, canons, chevaux, caisses de guerre, équipages de l'armée, munitions, etc., seront livrés, à Sedan, à une commission militaire instituée par le général en chef, pour être remis immédiatement aux commissaires allemands.

Art. 4. — La place de Sedan sera livrée dans son état actuel, et au plus tard dans la soirée du 2, à la disposition de Sa Majesté le roi Guillaume.

Art. 5. — Les officiers qui n'auront pas pris l'engagement mentionné à l'article 2, ainsi que les troupes désarmées, seront conduits, rangés d'après leur régiment ou corps, en ordre militaire.

Cette mesure commencera le 2 septembre et sera terminée le 3. Ces détachements seront conduits sur le terrain bordé par la Meuse, près Iges, pour être remis aux commissaires allemands par leurs officiers, qui céderont alors leurs commandements à leurs sous-officiers. Les médecins militaires, sans exception, resteront en arrière pour soigner les blessés.

A Frénois, le 2 septembre 1870.

Signé : De Moltke.   *Signé :* Wimpffen.

Quand ces douloureuses formalités furent remplies, l'infanterie reçut l'ordre de déposer ses armes sur les emplacements qu'elle occupait dans la ville ; l'artillerie conduisit son matériel en avant de Glaire, sur la rive gauche de la Meuse. Chaque corps désarmé devait successivement sortir de Sedan et se rendre dans la presqu'île d'Iges. Cette presqu'île était un marais boueux et fétide. Ce qui avait été l'armée de Châlons resta là, sur un terrain détrempé par des pluies torrentielles, sans abri, sans vivres, dans un morne désespoir. Ce supplice, commencé le 3 septembre, ne se termina que le 11. L'évacuation ne dura pas moins de neuf jours. Les prisonniers étaient formés par convois de deux mille hommes ; on les dirigeait sur Pont-à-Mousson, sous l'escorte de l'infanterie bavaroise ; de là on les envoyait en Allemagne, où les attendaient des privations et des souffrances plus cruelles que toutes celles qu'ils avaient endurées. Vingt mille de ces soldats sortis de France à la fleur de la jeunesse devaient mourir au loin de faim, de froid, de misère, de mauvais traitements, de l'amère douleur de savoir la patrie envahie, leurs chaumières saccagées, leurs familles réduites au désespoir. Quant au nombre des prisonniers livrés par la capitulation, il était de 84,433 hommes, dont 39 généraux, 230 officiers supérieurs, 2,095 officiers subalternes. 25,000 hommes environ avaient été faits prisonniers le jour de la bataille ; 10,000 réussirent à s'échapper par Mézières et par la Belgique. Nous avions subi un désastre sans précédent dans l'histoire. 400 pièces de canon, y compris 70 mitrailleuses, 184 pièces de rempart, un immense matériel de guerre furent remis entre les mains des Allemands. Quant aux morts et aux blessés de l'armée française, les rapports allemands en portent le chiffre à 20,000. Tel avait été le sort de la dernière armée de la France, sous l'inspiration du général de Palikao, du ministère et de Napoléon III.

Le 2 septembre, vers neuf heures du matin, une calèche attelée à la daumont se frayait péniblement un passage à travers les rues de Sedan encombrées de morts et de blessés. Napoléon III allait se constituer prisonnier au quartier général de l'armée allemande ; il traversa sans émotion apparente cette ville où la fortune de la France venait de sombrer par sa faute ; pas un mot pour les blessés qui le voyaient passer ; pas une larme pour les morts ; pas un signe d'adieu pour cette malheureuse armée qui attendait les ordres du vainqueur sous la menace de cinq cents pièces de canon. La voiture impériale s'éloigna au milieu d'un silence glacial, interrompu parfois par les gémissements des blessés. Quand le premier Napoléon, emporté vers Sainte-Hélène, vit disparaître les côtes de France, un cri d'amour et de regret s'échappa de sa poitrine : « Adieu, s'écria-t-il, adieu, terre des braves ! » Quand le troisième Napoléon fut en présence de M. de Bismarck, à Donchéry, le premier mouvement de son cœur bas et lâche fut de calomnier la France en l'accusant, pour se justifier, d'avoir voulu la guerre et de l'y avoir entraîné malgré lui.

Le ministre prussien a écrit, le jour même, un récit de cette entrevue qui eut lieu au village de Donchéry ; les Français doivent le lire, car il est instructif à un double point de vue : d'abord, parce que les exigences de la Prusse, après la capitulation de Sedan, y sont avouées sans détour : la Prusse demande « un gage matériel consolidant les résultats militaires acquis », et ensuite parce que M. de Bismarck rapporte les paroles par lesquelles Napoléon III se plaignit à lui, M. de Bismarck, d'avoir été poussé malgré lui à la guerre. A ce double titre, ce document doit être mis, malgré son étendue, sous les yeux du lecteur français ; le rapport est adressé au roi Guillaume :

Donchéry, 2 septembre 1871.

M'étant rendu ici, hier soir, sur l'ordre de Votre Majesté, afin de prendre part aux négociations pour la capitulation, les pourparlers furent interrompus jusqu'à environ une heure de la nuit, quelques heures de réflexion ayant été accordées au général Wimpffen, qui les avait demandées, après que le général de Moltke eut formellement déclaré qu'on exigeait absolument, comme première condition, que l'armée française déposât les armes et que le bombardement recommmencerait ce matin, à neuf heures, si, jusque-là, la capitulation n'était pas signée.

Ce matin, vers six heures, on m'annonça le général Reille, qui me dit que l'empereur désirait me voir et avait déjà quitté Sedan pour venir ici. Le général repartit immédiatement pour annoncer à l'empereur que je le suivais, et bientôt après je me trouvai, à moitié chemin environ entre ici et Sedan, près de Fresnois, en face de l'empereur. Sa Majesté était dans une voiture découverte ; elle avait à côté d'elle trois officiers supérieurs, tandis que d'autres chevauchaient à côté de sa voiture. Parmi ces généraux, je connaissais personnellement MM. Castelnau, Reille, Moskowa, qui paraissait blessé au pied, et Vaubert.

Arrivé près de la voiture, je descendis de cheval, m'approchai de la portière et demandai quels étaient les ordres de Sa Majesté. L'empereur exprima d'abord le désir de voir Votre Majesté ; il croyait apparemment que Votre Majesté se trouvait également à Donchéry. Je répondis que le quartier général de Votre Majesté était à cette heure à Vendresse, à une distance de trois milles ; l'empereur demanda si Votre Majesté avait déterminé un endroit où il devait se rendre, et quelle était mon opinion •

à cet égard. Je répondis que j'étais arrivé ici par une obscurité complète, que la contrée m'était, par conséquent, inconnue, mais que je mettais à la disposition de Sa Majesté la maison que j'occupais à Donchéry et que j'évacuerais immédiatement.

L'empereur accepta mon offre, et se dirigea vers Donchéry, mais il fit arrêter à quelques centaines de pas du pont de la Meuse conduisant dans la ville, devant une maison d'ouvriers complétement isolée, et il me demanda s'il ne pourrait pas y descendre. Je fis examiner la maison par le conseiller de légation comte Bismarck-Bohlen, qui m'avait rejoint dans l'intervalle; il vint m'annoncer que l'intérieur de cette maison était misérable et étroit, mais qu'elle ne contenait pas de blessés; l'empereur descendit et m'invita à le suivre dans la maison.

Dans une très-petite chambre ne renfermant qu'une table et deux chaises, j'eus un entretien d'environ une heure avec l'empereur. Sa Majesté insista particulièrement sur le désir d'obtenir des conditions plus avantageuses pour la capitulation. Dès le principe, je refusai de négocier à ce sujet avec Sa Majesté, en faisant remarquer que cette question purement militaire devait être tranchée entre les généraux de Moltke et de Wimpffen. En revanche, je demandai à l'empereur si Sa Majesté était disposée à des négociations de paix. L'empereur répondit que, comme prisonnier, il n'était pas en situation de les entamer; je demandai ensuite par qui, d'après l'opinion de l'empereur, les pouvoirs publics étaient actuellement représentés en France, Sa Majesté me renvoya au gouvernement existant à Paris.

Après avoir éclairci ce point, qui avait été laissé douteux dans la lettre adressée hier par l'empereur à Votre Majesté, je reconnus, et ne le dissimulai pas à l'empereur, qu'aujourd'hui comme hier la situation n'offrait aucun point de vue pratique autre que le point de vue militaire, *et j'insistai sur la nécessité qui en resultait pour nous de prendre en main avant toute chose, par la capitulation de Sedan, un gage matériel consolidant les résultats militaires acquis.*

Dès hier soir j'avais examiné sous tous ses aspects, avec le général de Moltke, la question de savoir s'il serait possible, sans nuire aux intérêts allemands, d'offrir au sentiment d'honneur militaire d'une armée qui s'était bien battue, des conditions plus avantageuses que celles qui avaient été primitivement fixées.

Après avoir posé cette question, comme notre devoir nous l'imposait, nous avons dû tous deux persister dans une réponse négative. Si donc le général de Moltke, qui dans l'intervalle était revenu de la ville et nous avait rejoints, s'est rendu auprès de Votre Majesté pour lui soumettre les désirs de l'empereur, ce ne fut nullement, comme Votre Majesté le sait, dans l'intention de plaider en faveur de ces désirs.

L'empereur sortit de la maison et m'invita à m'asseoir près de lui, devant la porte. Sa Majesté me demanda s'il ne serait pas possible de laisser l'armée française franchir la frontière de la Belgique, afin qu'elle fût désarmée et internée sur le territoire belge. J'avais déjà discuté cette éventualité la veille avec le général de Moltke, et pour les motifs indiqués plus haut, je refusai de m'entretenir de cette combinaison avec l'empereur. Je ne pris pas l'initiative d'une discussion sur la situation politique: *l'empereur n'y fit allusion que pour déplorer le malheur de la guerre, et pour déclarer que lui-même n'avait pas voulu la guerre, mais qu'il y avait été forcé par la pression de l'opinion publique en France.*

A la suite d'informations prises dans la ville et de reconnaissances opérées par des officiers de l'état-major, on apprit, entre neuf et dix heures, que le château de Bellevue, près de Fresnois, ne renfermait aucun blessé et était approprié pour recevoir l'empereur. Je fis part de ce fait à Sa Majesté, en ajoutant que je proposerais à Votre Majesté Fresnois comme lieu de rencontre, et j'offris à l'empereur de s'y rendre immédiatement, vu que le séjour dans la petite maison d'ouvriers était incommode, et que Sa Majesté avait sans doute besoin de repos.

Sa Majesté accepta avec empressement; j'accompagnai l'empereur, précédé d'une escorte d'honneur du régiment des cuirassiers de Votre Majesté, jusqu'au château de Bellevue, où, dans l'intervalle, étaient arrivés la suite et les equipages de Sa Majesté. Était arrivé aussi le général de Wimpffen, avec lequel, en attendant le retour du général de Moltke, les pourparlers, interrompus depuis hier soir, sur les conditions de la capitulation, furent repris par le général de Podbielsky, en présence du lieutenant-colonel de Verdy et du chef de l'état-major du général de Wimpffen ; ces deux derniers officiers étaient chargés du procès-verbal.

En ce qui me concerne, je n'ai pris part qu'à l'introduction de ces pourparlers, en exposant la situation politique et légale, d'après les éclaircissements que l'empereur lui-même venait de me donner. Immédiatement après, le capitaine comte von Nostiz m'apporta, de la part du général de Moltke, la nouvelle que Votre Majesté ne voulait voir l'empereur qu'après la signature de la capitulation ; après avoir reçu communication de cette nouvelle, l'empereur renonça à obtenir d'autres conditions de capitulation que celles qui avaient été primitivement fixées.

Je montai à cheval pour aller à la rencontre de Votre Majesté du côté de Chéhery, afin de lui rendre compte de ce qui s'était passé ; en chemin, je rencontrai le général de Moltke, avec le texte de la capitulation approuvée par Votre Majesté, et qui, après notre arrivée à Fresnois, fut adoptée et signée sans objection.

L'attitude du général de Wimpffen, ainsi que celle des autres généraux français dans la nuit précédente, a été très-digne ; le brave général n'a pu s'empêcher de m'exprimer sa profonde douleur que ce fût précisément lui qui fût appelé, quarante-huit heures après son retour d'Afrique, et une demi-journée après son commandement, à mettre son nom au bas d'une capitulation aussi désastreuse pour les armes françaises ; mais le manque de vivres et de munitions et l'impossibilité absolue d'une plus longue défense lui avaient imposé le devoir de faire taire ses sentiments personnels, vu qu'une plus longue effusion de sang ne pouvait rien changer à la situation.

La mise en liberté sur parole des officiers fut accueillie avec une vive reconnaissance comme l'expression des intentions de Votre Majesté de ne pas porter atteinte aux sentiments d'une armée qui s'était vaillamment battue, au delà de ce qui est commandé nécessairement par nos intérêts politiques et militaires. Le général de Wimpffen a, d'ailleurs, exprimé ce sentiment dans une lettre où il remercie le général de Moltke des procédés pleins d'égards dont il a usé dans les négociations.

Comte Bismarck.

Dans la matinée du 3 septembre, Napoléon III, prisonnier du roi Guillaume, gagnait la Belgique pour se rendre au château de Willhemshohe, non loin de Cassel. Une escorte prussienne qu'il avait demandée pour sa sécurité personnelle, l'accompagna jusqu'à la frontière. Il avait craint de traverser tout seul cette langue de terre française qui sépare Donchéry du territoire belge. A la frontière, un détachement de chasseurs belges reçut le captif. Il passa la nuit à Bouillon. Le dimanche, 4 septembre, il prenait le chemin de fer à Libramont, et, par Verviers, Aix-la-Chapelle et Cassel, arrivait dans la résidence fastueuse que le roi de Prusse lui avait assignée comme prison. Dans cette verte solitude, loin des cris des blessés et du fracas des obus, il se sentit enfin rassuré, et il attendit, sommeillant toujours, le contre-coup de la capitu ation de Sedan sur le cœur de la France.

GUILLAUME Ier, ROI DE PRUSSE.

LIVRE QUATRIÈME

LE QUATRE SEPTEMBRE

Marche de l'armée allemande sur Paris. — Derniers jours du Corps législatif. — Préoccupations dynastiques du comte Palikao. — L'empire penche vers sa ruine. — La Jacquerie bonapartiste. — Séance du 3 septembre. — Comment le général Palikao raconte la bataille de Sedan. — La vérité se fait jour malgré les précautions du gouvernement. — Manifestation populaire du 3 septembre : la *déchéance !* Séance de nuit du Corps législatif. — Proposition de déchéance portée à la tribune par M. Jules Favre. — Silence glacial de la majorité. — Proclamation du ministère affichée dans la nuit. — Émotion extraordinaire] de Paris. — Rassemblements sur la place de la Concorde. — Proposition du général Palikao à l'ouverture de la séance. — Proposition de M. Thiers. — L'Assemblée se retire dans ses bureaux. — Le Corps législatif est envahi par le peuple. — Efforts de M. Gambetta pour ramener le calme. — Compte rendu sténographique de cette séance extra parlementaire. — Tumulte croissant. — Le président se couvre, la séance est levée. — Vote de la déchéance de Louis-Napoléon Bonaparte et de sa famille par le peuple. — La République est proclamée à l'Hôtel-de-Ville, sous la présidence du général Trochu. — Portrait du général Trochu. — Délégation du Corps législatif à l'Hôtel-de-Ville. — Réponse portée par MM. Jules Favre et Simon au Corps législatif, réuni dans salle à manger de la présidence. — M. Thiers impose silence aux récriminations. — Dernière séance du Sénat. — Paroles prononcées par MM. de Chabrier et Baroche. — Résignation du Sénat. — Tous les appuis manquent en même temps à l'empire. — La République proclamée dans les grandes villes de France avant de l'être à Paris. — Le gouvernement de la défense nationale. — Proclamations aux Français, aux Parisiens, à la garde nationale. — Circulaire du ministre des affaires étrangères. — Injustes accusations dirigées contre le gouvernement de la défense nationale et contre la révolution du 4 septembre. — Est-il vrai que le renversement de l'empire a fait perdre à la France l'Alsace et la Lorraine ? — Réfutation de cette accusation par le langage de M. de Bismarck et des auteurs allemands. — Trêve des partis. — La patrie en danger.

Après sa victoire inespérée de Sedan, l'ennemi tourna immédiatement ses regards vers Paris ; une marche victorieuse jusque sous les murs de la capitale flattait son orgueil et elle n'offrait aucun danger. La France était sans soldats, si l'on excepte quinze mille hommes commandés par le général Vinoy et battant en retraite sur Paris ; l'armée qui s'était battue à Sedan était conduite en Allemagne ; le prince Frédéric-Charles tenait en respect l'armée du maréchal Bazaine. Les Allemands n'avaient rien à redouter d'une marche vers les bords de la Seine. C'était là, du reste, un dessein depuis longtemps caressé par leurs chefs ; dans l'entretien de Donchéry avec le général de Wimpffen, M. de Bismark avait dit, en propres termes, que l'armée allemande viendrait mettre Paris à la raison ; il savait que là étaient le cœur et la tête de la France, et il pressentait que la capitulation de Sedan ne mettrait pas fin à la guerre, parce que les exigences prussiennes seraient jugées inacceptables. Il devinait aussi qu'un changement politique était imminent.

Depuis les premiers revers de l'armée, depuis que l'imprevoyance et l'incapacité des principaux auteurs de la guerre avaient été mises au grand jour, l'empire était chancelant. Il lui aurait fallu des victoires pour reconquérir le prestige perdu ; nonseulement il n'eut pas de victoires, mais il laissa voir aux yeux de tous, en poussant Mac-Mahon vers Sedan, que le salut de la dynastie le préoccupait plus que le salut de la France.

Le comte de Palikao, ministre de la guerre, multipliait ses efforts pour déguiser aux yeux du Corps législatif une situation de jour en jour plus compromise. M. Jules Favre, on s'en souvient peut-être, avait proposé à la Chambre de saisir le pouvoir ; cette proposition, repoussée comme dangereuse et inconstitutionnelle, fut reprise sous une autre forme par M. de Kératry dans la séance du 22 août. Ce député demandait l'adjonction de neuf membres au comité de défense. L'urgence fut votée ; mais le cabinet ayant déclaré qu'il se retirerait, si la proposition était adoptée, le Corps législatif, quoique déjà très-ébranlé, n'osa pas passer outre. Deux jours après, le gouvernement se disait pret à accepter l'adjonction de trois membres. Cette concession, insignifiante, du reste, donnait la mesure de ses inquiétudes croissantes ; mais le besoin de mêler la politique à la défense du pays ne cessait de dominer le ministère, et cette préoccupation égoïste impatientait les patriotes. « De grâce, s'écriait M. Thiers, irrité de ce spectacle misérable, ne nous parlez pas des institutions ; vous ne nous refroidirez pas, vous ne diminuerez pas notre zèle pour la défense du pays ; mais, sans nous refroidir, vous nous frapperez au cœur en nous rappelant ces institutions qui, dans ma conviction à moi, sont la cause principale, plus que les hommes eux-mêmes, des malheurs de la France. »

La nomination du général Trochu comme gouverneur de Paris, le silence gardé dans sa proclamation sur l'empereur avaient mûri dans les esprits la pensée que le gouvernement impérial penchait vers sa ruine. Les obstacles apportés par le ministère à l'armement des citoyens irritaient la population parisienne et donnaient lieu à des plaintes justifiées et toujours plus vives. Sur ces entrefaites, au milieu de l'ébullition croissante des esprits, on apprend que Bazaine a été refoulé sous les murs de Metz, que tout espoir de jonction avec Mac-Mahon est perdu, que celui-ci court de sérieux dangers en marchant vers le nord et que la route de Paris est découverte. L'opinion s'émeut, les bonapartistes prennent l'alarme. Tout à coup, comme par l'effet d'un mot d'ordre, leur effroi dégénère en violences abominables. Des agents provocateurs se répandent dans les campagnes et poussent les ignorants à une véritable Jacquerie. Dans le département de la Dordogne, un honnête citoyen qui refuse de crier : Vive l'empereur! est traîné par une foule sauvage, percé de coups, brûlé vif. Dans le Midi, on accuse les protestants de souhaiter le succès de la Prusse, et des fanatiques, servis par la presse de la débauche à Paris, excitent les haines religieuses. Une feuille bonapartiste, soudoyée par le gouvernement, terminait le récit des atrocités commises dans la Dordogne par ces mots : « C'est la justice du peuple qui commence. »

Dans la séance du 31 août, un député de l'Alsace suppliait le ministre de la guerre et la Chambre de prendre des mesures pour la défense de cette province dévastée, de Strasbourg bombardé et incendié. Le ministre répondait insolemment, et aux applaudissements de la majorité, qu'il lui était insupportable d'être « dérangé de ses occupations » pour avoir à répondre à des questions pareilles, et l'on ne faisait rien pour l'Alsace. Les événements se précipitaient; dans la séance du 3 septembre, M. de Palikao annonça à la Chambre, au milieu d'un morne silence, que la tentative de jonction entre Mac-Mahon et Bazaine avait échoué. « D'autre part, ajouta-t-il, nous recevons des renseignements sur le combat ou plutôt la bataille qui vient d'avoir lieu entre Mézières et Sedan. »

« Cette bataille a été pour nous l'occasion de succès et de revers. Nous avons d'abord culbuté une partie de l'armée prussienne en la jetant dans la Meuse. — Différentes dépêches ont dû vous l'annoncer. — Mais ensuite nous avons dû, un peu accablés par le nombre, nous retirer soit sous Mézières, soit sous

Sedan, soit même, je dois vous le dire, sur le territoire belge, mais en petit nombre. »

Voilà sous quel aspect le ministre de la guerre présentait à la Chambre le désastre de Sedan ; il gardait un silence absolu sur la capitulation. La population parisienne ne connaissait pas encore l'affreuse vérité, mais déjà le mot de « déchéance » était sur toutes les lèvres. Dans la soirée, une foule immense sillonnait les boulevards en scandant ce mot, cet arrêt sorti spontanément de toutes les consciences. Les députés, voyant une révolution imminente, s'étaient instinctivement réunis dans la salle du Palais-Bourbon ; presque tous connaissaient les événements qui s'étaient déroulés sous les murs de Sedan et pressentaient l'explosion indignée de la grande cité à l'ouïe de cette nouvelle. Le Corps législatif avait été convoqué extraordinairement dans la soirée : il entrait en séance à une heure du matin ; séance lugubre, où tous les esprits étaient accablés sous la grandeur de la catastrophe et effrayés de ses conséquences. En rendant son épée au roi de Prusse, Napoléon III avait signé sa déchéance. En conséquence, M. Jules Favre, en son nom et au nom de plusieurs de ses collègues, donne lecture à la Chambre de la proposition suivante :

ART. 1er. — Louis-Napoléon Bonaparte et sa dynastie sont déclarés déchus des pouvoirs que leur a confiés la Constitution.

ART. 2. — Il sera nommé par le Corps législatif une commission de gouvernement composée de..... (Le nombre des membres serait choisi par la majorité.)

ART. 3. — Le général Trochu est maintenu dans ses fonctions de gouverneur général de la ville de Paris.

« Je n'ajoute pas un mot, continue l'orateur ; je livre cette proposition à vos sages méditations, et demain, ou plutôt aujourd'hui, dimanche, à midi, nous aurons l'honneur de dire les raisons impérieuses qui nous paraissent faire à tout patriote une loi de l'adopter. »

La Chambre avait écouté cette lecture dans le plus profond silence ; elle se sépara sans protester. La déchéance de la famille Bonaparte était donc moralement prononcée par le Corps législatif lui-même ; l'Empire avait reçu le coup de grâce en plein Palais-Bourbon, à la face des candidats officiels, au milieu d'un silence qui avait la signification d'un acquiescement.

Pendant la nuit, on afficha sur les murs de Paris la proclamation suivante :

« Français,

« Un grand malheur frappe la patrie.

« Après trois jours de luttes héroïques soutenues par l'armée du maréchal Mac-Mahon contre 300,000 ennemis, 40,000 hommes ont été faits prisonniers.

« Le général Wimpffen, qui avait pris le commandement de l'armée, en remplacement du maréchal Mac-Mahon, grièvement blessé, a signé une capitulation.

« Ce cruel revers n'ébranle pas notre courage.

« Paris est aujourd'hui en état de défense.

« Les forces militaires du pays s'organisent.

« Avant peu de jours, une armée nouvelle sera sous les murs de Paris, une autre armée se forme sur les rives de la Loire.

« Votre patriotisme, votre union, votre énergie sauveront la France.

« L'empereur a été fait prisonnier dans la lutte.

« Le gouvernement, d'accord avec les pouvoirs publics, prend toutes les mesures que comporte la gravité des événements.

« *Le conseil des ministres :*

« Comte de PALIKAO. — Henri CHEVREAU. — Amiral RIGAULT DE GENOUILLY. — Jules BRAME. Prince DE LA TOUR-D'AUVERGNE. — GRANDPERRET. — Clément DUVERNOIS. — BUSSON-BILLAULT. — Jérôme DAVID. »

La foule restait muette de stupeur devant ces affiches ; on ne pouvait croire que quarante mille hommes (il y en avait en réalité quatre-vingt mille) eussent capitulé. On prenait aisément son parti de la captivité de Napoléon III, mais ce désastre militaire inouï, cette atteinte à la gloire des armes françaises, remplissaient les âmes de douleur et de colère. La terrible nouvelle s'était répandue dans la ville avec la rapidité de l'éclair, et le sentiment qu'elle avait excité partout était celui-ci : après une telle honte, c'en est fait du gouvernement impérial ; il faut que la France prenne elle-même ses affaires en mains. Dans la fièvre qui l'agitait, la population parisienne se tourna aussitôt vers le Corps législatif, dont la réunion était annoncée pour une heure de l'après-midi. On prit rendez-vous pour le Palais-Bourbon, sans mot d'ordre, instinctivement. Nul n'aurait pu dire ce qu'il allait faire, mais tous pressentaient que la capitulation de Sedan aurait son contre-coup politique.

Un clair soleil d'automne se joignait à cette émotion extraordinaire pour inviter la population parisienne à se répandre au dehors. Déjà les tambours de la garde nationale battent le rappel dans chaque quartier; les bataillons se rassemblent, pour la plupart sans armes, et se dirigent par les boulevards vers la place de la Concorde, qui se couvre peu à peu d'une immense multitude. Ici on crie : *La déchéance!* là : *Vive la République!* ailleurs on entonne la *Marseillaise.* On s'incline en passant devant la statue de Strasbourg, ornée de drapeaux et de fleurs ; on rend un patriotique hommage à la noble cité assiégée, bombardée, dont les beaux monuments ont été la proie des flammes. La foule grossit toujours; çà et là, les baïonnettes des fusils luisent au soleil sur cet océan humain : dans cette imposante manifestation on sent que c'est l'âme même de la patrie qui se soulève. A l'entrée du pont de la Concorde et aux abords du Palais-Bourbon, on a placé des troupes : cette barrière, qui arrêterait une poignée d'émeutiers, arrêtera-t-elle tout un peuple?

Vers une heure, le Corps législatif s'était réuni, en proie à une émotion bien naturelle. A l'ouverture de la séance, au milieu d'un silence profond, que trouble par moments le murmure lointain de la foule, M. de Palikao monte à la tribune et s'exprime en ces termes :

« Je viens, au milieu des circonstances douloureuses dont je vous ai rendu compte hier, circonstances que l'avenir peut encore aggraver, bien que nous espérions le contraire, vous dire que le gouvernement a cru devoir apporter certaines modifications aux conditions actuelles du gouvernement, et qu'il m'a chargé de vous soumettre un projet de loi ainsi conçu :

Art. 1er. Un conseil de gouvernement et de défense nationale est institué. Ce conseil est composé de cinq membres. Chaque membre de ce conseil est nommé à la majorité absolue par le Corps législatif.

Art. 2. — Les ministres sont nommés sous le contre-seing de ce conseil.

Art. 3. — Le général comte de Palikao est nommé lieutenant général de ce conseil.

Par suite de ce projet qui donnait—mais trop tard   satisfaction aux demandes réitérées de la gauche, l'Assemblée se trouvait en présence de deux propositions : la proposition de déchéance de M. Jules Favre et la proposition de M. de Palikao au nom du gouvernement. Une troisième proposition fut présentée par M. Thiers.

M. Thiers avoua que « ses préférences personnelles étaient pour le projet présenté par ses honorables collègues de la gauche ; » toutefois, dans un esprit de conciliation que les événements rendaient nécessaire, il s'était arrêté à la proposition suivante :

« Vu les circonstances, la Chambre nomme une commission de gouvernement et de défense nationale.

« Une Constituante sera convoquée, dès que les circonstances le permettront. »

Cette proposition était couverte de quarante-sept signatures.

Aussitôt la lecture terminée, le ministre de la guerre prononce ces paroles :

« Je n'ai qu'un mot à dire, c'est que le gouvernement admet que le pays sera consulté, lorsque nous serons sortis des embarras pour lesquels nous devons réunir tous nos efforts. »

L'urgence est prononcée sur les trois propositions, qui sont renvoyées à l'examen d'une commission unique. Cette commission va être nommée immédiatement ; la séance est suspendue, l'Assemblée se retire dans ses bureaux.

A partir de ce moment, l'empire et le Corps législatif étaient condamnés ; en réalité, ils n'existaient plus. L'empire avait cessé, puisque le gouvernement lui-même proposait la création d'un nouveau gouvernement composé de cinq membres, chargé de choisir les ministres et de diriger la défense. Le Corps législatif avait cessé d'être, puisque le gouvernement, d'accord en cela avec M. Thiers et ses collègues, reconnaissait la nécessité de convoquer une Constituante. La constitution impériale était déchirée de la main même du général de Palikao et de ses collègues du ministère. Quant à la nomination de la Constituante, on s'accordait à l'ajourner jusqu'au moment « où les circonstances le permettraient, » jusqu'au moment où on serait « sorti des embarras » de l'heure présente. On était donc venu, par des voies détournées, à la proposition de déchéance présentée par la gauche.

Politiquement, la révolution était faite au moment où les députés s'étaient retirés dans leurs bureaux.

Au dehors, la foule, ne soupçonnant point ce qui se passait et imbue de cette croyance erronée que l'Empire ne tomberait pas par la légalité seule, la foule, disons-nous, trouvait qu'on n'allait pas assez vite et qu'on perdait en délibérations un temps précieux. Il n'est pas rare que l'impatience prenne les multitudes, soumises aux mouvements irréguliers, dangereux parfois, des grandes agglomérations humaines. On voit alors les derniers venus pousser devant eux les premiers arrivés et ceux-ci, cédant à un mouvement irrésistible, aller beaucoup plus loin qu'ils ne l'auraient souhaité, car ils voient le danger qui les menace de toutes parts. Vers deux heures, les troupes placées aux abords du Corps législatif reculent devant le flot humain et leur laissent un libre passage. En un clin d'œil, la Chambre est envahie. Cette impatience donna à une révolution qui allait être accomplie par la Chambre elle-même, un caractère de violence que les partisans du 4 septembre doivent être les premiers à regretter. Les députés de la gauche le comprirent bien ; en apprenant que la salle des séances avait été envahie, ils quittèrent immédiatement leurs bureaux pour rappeler la foule au respect de la légalité.

Voici le compte rendu de cette séance historique. A la prière de plusieurs députés de la gauche, M. Gambetta monte à la tribune :

M. GAMBETTA. — Messieurs, vous pouvez tous comprendre que la première condition de l'émancipation populaire, c'est la règle, et je sais que vous êtes résolus à la respecter.

Vous avez voulu manifester énergiquement votre opinion ; vous avez voulu ce qui est dans le fond du cœur de tous les Français, ce qui est sur les lèvres de vos représentants, ce sur quoi ils délibèrent : la déchéance.

Cris nombreux dans les tribunes publiques. — Oui ! oui !

Plusieurs voix. — La déchéance et la République !

D'autres voix. — Silence ! silence ! Écoutez !

M. GAMBETTA. — Ce que je réclame de vous, c'est que vous sentiez comme moi toute la gravité suprême de la situation, et que vous ne la troubliez ni par des cris ni même par des applaudissements. (*Très-bien ! Parlez ! parlez !*)

Mais, à l'instant même, voici que vous violez la règle que je vous demande d'observer. (*On rit.*)

Un citoyen dans les tribunes. — Pas de phrases ! des faits ! Nous demandons la république.

. *Cris prolongés.* — Oui ! oui ! Vive la République !

M. GAMBETTA. — Messieurs, un peu de calme. Il faut de la régularité.

Nous sommes les représentants de la souveraineté nationale. Je vous prie de respecter cette investiture, que nous tenons du peuple.

Voix dans les tribunes. — La gauche seule ! Pas la droite !

M. Gambetta. — Ecoutez, Messieurs, je ne peux pas entrer en dialogue avec chacun de vous. Laissez-moi exprimer librement ma pensée.

Ma pensée, la voici : c'est qu'il incombe aux hommes qui siégent sur ces bancs de reconnaître que le pouvoir qui a attiré sur le pays tous les maux que nous déplorons est déchu... (*Oui, oui! Bravo! bravo!*); mais il vous incombe également à vous de faire que cette déclaration qui va être rendue n'ait pas l'apparence d'une déclaration dont la violence aurait altéré le caractère. (*Très-bien! très-bien!*)

Par conséquent, il y a deux choses à faire : la première, c'est que les représentants reviennent prendre leur place sur ces bancs ; la seconde, c'est que la séance ait lieu dans les conditions ordinaires. (*Très-bien! très-bien!*) afin que, grâce à la liberté de discussion, la décision qui va être rendue soit absolument de nature à satisfaire la conscience française. (*Très-bien! Bravo! bravo!*)

Une voix. — Pas de discussion! Nous voulons la déchéance!

Une autre voix. — La déchéance! on ne la discute pas! nous la voulons. (*Bruit.*)

M. Gambetta. — Si vous m'avez bien compris, et je n'en doute pas... (*Oui! oui!*) vous devez sentir que nous nous devons tous et tout entiers à la cause du peuple, et que le peuple nous doit aussi l'assistance régulière de son calme, sans quoi il n'y a pas de liberté. (*Interruption.*)

Ecoutez! Nous avons deux choses à faire : d'abord reprendre la séance et agir suivant les formes régulières; ensuite donner au pays le spectacle d'une véritable union.

Songez que l'étranger est sur notre sol. C'est au nom de la patrie comme au nom de la liberté politique, — deux choses que je ne séparerai jamais, — c'est au nom de ces deux grands intérêts, et comme représentant de la nation française, qui sait se faire respecter au dedans et au dehors, que je vous adjure d'assister dans le calme à la rentrée de vos représentants sur leurs siéges. (*Oui! oui! Bravo! bravo!*)

(*M. Gambetta descend de la tribune. Le calme, qui s'est un instant établi à la suite de son allocution, fait bientôt place à une nouvelle agitation dans les deux rangées de tribunes circulaires. Recrudescence des cris: La déchéance! La République!*)

A 2 heures et demie, M. le président Schneider entre dans la salle et monte au fauteuil.

M. Magnin, l'un des députés-secrétaires, l'accompagne et prend place à sa gauche au bureau.

M. le comte de Palikao, ministre de la guerre, s'assied au banc du gouvernement.

Quelques députés de la majorité, parmi lesquels MM. de Plancy (de l'Oise), Stéphen Liégeard, Cosserat, Léopold Le Hon, Jubinal, Dugué de la Fauconnerie, etc., viennent également prendre séance.

Le tumulte et le bruit régnent dans les galeries, envahies et de plus en plus encombrées par la foule.

De plus on entend, dans l'intérieur de la salle, les coups de crosse de fusil assénés sur la seconde porte d'entrée de la salle des Pas-Perdus, le bruit des panneaux qui s'effondrent et le fracas des glaces qui se brisent sur les dalles. On raconte que de l'intérieur, M. Cochery, par l'ouverture béante, harangue et cherche à contenir la foule agglomérée dans la salle des Pas-Perdus.

M. Crémieux paraît à la tribune.

Les huissiers réclament vainement le silence.

M. le président Schneider se tient longtemps debout, et les bras croisés, au fauteuil, attendant que le calme se rétablisse.

M. Crémieux, s'adressant au public des tribunes. — Mes chers et bons amis, j'espère que vous me connaissez tous ou qu'au moins il y en a parmi vous qui peuvent dire aux autres que c'est le citoyen Crémieux qui est devant vous.

Eh bien! nous nous sommes engagés, nous les députés de la gauche... (*Bruit.*) nous

nous sommes, les membres de la gauche et moi, engagés vis-à-vis de la majorité...

M. le marquis de Grammont. — La majorité, elle est aveugle !

M. Crémieux. — .... vis-à-vis de la Chambre à faire respecter la liberté de ses délibérations. (*Interruptions et cris indistincts.*)

Voix dans les tribunes. — Vive la République !

M. Gambetta, qui est rentré dans la salle presque en même temps que M. le président, se présente à la tribune à côté de M. Crémieux, dont la voix ne parvient pas à dominer le bruit qui se fait dans les galeries.

Cris redoublés. — La déchéance ! Vive la République !

M. Gambetta. — Citoyens... (*Silence ! silence !*), dans le cours de l'allocution que je vous ai adressée tout à l'heure, nous sommes tombés d'accord qu'une des conditions premières de l'émancipation d'un peuple, c'est l'ordre et la régularité. Voulez-vous tenir tenir ce contrat ? (*Oui ! oui !*) Voulez-vous que nous fassions des choses régulières ? (*Oui ! oui !*)

Puisque ce sont là les choses que vous voulez, puisque ce sont les choses qu'il faut que la France veuille avec nous... (*Oui ! oui !*), il y a un engagement solennel qu'il vous faut prendre envers nous et qu'il vous faut prendre avec la résolution de ne pas le violer à l'instant même : cet engagement, c'est de laisser la délibération qui va avoir lieu se poursuivre en pleine liberté. (*Oui ! oui ! — Rumeurs*)

Une voix dans la foule des tribunes. — Pas de rhétorique !

Une autre voix. Pas de trahison ! A bas la majorité !

(*De nouveaux groupes pénètrent dans les tribunes du premier rang et notamment dans celle des sénateurs. — Un drapeau tricolore portant l'inscription :* « 73ᵉ BATAILLON. 6ᵉ COMPAGNIE, 12ᵉ ARRONDISSEMENT », *est arboré et agité par un des nouveaux venus.*)

M. Gambetta. — Citoyens, un peu de calme ! Dans les circonstances actuelles...

Quelques voix. — La République ! la République !

M. Gambetta. — Dans les circonstances actuelles, il faut que ce soit chacun de vous qui fasse l'ordre, il faut que dans chaque tribune chaque citoyen surveille son voisin. (*Bruit.*)

Vous pouvez donner un grand spectacle et une grande leçon : le voulez-vous ? Voulez-vous que l'on puisse attester que vous êtes à la fois le peuple le plus pénétrant et le plus libre ? (*Oui ! oui ! Vive la République !*)

Eh bien, si vous le voulez, je vous adjure d'accueillir ma recommandation. Que dans chaque tribune il y ait un groupe qui assure l'ordre pendant nos délibérations. (*Bravos et applaudissements dans presque toutes les tribunes.*)

Le travail de la commission chargée de l'examen des propositions de déchéance et de constitution provisoire du gouvernement s'apprête, et la Chambre va en délibérer dans quelques instants.

Un citoyen, dans une des tribunes. — Le président est à son poste ; il est étrange que les députés ne soient pas au leur ! (*Bruit. — Ecoutons ! écoutons !*)

M. le président Schneider. — Messieurs, M. Gambetta, qui ne peut être suspect à aucun de vous et que je tiens, quant à moi, pour un des hommes les plus patriotes de notre pays, vient de vous adresser des exhortations au nom des intérêts sacrés de la patrie. Permettez-moi de vous faire, en termes moins éloquents, les mêmes adjurations.

Croyez-moi, en ce moment la Chambre est appelée à délibérer sur la situation la plus grave ; elle ne peut que le faire dans un esprit conforme aux nécessités de la situation, et, s'il en était autrement, M. Gambetta ne serait pas venu vous demander de lui prêter l'appui de votre attitude. (*Approbation mêlée de rumeurs dans les tribunes.*)

M. Gambetta. — Et j'y compte, citoyens !

M. le président Schneider. — Si je n'ai pas, quant à moi, la même notoriété de libéralisme que M. Gambetta, je crois cependant pouvoir dire que j'ai donné à la liberté assez de gages pour qu'il me soit permis de vous adresser, du haut de ce fauteuil, les mêmes recommandations que M. Gambetta. Comme lui, je ne saurais trop vous dire qu'il n'y a de liberté vraie que celle qui est accompagnée de l'ordre.. (*Très-bien ! — Rumeurs nouvelles dans les tribunes.*)

Je n'ai pas la prétention de prononcer ici des paroles qui conviennent à tout le monde....

Une voix dans les tribunes. — On vous connaît !

M. le président Schneider. — Mais j'accomplis un devoir de citoyen.... (*Interruption.*) en vous conjurant de respecter l'ordre, dans l'intérêt même de la liberté qui doit présider à nos discussions. (*Assentiment dans plusieurs tribunes. — Exclamations et bruit dans d'autres. — Interruption prolongée.*)

Un député. — Si vous ne pouvez obtenir le silence des tribunes, suspendez la séance, monsieur le président.

(En ce moment, M. le comte de Palikao, ministre de la guerre, se lève et quitte la salle, après avoir fait au président un geste explicatif de sa détermination.

Plusieurs des députés qui étaient rentrés en séance imitent son exemple et sortent par le couloir de droite.

M. le président Schneider se couvre et descend du fauteuil.

M. Glais-Bizoin, se tournant vers les tribunes. — Messieurs, on va prononcer la déchéance ! Prenez patience ! Attendez ! (*Agitation en sens divers.*)

M. le Président Schneider, sur les instances de plusieurs députés, reprend place au fauteuil et se découvre.

M. Girault. — Je demande à dire deux mots... (*Tumulte dans les tribunes.*)

(Un député de la gauche monte les degrés de la tribune et s'efforce de déterminer M. Girault à renoncer à la parole en lui disant : Ils ne vous connaissent pas ! Vous ne serez pas écouté !)

M. Girault, s'adressant toujours au public des tribunes. — Vous ne me connaissez pas ? Je m'appelle Girault (du Cher). Personne n'a le droit de me tenir en suspicion !

Je demande qu'il n'y ait aucune tyrannie. Le pays a sa volonté, il l'a manifestée. Les représentants viennent de s'entendre, ils sont d'accord avec le pays. Laissez les délibérer : vous verrez que le pays sera content. Ce sera la nation tout entière se donnant la main... Le voulez-vous ? Je vais les aller chercher ; ils vont venir, et le pays tout entier ne fera qu'un.

Il ne faut plus de partis politiques devant l'ennemi qui s'approche ; il faut qu'il n'y ait aujourd'hui qu'une politique, qu'une France qui repousse l'invasion et qui garde sa souveraineté. Voilà ce que je demande.

(M. Girault descend de la tribune, qui reste inoccupée durant quelques minutes. — L'agitation et le tumulte vont croissant dans les galeries.)

MM. Steenackers et Horace de Choiseul montent auprès du président et s'entretiennent quelques instants avec lui.

MM. Gambetta et de Kératry paraissent en même temps à la tribune.

On répand la nouvelle qu'un gouvernement provisoire vient d'être proclamé au dehors.

Plusieurs députés, MM. Glais-Bizoin, Planat, le comte d'Hésecques, Marion, le duc de Marmier, le comte Le Hon, Willson, etc., quittent leurs places et, du pourtour, s'adressent aux citoyens qui sont dans les galeries.

Quelques voix. — Écoutons Gambetta !

M. Gambetta. — Citoyens... (*Bruit.*) Il est nécessaire que tous les députés présents dans les couloirs et sortant de leurs bureaux, où ils ont délibéré sur la mesure de la déchéance, aient repris place à leurs bancs et soient à leur poste pour pouvoir la prononcer.

Il faut aussi que vous, citoyens, vous attendiez, dans la modération et dans la dignité du calme, la venue de vos représentants à leurs places. On est allé les chercher : je vous prie de garder un silence solennel jusqu'à ce qu'ils rentrent. (*Oui ! oui*) Ce ne sera pas long. (*Applaudissements prolongés.* — Pause de quelques instants.)

M. le comte de Palikao, ministre de la guerre, reparaît dans la salle et va se rassoir au banc des ministres.

M. Gambetta. — Citoyens, vous avez compris que l'ordre est la plus grande des forces. Je vous prie de continuer à rester silencieux. Il y va de la bonne réputation d la cité de Paris. On délibère et on va vous apporter le résultat de la délibération préparatoire.

Il va sans dire que nous ne sortirons pas d'ici sans avoir obtenu un résultat affirmatif. (*Bravos et acclamations.*)

(En ce moment, — il est trois heures, — un certain nombre de personnes pénètrent dans la salle par la porte du milieu et du haut de l'amphithéâtre qui fait face au bureau. Des députés essayent en vain de les refouler ; la salle est envahie. On crie : Vive la République ! Le tumulte est à son comble.)

M. le marquis de Pire, député d'Ille-et-Vilaine, assis depuis quelques instants à l'un des bancs qui bordent l'hémicycle, se lève et se dirige vers la tribune en s'appuyant d'une main sur sa canne et en saisissant vivement de l'autre la rampe de l'escalier de gauche. Il est retenu par plusieurs de ses collègues, — M. le marquis de Grammont entre autres, — qui s'efforcent de le faire renoncer à prendre la parole. L'honorable député d'Ille-et-Vilaine ne cède qu'après une assez vive résistance et qu'après s'être écrié : « J'avais un devoir à remplir ! Je voulais protester contre ce qui se passe ! »

De nouveau M. le ministre de la guerre quitte son banc et sort par le couloir a droite.

M. le président Schneider. — Toute délibération dans ces conditions étant impossible, je déclare la séance levée.

D'instant en instant, le tumulte augmente. Une foule bruyante s'est précipitée dans la salle et a occupé les bancs des députés. Quelques gardes nationaux s'épuisent en vains efforts pour rétablir l'ordre ; des cris confus se mêlent au bruit incessant de la sonnette présidentielle, qu'un jeune homme agite avec frénésie. Plusieurs députés de la gauche montent successivement à la tribune et essayent de ramener un peu de calme ; leur voix ne parvenant pas à dominer le tumulte, ils descendent découragés. Enfin, M. Gambetta est assez heureux pour se faire écouter, et il lit l'arrêt de déchéance de la dynastie napoléonienne :

Attendu que la patrie est en danger ;

Attendu que tout le temps nécessaire a été donné à la représentation nationale pour prononcer la déchéance ;

Attendu que nous sommes et que nous constituons le pouvoir régulier issu du suffrage universel libre ;

Nous déclarons que Louis-Napoléon Bonaparte et sa dynastie ont à jamais cessé de régner sur la France. (*Explosion de bravos.— Bruyante et longue acclamation.*)

M. Jules Favre monte à la tribune ; il dit au peuple que ce n'est pas au Palais-Bourbon que la République doit être proclamée, mais à l'Hôtel-de-Ville, et il engage ceux qui veulent la proclamer à marcher sur ses pas. Après avoir prononcé ces paroles aux applaudissements de tous, M. Jules Favre sort du Corps législatif. Un cortége immense marche à sa suite le long des quais. La foule salue au passage ; les visages sont radieux ; la conscience publique est soulagée de savoir chassé du trône, et déchu du pouvoir l'homme de Sedan. Les gardes nationaux s'étaient répandus dans la ville portant des rameaux verts au bout de leurs fusils ; le cortége avance lentement au milieu de cette affluence extraordinaire et joyeuse. En ce moment, le drapeau tricolore qui flottait sur les Tuileries venait d'être replié, et l'impératrice, entourée de quelques amis, s'apprêtait à quitter la France. Les troupes préposées à la garde du château n'avaient pas fait plus de résistance que celles qu'on avait placées aux abords du Corps législatif ; ainsi la révolution s'accomplit sans qu'une goutte de sang fût versée, sans qu'on eût entendu pousser un cri de vengeance. Le gouvernement impérial n'avait pas été renversé, il était tombé de lui-même. Où étaient-ils ces amis, ces serviteurs qui, longtemps après, n'ont pas craint de qualifier de crime ce mouvement populaire tout spontané ? Où sont-ils ceux qui se sont présentés pour se faire tuer sur les marches des Tuileries pour la défense de l'impératrice ? On cherche leurs noms, et on ne les trouve pas ; on voudrait, après avoir lu leurs diatribes, saisir les traces de leur dévouement à la dynastie à cette heure critique, et ces traces sont invisibles. L'impératrice Eugénie partit seule, évitant de se faire remarquer, parce qu'elle croyait, à tort, que la population parisienne était irritée. Sans doute, si elle aimait la France, elle bénit le ciel en s'éloignant de ce que les scènes sanglantes du commencement de l'Empire étaient épargnées à son effondrement.

Un nouveau gouvernement fut proclamé à l'Hôtel-de-Ville ; il fut composé de tous les députés de Paris, sous la présidence du général Trochu. Le gouverneur de Paris avait demandé lui-même à être mis à la tête du gouvernement de la défense nationale ; il alléguait que dans la situation actuelle, avec un siége en perspective, la question militaire dominait toutes les autres ; que les pouvoirs devaient, en conséquence, être concentrés dans une seule main, et que l'armée, dont il avait la confiance, ne se rangerait derrière le nouveau gouvernement que s'il en était le chef. L'ambition était, disait-il, étrangère à ses exigences ; mais il croyait que le gouvernement serait impuissant, s'il ne s'y soumettait. Ces considérations parurent justes aux membres du gouvernement ; la responsabilité du commandant militaire dans une ville comme Paris, à la veille d'un siége, était immense ; ils le comprirent ; ils accordèrent donc la présidence au général Trochu, et remirent en ses mains l'autorité sans limite dont il disait avoir besoin. Ils gardaient pour eux le pouvoir politique proprement dit. Les capacités guerrières du général seraient-elles à la hauteur des circonstances ? Nul ne pouvait se flatter de le savoir ; mais si l'on avait eu des doutes à cet égard, peut-être eût-on éprouvé quelque embarras à trouver immédiatement un général plus habile. Le général Trochu se recommandait par une excellente réputation ; son honnêteté était reconnue de tous ; il jouissait dans le moment d'une très-grande popularité ; la population parisienne, qui s'engoue vite, avait en lui une confiance sans limite ; en le choisissant pour son chef, le gouvernement de la défense nationale était sûr que son choix serait ratifié, et il le fut, en effet.

Sous bien des rapports, l'engouement de la population parisienne pour le général Trochu était justifié. Nous l'avons déjà dit : le général était un honnète homme, vertu très-appréciée par un peuple qui avait vu l'armée exécuter sur les boulevards le coup d'État de Décembre. On savait que le général avait protesté contre ce crime, que pour ce fait il avait été mis à l'index, tenu à l'écart ; on savait qu'à son arrivée à Paris, en qualité de gouverneur, il avait reçu de l'impératrice et du ministère un accueil glacial. Aux yeux d'une population qui portait à l'Empire une haine mortelle, ces divers titres étaient sérieux. Les capacités militaires du général s'étaient manifestées dans un livre sur l'organisation militaire de la France qui avait eu un grand retentissement. M. Trochu avait mis à nu les vices de cette organisation ; il avait dit tout haut que le système de remplacement pratiqué par le gouvernement affaiblissait, corrompait l'armée, que la discipline dépérissait ; il avait montré le vieux troupier riant de l'ardeur du jeune officier. Cet ouvrage très-courageux n'avait pas mis le général Trochu dans les bonnes grâces du pouvoir ; il passait pour un esprit chagrin, mais ceux qui avaient vécu près de lui professaient pour son caractère une haute estime et le tenaient pour un des officiers généraux les plus distingués et les plus instruits de l'armée. Pendant l'expédition d'Italie, le général Trochu, à la tête d'une division, avait brillamment rempli son devoir. Au moment de la déclaration de guerre, il avait sollicité le commandement d'une division ; on répondit à sa demande en l'envoyant dans les Pyrénées. Le 7 août, dans le trouble qui agita Paris à la nouvelle des premiers revers, le général Dejean exerçait l'intérim du ministère de la guerre de manière à n'inspirer confiance ni au gouvernement ni à l'opinion publique. L'impératrice eut l'idée de lui donner comme successeur le général Trochu. MM. Jurien de la Gravière et Schneider, président du Corps législatif, lui offrirent de sa part le portefeuille de la guerre et la présidence du conseil. M. Trochu refusa, sous prétexte qu'il serait obligé de faire sur l'état de l'armée des révélations affligeantes. Le premier, il avait conseillé à Napoléon III de ramener l'armée de Châlons sous les murs de Paris.

Le général Trochu voyait juste, mais c'était un esprit critique, et les esprits critiques n'ont pas la foi, le feu sacré. Avant de consentir à faire partie du gouvernement de la défense nationale, il posa aux députés de Paris la question suivante : « Voulez-vous sauvegarder les trois principes : Dieu, la famille, la propriété, en me promettant qu'il ne sera rien fait contre eux ? » Le général connaissait-il assez peu ses collègues pour avoir besoin de leur demander des garanties ? ou bien fallait-il voir dans cette question une tendance aux choses abstraites ? Satisfait de la réponse de ses collègues, M. Trochu accepta d'être membre du gouvernement, et, sur-le-champ, il alla prendre possession du ministère de la guerre.

Pendant que le nouveau gouvernement se constituait à l'Hôtel-de-Ville, un certain nombre de députés, remis de leur trouble par le départ de la multitude, s'étaient réunis à l'hôtel de la présidence du Corps législatif, pour aviser aux mesures à prendre dans ces graves conjonctures. Des protestations très-vives furent élevées par quelques membres contre la violence faite à l'Assemblée ; elles trouvèrent peu d'écho ; puis la parole fut donnée à M. Martel, rapporteur de la commission chargée d'examiner les trois propositions sur lesquelles l'Assemblée avait voté l'urgence. De ces propositions, celle de M. Thiers avait réuni le plus de voix, avec une modification très-significative dans le texte. Le premier membre de phrase : *Vu les circonstances...* était remplacé par celui-ci : *Vu la vacance du pouvoir,* c'est-à-dire que l'Assemblée avait fini par se rallier à la rédaction adoptée par la gauche, dans un esprit de conciliation. Maintenant, après tout ce qui s'était passé, il était trop tard ; les députés ne l'ignoraient pas, mais ce qu'ils faisaient, ils le faisaient par acquit de conscience et pour remplir jusqu'au bout, même sans espoir de succès, ce qu'ils croyaient être leur devoir. Des délégués furent nommés, avec mission de se rendre à l'Hôtel-de-Ville et de se concerter avec les membres du gouvernement de la défense nationale. M. Grévy porta la parole en leur nom. Le gouvernement répondit, par la bouche de M. Jules Favre, que cette démarche, dont il était touché, venait malheureusement après une révolution que le Corps législatif n'avait pas voulu conjurer, alors qu'il en était encore temps ; maintenant la révolution était faite, non-seulement contre l'Empire, mais contre le Corps législatif lui-même ; la demande ne pouvait donc recevoir un accueil favorable. Au surplus, le gouvernement, dont plusieurs membres étaient absents, allait en délibérer, et sa réponse définitive serait communiquée au Corps législatif, convoqué pour huit heures du soir, dans la salle à manger de la présidence.

La séance s'ouvrit à l'heure dite, sous la présidence de M. Thiers. MM. Jules Favre et Jules Simon, délégués du gouvernement, furent introduits. Nous croyons devoir reproduire ici le compte rendu de cette séance, très-importante au point de vue historique :

M. JULES FAVRE.—Nous venons vous remercier de la démarche que vos délégués ont faite auprès de nous. Nous en avons été vivement touchés. Nous avons compris qu'elle était inspirée par un sentiment patriotique. Si dans l'Assemblée nous différons sur la politique, nous sommes certainement tous d'accord lorsqu'il s'agit de la défense du sol et de la liberté menacée.

En ce moment, il y a des faits accomplis : un gouvernement issu de circonstances que nous n'avons pu prévenir, gouvernement dont nous sommes devenus les serviteurs. Nous y avons été enchaînés par un mouvement supérieur qui a, je l'avoue, répondu au sentiment intime de notre âme. Je n'ai pas aujourd'hui à m'expliquer sur les fautes de l'Empire. Notre devoir est de défendre Paris et la France.

Lorsqu'il s'agit d'un but aussi cher à atteindre, il n'est certes pas indifférent de se rencontrer dans les mêmes sentiments avec le Corps législatif. Du reste, nous ne pouvons rien changer à ce qui vient d'être fait. Si vous voulez bien y donner votre ratifcation, nous vous en serons reconnaissants. Si, au contraire, vous la refusez, nous respecterons les décisions de votre conscience, mais nous garderons la liberté entière de la nôtre.

Voilà ce que je suis chargé de vous dire par le gouvernement provisoire de la République, dont la présidence a été offerte au général Trochu, qui l'a acceptée.

Vous connaissez sans doute les autres noms. Notre illustre collègue qui vous préside n'en fait pas partie, parce qu'il n'a pas cru pouvoir accepter cette offre. Quant à nous, hommes d'ordre et de liberté, nous avons cru, en acceptant, accomplir une mission patriotique.

M. Thiers. — Le passé ne peut être équitablement apprécié par chacun de nous à l'heure qu'il est. C'est l'histoire seule qui pourra le faire.

Quant au présent, je ne peux vous en parler que pour moi. Mes collègues ici présents ne m'ont pas donné la mission de vous dire s'ils accordent ou s'ils refusent leur ratification aux évenements de la journée.

Vous vous êtes chargés d'une immense responsabilité.

Notre devoir à tous est de faire des vœux ardents pour que vos efforts réussissent dans la défense de Paris, des vœux ardents pour que nous n'ayons pas longtemps sous les yeux le spectacle navrant de la présence de l'ennemi.

Ces vœux, nous les faisons tous par amour pour notre pays, parce que votre succès serait celui de notre patrie.

Une voix. — Quels sont les noms des personnes qui composent le nouveau gouvernement.?

M. Jules Simon — Les membres choisis l'ont été pour composer une commission chargée de la défense de la capitale, c'est vous dire que ce sont tous les députés de Paris, excepté le plus illustre d'entre eux, parce qu'il n'a pas accepté les offres qui lui ont été faites ; mais il vient de vous dire la grandeur de la responsabilité dont nous sommes chargés, et il fait des vœux pour notre succès.

Dans ce choix, il n'y a pas eu de préoccupations individuelles, il y a eu l'application d'un principe. S'il en était autrement, on verrait figurer dans cette commission les noms d'autres personnes que ceux des députés de Paris. Nous n'avons qu'une pensée, c'est celle de faire face à l'ennemi.

M. Peyrusse. — Paris fait encore une fois la loi à la France.

MM. Jules Favre et Jules Simon, ensemble. — Nous protestons contre cette assertion.

M. Jules Favre. — Le gouvernement provisoire se compose donc de MM. Arago, Crémieux, Jules Favre, Ferry, Gambetta, Garnier-Pages, Glais-Bizoin, Pelletan, Rochefort. Ce dernier ne sera pas le moins sage : en tout cas, nous avons préféré l'avoir dedans que dehors.

Je remercie M. le président de ce qu'il a bien voulu nous dire en exprimant des vœux devant nous pour le succès de notre entreprise. Ces paroles patriotiques nous relient à vos departements dont le concours nous est nécessaire pour l'œuvre de la défense nationale.

M. le comte Le Hon. — Quelle est la situation du Corps législatif vis-à-vis du gouvernement provisoire ?

M. Jules Favre. — Nous n'en avons pas délibéré.

M. Thiers. — Je n'ai pas adressé de questions à nos collègues sur le sort du Corps législatif, parce que, si nous avons quelque chose à nous communiquer sur cette situation, il me paraît que nous devons attendre que ces messieurs se soient retirés.

MM. Jules Favre et Jules Simon se retirent.

M. Thiers. — Messieurs, nous n'avons plus que quelques instants à passer ensemble. Mon motif pour ne pas adresser de questions à MM. Jules Favre et Jules Simon a été que, si je le faisais, c'était reconnaître le gouvernement qui vient de naître des circonstances. Avant de le reconnaître, il faudrait résoudre des questions de fait et de principes qu'il ne nous convient pas de traiter actuellement.

Le combattre aujourd'hui serait une œuvre anti-patriotique. Ces hommes doivent avoir le concours de tous les citoyens contre l'ennemi. Nous faisons des vœux pour eux, et nous ne pouvons actuellement les entraver par une lutte intestine. Dieu veuille les assister! Ne nous jugeons pas les uns les autres. Le présent est rempli de trop amères douleurs.

Quelques députés ayant protesté de nouveau contre la violence faite à l'Assemblée, M. Thiers répond avec vivacité :

De grâce, ne rentrons pas dans la voie des récriminations, cela nous mènerait trop loin, et vous devriez bien ne pas oublier que vous parlez devant un prisonnier de Mazas... En présence de l'ennemi, qui sera bientôt sous Paris, je crois que nous n'avons qu'une chose à faire, nous retirer avec dignité.

Tel fut le dernier acte, tel fut le dernier effort de ce Corps législatif du second Empire, la plus coupable des Assemblées que la France ait jamais vues. Plusieurs fois, durant la période qui va de nos premiers revers au désastre de Sedan, le Corps législatif aurait pu, s'il n'avait consulté que son patriotisme, atténuer, réparer peut-être la faute immense qu'il avait commise en votant la guerre sans examen, sans prêter l'oreille à ceux qui étaient plus clairvoyants que lui; il ne le voulut pas : docile imitateur d'un maître qui sacrifiait la France à sa dynastie, il sacrifia l'amour de la patrie au respect de la constitution et resta jusqu'au bout digne de son origine. Lorsqu'enfin l'heure de la catastrophe eut sonné, lorsqu'il entendit éclater les colères amassées par ses tristes complaisances, il ouvrit les yeux, il proclama la vacance des pouvoirs, il invoqua le secours d'une Constituante, mais il était trop tard : l'Empire en tombant l'avait entraîné dans sa chute. Complices des mêmes crimes, ils devaient avoir le même destin. Ils subissent le même arrêt devant l'histoire.

De son côté, le Sénat, réuni dans le palais du Luxembourg, contemplait avec stupeur la chute du gouvernement impérial et reconnaissait sa parfaite impuissance à l'empêcher. La Révolution s'était accomplie sans que personne eût songé à lui. Personne ne s'était dit qu'un des grands corps de l'État, dévoué plus que tout autre au régime napoléonien, siégeait gravement sous les voûtes du palais Médicis pendant que la République était proclamée au Palais-Bourbon et à l'Hôtel-de-Ville. Que faisaient les sénateurs dans leur solitude oubliée ? L'un d'eux, M. de Chabrier, disait hardiment : « Je ne veux pas dans le passé chercher où sont les torts, où ils ne sont pas. Quand les Prussiens seront chassés, nous réglerons nos comptes. *Ce sera à la nation réunie dans ses comices* de prononcer..... » Et le président, M. Rouher, entendait sans protester ce langage audacieux. M. Rouher, impatient de quitter le fauteuil présidentiel, répondait à un membre qui invitait le Sénat à siéger en permanence : « Aucune force ne nous menace et nous sommes exposés à rester ici fort longtemps sans avoir rien à faire. » M. Baroche disait à son tour :

« Si nous espérions que ces forces populaires révolutionnaires qui ont envahi le Corps législatif se dirigeraient sur nous, je persisterais dans la pensée que j'ai émise, et je désirerais que chacun de nous restât sur son fauteuil pour attendre les envahisseurs. Mais, malheureusement (et je dis malheureusement, car c'est ici que je voudrais mourir), nous n'avons pas cet espoir. La révolution éclatera dans tout Paris, elle ne viendra pas nous chercher dans cette enceinte. »

M. Baroche proposa ensuite à ses collègues de se porter au secours de l'impératrice régente. Cette proposition n'eut aucun succès. On fut également d'avis de ne pas tenir une séance de nuit ; on repoussa l'idée de convocation à domicile à cause des inconvénients qu'elle pouvait offrir. Le Sénat sortit de son désert pour rentrer dans l'oubli.

Tous les appuis avaient manqué à la fois au gouvernement impérial, et aucune force humaine n'aurait pu faire qu'il en fût autrement : les grands mouvements populaires ont une spontanéité à laquelle personne ne se trompe. Cette journée du 4 septembre en est un exemple mémorable. La force armée avait compris le caractère patriotique, national du spectacle offert à ses yeux par ce peuple soulevé d'indignation ; elle avait vu l'inutilité de la résistance, et elle s'était mise du côté du peuple ; le Corps législatif avait accepté comme une nécessité supérieure la substitution d'un gouvernement nouveau au gouvernement de l'empire ; le Sénat s'était évanoui ; les amis, les serviteurs, les ministres, les fonctionnaires, loin d'accourir aux Tuileries pour assister l'impératrice, se cachaient ou fuyaient. La servilité des jours heureux n'eut d'égale que l'ingratitude de l'heure critique. Cet abandon général, ce désert dans lequel on laissa le gouvernement ont une éloquence qui résiste aux récriminations rétrospectives. On cherche les usurpateurs, et on les voit parmi ceux qui tombaient du pouvoir.

Au cours de la séance tenue dans la salle à manger de la présidence, un député s'était écrié : « Paris fait encore une fois la loi à la France! » Ce député se trompait. La République avait été proclamée dans plusieurs villes avant de l'être à Paris : Lyon, Marseille, Toulouse, Bordeaux, Versailles avaient pris les devants sur la capitale; dans plusieurs de ces villes, les statues et les bustes de Napoléon III furent précipités de leur piédestal, traînés dans les ruisseaux, foulés aux pieds. Un même cri de douleur et d'indignation s'était élevé, sur toute l'étendue du territoire, à la nouvelle de la capitulation de Sedan; en même temps, le mot de République s'échappait de toutes les lèvres. Faut-il s'en étonner? Les traditions de la République de 1792 chassant l'étranger du sol de la patrie vivaient dans le souvenir populaire. On évoqua par là même ce mot magique; la République apparut comme le gouvernement impersonnel qui doit rallier tous les esprits. Quel autre pouvoir aurait imposé silence aux rivalités monarchiques déjà prêtes à entrer en lice? la République sortit donc spontanément de la conscience du pays à la vue des armées allemandes qui avançaient dans les provinces de l'Est. Oui, il y eut dans ce fait, comme dans tout ce qui se passa le 4 septembre, une nécessité impérieuse : la République s'imposa aux hommes chargés de constituer un gouvernement. Il ne dépendait pas d'eux d'en adopter un autre ; s'ils l'avaient tenté, ils auraient échoué; ils voulurent, du moins, donner au pouvoir naissant son vrai caractère, afin d'y rallier tous les concours, et ils instituèrent, sous l'égide de la République, le *gouvernement de la défense nationale*.

Les membres du gouvernement étaient tous députés de Paris, sauf M. Gambetta, qui avait opté pour Marseille, et M. Picard, qui avait opté pour Montpellier, après avoir été élus à Paris. Le général Trochu, nommé président, formait une exception justifiée par la popularité dont il jouissait, et par son titre de gouverneur et de chef militaire des forces réunies dans les murs de la capitale. On a vu plus haut que M. Thiers, sollicité de faire partie du gouvernement, avait refusé, obéissant à un scrupule excessif; mais il devait, peu de temps après, mettre sa vieille expérience au service du pays, en visitant, au nom de la France, les cours de Londres, de Vienne, de Florence et de Saint-Pétersbourg.

Le ministère fut ainsi composé :

M. Ernest Picard, aux finances ;
M. Léon Gambetta, à l'intérieur ;
M. Crémieux, à la justice ;
M. le général Leflô, à la guerre ;
M. l'amiral Fourichon, à la marine ;
M. Jules Simon, à l'instruction publique ;
M. Jules Favre, aux affaires étrangères ;
M. Dorian, aux travaux publics ;
M. Magnin, à l'agriculture et au commerce.

Cinq membres du gouvernement, MM. Trochu, Garnier-Pagès, Pelletan, Emmanuel Arago et Rochefort ne reçurent aucun portefeuille.

M. E. Arago fut nommé maire de Paris.

M. de Kératry, préfet de police.

Aussitôt constitué, le gouvernement publia trois proclamations : l'une adressée à la nation, l'autre aux habitants de Paris, la troisième à la garde nationale.

La première était ainsi conçue :

« Français !

« Le peuple a devancé la Chambre, qui hésitait :

« Pour sauver la patrie en danger, il a demandé la République.

« Il a mis les représentants non au pouvoir, mais au péril.

« La République a vaincu l'invasion en 1792 ; la Republique est proclamée.

« La révolution est faite au nom du droit, du salut public.

« Citoyens, veillez sur la cité qui vous est confiée ; demain vous serez, avec l'armée, les vengeurs de la patrie ! »

Le gouvernement disait aux Parisiens :

« Citoyens de Paris !

« La République est proclamée.

« Un gouvernement a été nommé d'acclamation.

« Il se compose des citoyens :

« Emmanuel Arago, Crémieux, Jules Favre, Jules Ferry, Gambetta, Garnier-Pagès, Pelletan, Picard, Rochefort, Jules Simon, représentants de Paris.

« Le général Trochu est chargé des pleins pouvoirs militaires pour la défense nationale.

« Il est appelé à la présidence du gouvernement.

« Le gouvernement invite les citoyens au calme ; le peuple n'oubliera pas qu'il est en face de l'ennemi.

« Le gouvernement est, avant tout, un gouvernement de défense nationale. »

La troisième proclamation disait à la garde nationale :

« Ceux auxquels votre patriotisme vient d'imposer la mission redoutable de défendre le pays vous remercient du fond du cœur de votre courageux dévouement.

« C'est à votre résolution qu'est due la victoire civique rendant la liberté à la France.

« Grâce à vous, cette victoire n'a pas coûté une goutte de sang.

« Le pouvoir personnel n'est plus.

« La nation tout entière reprend ses droits et ses armes. Elle se lève, prête à mourir pour la défense du sol. Vous lui avez rendu son âme que le despotisme étouffait.

« Vous maintiendrez avec fermeté l'exécution des lois, et, rivalisant avec notre noble armée, vous nous montrerez ensemble le chemin de la victoire. »

Du langage de ces proclamations, on pouvait conclure que le gouvernement de la défense nationale acceptait résolûment le dangereux héritage de l'Empire, et qu'il était décidé à continuer la guerre, quoique l'ennemi fût déjà au cœur du pays, quoique la France se trouvât sans armée. En prenant cette attitude énergique, le gouvernement n'était que l'écho de l'opinion publique très-surexcitée par la capitulation de Sedan. Toutefois, les hommes appelés au pouvoir par la révolution du 4 septembre ne se faisaient pas illusion sur les dangers que présentait la continuation de la guerre ; mais d'accord avec le sentiment du pays, ils étaient décidés à ne suspendre les hostilités et à ne conclure la paix que si cette paix était compatible avec l'honneur de la France, en d'autres termes, si l'Allemagne se contentait d'une indemnité pécuniaire et laissait intact le territoire français. C'est dans ce sens que M. Jules Favre, ministre des affaires étrangères, rédigea sa circulaire du 6 septembre aux agents diplomatiques. Il y rappelait avec beaucoup d'à-propos, que le roi de Prusse, à son entrée en campagne, avait déclaré ne pas porter la guerre à la nation française, mais à l'empereur seulement, qui l'avait provoquée. L'auteur de l'agression venait d'être rejeté par la France, l'Empire avait cessé d'exister. « Le roi de Prusse veut-il, disait la circulaire, continuer une lutte impie qui lui sera aussi fatale qu'à nous ? Libre à lui : qu'il assume cette responsabilité devant le monde et devant l'histoire. Si c'est un défi, nous l'acceptons.

« Nous ne céderons ni un pouce de notre territoire, ni une pierre de nos forteresses.

« Une paix honteuse serait une guerre d'extermination à courte échéance.

« Nous ne traiterons que pour une paix durable.

« Nous avons une armée résolue, des forts bien pourvus, une enceinte bien établie, mais surtout la poitrine de trois cent mille combattants décidés à tenir jusqu'au dernier. »

La circulaire du ministre des affaires étrangères se terminait par ces mots :

« Je résume nos résolutions d'un mot devant Dieu qui nous entend, devant la postérité qui nous jugera : nous ne voulons que la paix. Mais, si l'on continue contre nous une guerre funeste que nous avons condamnée, nous ferons notre devoir jusqu'au bout, et j'ai la ferme confiance que notre cause, qui est celle du droit et de la justice, finira par triompher. »

A la distance où nous sommes et après avoir passé par le cruel démenti des événements, ce langage paraît empreint d'une témérité sans égale. Il recueillit cependant, à l'époque où il fut tenu, des applaudissements unanimes, et ceux qui l'ont raillé depuis et l'ont accusé d'imprudence joignirent leur approbation à ceux qui contiennent sagement leurs doléances inutiles, parce qu'ils n'ont pas oublié à quel degré d'exaltation patriotique les esprits s'étaient subitement élevés.

Les partis n'ont pas de mémoire, et cela les dispense d'être justes. Quelles amères accusations n'a-t-on pas jetées à la face du gouvernement de la défense nationale pour n'avoir pas imploré la paix au lendemain de Sedan ! Avec quel parti pris de dénigrement ne lui a-t-on pas reproché d'avoir perdu l'Alsace et la Lorraine par sa folle résistance ! Jamais accusation ne fut moins fondée. L'Alsace et la Lorraine ont été perdues pour la France le jour où les Allemands les ont foulées sous leurs pas vainqueurs ; les projets de conquête ne germèrent pas subitement dans l'esprit allemand ; ils étaient anciens ; les provinces d'Alsace-Lorraine étaient teintées comme possessions allemandes sur les cartes que portaient les officiers dès l'entrée en campagne. M. de Bismarck s'était ouvert franchement de ces projets de conquête dans l'entretien qu'il eut avec le général de Wimpffen. La presse allemande, très-modérée au début de la campagne, s'était montrée extrêmement violente aussitôt qu'elle avait appris les premiers revers des armées françaises : elle présentait des projets de revendications territoriales. Dans tous les ouvrages publiés en Allemagne sur la guerre de 1870-71, perce la même prétention [1].

On fait donc violence à la vérité lorsque, en haine de la République, on accuse le gouvernement de la défense nationale d'avoir amené la perte de l'Alsace et de la Lorraine en continuant la guerre. Ces provinces étaient perdues au 4 septembre ; la question était de savoir si la France serait assez faible ou assez lâche pour se résigner à ce déchirement cruel, pour signer sa propre déchéance, ou si elle rassemblerait ses forces dans un élan de fierté magnifique pour sauver au moins son honneur. Elle ne fut point assez dégénérée pour s'affaisser sur elle-même à cette heure solennelle ; elle ne voulut pas laisser dire à l'Europe indifférente que son grand cœur avait cessé de battre et qu'elle était digne de se prosterner aux pieds de l'homme de Sedan. Elle se leva indignée

[1] On lit dans celui de Niemann, la *Campagne de France*, à la date de la capitulation de Sedan : « Les succès rapides et éclatants de l'armée allemande, le sang versé, obligeaient le roi et ses conseillers à exiger plus que de l'argent pour prix de la victoire, à savoir : le pays parlant notre langue et qui, deux siècles auparavant, avait été perdu grâce à la faiblesse de l'Allemagne. »

contre l'auteur de ses infortunes ; elle fit un geste, et l'Empire tomba sans qu'une goutte de sang vînt honorer sa pourriture, puis elle concentra toute son énergie dans la résistance à l'ennemi. Ce sera sa gloire, et l'on ne sait si l'on doit le mépris ou la pitié aux partisans du régime déchu qui l'ont accusée de cette sainte audace. Les derniers ministres de l'Empire, qui s'inspiraient des nécessités de l'heure présente, n'avaient point parlé de paix dans leur dernière proclamation. Ils annonçaient la formation d'une armée sous Paris, d'une autre armée sur les rives de la Loire ; ils conviaient la France à une lutte désespérée. Ainsi le cri suprême de l'Empire en s'écroulant fut un cri de guerre. Si les partisans du régime déchu l'ont oublié, que penser de leur mémoire ? S'ils s'en souviennent encore, que penser de leur bonne foi ?

Les partis se montrèrent plus justes au moment où éclata la révolution du 4 septembre : jamais le patriotisme, dans tout ce qu'il a de noble et de pur, ne connut de plus beaux jours. La trêve de la patrie remplaça pour quelque temps la trêve de Dieu du moyen âge ; la fraternité et la solidarité cessèrent d'être des mots sonores. Cette union, qu'aucun Français ne se rappellera jamais sans une fierté attendrie, imposait d'immenses devoirs aux membres du gouvernement et grandissait leur responsabilité. La bonne entente ne pouvait être durable qu'à la condition que les hommes investis de pouvoirs sans limites et d'une entière confiance seraient à la hauteur de leur tâche. Ç'avait été une grande hardiesse de leur part d'exclure du gouvernement les représentants de la province et de se priver du concours de quelques hommes illustres du parti républicain avancé ; ils avaient à justifier leur conduite en montrant qu'ils étaient à la fois les plus capables et les plus dignes d'exercer le pouvoir dans un instant si grave. Des provinces de l'Est, le torrent allemand roulait vers Paris. La patrie était en danger.

LE GÉNÉRAL VINOY.

LIVRE CINQUIEME.

LA PATRIE EN DANGER.

Les armées allemandes menacent Paris. — Metz et Strasbourg bloqués, les places fortes investies ; armée de réserve au delà du Rhin. — Forces dont dispose la France. — Les quinze mille hommes revenus de Mézières avec le général Vinoy. — Marins, gardes mobiles, garde nationale. — Mouvement patriotique de Paris. — Les populations se réfugient dans ses murs. — Activité des municipalités parisiennes. — Proclamation du gouvernement à l'armée. — Instructions du ministre de l'intérieur aux administrations départementales et communales. — Décret du 8 septembre pour la convocation d'une Assemblée constituante. — Nouveau décret avançant les élections au 2 octobre. — Les élections sont indéfiniment ajournées. — Fausse accusation adressée au gouvernement. — Était-il moralement et matériellement possible d'élire une Assemblée ? — Le gouvernement tourne les yeux vers l'Europe. — Langage des représentants des puissances étrangères : l'ambassadeur d'Angleterre, le chargé d'affaires de Russie, M. de Metternich, M. Nigra. — Mission donnée à M. Thiers. — M. Thiers à Londres. — Il obtient de l'Angleterre une démarche auprès de M. de Bismarck pour faciliter une entrevue de M. Jules Favre et du chancelier prussien — Départ de M. Jules Favre ; lettre à M. de Bismarck ; réponse de celui-ci. — Rencontre de Montry ; frayeur de M. de Bismarck a l'occasion des francs-tireurs. — Entretien dans le château de la Haute-Maison. — Continuation de l'entretien au château de Ferrières. — Conditions inacceptables posées par l'homme d'État allemand pour la signature d'un armistice. — Retour de M. Jules Favre à Paris. — Note du *Journal officiel*. — Les hostilités continuent. — Délégation de Tours. — Préparatifs militaires à Paris. — Topographie de Paris : les ouvrages avancés, les forts, les remparts. — Marche des armées allemandes. — La 4e armée investit Paris à l'est et au nord ; la 3e armée passe la Seine à Villeneuve-Saint-George et s'étend vers le sud jusqu'à Versailles. — Combat de Châtillon. — État moral de Paris. — La statue de Strasbourg. — La nouvelle se répand que Strasbourg a capitulé.

Cette phrase pathétique, grosse d'alarmes et de poignantes douleurs, n'était pas moins de mise qu'aux jours orageux de la première République : la patrie était en danger. Une armée allemande de deux cent quarante mille hommes, fière de ses victoires, enivrée d'orgueil par la capitulation de Sedan, s'avançait contre Paris, semant l'épouvante sur sa route et poussant des flots d'émigrants devant elle. L'avant-garde de sa cavalerie était à quelques journées de marche de la capitale. Une autre armée de deux cent mille hommes tenait cernés dans Metz les vaillants soldats qui s'étaient battus avec tant de bravoure sur les bords de la Moselle, à Gravelotte et à Saint-Privat. Cent mille Allemands investissaient les forteresses disséminées entre les rives du Rhin et Paris : Schlestadt, Neufbrisach, Phalsbourg, Bitche, Montmédy, Longwy, Mézières, Rocroy, Toul, Soissons, Verdun, La Fère, Péronne. Soixante mille Badois, commandés par l'intraitable général de Werder, assiégeaient Strasbourg. Plus de cent mille hommes de landwehr étaient en marche de l'Allemagne pour se porter sur le théâtre de la guerre. Enfin, deux cent mille hommes de réserve se tenaient prêts à tout événement de l'autre côté du Rhin. C'était, en tout, neuf cent mille hommes que l'Allemagne pouvait mettre en ligne, si elle y était forcée.

A ces masses humaines, que pouvait opposer la France ? Le maréchal Bazaine avait sous ses ordres une armée de cent soixante mille hommes aguerris, capables des plus grandes choses, mais condamnés à l'inaction par la volonté de leur chef et menacés d'un affaiblissement graduel par la prolongation du siége, par le découragement, par les maladies qu'amène toujours la mauvaise saison et par la mauvaise nourriture. L'armée de Metz immobilisait, il est vrai, les deux cent mille hommes de Frédéric-Charles ; mais on attendait mieux d'elle. La France espérait encore que Bazaine se révélerait un jour par un glorieux coup d'éclat. Quoi qu'il en soit, dans le moment, on ne pouvait compter sur cette armée pour opposer une digue à l'invasion et défendre Paris. Le général Vinoy ramenait quinze mille hommes de Mézières, à travers des difficultés inouïes, harcelé nuit et jour dans sa retraite. Ces troupes, composées des débris des différents corps qui avaient beaucoup souffert pendant la campagne des Ardennes, arrivèrent à Paris peu de jours avant l'investissement ; elles excitaient sur leur passage des larmes de douleur. Leurs vêtements étaient en lambeaux, souillés de boue ; les visages sombres, amaigris, laissaient deviner les inexprimables souffrances d'une armée en déroute. Des cuirassiers montés sur des chevaux poudreux, épuisés de fatigue, réveillaient les poignants souvenirs de Frœschwiller. Ces quinze mille hommes allaient former le 13ᵉ corps. La garnison de Paris, les hommes appelés en hâte de tous les dépôts, joints aux marins, qui devaient être si précieux à la défense, pouvaient s'élever à cinquante mille hommes. Quelques milliers d'hommes restaient encore en Algérie ; mais il était impossible de les rappeler, car l'insurrection des Arabes n'était pas complétement étouffée. Le gouvernement de la défense nationale avait fait venir dans Paris cent mille gardes mobiles, soldats dévoués, mais inexpérimentés. On déployait une grande activité dans l'organisation de la garde nationale. Quant au matériel de guerre, il manquait absolument ; on avait vidé tous les arsenaux au début de la guerre : on avait transporté à Strasbourg et surtout à Metz les armes et les munitions. L'Empire en disparaissant n'avait rien laissé après lui ; tout était à créer.

Dans ces terribles conjonctures, dont la majorité du pays soupçonnait à peine la gravité, le gouvernement de la défense nationale ne perdit point courage. Il fut stimulé par la grandeur de l'entreprise, par le concours empressé de tous les citoyens, par la patriotique activité des nouveaux maires de Paris, par l'ardeur de toutes les classes à conjurer le péril d'une situation sans exemple dans l'histoire. Des milliers de citoyens offrirent leurs bras pour les travaux de terrassement des remparts ; les places publiques se couvrirent d'hommes de toute condition et de tout âge apprenant le maniement des armes ; l'industrie privée mit toutes ses ressources à la disposition du gouvernement pour la fabrication des canons. Un homme énergique et modeste, type du patriote accompli, se dévoua sans bruit à cette tâche ardue qui se heurtait sans cesse à la routine. C'est M. Dorian, ministre des travaux publics. Le général Trochu faisait mettre les forts et les remparts en état de défense. Le ministre de l'agriculture et du commerce, M. Magnin, entassait les approvisionnements dans cette ville de deux millions d'âmes, grossie de cent mille bouches par l'arrivée des gardes mobiles de province et de trois cent mille émigrants des départements voisins. Spectacle inoubliable : ces populations affolées se jetaient dans la ville avec tout ce qu'elles avaient pu sauver de bétail et de mobilier. On vit s'écouler pendant plusieurs jours ces flots tumultueux de l'émigration : femmes en pleurs, vieillards arrachés à leurs foyers paisibles, tristes victimes du fléau de la guerre. En ordonnant de faire sauter les ponts et de couper les routes, le gouvernement avait encore précipité le départ des populations agricoles qui entourent Paris. Sous l'empire de cette frayeur exagérée, on coupa des ponts dont on eut à regretter plus tard la destruction, notamment sur la Marne ; on ne donna pas le temps aux habitants des communes suburbaines de recueillir toutes les récoltes ; les villages abandonnés, les champs encore couverts de légumes et de fruits, furent livrés en proie à des bandes de maraudeurs ; le pillage des maisons désertes, une des hontes du siége, introduisit de coupables habitudes d'indiscipline. Au cœur d'un des plus rigoureux hivers que l'on ait connus, les troupes ne devaient plus même trouver, à deux pas de la ville, du bois pour se chauffer. Mais c'est ici surtout que l'on doit tenir compte de l'état de surexcitation où étaient alors les esprits et se garder de juger les événements et les hommes d'après les règles ordinaires de la froide raison.

A la vue de ces multitudes qui venaient lui demander asile, la ville renommée dans le monde pour sa frivolité avait changé d'aspect. Les pensées s'élevaient dans la mesure où le danger grandissait. On s'empressa de donner des logements aux fugitifs ; la mairie centrale de Paris, dirigée par M. Étienne Arago, et les vingt municipalités parisiennes rivalisèrent de dévouement et de zèle ; on ouvrit aux réfugiés les maisons abandonnées et certains établissements publics, entre autres les lycées ; l'hospitalité des particuliers fit le reste. Paris, la cité futile et légère, devint en ces jours la cité fraternelle. La vieille Lutèce montra, naturellement, sans efforts, cette humanité souriante, cette aimable ouverture de cœur qui la distinguent entre toutes les villes du monde, et quoi qu'en puissent penser des esprits moroses, esclaves du parti pris, quand, fatigué du sombre spectacle des défaillances, des hontes, des crimes dont la France a été le théâtre, on veut se reposer dans la contemplation des vertus désintéressées qui honorent un peuple, il faut aller voir Paris à l'approche de l'étranger. Dans ces jours agités, la fraternité habita ses murs.

Pendant ces préparatifs, le gouvernement ne perdait pas de vue l'objet principal de la mission dont il avait assumé la responsabilité. Il ne fallait, à aucun prix, laisser se diviser les forces de la nation. Dans un pays où divers partis se disputent le pouvoir, les discussions politiques sont coupables si le sol de la patrie est foulé aux pieds par l'étranger. Le gouvernement de la défense nationale eut donc soin de préciser la nature du mandat qu'il tenait de l'acclamation populaire ; il parla à l'armée le langage qu'il avait tenu au pays tout entier ; il voulait qu'on sût bien que la révolution du 4 septembre n'était pas une œuvre de parti, mais une nécessité sociale, et que le pouvoir qui avait succédé à l'Empire entendait s'occuper exclusivement de la défense de la patrie :

« Soldats, disait-il dans sa proclamation à l'armée, en acceptant le pouvoir dans la crise formidable que nous traversons, nous n'avons pas fait œuvre de parti.

« Nous ne sommes pas au pouvoir, mais au combat.

« Nous ne sommes pas le gouvernement d'un parti, nous sommes le gouvernement de la défense nationale.

« Nous n'avons qu'un but, qu'une volonté : le salut de la patrie par l'armée et par la nation groupées autour du glorieux symbole qui fit reculer l'Europe, il y a quatre-vingts ans.

« Aujourd'hui, comme alors, le nom de République veut dire :

« Union intime de l'armée et du peuple pour la défense de la patrie ! »

Les instructions données par le ministre de l'intérieur aux administrations départementales s'inspiraient du même esprit :

« . . . Notre nouvelle République, écrivait M. Gambetta, n'est pas un gouvernement qui comporte les dissensions politiques, les vaines querelles. C'est, comme nous l'avons dit, un gouvernement de défense nationale, une République de combat à outrance contre l'envahisseur.

« Entourez-vous donc des citoyens animés, comme nous-mêmes, du désir immense de sauver la patrie et prêts à ne reculer devant aucun sacrifice.

« Au milieu de ces collaborateurs improvisés, apportez le sang-froid et la vigueur qui doivent appartenir au représentant d'un pouvoir décidé à tout pour vaincre l'ennemi.

« Soutenez tout le monde par votre activité sans limites, dans toutes les questions où il s'agira de l'armement, de l'équipement des citoyens et de leur instruction militaire.

« Toutes les lois prohibitives, toutes les restrictions si funestement apportées à la fabrication et à la vente des armes ont disparu.

« Que chaque Français reçoive ou prenne un fusil et qu'il se mette à la disposition de l'autorité ; la patrie est en danger !

« Il vous sera donné jour par jour des avis concernant les détails du service. Mais faites beaucoup par vous-même, et appliquez-vous surtout à gagner le concours de toutes les volontés, afin que, dans un immense et unanime effort, la France doive son salut au patriotisme de tous ses enfants. »

Le premier soin du gouvernement de la défense nationale, résolu à déployer la plus extrême énergie, avait été de destituer les préfets de l'Empire, complices du plébiscite, attachés par reconnaissance au régime déchu, justement suspects de tiédeur pour l'organisation de la défense. Ce n'était pas assez. Un grand nombre de conseils municipaux, élus sous la pression de l'administration impériale, pouvaient entraver l'œuvre du nouveau gouvernement. L'attention du ministre de l'intérieur se porta de ce côté. M. Gambetta écrivit aux préfets :

« Le gouvernement de la défense nationale a été composé par le peuple de ses propres élus : il représente en France le grand principe du suffrage universel. Ce gouvernement manquerait à son devoir, comme à son origine, s'il ne tournait pas dès l'abord ses regards sur les municipalités issues, comme ses membres, des urnes populaires. Partout où sont installés des conseils municipaux élus sous l'influence du courant libéral et démocratique, que les membres de ces conseils deviennent vos principaux auxiliaires. Partout, au contraire, où, sous la pression fatale du régime antérieur, les aspirations du citoyen ont été refoulées et où les conseils élus et les officiers municipaux ne représentent que des tendances rétrogrades, entourez-vous de municipalités provisoires et placez à leur tête les chefs qu'elles auront choisis elles-mêmes dans leur sein, si dans leur choix elles ont su obéir aux nécessités patriotiques qui pèsent sur la France.

« En résumé, ne pensez qu'à la guerre et aux mesures qu'elle doit engendrer ; donnez le calme et la sécurité pour obtenir en retour l'union et la confiance ; ajournez d'autorité tout ce qui n'a pas trait à la défense nationale ou pourrait l'entraver ; rendez-moi compte de toutes vos opérations, et comptez sur moi pour vous soutenir dans la grande œuvre à laquelle vous êtes associé et qui doit nous enflammer tous du zèle le plus ardent, puisqu'il y va du salut de la patrie. »

Afin de mieux associer le pays tout entier à son œuvre difficile, le gouvernement de la défense nationale rendit, à la date du 8 septembre, un décret qui appelait les collèges électoraux à élire une Assemblée nationale constituante. L'ouverture du scrutin était fixée au 16 octobre. Dans la proclamation qui accompagnait le décret, le gouvernement disait :

« L'Europe a besoin qu'on l'éclaire. Il faut qu'elle connaisse par d'irrécusables témoignages que le pays tout entier est avec nous. Il faut que l'envahisseur rencontre sur sa route non-seulement l'obstacle d'une ville immense, résolue à périr plutôt que de se rendre, mais un peuple entier, debout, organisé, représenté, une Assemblée enfin qui puisse porter en tous lieux, et en dépit de tous les désastres, l'âme vivante de la patrie. »

Le 17 septembre, intervient un nouveau décret convoquant les électeurs pour le 2 octobre. Les événements se sont précipités. Au 8 septembre, le gouvernement de la défense nationale n'avait pas perdu l'espoir de conclure la paix et de signer, en attendant, un armistice. Dix jours après, il a perdu cet espoir; les armées allemandes s'avancent, l'occupation étrangère s'étend; plus de vingt départements sont envahis; le gouvernement voit sa responsabilité grandir; le fardeau dont il s'est chargé devient plus pesant; il fixe au 2 octobre la réunion des colléges électoraux pour la nomination d'une Assemblée constituante. Son projet ne doit pas néanmoins se réaliser. Le 18 septembre, les armées allemandes arrivent sous les murs de Paris; la grande ville est à la veille d'être séparée du reste de la France. Comment procéder à des élections sérieuses dans le trouble des esprits? Le 24 septembre, un nouveau décret, considérant « les obstacles matériels que les événements militaires apportent en ce moment à l'exercice des droits électoraux, » ajourne les élections constituantes à l'époque où les événements permettront de les faire.

Les élections constituantes auraient donné sans doute au gouvernement de la défense nationale une force morale considérable; mais c'est une erreur de croire que l'existence d'une Assemblée eût diminué les exigences de la Prusse et amené immédiatement la suspension des hostilités. Aucune Assemblée française n'eût consenti, en ce moment, à l'abandon de l'Alsace et de la Lorraine. Dans les discussions violentes qui se sont élevées depuis la fin de la guerre entre les membres du gouvernement et leurs adversaires, ceux-ci n'ont pas manqué d'accuser les hommes du 4 septembre d'avoir ajourné les élections pour garder le pouvoir dans l'intérêt de leur parti et d'avoir moins songé à la France qu'à la République. Cette accusation tombera, quand les passions se seront apaisées. Les républicains du gouvernement du 4 septembre n'étaient point conduits par des considérations mesquines ; ils n'avaient, d'ailleurs, aucune raison de redouter des élections, en admettant que des préoccupations de parti les eussent obsédés dans de si graves circonstances. L'Assemblée constituante eût été, sans aucun doute, en majorité républicaine. Mais qui est assez aveugle pour ne pas voir les difficultés matérielles ? L'invasion s'étendait ; les populations fuyaient devant elle ; elles n'avaient ni la liberté de fait, ni la liberté d'esprit qu'exige le choix d'un représentant. Comment, d'ailleurs, les députés de Paris auraient-ils pu se joindre aux députés des départements ? Les impossibilités morales n'étaient pas moins sérieuses. L'ouverture du scrutin n'aurait pas manqué de raviver les passions politiques, d'amener des divisions en présence de l'ennemi, de rompre la trêve patriotique que les partis venaient de signer loyalement et de détourner l'attention du but principal : la défense du pays. Dans la séance du 3 septembre, M. Thiers et M. de Palikao lui-même avaient reconnu la nécessité de convoquer une Assemblée constituante, mais il ne leur était pas venu à la pensée de la convoquer immédiatement ; dans le texte de leur proposition, ils avaient glissé cette réserve : « Quand les circonstances le permettront. » Si l'impossibilité de réunir une nouvelle Assemblée existait le 3 septembre, elle existait à plus forte raison quinze jours plus tard, quand vingt départements étaient occupés par l'ennemi, quand Paris allait être séparé du reste de la France. Cette impossibilité, M. Thiers la reconnut, pendant sa mission en Angleterre, dans l'entretien qu'il eut avec lord Grandville.

Le décret du 24 septembre ajournant indéfiniment les élections constituantes fut rendu par le gouvernement deux jours après l'entrevue de Ferrières ; à cette époque, on avait acquis la conviction que tout espoir d'arriver à la conclusion d'un armistice était absolument chimérique, et qu'il ne fallait plus songer qu'à la guerre.

Croyant le roi de Prusse sur parole, le gouvernement de la défense nationale avait pensé que la chute de l'Empire et la captivité de Napoléon III pourraient peut-être amener la fin des hostilités. Le roi de Prusse n'avait-il pas dit, en effet, qu'il ne faisait pas la guerre au peuple français, mais à l'empereur, qui l'avait provoqué ? L'événement montra que cette déclaration royale n'était pas sincère ; mais tant que le contraire n'était pas prouvé, on devait tenir ces paroles pour sérieuses. Le gouvernement de la défense nationale, à peine en possession du pouvoir, avait tourné ses regards sur l'Europe, cherchant des alliés et, à défaut d'un secours matériel, une intervention amicale. La France, précipitée à son insu dans la guerre, n'était-elle pas digne d'intérêt ? Avait-elle, en d'autres temps, ménagé son sang et son argent pour les autres, et n'était-elle pas en droit d'attendre les bons offices de ses anciens alliés ? En se posant ces questions, le gouvernement de la défense nationale oubliait que la politique sournoise et tortueuse de l'Empire avait aliéné de la France les sympathies qui auraient dû lui être légitimement acquises. A ce sujet, depuis la triste issue de la guerre, les partisans du régime napoléonien n'ont pas craint d'avancer que la révolution du 4 septembre était venue entraver un rapprochement effectif de certaines puissances étrangères avec la France. A les entendre, le renversement du trône napoléonien nous aurait privés d'un concours assuré. Cette assertion, dictée par l'esprit de parti, ne supporte pas l'examen. Dans la journée du 5 septembre, M. Jules Favre eut un long entretien avec M. de La Tour-d'Auvergne, auquel il succédait au ministère des affaires étrangères. M. de La Tour-d'Auvergne n'avait connaissance d'aucune de ces précieuses alliances dont on parle ; il déplora, au contraire, notre isolement. Le langage des représentants des puissances étrangères à M. Jules Favre ne laisse, d'ailleurs, subsister aucun doute. Tous, ils accoururent pour exprimer au nouveau gouvernement les sympathies de leurs cabinets respectifs, et si la France avait pu se contenter de bonnes paroles et de beaux discours, elle eût été satisfaite ; mais les paroles n'étaient pas de saison : on aurait voulu des actes. Quoi qu'il en soit, le langage des représentants étrangers mérite qu'on s'y arrête, car il indique avec une netteté parfaite l'état moral de l'Europe après le désastre de Sedan.

L'ambassadeur d'Angleterre avoua que l'opinion publique, de l'autre côté de la Manche, était très-hostile à la France et que des influences de parenté agissaient fortement sur l'esprit de la reine. Il dit qu'à la vérité, le commerce anglais redoutait la continuation de la guerre, et que si le gouvernement de la République maintenait l'ordre et résistait à l'ennemi, il changerait peut-être en sa faveur les résolutions du cabinet anglais, très-résolu à observer la neutralité. Mais, même alors, la France ne devait pas espérer une intervention active ; on ne lui promettait qu'une intervention purement officieuse, très-prudente et qui ne froisserait pas le gouvernement prussien. M. Jules Favre répondit à lord Lyons que le cabinet anglais ne pouvait se faire illusion sur les conséquences de la lutte engagée ; il lui représenta que cette lutte intéressait tous les États de l'Europe ; que l'Angleterre se trouvait dans la situation de la France après Sadowa ; la France en intervenant alors entre la Prusse et l'Autriche avait rendu à l'une et à l'autre des services signalés. Pourquoi l'Angleterre ne se poserait-elle pas en arbitre entre la France et la Prusse ? Son honneur n'était-il pas engagé à ne pas laisser succomber ses anciens et fidèles alliés ? La Prusse oserait-elle braver les puissances coalisées, rangées autour de l'Angleterre pour la pacification de l'Europe ?

Ces exhortations ne devaient pas toucher l'Angleterre, qui se montrait peu désireuse de secouer son indifférence égoïste ; elle se sentait, du reste, mal préparée à appuyer ses conseils d'une force armée respectable, et enfin elle était tenue en réserve par la connaissance d'un traité secret entre la Prusse et la Russie.

Le chargé d'affaires de Russie s'était empressé de rassurer le gouvernement de la défense nationale sur les inquiétudes que pouvait causer à son pays la proclamation de la République. « Pourvu, dit-il, qu'elle ne soit pas un symbole de désordre et de propagande, elle ne sera pas un obstacle aux yeux du czar. Le czar aime sincèrement la France, il voudrait la fin de la guerre, mais son étroite parenté avec le roi Guillaume lui impose une grande réserve ; *on peut même lui savoir gré d'être demeuré neutre ; beaucoup d'hommes importants lui conseillaient une intervention active ;* il s'y est refusé, et en cela, au surplus, il s'est rangé à l'opinion de son peuple, qui désire le succès de la France. »

L'ambassadeur d'Autriche, M. de Metternich, détrompa le ministre des affaires étrangères sur la possibilité d'un concours effectif, que certains avaient annoncé : « Il n'est pas impossible, dit-il, que M. de Beust ait parlé de trois cent mille hommes à mettre en ligne, si nous en avions la liberté, mais c'est précisément cette liberté qui nous a été refusée. L'empereur et son

ministère ne braveront jamais les volontés du czar. Or, celui-ci a
déclaré que si nous nous prononcions pour la France, il s'unirait
à la Prusse. Nous avons donc les bras liés. »

Le ministre d'Italie se montra moins empressé que les représentants des autres puissances, parce qu'il prévoyait une insistance
particulière de la France auprès de son gouvernement. En 1859,
la France avait envoyé cent mille hommes en Italie pour affranchir ce pays de la domination autrichienne. Cet immense service,
le sang versé, la confraternité des armes, tout cela serait-il
oublié ? L'Italie ne viendrait-elle pas au secours de la France en
péril ? Comment pourrait-elle fermer l'oreille à son appel ? Comment, en retour de si grands bienfaits, répondrait-elle par l'indifférence et par l'ingratitude ? La vérité, c'est que l'Empire avait
trop fait pour l'Italie ou trop peu ; en laissant à la Prusse le soin
d'achever l'œuvre d'affranchissement par lui commencée, il avait
obligé l'Italie à partager sa reconnaissance. Étant au même titre
l'obligé de la France, qui lui faisait d'ailleurs sentir sa protection
par l'occupation de Rome, et l'obligé de la Prusse, à laquelle il
devait la restitution de la Vénétie, le gouvernement italien restait
neutre, hésitant entre les deux puissances. Il n'y a aucune témérité à supposer que, s'il était sorti de sa neutralité, il aurait jeté le
poids de son épée dans la balance de la Prusse, car les revers de
la France allaient lui permettre d'occuper Rome et de compléter
l'unité italienne. La réponse du chevalier Nigra fut donc telle
qu'on pouvait l'attendre. Le ministre de Victor-Emmanuel se
retrancha derrière l'impossibilité d'une action isolée de la part
de l'Italie. « Elle était prête, dit-il, à s'associer aux autres puissances, et même à les devancer, si celles-ci voulaient la suivre.
Mais il n'y avait rien à faire, si l'on n'avait pour soi l'Angleterre ou
la Russie. Or, la première obéissait à l'indifférence systématique
de M. Gladstone et aux entraînements intimes de la reine. La
seconde s'était constituée le patron officieux de la Prusse et ne
faisait rien qui pût la contrarier. Nous ne pouvions donc attendre
de l'Italie que de bons sentiments, et sa participation à toutes les
résolutions qui réuniraient ce que les puissances pourraient arrêter en notre faveur [1]. »

Si peu encourageantes que fussent ces ouvertures, il en coûtait

---

[1] Voir le *Gouvernement de la défense nationale*, par Jules Favre, t. I, p. 118.

au gouvernement de croire à l'indifférence systématique de l'Europe ; avant de renoncer à tout espoir, il résolut d'adresser un appel direct et pressant aux cours étrangères. Le 12 septembre, le *Journal officiel* annonçait que M. Thiers, ne voulant pas refuser ses services au gouvernement, allait partir en mission pour Londres, d'où il se rendrait ensuite à Saint-Pétersbourg et à Vienne.

Le 13 septembre, M. Thiers était à Londres ; il s'épuisait en vains efforts pour arracher les ministres anglais à leur indifférence, à leur parti pris de ne rien faire. Il évoquait éloquemment les souvenirs de l'alliance de la France avec l'Angleterre en Crimée ; il insistait sur les dangers auxquels exposait l'équilibre européen l'insatiable ambition de la Prusse ; il représentait à lord Granville et à M. Gladstone la diminution de puissance morale et matérielle même qui résulterait pour la Grande-Bretagne de l'abaissement de la France. Les ministres anglais sentaient ce qu'il y avait de juste au fond de ces discours, mais ils se retranchaient derrière la volonté bien arrêtée du gouvernement de laisser faire et de s'en remettre à l'aveugle fortune, au sort des batailles. M. Thiers, attristé, quitta Londres et prit le chemin de Saint-Pétersbourg, où, sous des dehors également très-bienveillants, il essuya les mêmes refus.

A Londres, l'illustre délégué du gouvernement de la défense nationale avait obtenu seulement de lord Granville que l'Angleterre tenterait une démarche auprès du quartier général prussien pour amener M. de Bismarck à consentir à une entrevue avec le ministre des affaires étrangères de France. M. Jules Favre ne désespérait point encore d'arrêter l'effusion du sang et d'épargner de nouvelles calamités à sa patrie, sans que son territoire fût entamé par le vainqueur. Dans sa pensée, le gouvernement prussien se rappellerait la déclaration du roi Guillaume au début de la guerre, déclaration portant l'assurance qu'on ne faisait pas la guerre à la nation française, mais à Napoléon III ; la Prusse recevrait une indemnité pécuniaire, le territoire de la France resterait intact, le quartier général allemand reconnaîtrait que les hommes portés au pouvoir par la révolution du 4 septembre étaient précisément ceux qui s'étaient opposés de toutes leurs forces à la déclaration de guerre ; on signerait une suspension d'armes, une Assemblée nationale serait convoquée, et les deux pays conclueraient une paix équitable, une paix durable.

Ces généreuses illusions appartenaient en propre à M. Jules Favre, qui ne parla point de son projet de voyage aux membres du gouvernement ; seul, le général Trochu fut mis dans la confidence, parce qu'il devait donner des ordres pour faciliter le passage du ministre des affaires étrangères à travers les lignes. L'ennemi était arrivé sous les murs de Paris, les hostilités pouvaient recommencer d'un jour à l'autre. Il fallait donc se hâter. Dans la matinée du 18 septembre, M. Jules Favre sortait de Paris, par la porte de Charenton ; ayant appris à Villeneuve-Saint-Georges que M. de Bismarck se trouvait à Meaux, il lui fit parvenir la lettre suivante :

« Monsieur le comte,

« J'ai toujours cru qu'avant d'engager sérieusement les hostilités sous Paris, il était impossible qu'une transaction honorable ne fût pas essayée. La personne qui a eu l'honneur de voir Votre Excellence, il y a deux jours, m'a dit avoir recueilli de sa bouche l'expression d'un désir analogue. Je suis venu aux avant-postes me mettre à la disposition de Votre Excellence. J'attends qu'elle veuille bien me faire savoir comment et où je pourrai avoir l'honneur de conférer quelques instants avec elle.

« J'ai l'honneur d'être, avec une haute considération,
« De Votre Excellence
« Le très-humble et très-obéissant serviteur.

« Jules FAVRE.

« 18 septembre. »

M. de Bismarck répondit :

« Meaux, 18 septembre 1870.

« Je viens de recevoir la lettre que Votre Excellence a eu l'obligeance de m'écrire, et ce me sera extrêment agréable si vous voulez bien me faire l'honneur de venir me voir, demain, ici à Meaux.

« Le porteur de la présente, le prince Biron, veillera à ce que Votre Excellence soit guidée à travers nos lignes.

« J'ai l'honneur d'être, avec la plus haute considération,
        « De Votre Excellence
                Le très-obéissant serviteur.

                        « De Bismarck. »

Le lendemain, vers trois heures de l'après-midi, M. Jules Favre et son secrétaire se trouvaient non loin du petit village de Montry. Ils promenaient leurs regards sur les ravages de la guerre, sur les campagnes désolées ; des paysans erraient dans les ruines de leurs fermes incendiées. Tout à coup trois cavaliers allemands, suivis d'une nombreuse escorte, parurent au détour du chemin. L'un d'eux, d'une taille élevée, était coiffé d'une casquette blanche avec un large galon en soie jaune. C'était M. de Bismarck. Comme on cherchait un endroit favorable à un entretien, un paysan montra du doigt le château de la Haute-Maison, situé au sommet d'une colline boisée. M. Jules Favre et M. de Bismarck, suivis de leurs secrétaires, s'acheminèrent de ce côté. En traversant le bois qui entoure le château, M. de Bismarck promenait des regards inquiets autour de lui :

— Ce lieu, dit-il, semble choisi pour les exploits des francs-tireurs. Ces environs en sont infestés, et nous leur faisons une chasse impitoyable ; ce ne sont pas des soldats, nous les traitons comme des assassins. »

Au moment de s'asseoir dans une des salles du château, M. de Bismarck, toujours obsédé par l'image des francs-tireurs, dit à M. Jules Favre :

« Nous sommes très-mal ici ; vos francs-tireurs peuvent m'y viser par ces croisées. Je vous en prie, dites aux gens de cette maison que vous êtes membre du gouvernement, que vous leur ordonnez de veiller, et qu'ils répondent sur leurs têtes de toute tentative criminelle. »

L'entretien commença : M. Jules Favre expliqua le but de son voyage. L'Empire étant tombé, pourquoi l'Allemage continuerait-t-elle la guerre ? M. de Bismarck répondit que, s'il croyait la paix possible, il la signerait. Il reconnut que les hommes actuellement au pouvoir avaient lutté pour empêcher la guerre, mais pou-

LA TROISIÈME RÉPUBLIQUE FRANÇAISE

JULES FAVRE.

vait-il traiter avec le gouvernement de la défense nationale? Ce gouvernement ne serait-il pas bientôt renversé par la populace, si Paris ne tombait pas au pouvoir des Allemands?

M. Jules Favre ayant répondu que le gouvernement était prêt à déposer ses pouvoirs entre les mains d'une Assemblée, le chancelier prussien manifesta des doutes sur les sentiments qui animeraient cette Assemblée. Elle voudrait·la guerre. La France, dit-il, n'oubliera pas plus la capitulation de Sedan que Waterloo et Sadowa. Du reste, pour nommer une Assemblée il faudrait conclure un armistice, et il n'en voulait à aucun prix.

L'heure était avancée ; l'entretien en resta là.

La conversation fut reprise le lendemain au château de Ferrières. M. de Bismarck avait consulté le roi et· il rapportait écrites les conditions de l'armistice demandé par le ministre français. Ces conditions étaient : l'occupation de Strasbourg, dont la garnison excitait en ce moment même l'admiration de la France, la reddition de Toul et de Phalsbourg. En outre, la garnison de Strasbourg serait prisonnière de guerre. M. de Bismarck avait d'abord demandé d'occuper le Mont-Valérien, pendant que l'Assemblée nationale délibérerait à Paris. Il y renonça, à la condition que l'Assemblée se réunirait à Tours. Mais il voulait Toul, Phalsbourg et Strasbourg. Strasbourg, disait-il, est la clef de ma maison.

Le moment où le chancelier prussien parlait ainsi était celui où la population parisienne couvrait de fleurs et de drapeaux la statue de Strasbourg, où cette ville héroïque supportait sans peur, et pour rester française, les ravages du bombardement et de l'incendie. En exigeant de la France l'abandon de la glorieuse cité, M. de Bismarck n'ignorait pas qu'il demandait l'impossible.

M. Jules Favre s'était levé.

« Je me suis trompé, dit-il, monsieur le comte, en venant ici ; je ne m'en repens pas, j'ai assez souffert pour m'excuser à mes propres yeux ; d'ailleurs, je n'ai cédé qu'au sentiment de mon devoir. Je reporterai à mon gouvernement tout ce que vous m'avez dit, et s'il juge à propos de me renvoyer près de vous, quelque cruelle que soit cette démarche, j'aurai l'honneur de revenir. Je vous suis reconnaissant de la bienveillance que vous m'avez témoignée,´ mais je crains qu'il n'y ait plus qu'à laisser les événements s'accomplir. La population de Paris est courageuse et résolue aux derniers sacrifices ; son héroïsme peut changer le cours des événements. Si vous avez l'honneur de la vaincre, vous ne la soumettrez pas. La nation tout entière est dans les mêmes sentiments. Tant que nous trouverons en elle un élément de résistance, nous vous combattrons. C'est une lutte indéfinie entre deux peuples qui devraient se tendre la main. J'avais espéré une autre solution. Je pars bien malheureux et néanmoins plein d'espoir. »

Après avoir exposé à ses collègues les résultats de l'entrevue de Ferrières, M. Jules Favre adressa à M. de Bismarck la réponse suivante :

« Monsieur le comte,

« J'ai exposé fidèlement à mes collègues du gouvernement de la défense nationale la déclaration que Votre Excellence a bien voulu me faire. J'ai le regret de faire connaître à Votre Excellence que le gouvernement n'a pu admettre vos propositions. Il accepterait un armistice ayant pour objet l'élection et la réunion d'une Assemblée nationale. Mais il ne peut souscrire aux conditions auxquelles Votre Excellence le subordonne. Quant à moi, j'ai la conscience d'avoir tout fait pour que l'effusion du sang cessât, et que la paix fût rendue à nos deux nations pour lesquelles elle serait un grand bienfait. Je ne m'arrête qu'en face d'un devoir impérieux, m'ordonnant de ne pas sacrifier l'honneur de mon pays déterminé à résister énergiquement. Je m'associe sans réserve à son vœu ainsi qu'à celui de mes collègues. Dieu, qui nous juge, décidera de nos destinées. J'ai foi dans sa justice.

« J'ai l'honneur d'être, monsieur le comte,

    « De Votre Excellence

      « Le très-humble et très-obéissant serviteur,

        « Jules FAVRE.

« 21 septembre. »

Le 22 septembre, le gouvernement de la défense nationale faisait insérer dans le *Journal officiel* la note suivante :

« Avant que le siége de Paris commençât, le ministre des affaires étrangères a voulu connaître les intentions de la Prusse, jusque-là silencieuse.

« Nous avions proclamé hautement les nôtres le lendemain de la révolution du 4 septembre.

« Sans haine contre l'Allemagne, ayant toujours condamné la guerre que l'empereur lui a faite dans un intérêt exclusivement dynastique, nous avons dit : Arrêtons cette lutte barbare qui décime les peuples au profit de quelques ambitieux. Nous acceptons des conditions équitables. Nous ne cédons ni un pouce de notre territoire, ni une pierre de nos forteresses. La Prusse répond à ces ouvertures en demandant à garder l'Alsace et la Lorraine par droit de conquête.

« Elle ne consentirait. même pas à consulter les populations ; elle veut en disposer comme d'un troupeau.

« Et quand elle est en présence de la convocation d'une Assemblée qui constituera un pouvoir définitif et votera la paix ou la guerre, la Prusse demande comme condition préalable d'un armistice l'occupation des places assiégées, le fort du Mont-Valérien et la garnison de Strasbourg prisonnière de guerre.

« Que l'Europe soit juge !

« Pour nous, l'ennemi s'est dévoilé. Il nous place entre le devoir et le déshonneur ; notre choix est fait.

« Paris résistera jusqu'à la dernière extrémité. Les départements viendront à son secours, et, Dieu aidant, la France sera sauvée. »

Quand cette note fut publiée, les armées allemandes étaient arrivées sous les murs de Paris. La grande ville allait se trouver séparée pour un temps indéterminé du reste de la France. Il importait que la pays fût instruit des énergiques résolutions du gouvernement de la défense nationale et qu'il associât ses efforts aux siens contre l'étranger. Dans ce but, une délégation gouvernementale fut envoyée à Tours. Elle était composée de M. Crémieux, garde des sceaux, de M. l'amiral Fourichon, et de M. Glais-Bizoin, accompagnés de représentants de chaque ministère, qu'on avait choisis parmi les employés supérieurs les plus distingués et auxquels on adjoignit un personnel expérimenté. Les membres de la délégation de Tours étaient des patriotes éprouvés, mais ayant passé l'âge où l'on entraîne les hommes ; la tâche ne serait-elle pas au-dessus de leurs forces ? Leur parole, respectée à coup sûr, serait-elle assez puissante pour secouer la torpeur du pays et embraser tous les cœurs de l'amour de la patrie ? Entreprise immense, qui demandait une activité de tous les instants, un entrain surhumain, une foi communicative et agissante ! Il fallait ranimer les courages et faire accepter l'idée de résistance à un peuple que les revers abattent promptement, et qui venait de subir des revers sans exemple. Il fallait établir dans une ville de province un gouvernement avec ses rouages administratifs si compliqués, former des armées, trouver des officiers, lever des soldats, réunir un matériel de guerre, acheter des canons et des fusils, fabriquer des munitions, dresser des chevaux pour l'artillerie, assurer l'exécution de marchés considérables à l'étranger, trouver l'argent nécessaire pour ces dépenses, enflammer le patriotisme des uns, surveiller les intrigues des autres, et, dans le trouble inévitable d'une situation si extraordinaire, maintenir l'ordre, faire respecter les lois, assurer le cours de la justice. Pendant qu'on lutte contre la mauvaise fortune, l'ennemi avance sur le territoire ; de grandes villes tombent en son pouvoir, des départements entiers sont ruinés par les réquisitions ; le jour approche où il faudra mettre en présence de ces armées admirablement organisées, enivrées par des succès inespérés, les recrues qui ont à peine des armes et qu'on n'a pas eu le temps d'exercer.

La délégation gouvernementale de Tours devait rencontrer un concours énergique dans les nouvelles administrations départementales. Le récit de l'entrevue de Ferrières avait singulièrement surexcité le patriotisme. De ce moment-là, la guerre change de caractère ; la Prusse a jeté le masque ; elle avoue que son roi a menti, quand il disait porter la guerre non à la nation française, mais à Napoléon III ; elle poursuit une guerre de conquête, elle veut démembrer la France. La guerre nationale va commencer.

Paris, principal objectif des armées allemandes, est défendu à l'est, au sud et à l'ouest par le cours de la Marne et de la Seine qui dessinent comme de larges fossés autour de ses murs. A l'est, la Marne se jette dans la Seine au-dessus de Charenton. Quant à la Seine, après avoir traversé Paris, elle coule vers Saint-Denis, revient sur elle-même par Argenteuil, Bezons,

Chatou, formant entre ses deux bras la presqu'ile de Gennevilliers, et elle trace dans sa course capricieuse une double ligne de défense où une armée assiégeante ne s'aventurerait pas sans danger. Des collines boisées entourent la ville à une grande distance et rendent l'investissement très-difficile, impossible même, si l'assiégé les occupe. Mais si ces hauteurs tombent, au contraire, au pouvoir de l'assiégeant, de Clamart à la Celles-Saint-Cloud, les forts qui, de ce côté, défendent la ville peuvent être commandés par des batteries ennemies, couverts de projectiles et réduits au silence. Les ingénieurs qui donnèrent à Paris sa ceinture de forts n'avaient pas prévu les progrès de l'artillerie ; on ne connaissait dans ce temps que des pièces dont la portée ne dépassait pas 2,000 mètres, et l'on ne se doutait pas que, moins de trente ans après, la portée des canons serait de 8,000 mètres. Le danger, toutefois, aurait pu être conjuré, si la France avait eu une armée de secours en état de manœuvrer sous Paris, et d'attaquer les troupes qui tenteraient de l'investir. La pensée que la France se trouverait un jour dénuée de ce secours n'était pas venue aux auteurs des fortifications de Paris ; leur but, en construisant les forts qui défendent la ville, avait été de préparer un point d'appui solide à une armée capable de prendre l'offensive. Cette armée, la France ne l'avait pas.

Les forts qui protègent Paris sont au nombre de quinze. Au nord, les forts de la Briche, de la Double-Couronne, de l'Est et d'Aubervilliers ; à l'est, les forts de Romainville, de Noisy, de Rosny, de Nogent ; au sud, les forts de Charenton, d'Ivry, de Bicêtre, de Montrouge, de Vanves, d'Issy ; à l'ouest s'élève majestueusement le Mont-Valérien, entre les deux bras de la Seine. Des travaux de défense furent ajoutés à ces ouvrages. Du côté de l'est, que l'on croyait plus particulièrement menacé par l'ennemi, plusieurs redoutes furent élevées pour rattacher les forts entre eux ; les redoutes de Gravelles et de la Faisanderie, entre le cours de la Marne et le bois de Vincennes, relièrent le fort de Nogent à celui de Charenton ; la redoute de Fontenay combla l'espace vide entre les forts de Nogent et de Rosny ; entre les forts de Rosny et de Noisy, on établit les redoutes de Boissières et de Montreuil ; la redoute de Noisy appuya le fort de Noisy au fort de Romainville ; enfin quelques ouvrages furent construits sur le bord des canaux de l'Ourcq et de Saint-Denis.

Au nord, des travaux furent entrepris pour amener l'eau dans les fossés de la Briche et de la Double-Couronne. Une batterie dressée à Saint-Denis, sur le bord de la Seine, commandait la plaine de Gennevilliers, vers le nord. Une autre batterie établie à Courbevoie, entre la redoute de Gennevilliers et le Mont-Valérien, devait empêcher toute tentative de passage de la Seine aux environs de Bezons. Entre le Mont-Valérien et le fort d'Issy s'étend un espace vide de 7,000 mètres. Les redoutes de Montretout, de Ville-d'Avray, de Brimborion, de Sèvres et de Meudon comblèrent cette lacune. Enfin des ouvrages importants furent commencés du côté du sud, à Châtillon, à Villejuif et aux Hautes-Bruyères.

Derrière cette ligne de défense, s'élève autour de Paris l'enceinte bastionnée, dont le pourtour n'a pas moins de trente-quatre kilomètres. Dès le commencement d'août, à la nouvelle de nos premiers désastres, des nuées de travailleurs furent occupés à mettre les remparts en état de défense. On releva les courtines qui donnaient accès à des voies nombreuses, on établit les ponts-levis, on abattit les arbres et les constructions élevés dans la zone militaire, on ouvrit les embrasures, on creusa des poudrières, on construisit des abris. L'activité prodigieuse de Paris suffit à tout. Mais les canons manquaient pour garnir cette vaste enceinte ; pendant plusieurs semaines les embrasures du rempart devaient rester vides.

Les armées allemandes avaient investi Paris. Elles s'étaient mises en marche immédiatement après la capitulation de Sedan, à l'exception du onzième corps chargé de conduire les prisonniers français en Allemagne. Le quartier général du roi de Prusse se trouvait le 4 septembre à Varennes, le 5 à Reims, le 14 à Château-Thierry, le 15 à Meaux, le 19 au château de Ferrières. La 3ᵉ armée, commandée par le prince royal de Prusse, et la 4ᵉ, sous les ordres du prince royal de Saxe, s'avançaient par les deux grandes routes de Sedan à Paris, admirant la beauté du climat, la richesse du sol et faisant un triste retour sur les pauvres provinces de leur pays natal.

La 4ᵉ armée investit Paris à l'est et au nord, sans résistance, et fixa son quartier général au Grand-Tremblay. La 3ᵉ armée, conduite par le prince royal de Prusse, après s'être engagée entre la Marne et la Seine, franchit ce dernier fleuve au-dessus de Villeneuve-Saint-Georges et s'avança par Sceaux, dans la direction de Versailles, où elle voulait établir son quartier général. Dans ce trajet elle se heurta, en avant de Châtillon, aux troupes françaises commandées par le général Ducrot.

Ainsi que nous l'avons dit plus haut, les forts du sud sont dominés par des collines boisées ; si ces hauteurs tombent au pouvoir de l'ennemi, son artillerie réduit les forts à l'impuissance. Ce danger n'avait point échappé au général Trochu ; pour le conjurer, il avait fait construire à la hâte les redoutes de Villejuif et de Châtillon, et il avait enjoint au général Ducrot, chargé de garder ces ouvrages, d'attaquer l'ennemi de flanc pendant sa marche sur Versailles et de l'obliger à reculer au loin sa ligne d'investissement. Pendant les journées du 17 et du 18 septembre, les colonnes allemandes venant de Choisy-le-Roi furent attaquées avec une extrême violence, et elles essuyèrent des pertes sensibles. Le 19, à la pointe du jour, le général Ducrot dirige une reconnaissance offensive en avant de sa position, vers Plessis-Piquet et le Petit-Bicêtre ; il se heurte à des masses importantes, cachées dans les bois et les villages et soutenues par une puissante artillerie. Ces masses étaient celles du 1ᵉʳ corps bavarois qui, dans la nuit, avait passé la Seine au-dessus de Villeneuve-Saint-Georges. Un combat très-vif s'engage. Le 2ᵉ corps bavarois, accouru sur les lieux, menace d'envelopper les troupes du général Ducrot. Celles-ci, composées en partie de soldats indisciplinés, sont tout à coup saisies d'une folle panique : elles reculent en désordre, abandonnent la redoute de Châtillon et fuient dans Paris, où leurs récits mensongers jettent l'alarme, avant de provoquer l'indignation. Cependant, avec la partie de ses troupes qui fait encore bonne contenance, le général Ducrot essaye de garder la redoute de Châtillon. Mais, sous le feu redoublé de l'artillerie ennemie, il ne reste plus d'autre espoir de salut que la retraite. La redoute est abandonnée avec les canons, qu'on a eu du moins le temps d'enclouer. Ce combat déplorable, qui inaugure si tristement les opérations du siége, laisse l'armée allemande maîtresse de la ligne de Choisy-le-Roi à Versailles. Les forts du sud étaient découverts. Dans la soirée du 19 septembre, l'armée du prince royal de Prusse s'étendit de Bonneuil à Bougival par Choisy-le-Roi, Thiais, Chevilly, l'Hay, Bourg-la-Reine, Meudon, Sèvres, Ville-d'Avray, et la Celles-Saint-Cloud. A l'ouest, vers Bougival, et à l'est, vers Gagny, les avant-postes du prince royal de Prusse rejoignaient l'armée du prince royal de Saxe. L'investissement était complet. Quelques combats partiels et insignifiants avaient précédé l'échec de Châtillon ; le 17 septembre, les troupes du 13ᵉ corps, commandées par le général Vinoy, avaient rencontré l'ennemi entre Créteil et Montmesly, et engagé avec lui un combat d'artillerie, dont les résultats furent sans importance. En avant de Chevilly et de Villejuif, de vives escarmouches tinrent en éveil les deux armées dans la première semaine de l'investissement. On ne fit aucun effort pour conjurer les tristes conséquences de la débandade de Châtillon et reprendre la redoute. Aucun événement militaire digne de mention ne s'accomplit sous les murs de Paris dans les derniers jours de septembre. L'armée assiégeante s'installe et se rapproche autant qu'elle peut des forts en profitant de tous les accidents de terrain ; elle creuse des fossés, elle construit à l'entrée des villages qu'elle occupe des ouvrages en terre et des barricades ; elle perce de créneaux les murs des parcs et des fermes. Pendant qu'elle se prémunit contre les attaques éventuelles des assiégés, elle prend ses sûretés contre une agression du dehors. Le 20 septembre, les communications de Paris avec le reste de la France se trouvaient rigoureusement interceptées.

L'élan, dans l'intérieur de Paris, était toujours soutenu et la confiance sans limite. Le 13 septembre, le général Trochu avait passé une grande revue de la garde mobile et de la garde nationale, et le déploiement de ces forces, couvrant toute la longueur des boulevards depuis la Bastille jusqu'au rond-point des Champs-Élysées, avait animé les cœurs d'un patriotique espoir. Le général Trochu parcourut les rangs des défenseurs de Paris, recevant sur son passage les témoignages d'une estime sincère ; il s'en montra très-touché, et l'on assure que le siége, qu'il avait d'abord tenu pour une folie héroïque, lui parut moins chimérique le soir de ce beau jour. Quant à la population parisienne, elle avait résolûment pris son parti de l'investissement, du siége, de la privation des nouvelles du dehors et de toutes les souffrances inséparables des opérations militaires. L'exemple de la résistance de Strasbourg avait élevé les cœurs au plus haut degré d'enthousiasme. La statue de la cité alsacienne placée à l'entrée de la place de la Concorde était devenue l'objet d'un véritable culte. Chaque jour des bataillons de la garde nationale défilaient devant l'image en pierre de la ville bombardée et incendiée, que des mains pieuses couronnaient de drapeaux et de fleurs. Strasbourg voulait restée attachée à la France ; elle donnait, la première, depuis le commencement de la guerre, l'exemple de l'ardent patriotisme ; elle défendait l'honneur de la France au prix de son sang et de ses monuments. On ne dira jamais assez combien fut puissante sur l'esprit de Paris l'influence de cette belle résistance. Si le siége de Paris ne fut pas sans gloire, la justice exige qu'un rayon de cette gloire rejaillisse sur Strasbourg. C'est un hommage que nous rendons ici à la ville infortunée.

Le 31 septembre, le bruit se répandit dans Paris que Strasbourg avait capitulé. Tous les cœurs s'étaient serrés de douleur à cette triste nouvelle. C'est le moment de raconter à la suite de quelles dramatiques péripéties la noble cité avait ouvert ses portes à l'armée allemande.

LE GÉNÉRAL UHRICH.

LIVRE SIXIÈME.

SIÉGE DE STRASBOURG

Après la bataille de Frœschwiller, pendant que le gros de l'armée du prince royal de Prusse passait les Vosges sans résistance et menaçait Nancy, la division badoise, forte d'environ vingt mille hommes, se mit en marche pour Strasbourg qu'elle allait assiéger. Maîtresse de cette place, l'Allemagne était maîtresse de toute l'Alsace. Dans la journée du 8 août, les troupes badoises, commandées par le lieutenant général de Beyer, arrivaient en vue de Strasbourg. Un officier de cavalerie, accompagné d'une faible escorte, s'avança jusqu'à la porte de Saverne à l'ouest de la ville, et, avec beaucoup d'assurance, somma la place de se rendre dans les vingt-quatre heures. Le colonel Ducasse, qui gardait cette porte, répondit au parlementaire que la population demandait des armes et que le gouverneur préparait ses moyens de défense. L'officier comprit, tourna bride et disparut.

Le gouverneur de Strasbourg était le général Uhrich, vieux et brave militaire, dont le nom a été, par une étrange fortune, loué et critiqué sans mesure, selon la différence des temps. Pour Paris, alors dans la première fièvre du patriotisme, Uhrich, enveloppé de la gloire de Strasbourg en feu, fut un héros ; longtemps après, aux yeux de la commission d'enquête instituée pour juger la triste et longue série de nos capitulations, le vieux général est un chef incapable et mou qui mérite le blâme. Ces deux opinions ne sont ni l'une ni l'autre conformes à l'exacte vérité. Le général Uhrich avait soixante-huit ans quand la guerre éclata, il était du cadre de réserve : il jugea néanmoins que dans la période redoutable qui s'ouvrait, la France aurait besoin du concours de tous ses enfants et il demanda du service. Le 21 juillet, il arrivait à Strasbourg, siége de la 6ᵉ division militaire et quartier général de l'armée du Rhin, en qualité de commandant de place. On n'avait rien fait encore pour mettre la ville en état de défense; des maisons et des arbres couvraient la zone militaire. Le général Uhrich, voulant dégager sans retard le voisinage des remparts, écrivit à Paris, au ministre de la guerre, pour demander l'autorisation de couper les arbres et d'abattre les maisons. Le ministre, maréchal Le Bœuf, répondit en interdisant au général de toucher à quoi que ce soit, sans en avoir délibéré au préalable avec l'autorité civile. Uhrich s'inclina et attendit. Dans les premiers jours d'août, les événements se précipitent : l'armée française, que l'Europe croyait prête à pénétrer en Allemagne, est toujours immobile sur la frontière, pendant que les armées allemandes se concentrent et s'approchent. Le 4 août, le maréchal Mac-Mahon reçoit à Strasbourg une dépêche qui lui annonce une attaque imminente du prince royal de Prusse. En effet, au moment où cette dépêche arrive, les troupes du général Douay sont culbutées à Wissembourg. Mac-Mahon, qui se proposait de laisser dans Strasbourg une brigade d'infanterie, quitte en toute hâte la ville, emmenant tous ses soldats, sauf le 87ᵉ régiment de ligne, commandé par le brave colonel Blot. Trois jours après, des fuyards, débris de l'armée du maréchal, se jettent dans Strasbourg, annonçant la déroute de Frœschwiller, la dispersion de l'armée et la retraite de Mac-Mahon à travers les Vosges. Strasbourg est menacé d'un siége ; le lendemain, en effet, les Badois apparaissent dans les campagnes environnantes.

Le général Uhrich se trouve enfermé dans cette ville, animée d'une patriotique ardeur, mais presque dénuée de soldats. Il a sous la main un peu plus de quinze mille hommes, dont sept mille de troupes régulières stationnées à Strasbourg, trois mille deux cents gardes mobiles, deux mille isolés rentrés de Fræschwiller et trois mille cinq cents gardes nationaux, sur lesquels on prit un corps de francs-tireurs et les pompiers, qui devaient rendre de grands services. A ces troupes s'ajoutèrent deux bataillons de douaniers, un petit nombre de marins de la flottille du Rhin, une centaine d'artilleurs. En tout, seize mille hommes environ pour garder les ouvrages avancés, la citadelle et l'intérieur de la ville.

L'armement des remparts n'était pas de nature à suppléer au nombre insuffisant des défenseurs. Il n'y avait ni abris, ni casemates ; on aurait eu besoin de soixante-dix mille palissades et l'on n'en possédait que trente mille. Les cinq cents pièces de canon dont on disposait étaient de divers calibres et toutes se chargaient par la bouche. L'incendie de la citadelle, allumé le 24 août, aggrava le service de l'artillerie par la perte de toutes les fusées percutantes en magasin. Aussitôt après ce déplorable incendie, le général Uhrich s'empressa de demander un envoi de fusées au ministre de la guerre. L'envoi eut lieu. Le bateau chargé des projectiles arriva sous les murs de Strasbourg, grâce à l'habileté du pilote qui, prudemment, ne voyageait que de nuit. Cependant le bateau fut saisi par l'assiégeant au moment où il allait entrer dans la place.

Tels étaient les éléments fort incomplets que le général Uhrich avait entre les mains quand le siége de Strasbourg commença. Il n'osa pas concevoir la pensée d'empêcher l'ennemi de s'emparer des hauteurs qui avoisinent la place. Ces positions étaient cependant de la plus haute importance. Si le front sud de la forteresse, protégé par un système d'inondation, défie une attaque de l'ennemi ; si la citadelle, couverte par le Petit-Rhin et le Rhin, du côté de Kehl, est défendue, en outre, par des redoutes avancées et un fossé large et profond ; il n'en est pas de même du front nord, qui regarde les collines de Hausberrgen et de Schiltigheim. De ce côté, en avant de Schiltigheim et de

Kœnigshoffen, les cimetières de Sainte-Hélène et de Saint-Gall,
dominant le rempart, peuvent devenir, aux mains de l'ennemi,
des positions très-importantes et menaçantes pour l'assiégé. Le
général Uhrich n'eut pas assez d'hommes pour occuper ces
hauteurs; les Badois s'en emparèrent sans coup férir. Des
tranchées furent ouvertes par eux sur tout le périmètre d'investissement, des barricades défendirent les abords des villages
contre les attaques de la garnison. Pendant que ces travaux
s'accomplissaient avec la célérité habituelle aux armées ennemies,
des colonnes de cavalerie répandues dans la contrée écra-
saient les habitants de réquisitions en argent et en nature.

Le patriotisme des habitants de Strasbourg aurait apporté
un puissant concours moral au gouvernement dès le début du
siége, si le général Uhrich, trop conseillé par le représentant
de l'autorité civile, n'avait pris la population en défiance. Il
en fut à Strasbourg comme dans tout le reste de la France.
Dès que les premiers revers de nos armées eurent fait toucher
du doigt la fragilité de l'Empire, la haute administration s'in-
génie à diviser les esprits et à créer deux classes de citoyens :
d'après ce système, tous les bonapartistes étaient bons Français ;
quant à ceux qui, dans les élections ou autrement, avaient fait de
l'opposition à l'Empire, on les tenait pour suspects, si on ne les
traitait pas en ennemis. Le baron Pron, préfet de Strasbourg,
fut un de ces fonctionnaires absorbés exclusivement par des préoccupations dynastiques. C'est lui qui, le 9 août, télégraphiait à
l'impératrice régente : « La situation de l'Alsace empire à
chaque heure. *Les protestants donnent la main aux Prussiens ;*»
qui, le lendemain, faisait afficher une proclamation intempestive
du général, se terminant par ces mots, empruntés aux affiches
du coup d'État de décembre : « Les bons citoyens peuvent se
rassurer ; quant aux autres, ils n'ont qu'à s'éloigner; » qui enfin,
le 15 août, jour de la fête de Napoléon, poussait le général Uhrich
à déclarer que tout citoyen qui prendrait part à une manifestation hostile au gouvernement serait traduit devant un conseil
de guerre et jugé dans les quarante-huit heures. « Il n'y a,
disait le général, inspiré par M. Pron, que deux positions possibles
dans les graves circonstances où nous sommes : ami de la France
ou son ennemi ; tout le reste est effacé. » Le général Uhrich
était imprudent, mais excusable. Arrivé depuis peu de temps

dans la ville, connaissant mal les sentiments patriotiques de ses habitants, dominé par le préfet, qui avait soin de l'isoler de la population, il devait se tromper, mais dans la suite il reconnut loyalement son erreur et n'hésita pas à dévoiler le rôle que la police de Strasbourg avait joué en propageant sans cesse de fausses nouvelles pour sauver le gouvernement impérial de la chute qui le menaçait « Dès les premiers jours de l'investissement, écrit le général, de fausses nouvelles, des bruits de victoires remportées par nos armées, de secours extérieurs imminents se répandaient périodiquement dans la population, la leurrant d'espérances que le malheur faisait accepter comme des réalités, et produisaient une véritable fièvre d'anxiété. Puis arrivait la déception, l'esprit public retombait plus bas qu'avant ces cruelles mystifications. Je crois pouvoir affirmer que la police de Strasbourg n'était pas étrangère à ces faits, que j'ai toujours hautement et publiquement blâmés » [1]. Ce fut encore la faute du préfet impérial si, sur douze mille électeurs inscrits et dignes de porter les armes, trois mille seulement reçurent des fusils. Un bataillon d'artilleurs pris dans la garde nationale et placé à l'un des postes les plus périlleux des remparts montra par sa bravoure à quel point les défiances du baron Pron étaient injurieuses et mal justifiées. Ce bataillon était commandé par le général de génie du Barral, entré dans Strasbourg le 13 août, dans la soirée, sous un déguisement de paysan.

Les Badois s'étaient établis autour de la ville ; ils avaient occupé Schiltigheim, au nord, et les villages environnants, ainsi que la ligne ferrée qui relie Strasbourg à Paris et à Colmar. Ils travaillaient avec leur activité accoutumée à dresser leurs batteries autour de la place. On a dit plus haut qu'ils étaient vingt mille en arrivant, ils reçurent bientôt des renforts. Vers la fin du mois, l'effectif de l'armée assiégeante s'élevait à quarante mille hommes ; il fut de soixante mille hommes dans la suite.

Le 14 août, le lieutenant général de Beyer est remplacé par le général de Werder, que, dans leur patois, les mères alsaciennes ont surnommé *môrder*, assassin. Les opérations du siège commencent à l'arrivée de ce général.

Dans la soirée du 13 août, quelques obus éclatent dans les

<hr>

[1] *Documents relatifs au siége de Strasbourg publiés par le général Uhrich,* page 103.

faubourgs de la ville et blessent plusieurs personnes. Les Strasbourgeois ne s'émeuvent nullement : ils croient que ces projectiles étaient dirigés contre les remparts et que la seule maladresse des artilleurs allemands les a fait éclater sur la ville. Ils· n'imaginent pas, dans leur honnête candeur, que ces Allemands, qui tiennent Strasbourg pour une ville germanique, vont lui prouver leur parenté en brûlant ses maisons et en massacrant ses habitants. L'assiégeant fit une prompte réponse à ces raisonnements optimistes. Dans la nuit du 15 août, les Badois célèbrent ironiquement la fête de Napoléon III en tirant vingt et un coups de canon sur la place ; les obus sifflent autour de la cathédrale, s'abattent sur les maisons avec fracas, et, tandis que leurs éclats percent les murs et promènent la mort, les sinistres lueurs de l'incendie éclairent les rues de la cité. Ce sont pour les Badois les illuminations de la fête. La sinistre plaisanterie du général de Werder dura jusqu'à minuit.

Le lendemain, 16 août, le général Uhrich décida qu'une sortie aurait lieu du côté de Neuhof, vers le sud de la place. Les Badois s'étaient retranchés sur les bords du canal du Rhône au Rhin et à l'entrée de la forêt de Neuhof. Le général Uhrich voulait les déloger de ces positions. Deux colonnes d'attaque, l'une sortant de la citadelle, l'autre de la porte de l'Hôpital, devaient prendre les Badois entre deux feux. Malheureusement une seule colonne se mit en route, dans l'ordre le plus surprenant : un détachement de lanciers ouvrait la marche ; derrière les lanciers venaient quatre canons ; l'infanterie formait l'arrière-garde. Les Badois, embusqués sur les bords du canal et à la lisière du bois de Neuhof, ouvrent un feu nourri sur les lanciers. Ces soldats, débris des corps battus à l'ouverture de la campagne, prennent subitement la fuite, laissant les canons sur la route et culbutant l'infanterie. Ils courent de toute la vitesse de leur chevaux vers la porte de la ville en poussant des cris. Une compagnie de zouaves tente vainement de reprendre les canons abandonnés. Les Badois s'en emparent et l'infanterie revient tristement à Strasbourg, où l'émotion avait été fort vive à l'arrivée des fuyards. Le préfet espéra calmer l'effervescence en annonçant que les canons avaient été ramenés, bien qu'il sût que rien n'était moins vrai. Quant au général Uhrich, il eut la faiblesse de ne pas infliger un châtiment exemplaire aux lâches qui avaient fui.

M. de Werder allait frapper le grand coup. Au moment où l'investissement de la ville avait été terminé, le général Uhrich avait demandé au général prussien de laisser sortir de la ville les femmes, les enfants et les vieillards. De Werder avait répondu qu'il ne pouvait y consentir, disant que la présence des femmes et des enfants était une cause de faiblesse pour une ville assiégée et qu'il ne voulait pas se priver de cet avantage. Il comptait que la pression exercée par cette partie de la population obligerait le gouverneur à capituler. Quand il eut acquis la conviction que Strasbourg ne voulait pas se rendre, il ouvrit le feu de toutes ses batteries. À la nuit tombante, l'horizon s'allumait de toutes parts et des secousses épouvantables faisaient trembler le sol. Des incendies allumés sur tous les points de la ville annonçaient à M. de Werder que ses artilleurs tiraient juste. Le faubourg National brûla, le gymnase protestant brûla, la gare brûla, le tribunal, les casernes, l'arsenal brûlèrent, les maisons particulières eurent le sort des monuments. Au 8 septembre, on en comptait deux cent quatre-vingt-sept réduites en cendres ; il y en avait six cents à la capitulation. Que les monuments fussent surmontés de la croix de Genève et remplis de blessés, peu importait à M. de Werder. Quand on veut intimider une population et créer des divisions entre les habitants et l'autorité militaire, tous les moyens paraissent bons. Strasbourg possédait une bibliothèque, qui était une des gloires de l'Europe civilisée. Cette bibliothèque, composée de plus de trois cent mille volumes, d'une foule de manuscrits et d'ouvrages qu'on ne trouve pas ailleurs, représentait le travail lent et patient de plusieurs siècles ; les trésors de la pensée humaine avaient été entassés dans cet asile par des hommes dignes de la vénération et de la reconnaissance de tous. La bibliothèque était une des merveilles dont Strasbourg se montrait le plus justement fière. Une nuit, un obus pénètre dans ce monument sacré ; un trait de flamme jaillit du toit ; la bibliothèque brûle. M. de Werder vient d'anéantir en quelques heures les méditations et les recherches de longs siècles. La vénérable foule des penseurs qui ont exposé dans ces innombrables ouvrages la fleur de leur âme et de leur intelligence est soufffletée par un soudard, et ce soudard est un enfant de l'Allemagne qui se dit civilisée !

Le général de Werder n'était pas encore satisfait. Strasbourg possède une cathédrale, chef-d'œuvre de l'art gothique, monument respecté dans la guerre des siècles passés. « Un seul boulet l'avait frappé en 1678, dit un historien, et la chose avait paru si monstrueuse à ces hommes arriérés du xviie siècle, qu'ils firent graver à l'endroit touché une inscription destinée à signaler aux races futures cette cruelle injure faite à la maison de Dieu[1]. » M. de Werder fit viser la cathédrale par ses artilleurs. L'état-major français avait eu le tort, il est vrai, d'établir un observatoire sur la plate-forme. Mais si M. de Werder avait dirigé ses obus sur ce point dans le seul but d'empêcher les observations de la place, il aurait cessé son feu, lorsqu'il eut appris par une lettre du général Uhrich que l'observatoire avait été transporté ailleurs. M. de Werder ne discontinua point de tirer sur la cathédrale. Le 19 août, la flèche fut frappée dix-neuf fois ; le 4 septembre, les colonnettes de la couronne étaient brisées ; le 11, un projectile frappait la grande cloche ; le 25, la croix était renversée et l'incendie s'allumait. « Tout ce qui pouvait brûler, brûla, » dit l'historien déjà cité. Le 28, jour de la capitulation, un dernier obus éclatait sur la plate-forme. Quand un quartier flambait, les Badois et les Prussiens, supposant que la population s'était rassemblée pour éteindre l'incendie, lançaient des shrapnels (obus à balles, qui fait plus de victimes que les autres). Le bombardement dura quatre semaines : il coûta la vie à 300 habitants civils et en blessa 3,000 environ. Vers la fin de septembre, trois faubourgs étaient détruits, six cents maisons incendiées ; dix mille personnes se trouvaient sans asile. Les journaux prussiens ont calculé, non sans une joie orgueilleuse, le nombre de projectiles lancés sur la « ville-sœur» pendant la durée du bombardement par les deux cent quarante pièces rangées sous ses murs ; d'après ces calculs, le chiffre des projectiles serait de 193,722 ; ce qui donnerait une moyenne de 6,349 par jour, 269 par heure, 4 par minute.

Les compagnies de chemin de fer du grand-duché de Bade avaient organisé des trains de plaisir pour la durée du bombardement. On venait chaque jour, de tous les points de l'Allemagne, pour admirer le pittoresque spectacle des incendies. Les sensibles Allemands et les langoureuses Allemandes se mettaient en observation sur les bords du Rhin et battaient des mains, quand de

---

[1] Schneegans, *la Guerre en Alsace*, page 240.

vigoureux jets de flammes s'élançaient dans les airs ; les artilleurs badois et prussiens rivalisaient de zèle et d'adresse en présence de cette assistance distinguée. Ces hommes et ces femmes, venus de loin, ne voulaient pas s'en retourner sans avoir joui d'un spectacle de choix. Il y avait des poètes qui improvisaient des vers à la gloire de la patrie allemande, pendant que la cathédrale et la bibliothèque éclairaient de leurs rouges lueurs la ville infortunée.

Pendant que les Allemands incendiaient les maisons et les monuments de Strasbourg, les remparts étaient laissés intacts. Leurs défenseurs voyaient les projectiles tracer au-dessus de leurs têtes leurs sillons enflammés, et aller s'abattre au loin sur des demeures paisibles, où ils tuaient des vieillards et des enfants. En agissant ainsi, M. de Werder espérait effrayer la population civile et la jeter pleine d'épouvante et suppliante aux pieds du gouverneur ; alors celui-ci se verrait obligé de capituler. Mais M. de Werder se trompait dans son calcul. La population s'était peut-être émue au début du bombardement, parce que rien n'est plus naturel qu'un sentiment de crainte, à la vue de l'incendie et au bruit des projectiles qui brisent tout sur leur passage ; mais bientôt il ne resta plus dans les cœurs qu'un sentiment : la haine pour ceux qui réduisaient en flammes une ville qu'ils appelaient la ville sœur, qu'ils voulaient conquérir et qu'ils voulaient garder. La conviction intime que le bombardement était un acte de cruauté inutile au point de vue militaire ne contribua pas peu à augmenter l'horreur du nom prussien.

Au milieu de ces dangers, les partis, jusqu'alors très-divisés, avaient oublié leurs rancunes ; une société composée de représentants de toutes les opinions politiques se constitua pour venir en aide aux malheureuses victimes du bombardement : elle ouvrit des ambulances pour les malades et les blessés, dont le nombre augmentait tous les jours ; en peu de temps, elle avait recueilli une somme de 120,000 francs avec laquelle on secourut non-seulement les blessés, mais les infortunés privés d'asile par suite des incendies. Des fourneaux économiques, des restaurants populaires établis dans les différents quartiers de la ville, assurèrent la subsistance aux familles nécessiteuses ; plus de quatre mille personnes furent nourries dans ces établissements hospitaliers ; des postes de secours furent créés sur différents points de la cité Une seule et même pensée unissait désormais tous les cœurs :

et cette pensée était de conserver aussi longtemps que l'on pourrait Strasbourg à la France, de ne se rendre qu'à la dernière
extrémité, si toutefois cette catastrophe était inévitable. La
plus grande partie de la population espérait qu'une armée de
secours arriverait un jour, et, quoique cette heureuse nouvelle,
plusieurs fois répandue, eût été toujours démentie par l'événement,
on voulait espérer quand même dans la fortune de la France.

Le général Uhrich put, jusque vers la fin d'août, se tenir en
relation avec le ministre de la guerre, à Paris, M. de Palikao,
et l'entretenir de l'état moral et matériel de Strasbourg; de son
côté, il recevait des dépêches de Paris. Ayant été informé, le
20 août, par le général de Werder, des événements qui s'étaient
accomplis sous les murs de Metz et de la retraite définitive du
maréchal Bazaine sous le canon de la citadelle, le général s'était
adressé à M. de Palikao pour savoir s'il n'avait pas été abusé par
un mensonge. Le comte de Palikao répond, le 22 août : « Le récit
de l'ennemi est faux; le maréchal Bazaine a combattu, il a gardé
ses positions. » Le général Uhrich ne se doutait pas alors que
M. de Werder lui avait dit la triste vérité et que M. de Palikao
l'induisait en erreur. Le 27 août, une dépêche, portée par un homme
sûr, est transmise au ministre de la guerre par le sous-préfet de
Schlestadt. Uhrich écrivait laconiquement: « Strasbourg est perdu,
si vous ne venez immédiatement à son secours; faites ce que
vous pourrez. » M. de Palikao répondait, le 29 août, à ce cri de
détresse en engageant le général Uhrich à tenter une sortie de
nuit et à se jeter dans le grand-duché de Bade. Cette dépeche,
qui ressemble à une lugubre plaisanterie, venant d'un homme
auquel le général Uhrich avait parlé à diverses reprises de
l'insuffisance de la garnison, était conçue en ces termes :

« Tenez le plus longtemps possible. Une bataille vers Metz
est imminente et l'on a tout lieu d'espérer un bon résultat.
Comme dernière ressource, la garnison doit exécuter un coup
d'audace; elle pourrait peut-être pendant la nuit franchir le
Rhin et se jeter dans le pays de Bade, où il ne se trouve que fort
peu d'ennemis, et repasser le Rhin plus tard. Faites le possible
et promptement. » Le général de Palikao conseillait de franchir
le Rhin avec 11,000 hommes, en présence de 60,000, sans se
demander si Uhrich avait assez de bateaux pour embarquer ses
troupes, sans songer que la rive droite du Rhin était garnie de

canons, sans se douter que l'exécution d'un pareil plan, en admettant qu'elle fût possible, devait aboutir d'une part, à l'occupation immédiate de Strasbourg, et d'autre part, à la perte et peut-être à la destruction complète de la faible armée follement engagée en pays ennemi. Le général Uhrich avoue que cette fausse appréciation de sa situation lui causa une impression douloureuse. Il répondait, le 2 septembre, à M. de Palikao :

« Situation empirée. — Bombardement sans trêve. — Artillerie foudroyante. Je tiens et tiendrai jusqu'au bout. — Comment pourrais-je passer le Rhin sans pont, sans bateaux ? Abandonnez cette idée impraticable. » M. de Palikao n'eut pas le courage d'insister. Il écrivit, le 2 septembre, au général Uhrich cette dernière dépêche :

« Il est de la plus haute importance que Strasbourg tienne. Je compte sur vous, sur les autorités civiles et la population de Strasbourg. Défiez-vous des faux bruits qui pourraient vous venir de l'autre côté du Rhin. » Presque en même temps, le maire de Sainte-Marie télégraphiait au ministre de la guerre :

« Dans quelques jours, Strasbourg ne sera plus qu'un monceau de ruines. Schlestadt, qui vient d'être investi, subira sans doute le même sort. N'avons-nous donc personne pour venir au secours de notre malheureuse Alsace ? »

Cette dépêche désespérée est du 3 septembre ; elle fut écrite au lendemain de la capitulation de Sedan, avant que la nouvelle du désastre fût répandue en Alsace. D'où pouvaient venir maintenant les secours à l'Alsace ? Ce même jour, M. le baron Pron, préfet de Strasbourg, écrivait au maire de la ville une lettre commençant par ces mots : « Diverses dépêches télégraphiques ou autres ont été colportées dans la ville depuis trois jours. Ces dépêches annoncent d'éclatants succès pour nos armées; » et finissant par ceux-ci : « Je vous serai reconnaissant d'affirmer que nos renseignements indirects et extra officiels sont tous très-favorables, mais que nous ne pouvons rien publier de positif, faute de communications gouvernementales à cet égard. »

Strasbourg resta jusqu'au 10 septembre sans avoir connaissance des graves événements qui s'étaient passés dans les Ardennes et qui avaient eu leur contre-coup immédiat à Paris. Toutefois le général Uhrich fut informé dans la soirée du 3 septembre de la capitulation de Sedan. Profitant d'une suspension d'armes d'une heure pendant laquelle on devait enterrer les morts, le général de Werder avait écrit au gouverneur de Strasbourg un billet ainsi conçu :

Monsieur,

J'ai l'honneur de vous communiquer les télégrammes ci-après de S. M. le roi, mon gracieux maître, à S. M. la reine :

« Sur le champ de bataille devant Sedan.

« Le 1er septembre, à trois heures un quart de l'après-midi, depuis sept heures et demie, bataille toujours victorieuse tout autour de Sedan. Ennemi rejeté presque en entier sous la ville. »

Suivait un télégramme annonçant la tentative de sortie infructueuse du maréchal Bazaine par Noisseville et une seconde dépêche, datée de Sedan, 2 septembre, et conçue en ces termes :

Devant Sedan, 2 septembre, 11 heures 1/2.

« La capitulation par laquelle toute l'armée dans Sedan est prisonnière de guerre, vient d'être conclue avec le général de Wimpffen, qui a le commandement a la place de Mac-Mahon blessé. L'Empereur ne s'est rendu que de sa personne à moi, parce qu'il n'a pas le commandement et qu'il abandonne tout à la régente à Paris. Je fixerai son lieu de séjour quand j'aurai causé avec lui dans *un rendez-vous qui doit avoir lieu.* »

Le général Uhrich communiqua, dit-il, ces tristes nouvelles au conseil de défense, mais il ne crut pas devoir en avertir la vaillante population dont le patriotisme était sans cesse mis à l'épreuve par de fausses nouvelles. Le gouverneur continuait à subir l'influence funeste du baron Pron et à partager ses défiances. Le jour allait venir cependant où toute la vérité serait connue ; elle fut apportée du dehors par une délégation envoyée à Strasbourg, dans un but d'humanité, par la généreuse république helvétique.

La ville de Bâle avait appris, par quelques personnes qui avaient réussi à s'évader de Strasbourg, la désolation dont la vaillante cité était frappée : tous les cœurs s'étaient émus au tableau des ravages du bombardement, des monuments détruits, des maisons incendiées, des femmes, des vieillards et des enfants tués ou blessés, des malheureux sans asile, des poignantes

misères de cette population inoffensive sur laquelle le général
prussien comptait agir par sa cruauté ; un comité s'organisa
aussitôt et résolut de tenter une démarche auprès de M. de
Werder pour obtenir la libre sortie de Strasbourg pour les femmes,
les enfants et les vieillards. Une fois déjà le 21, août, le général
prussien avait répondu par une fin de non-recevoir à une demande analogue du gouverneur de Strasbourg. Il avait écrit
au général Uhrich : « Les fortifications des grandes villes ont
leur faiblesse dans les souffrances de la population, qui est
exposée sans abri aux boulets ennemis, surtout, si, comme
à Strasbourg, elles sont sans casemates. La sortie, que vous
souhaitez, d'une partie de la population, augmenterait donc la
force de la fortification : c'est pourquoi je ne suis pas en état,
quelque douloureux que ce soit pour moi, de donner à votre désir
la suite que, dans l'intérêt de l'humanité, je voudrais lui donner. »

Plus heureux que le général Uhrich, et venant d'ailleurs à un
moment ou M. de Werder, ayant brûlé tous les monuments de
la ville et trois faubourgs, avait lieu d'être plus satisfait, les
délégués de Bâle obtinrent l'autorisation de pénétrer dans Strasbourg et d'apporter à cette population souffrante et séparée du
monde, des consolations et des nouvelles de l'extérieur. La délégation fit son entrée dans la ville le 11 septembre et fut reçue
par la commission municipale, ayant à sa tête le maire, qui, des
sanglots dans la voix, et en présence d'une foule dont on voyait
couler les larmes, salua les généreux citoyens suisses par ces
mots :

« Soyez les bienvenus et recevez l'expression de notre profonde
reconnaissance. Bien des souvenirs historiques nous rattachent
à vous ; vous venez les resserrer encore, et nous trouvons toujours des amis dans les nobles citoyens de la république helvétique,
qui, jadis, étaient les alliés de Strasbourg et qui, sous nos rois,
n'ont jamais cessé d'être avec la France dans les termes d'une
étroite alliance.

« Oui, messieurs, soyez les bienvenus, dans ces jours si douloureux pour notre cité, vous qui venez sauver des femmes, des
enfants, des vieillards que n'avaient pu soustraire aux horreurs de
la guerre, ni le général gouverneur de la place, ni l'évêque du
diocèse.

« Rapportez à l'Europe le spectacle dont vous allez être témoins dans nos murs ; dites ce qu'est la guerre au dix-neuvième siècle !

« Ce n'est plus contre les remparts, contre les soldats que le feu est dirigé ; c'est contre les populations ; ce sont des femmes et des enfants qui en sont les premières victimes. Nos remparts, vous l'avez vu, sont intacts, mais nos demeures sont incendiées. Nos églises, monuments séculaires et historiques, sont indignement mutilées ou détruites, et notre admirable bibliothèque est à jamais anéantie.

« La conscience de l'Europe du dix-neuvième siècle admettra-t-elle que la civilisation recule à ce point de vandalisme et que nous retombions sous l'empire des codes de la barbarie ?

« Vous pouvez dire tout cela à l'Europe, mais dites également que ces cruautés, ces dévastations, ces actes renouvelés des musulmans et des barbares sont inutiles, qu'ils n'ont point dompté nos courages, et que nous avons toujours été, ce que nous voulons rester toujours, de courageux et fermes Français, et, comme vous, messieurs, des citoyens dévoués et fidèles à la patrie. »

La population de Strasbourg apprit de la bouche des délégués les prodigieux événements qui s'étaient accomplis, depuis qu'elle avait été séparée du monde : le blocus de Metz, le désastre de Sedan, la chute de l'Empire et la proclamation de la République. Une stupéfaction douloureuse s'empara d'abord des esprits. La France sans armée, c'était Strasbourg privé de tout espoir de secours et l'avenir s'annonçant sous de sombres couleurs pour toute l'Alsace ; mais à côté de la douleur causée par les désastres de la patrie et le péril de la cité, il y avait place pour un sentiment moins amer : l'Empire n'existait plus ; cet Empire qui avait follement engagé la guerre et livré Strasbourg sans défense aux coup de l'ennemi, la France l'avait rejeté avec dégoût. La République était proclamée, et chacun se disait que, s'il n'était past rop tard encore pour repousser l'étranger et changer la fortune, la République accomplirait ce prodige. Cette nouvelle, aussitôt répandue dans toute la ville, y occasionna une joie dont les habitants ne se croyaient probablement plus capables après avoir souffert comme ils l'avaient fait ; les maisons furent pavoisées ; des rassemblements se formèrent aux abords de la préfecture. On avait hâte de savoir quelle conduite adopterait le baron Pron, le fonctionnaire impérial, que la population détestait. La commission municipale, réunie de son côté, délibérait sur les mesures à prendre pour proclamer la République. Pendant cette effervescence, la police mettait ses agents sur pied et faisait courir le bruit que les délégués de Bâle étaient des espions prussiens déguisés qui avaient pénétré dans la ville assiégée pour abattre son courage par de fausses nouvelles ; de son côté, le préfet disait tout haut, à l'hôtel de ville, que les bruits répandus n'avaient aucun fondement. Dans une cité assiégée et bombardée, les esprits passent vite d'un extrême à l'autre ; ils acceptent avec la même facilité les bonnes nouvelles et les mauvaises. Aussi, la manœuvre de la police faillit-elle réussir, bien que les délégués de Bâle fussent connus personnellement par plusieurs notables de Strasbonrg comme des citoyens suisses et comme d'honnètes gens. Des menaces furent proférées contre eux par des hommes égarés ; et le soir, quand ils durent sortir de la ville pour retourner au camp prussien, le bruit courut qu'ils avaient été emprisonnés comme des agents de M. de Werder et qu'ils allaient ètre jugés militairement, eux et leurs complices. Ces odieuses machinations n'eurent point le résultat qu'en attendait la police. Déjà la commission municipale s'était mise en rapport avec le général Uhrich en vue de prendre les mesures que nécessitaient les circonstances. Le gouverneur de Strasbourg savait de bonne source que les délégués n'avaient dit que la vérité ; il résolut d'informer officiellement la population de Strasbourg de la révolution qui s'était accomplie à Paris et rédigea la proclamation suivante :

« Habitants de Strasbourg, officiers, sous-officiers et soldats de la garnison !

« La République a été proclamée à Paris. Un gouvernement de défense nationale s'est institué. En tête de son programme il a mis l'expulsion de l'étranger du sol français. Nous nous rallierons tous à lui, nous, chargés de la défense de Strasbourg, chargés de conserver à la France cette importante cité.

« Unissons donc nos volontés et nos forces pour atteindre ce but et pour concourir ainsi au salut de la patrie.

« Habitants de Strasbourg,

« Par vos souffrances, parvotre résignation, par le courage de ceux d'entre vous qui prennent part à la défense de la ville, par votre patriotisme, vous avez secondé l'armée dans les efforts qu'elle a pu accomplir. Vous resterez dignes de vous-mêmes.

« Et vous, soldats !

« Votre passé répond de l'avenir ; je compte sur vous, comptez sur moi.

« Au quartier général de Strasbourg, 12 septembre 1870.

« UHRICH. »

Le baron Pron se démit de ses fonctions dans les vingt-quatre heures, à la satisfaction générale, et il fut suivi dans sa retraite par le commissaire central, qui s'était si longtemps joué de la population par les fausses nouvelles dont il était le principal auteur. Le gouvernement de la défense nationale avait nommé en remplacement de M. Pron un républicain énergique et dévoué, originaire de Strasbourg, M. Valentin. Le décret qui appelait M. Valentin à la préfecture du Bas-Rhin disait : Le gouvernement s'en rapporte à « son énergie et à son patriotisme pour aller rejoindre son poste. » M. Valentin se mit en devoir de justifier la haute confiance qu'on avait en lui. Mais comment pénétrer dans la ville investie ? Muni d'un passe-port américain, il tente de franchir du côté du sud les lignes ennemies et d'arriver jusqu'à la citadelle : pris par les sentinelles allemandes, puis relâché, il passe sur la rive droite du Rhin, à Kehl, d'où il se prépare à traverser le fleuve à la nage et à pénétrer par l'Ill dans la forteresse. Son projet échoue une seconde fois. Il revient par Wissembourg, et passe quelques jours au milieu de l'armée assiégeante, étudiant les lieux, observant les habitudes des sentinelles. Un soir, il se glisse furtivement dans la tranchée et, profitant d'un instant favorable, s'élance vers la place, à travers un champ de blé. Mais les sentinelles allemandes l'ont aperçu ; des coups de feu éclatent de toutes parts ; il se couche. Les balles sifflent, les obus labourent la terre autour de lui. Enfin quand cette furie de mitraille a cessé, il se relève, se traîne jusqu'au fossé et s'y laisse glisser. Les balles prussiennes ne peuvent plus l'atteindre maintenant, mais échappera-t-il aux balles des sentinelles françaises qui veillent sur les remparts? Après avoir tâtonné quelques instants dans les roseaux qui couvrent le bord du fossé, il s'élance à la nage en criant : France ! France ! Dominée par le bruit du canon, sa voix se perd dans la nuit. Il aborde enfin, il touche aux bastions français et, tout à coup, il paraît debout devant des soldats stupéfaits qui le couchent en joue. France ! France ! s'écrie-t-il encore, et les fusils s'abaissent. Un officier accouru au bruit, l'interroge, le reconnaît; l'intrépide voyageur est sauvé et il entre dans la ville comme jamais préfet n'y était entré. Le lendemain, M. Valentin se présentait devant le général Uhrich stupéfait, et, déchirant la doublure de son vêtement, lui remettait le décret du gouvernement de la défense nationale.

Ce voyage héroïque, qu'on se raconta de maison en maison, excita dans la ville autant d'admiration que de joie. M. Valentin apportait, au nom de la France, des paroles d'espoir et d'encouragement à la cité dévastée; mais il ne pouvait, hélas! ni promettre aucun secours, ni prolonger la résistance. La situation empirait chaque jour ; le courage était toujours le même, mais l'espérance était perdue. Pour comble de malheur, les bruits les plus étranges et les plus faux circulaient dans la ville : la situation politique de la France y était présentée sous des couleurs absolument mensongères.

Pourtant la commission municipale elle-même prit ces rumeurs au sérieux. Le 18 septembre, dans une séance mémorable, elle s'arrêtait à la délibération suivante :

« La commission municipale de Strasbourg, après s'être rendu compte, en son âme et conscience, de la situation que les malheurs de la guerre ont faite à notre cité ;

« Après avoir pris connaissance des renseignements positifs qui lui sont communiqués sur l'état intérieur de la France ;

« Estime que son premier devoir est de rendre un hommage unanime au dévouement patriotique avec lequel le général Uhrich, commandant supérieur, et la garnison sous ses ordres ont défendu pendant cinq semaines, une place qui ne semblait pas, au premier abord, dans les conditions militaires nécessaires à une défense de quelque durée ;

« Elle croit de toute justice d'associer à cet hommage la courageuse et patiente population de Strasbourg, qui, au prix des sacrifices les plus douloureux, au prix de la fortune et de la vie de chacun de ses citoyens, a voulu remplir jusqu'au bout les devoirs que sa nationalité lui imposait ;

« Mais elle se croit l'organe du sentiment presque universel de la population en exprimant l'avis, qu'en l'absence de tout espoir de délivrance par une armée française, en l'absence d'un gouvernement qui puisse compter sur l'intervention efficace des neutres, et dans la perspective de nouvelles catastrophes plus graves que celles qu'elle a subies, et stériles pour la patrie, il y a lieu de prier M. le général commandant la 6e division militaire d'entrer en négociation avec Sa Majesté le roi de Prusse et le général commandant l'armée assiégeante pour traiter d'une capitulation qui sauvegarde les personnes et les intérêts des habitants de Strasbourg, ainsi que ceux des défenseurs de la place. »

Cette grave décision fut immédiatement communiquée au général Uhrich, qui sut répondre noblement et en soldat à des conseils qu'il jugeait prématurés et qui, en tous cas, reposaient sur une appréciation inexacte de la situation intérieure de la France :

« Monsieur le maire,

« J'ai communiqué au conseil de défense la délibération prise par la commission municipale dans sa séance d'hier.

« Le conseil de défense, et je partage son avis, reconnaît que deux grands intérêts sont en présence : celui de l'humanité et celui de la patrie.

« Certes, il est douloureux de voir une population souffrir, dans ses biens et dans ses personnes, comme le fait la population de Strasbourg depuis un mois. Mais le grand exemple que donne votre ville n'est pas stérile : Toul, Verdun, Montmédy ont énergiquement résisté et résistent peut-être encore aux armées prussiennes ; Schlestadt, votre sœur cadette, se prépare à vous imiter ; Paris, qui vous admire, vous acclame, couvre de fleurs la statue de Strasbourg sur la place de la Concorde, Paris, dis-je, s'inspirera de vous, acceptera la bataille et vaincra l'ennemi. Tel est, du moins, notre espoir.

« Strasbourg, c'est l'Alsace ; tant que notre drapeau flottera sur ses murs, l'Alsace sera française ; mais Strasbourg tombé, l'Alsace devient fatalement prussienne.

« Et, si nous sommes destinés à rester debout les derniers, un honneur impérissable en résultera pour la ville de Strasbourg ; l'année 1870 sera la plus glorieuse dans les fastes de son histoire.

« Le conseil de défense vous demande encore un peu de patience, encore un peu de cette noble et courageuse résignation qui ne courbe pas les fronts, mais qui fait accepter sans fléchir les dangers et les privations.

« Souvenons-nous de la première République et des immenses efforts qu'elle a faits pour chasser l'étranger de son sol ; souvenons-nous que l'Europe entière était coalisée contre elle, souvenons-nous enfin qu'en quelques mois, elle a créé quatorze armées, qu'elle a vaincu et fait la France grande et puissante.

« Telle est, monsieur le maire, la pensée du conseil de défense et la mienne propre. Je désire ardemment qu'elle soit appréciée et adoptée par la commission municipale, car nous avons besoin de nous appuyer les uns sur les autres et de marcher du même pas sur cette route difficile, périlleuse peut-être, où les événements nous ont placés.

« UHRICH. »

Le gouverneur de Strasbourg ne se faisait pas illusion sur l'issue d'une lutte qu'il soutenait sans espoir d'être secouru du dehors, mais il voulait, pour son honneur de soldat, tenir jusqu'à la dernière extrémité. Quant à la commission municipale, lorsqu'elle prit sur elle d'inviter le gouverneur à négocier avec l'ennemi, elle était moins préoccupée sans doute des bruits mensongers propagés dans la ville que des souffrances croissantes de la population. Les émanations fétides du Jardin botanique, transformé en cimetière, l'air vicié des caves dont les soupiraux étaient bouchés avec du fumier, l'insomnie, la mauvaise nourriture avaient amené des maladies qui prenaient de jour en jour un caractère plus alarmant ; des commencements d'épidémie s'étaient déclarés dans les ambulances. La population n'était pas lasse de souffrir, mais on se résigne moins à la souffrance, quand on a la triste conviction qu'elle ne changera rien au dénoûment qu'on redoute.

L'ennemi poussait avec vigueur ses travaux d'approche : la première parallèle fut ouverte le 29 août; la deuxième le fut le 2 septembre ; le 13 septembre, la troisième était terminée. Les rares sorties de la garnison n'avaient donné aucun résultat, et l'on pouvait prévoir mathématiquement le jour de l'assaut. Le bombardement redoublait sur les bastions nord, où les artilleurs ne trouvaient plus d'abri sûr contre les projectiles ; ces ouvrages furent abandonnés par ordre du général Uhrich. Le général de Werder suspendit, vers le 25 septembre, les convois d'émigrants qu'il autorisait à sortir de la place depuis l'intervention de la délégation suisse. On devina dans ce fait l'indice d'une attaque prochaine. Déjà, en effet, les pionniers allemands préparaient des radeaux avec des tonneaux et des fascines pour le passage des fossés. Dans la nuit du 22 septembre, l'infanterie s'engage sur un pont improvisé, et, en dépit d'une pluie de feu, s'avance jusqu'à une faible distance du mur d'enceinte ; elle établit des batteries pour ouvrir la brèche. Bientôt la brèche est praticable. M. de Werder va faire donner l'assaut le lendemain. Dans cette extrémité, le général Uhrich réunit le comité de défense, et l'on décide qu'il y a lieu d'entrer en négociation avec l'assiégeant. Le drapeau blanc est hissé, le soir, sur la cathédrale, sur la porte Nationale et sur la citadelle. Peu à peu le bruit du canon cesse ; les habitants, étonnés et troublés par ce silence inaccoutumé, sortent de leurs caves et se répandent dans les rues; ils apprennent avec douleur que Strasbourg a capitulé. Le maire et le gouverneur firent afficher des proclamations pour inviter les esprits au calme : des scènes tumultueuses s'étaient déjà produites sur les places, à la nouvelle que la ville allait ouvrir ses portes. Des hommes égarés par la douleur voulaient s'opposer aux négociations et continuer une résistance désormais inutile. Le préfet de Strasbourg, M. Valentin, dut engager lui-même le peuple à se résigner à la catastrophe finale. Le maire de la ville, M. Küss, disait dans sa proclamation que le général avait dû céder aux nécessités de la guerre, que la place n'était plus tenable, et que la détermination du gouverneur évitait à la ville une prise d'assaut et le payement d'une contribution de guerre. M. de Werder avait promis de traiter Strasbourg « avec douceur. » A onze heures, la garnison devait sortir avec les honneurs militaires , pendant que l'armée allemande entrerait dans la ville. Le maire ajoutait, faisant appel à la sagesse et au patriotisme de ses administrés : « Vous qui avez supporté avec patience et résignation les **horreurs du** bombardement, évitez toute démonstration hostile à l'encontre du corps d'armée qui va entrer dans nos murs. » Le général Uhrich, après avoir retracé les glorieux souvenirs et les souffrances de deux mois de résistance, faisait ses adieux à la population en ces termes :

« Je conserverai jusqu'à mon dernier jour le souvenir des deux mois qui viennent de s'écouler, et le sentiment de gratitude et d'admiration que vous m'avez inspiré ne s'éteindra qu'avec ma vie.

« De votre côté, souvenez-vous sans amertume de votre vieux général, qui aurait été si heureux de vous épargner les malheurs, les souffrances et les dangers qui vous ont frappés, mais qui a dû fermer son cœur à ce sentiment, pour ne voir devant lui que le devoir, la patrie en deuil de ses enfants.

« Fermons les yeux, si nous le pouvons, sur le triste et douloureux présent et tournons les yeux vers l'avenir ; là nous trouveverons le soutien des malheureux : l'espérance ! »

La population s'était rassemblée pour voir défiler la garnison. Des pleurs coulèrent à la vue des soldats français qui sortaient de la ville ; on agitait des mouchoirs en signe d'adieu, et comme on ne pouvait s'accoutumer à l'idée que cette séparation n'aurait pas de terme, on disait aux soldats, sur le passage : « Au revoir ! au revoir ! » On prenait à témoin de l'amour de l'Alsace pour la France les monuments mutilés, les maisons incendiées, les faubourgs dévastés par l'artillerie allemande. Pendant que ce triste défilé s'achevait, l'armée ennemie faisait son entrée au son des fifres, et l'arrogance de ses soldats jetait l'insulte à la douleur commune. En un clin d'œil, les rues devinrent désertes ; les Allemands s'avancèrent à travers les ruines qu'ils avaient faites, trouvant dans la solitude qui entourait leur marche triomphale une première protestation contre la conquête. Officiers et soldats furent bientôt installés devant les cafés, buvant, mangeant, riant, laissant éclater leur joie grossière devant la cathédrale bombardée et la bibliothèque en cendres. On pouvait se croire transporté au temps des invasions barbares et chercher des yeux Attila.

Le général de Werder avait promis aux parlementaires de Strasbourg de dispenser la ville d'une contribution de guerre et de la traiter avec douceur. La douceur du général et la sincérité de ses promesses apparurent bientôt. La ville fut rançonnée sans pitié par une armée d'usuriers. Elle dut payer, pour commencer, un impôt de guerre de 150,000 francs, et prendre à son compte le logement, la nourriture et jusqu'aux courses de voitures de l'état-

major allemand. M. de Werder obligea les autorités de la ville à
assister à un service solennel d'actions de grâces dans l'église de
Saint-Thomas, labourée par ses projectiles. Pendant que M. le
baron Pron sortait librement de la ville, M. Valentin fut arrêté et
emmené à Coblentz, dans la forteresse d'Ehrenbreitstein. Des
visites domiciliaires amenèrent la saisie de toutes les armes de
luxe, des drapeaux, et même des jouets d'enfants. La rapacité allemande était sans pitié. On arrêta des enfants qui criaient : Vive
la France ! Telle fut, dès l'origine, l'occupation prussienne en
Alsace.

Le jour même où Strasbourg ouvrit ses portes, on vit arriver dans
ses murs des nuées de ces voyageurs allemands qui déjà, pendant
le siége et l'incendie, étaient venus à Kehl par des trains de plaisir
pour voir brûler la « ville-sœur. » Les grandes dames de Carlsruhe
et de Heidelberg, les bourgeois de Cologne et de Mayence, les
paysans de la Forêt-Noire, s'abattirent dans la ville comme des
nuées de corbeaux sur un cimetière. Tout ce monde grossier,
bruyant, féroce dans sa joie, s'ébattait dans les rues brûlées et noircies, autour des monuments mutilés, sans respect, sans regrets,
sans révolte. L'Allemagne civile accepta sa part de complicité dans
les procédés barbares de M. de Werder, par le silence qu'elle
garda devant les ruines de la cathédrale, de la bibliothèque et
des maisons privées. L'Alsace ne l'a point oublié, et la France
s'en souvient.

Quelques jours avant Strasbourg (23 septembre), la ville de
Toul était tombée au pouvoir de l'armée allemande, après un
bombardement qui avait brûlé une partie de ses maisons. Vail-
lammement défendue par une poignée d'hommes et surtout par la
jeunesse de cette ville de Nancy trop calomniée, Toul ouvrit ses
portes après une belle résistance de six semaines. L'occupation
de cette place était de la plus haute importance pour l'ennemi.
Toul commande la voie ferrée qui relie la France à l'Allemagne ; tous les convois de vivres et de munitions destinés à
l'armée allemande étaient obligés de passer sous le feu de ses batteries ; les Allemands étaient contraints d'arrêter les trains avant
leur arrivée en vue de la place et de transporter leurs vivres et
leurs munitions jusqu'à Châlons par des voies détournées. Le
23 septembre, à sept heures du soir, le colonel Manteuffel entra
dans la ville : il ne put, dit-on, contenir son étonnement et sa

colère, d'avoir été tenu en respect pendant six semaines par une garnison insignifiante, qui ne comptait pas un seul artilleur.

Le gouvernement de la défeuse nationale confondit Toul et Strasbourg dans la même reconnaissance et leur décerna un honneur égal. Il décréta que la statue de Strasbourg serait coulée en bronze en souvenir du patriotisme de l'Alsace ; il proclama, par un autre décret, que Toul avait bien mérité de la patrie.

L'Alsace n'était point encore entièrement soumise, quoique déjà convertie en province allemande et sous la main d'un gouverneur, parent du prince de Bismarck. Schlestadt, Neufbrisach, Bitche, Belfort voyaient encore flotter sur leurs remparts le drapeau tricolore : l'obscure destinée n'avait pas dit son dernier mot. Paris, investi, formait des armées, fabriquait des canons ; Metz, avec sa grande armée, permettait d'espérer encore ; dans les départements, la délégation de Tours appelait le peuple français aux armes. Les provinces de l'Est détournèrent leurs regards du triste tableau de leurs misères, et, gardant encore un reste d'espérance, elles furent attentives au siége de Paris.

M. DORIAN.

LIVRE SEPTIÈME.

SIÉGE DE PARIS.

DU 30 SEPTEMBRE A LA CAPITULATION DE METZ.

Combat de Chevilly (30 septembre). Mort du général Guilhem. — Etat des esprits dans Paris. — La question des subsistances. — Le rationnement. — Les ballons et les pigeons voyageurs. — Les espions, les arrestations; fièvre de la population. — Premières résistances contre le gouvernement. Accusations dirigées contre lui. — Résolutions du « Comité central républicain » dans la salle de l'Alcazar. Les délégués du Comité à l'Hôtel-de-Ville. — La question des élections municipales. — Les élections indéfiniment ajournées. — Première manifestation sur la place de l'Hôtel-de-Ville; Gustave Flourens. — Réponse du gouvernement. — Nouvelles des départements. — Insuffisance reconnue de la délégation de Tours. — Départ de M. Gambetta, le 7 octobre. — Proclamation aux départements. — Manifestation du 8 octobre. — Réprobation générale contre les agitateurs. Discours de M. Jules Favre sur la place de l'Hôtel-de-Ville. — Combat de Bagneux (13 octobre). — Armement de Paris. — Activité du ministère des travaux publics. — Les canons, les mitrailleuses. — Tableau des forces réunies sous Paris. — Mobilisation de la garde nationale. — Combat de la Malmaison (21 octobre). — Nouvelles de province; Orléans, Châteaudun. — Félix Pyat, le *Combat* et Bazaine. — Démenti du gouvernement. Combat du Bourget. — Reprise du Bourget. — Arrivée de M. Thiers à Paris. — Bruits d'armistice. — Emotion extraordinaire provoquée par la nouvelle de la capitulation de Metz.

De la bataille de Châtillon à la fin du mois de septembre, aucun événement militaire important ne se passa sous les murs de Paris. Çà et là, des escarmouches entre les avant-postes des deux armées, des coups de canon tirés par les forts sur les convois ennemis, des reconnaissances partielles aux abords des villages où l'assiégeant élevait des ouvrages de défense ; tels furent les incidents préparatoires d'opérations plus sérieuses. La garde mobile s'exerçait au métier des armes dans ces petits combats et l'on pouvait prévoir le moment où ces troupes inexpérimentées iraient au feu sans défaillance.

Le 30 septembre, au point du jour, Paris fut réveillé par une violente canonnade qui grondait du côté du sud. Une action très-vive venait de s'engager en avant du plateau de Villejuif, sur cet espace accidenté, compris entre le cours de la Bièvre et de la Seine et où se trouvent Choisy-le-Roy, Thiais, Chevilly et l'Hay. La

route de Choisy-le-Roy à Versailles par où les Prussiens condui-
saient leurs convois de vivres et de troupes, passe auprès de ces
localités, que l'assiégeant s'était hâté de fortifier pour rester libre
de ses mouvements et garder ses communications avec le quartier
général fixé, comme on sait, à Versailles. Le général Trochu
avait résolu de diriger une attaque contre ces points fortifiés. Il
prescrivit au général Vinoy de s'avancer sur Choisy-le-Roi,
Thiais, Chevilly, l'Hay, de détruire les ouvrages construits par
l'ennemi et de faire sauter, si c'était possible, le pont de Choisy-
le-Roi. Le 30 septembre, à l'aube, les forts de Charenton, Ivry,
Bicêtre et Montrouge ouvrent le feu pour préparer l'attaque de
l'infanterie, pendant que les troupes, divisées en trois colonnes
après avoir passé la nuit en avant du plateau de Villejuif, s'apprêtent à se porter en avant. Aussitôt que le feu des forts a cessé,
l'ordre de marche est donné. A droite, le général Maudhuy se dirige
sur l'Hay, pendant que le général Guilhem, se précipitant avec
impétuosité sur Chevilly, chasse l'ennemi de ses positions et reste
maître du village. Malheureusement l'attaque de l'aile gauche sur
Choisy-le-Roi n'est pas couronnée de succès. De ce côté, le géné-
néral Blaise, après quelques avantages, se heurte à une résistance insurmontable, favorisée par des murs crénelés d'où l'ennemi fait beaucoup de mal à ses soldats; il est obligé de battre en
retraite. Pendant ce temps, vers la droite, les soldats du général
Maudhuy, pénétrant avec vigueur dans l'Hay, s'emparent d'une
batterie, qu'ils ne peuvent emmener, faute d'attelages. Ils ne jouissent pas longtemps de leur victoire. Les Prussiens reviennent
contre le village avec des forces supérieures ; et ce retour offensif
coûte la vie au brave général Guilhem qui tombe frappé de dix
balles. Chevilly se trouvant isolé par suite de la retraite des troupes du général Maudhuy, les soldats, fort émus de la mort de leur
général, craignent d'être enveloppés. Le général Vinoy a vu le
danger et, redoutant une débandade, il fait sonner la retraite. Outre la perte du général Guilhem, nous eûmes en tués, blessés ou
disparus 1,988 hommes ; la lutte avait été meurtrière dans le village de Chevilly, qui lui donna son nom.

L'effet moral du combat de Chevilly fut très-grand à Paris. Les
mobiles de la Côte-d'Or et de la Vendée avaient reçu sans faiblir
le baptème du feu ; les troupes de ligne venaient de faire oublier
par leur honorable conduite les tristes souvenirs de la débandade

de Châtillon. La chaude affaire qui venait de se passer était le présage d'une action vigoureuse contre l'armée assiégeante ; c'était, du moins, l'opinion générale. Cette bonne impression n'était pas exempte, il est vrai, de quelque amertume ; on jugeait, non sans humeur, le commandant en chef qui, faute d'attelages, avait privé les soldats du général Blaise de la joie de ramener la batterie enlevée à l'ennemi. Une telle conquête, après tant d'événements décourageants, eût réchauffé les cœurs et augmenté la confiance des troupes dans leur propre valeur.

Un armistice de quelques heures ayant été conclu le lendemain pour l'enlèvement des morts et des blessés, les Allemands apportèrent aux ambulances françaises le cercueil du général Guilhem couvert de fleurs et de feuillage. Le service funèbre fut célébré aux Invalides.

Les temps sérieux commençaient pour Paris. On n'avait jamais vu, dans le cours de l'histoire, une ville de deux millions d'habitants privée tout à coup de communications avec le reste du monde et réduite pour vivre à ses seules ressources. Quel problème que celui des approvisionnements pour une cité si vaste ! Ce fut, au début du siége, la préoccupation dominante. Pouvait-il en être autrement? Etait-il possible de songer sans effroi aux calamités que la famine entraînerait, au milieu d'une si grande population surexcitée? Lorsque le Gouvernement annonça, dans le *Journal officiel*, que la ville était approvisionnée pour deux mois, cette nouvelle occasionna un grand soulagement, tout en rencontrant dans beaucoup d'esprits une légère incrédulité. On ne se figurait pas qu'on pût avoir assuré en quelques jours la subsistance de deux millions d'hommes pour deux mois ; deux mois, du reste, cela paraissait un long espace de temps. Dans la pensée générale , le siége de Paris ne durerait jamais soixante jours ; avant l'expiration de ce délai, la province serait accourue au secours de la capitale. Il était cependant indispensable de ménager les vivres accumulés dans les murs de la ville assiégée : en conséquence, au commencement d'octobre , la ration de la viande de boucherie fut fixée à 100 grammes par tête. Le temps approchait où cette viande, faisant défaut, serait remplacée par la viande de cheval, d'âne, de mulet et autres animaux dont l'homme, en temps normal, respecte l'existence. En présence de cette éventualité, la bonne humeur parisienne ne se démentit pas un instant. Les hommes qui ne savent pas se soumettre à un régime de siége avaient eu la précaution de sortir de Paris avant l'investissement, les uns pour se cacher en province, les autres pour contempler la lutte du sein des pays étrangers.

Si la population parisienne se résigna en souriant à la viande de cheval, elle se soumit avec plus de peine à l'absence de toutes nouvelles du dehors, car si l'on était prêt à agir pour la délivrance, au moins fallait-il agir de concert avec la province et savoir ce qui se passait dans le reste de la France. Ceci, un jour, paraîtra de la légende : cette immense ville ne communiquait plus avec la France et le monde que par des ballons qui emportaient ses correspondances et ses journaux, et elle ne recevait elle-même de nouvelles du dehors que par des pigeons voyageurs qui, emportés dans les ballons, revenaient à leur colombier, poussés par leur merveilleux instinct, rapportant attachées à une aile les dépêches de la province. La ville de l'esprit et de l'intelligence était, en plein dix-neuvième siècle, suspendue au vol d'un oiseau, ne connaissant que par ce messager des temps primitifs les événements dont la France était le théâtre. Qu'un accident, qu'un épais brouillard vînt arrêter dans sa course le pigeon voyageur ; c'était, pour deux millions d'êtres humains, la solitude morale ajoutée à l'autre, et pour le commandement militaire, le tâtonnement et l'incertitude. Une câble télégraphique reliant Paris à Rouen avait été jeté dans le lit de la Seine, au commencement du siége ; les Prussiens, en fouillant le fleuve, avaient coupé le fil. D'autres expériences avaient été tentées sans succès ; Paris en était resté aux pigeons et aux ballons. Cette histoire semble appartenir à une antiquité reculée ; elle a été la nôtre, au milieu du siècle le plus éclairé qui ait jamais été.

Dans toute ville assiégée, la population arrachée à ses habitudes de travail, vit, pour ainsi dire, sur les places publiques ; des nouvelles contradictoires circulent dans les groupes ; les esprits vont sans cesse d'un extrême à l'autre, tantôt confiants, pleins d'espérance, tantôt abattus, en proie au découragement. De ce choc perpétuel de sentiments contraires découle en peu de temps une lassitude singulière, un état nerveux spécial qui fait qu'on croit aux récits les plus étranges. Ce n'est pas assez des dangers réels, on se forge des dangers imaginaires ; on voit des ennemis partout. La population parisienne, toute sceptique et vaillante qu'elle soit, ne sut pas échapper à cette crise nerveuse. Il est hors de doute que l'ennemi entretenait des espions dans la ville et qu'il était tenu par eux au courant de tout ce qui s'y passait. On en vint à suspecter tout étranger et à se livrer à une véritable débauche d'arrestations. Sous les prétextes les plus futiles, des gardes nationaux pénétraient dans les maisons particulières ; le mouvement d'une lampe à un étage élevé était interprété comme un signal par une foule surexcitée : il s'en suivait des scènes tumultueuses. Des gens innoffensifs étaient conduits au poste, où on ne tardait pas, d'ailleurs, à les mettre en liberté. Le gouverneur de Paris fut obligé de modérer, par une circulaire, le zèle des gardes nationaux. Quant aux véritables espions, ils continuaient paisiblement leur métier, pendant qu'on s'imaginait les avoir arrêtés. Ils n'avaient pas besoin de correspondre avec l'assiégeant au moyen de signaux nocturnes, que celui-ci n'aurait pas aperçus, du reste, à la distance où il était de la ville. Les véritables espions étaient des maraudeurs, des femmes, des enfants même qui, chaque jour, franchissaient les avant-postes et portaient à l'ennemi les journaux de Paris. Le général Trochu crut mettre un terme à ces relations criminelles en soumettant à la formalité d'un laissez-passer toutes les personnes qui franchissaient les lignes avancées. En fait, on peut croire que ces correspondances coupables ne furent jamais interrompues ; les misérables que l'ennemi payait pour faire ce métier y mirent seulement un peu plus de prudence.

Des difficultés d'un autre ordre occupaient l'attention du gouvernement. On n'a pas oublié qu'au 4 septembre les membres du gouvernement institué à l'Hôtel-de-Ville avaient laissé à l'écart les représentants du parti républicain avancé. De ces hommes, les uns, portant des noms éclatants, jouissaient de l'estime universelle, et il est certain que leur admission au sein du gouvernement n'eût provoqué ni réclamation, ni défiance ; les autres, au contraire, haineux et agressifs, dissimulaient mal le dépit qu'il avaient éprouvé d'être tenus à l'écart, et, sans se rendre compte des difficultés de la première heure, dès les premiers jours du siége, ils avaient hautement accusé le gouvernement de faiblesse et d'incapacité. Ils demandaient les élections municipales qui, seules, dans leur pensée, devaient imprimer un caractère énergique à la résistance et sauver Paris et la France. On voit dès le 20 septembre, un comité qui s'intitule « comité central républicain des vingt arrondissements de Paris » se réunir dans la salle de l'Alcazar, et, sur la proposition d'un de ses membres, formuler les résolutions suivantes :

I. La République ne peut traiter avec l'ennemi qui occupe le territoire.

II. Paris est résolu à s'ensevelir sous ses ruines plutôt que de se rendre.

III. La levée en masse sera immédiatement décrétée dans Paris et dans les départements, ainsi que la réquisition générale de tout ce qui peut être utilisé pour la défense du pays et la subsistance de ses défenseurs.

IV. La remise immédiate entre les mains de la commune de Paris de la police municipale. En conséquence, suppression de la Préfecture de police.

V. L'élection rapide des membres de la commune. Cette commune se composera d'un membre a raison de dix mille habitants.

Il est arrêté que les résolutions ci dessus seront portées par voie d'affichage à la connaissance de la population de Paris et seront en même temps notifiées au gouvernement provisoire par une commission composée de vingt délégués choisis dans les arrondissements de Paris.

Il est encore arrêté par l'assemblée que chaque citoyen devra veiller en armes au maintien des affiches.

De qui les membres du comité central républicain avaient-ils reçu le pouvoir qu'ils s'arrogeaient? En vertu de quelle élection? On l'ignore. Toujours est-il que les résolutions adoptées dans la réunion du 20 septembre furent apportées à l'Hôtel-de-Ville par des délégués choisis à cet effet. Là, on leur donna l'assurance que les élections de la commune de Paris auraient lieu, selon toute apparence, le dimanche 28 septembre. On sait qu'à la suite de l'entrevue de Ferrières, le gouvernement, modifiant son projet primitif, ajourna indéfiniment l'élection d'une Assemblée nationale, et, du même coup, les élections municipales de Paris. La querelle s'envenimait. Les feuilles radicales, très-irritées répondirent aussitôt qu'il fallait passer outre sur le décret du gouvernement et procéder aux élections municipales les 2 et 3 octobre. Les clubs, animés par les délégués du comité central, applaudirent à cette résolution. On se ravisa pourtant au dernier moment et l'on décida qu'il y avait lieu d'accorder un nouveau crédit au gouvernement. L'orage, un instant apaisé, ne tarda pas à gronder encore.

Il y avait alors dans le quartier de Belleville une sorte de roi, commandant six bataillons de la garde nationale, tête chaude et cœur généreux, brave jusqu'à la témérité, imprudent jusqu'à la folie, très-populaire, parce qu'il était honnête et qu'il avait beaucoup lutté contre l'Empire : c'était Gustave Flourens. Toujours prêt au sacrifice de sa vie, il courait volontiers vers le danger tête baissée. Flourens ne comprenait pas que le général Trochu n'eût pas déjà lancé contre l'ennemi toutes les troupes réunies dans Paris, et il était de ceux qui pensaient que les élections municipales, faisant passer le pouvoir en d'autres mains, arracheraient Paris à l'étreinte des Prussiens. Les orateurs de clubs propageaient cette chimère, et, de concert avec la presse hostile au gouvernement, exaltaient le cerveau de Flourens, qui n'avait pas besoin de ce surcroît d'excitation, depuis que six mille hommes résolus obéissaient à ses ordres. Flourens se trouvait être, au commencement d'octobre, l'homme d'action des partisans de la commune. Il le fit voir.

Le 5 octobre, dans l'après-midi, ils descend avec ses six bataillons, musique en tête, sur la place de l'Hôtel-de-Ville, et se présente, accompagné des officiers de son état-major, devant les membres du gouvernement. Il vient, dit-il, au nom de ses amis, porter plusieurs réclamations ; il demande que les élections municipales aient lieu dans le plus bref délai, que la garde nationale soit armée avec les chassepots restant dans les magasins de l'Etat, que des sorties sérieuses soient faites par la garnison de Paris contre l'armée assiégeante. Sinon, il donnera sa démisssion, et la défense de Paris se passera de ses services. Tel fut, en résumé, son discours.

M. Gambetta, ministre de l'intérieur, répond à Flourens que les élections municipales, primitivement fixées au 28 septembre, sont et demeurent ajournées ; il serait urgent de réviser les listes électorales ; or, on ne vient pas même se faire inscrire : d'ailleurs, ajoute-t-il, ces questions regardent le gouvernement seul et se résolvent sous la responsabilité personnelle de ses membres.

M. Dorian, répond à son tour, comme ministre des travaux publics, que les dix mille chassepots en magasin sont destinés à remplacer ceux qui se brisent entre les mains de la garde mobile : il faudrait avoir de l'acier pour en fabriquer de nouveaux, mais l'acier manque à Paris. A défaut de chassepots, il s'engage à fournir, en quinze jours, dix mille fusils à tabatière et soixante mitrailleuses, mais il ne peut pas faire davantage. Quant aux grandes sorties demandées par Flourens, le général Trochu estime qu'avant de les tenter il importe de compléter l'armement et d'équilibrer les chances de la lutte. Agir autrement, ce serait vouer des milliers de citoyens à une mort certaine et inutile.

Peu satisfait de ces réponses, Flourens remonte à Belleville à la tête de ses bataillons, très-exalté et résolu à recommencer tôt ou tard une lutte engagée sous le regard de l'ennemi.

Ces sommations imprudentes et prématurées jetèrent dans Paris une émotion très-vive, et leur conséquence fut d'éveiller des doutes sur l'opportunité des élections municipales. Quand la partie sensée de la population comprit que les partisans de la commune se proposaient de prendre la place du gouvernement et de substituer à un pouvoir connu un pouvoir inconnu, elle s'attacha davantage à ce qui existait. Les hommes qui siégeaient à l'Hôtel-de-Ville lui paraissaient offrir des garanties plus sérieuses que les représentants de ce comité central, dont l'existence venait de se révéler. De son côté, le gouvernement, se sentant appuyé contre ses adversaires par l'immense majorité de Paris, écarta tout à fait les élections municipales. On eût dit qu'il les redoutait ; or il n'est pas douteux qu'elles lui eussent été favorables, et il n'y a aucune témérité à penser que les hommes élus à cause de leur valeur personnelle ou de l'éclat de leur nom auraient apporté un concours puissant au gouvernement. Une autre conséquence des élections eût été d'imposer silence aux récriminations des quartiers exaltés en leur ôtant le prétexte légitime au nom duquel ils s'agitaient. Le gouvernement manqua, en cette occurrence, ou d'habileté ou de décision. Quant à ses adversaires, irrités par ce premier échec qui les rendait suspects, ils redoublèrent d'efforts dans la presse et dans les clubs, se promettant bien de rentrer en scène à la première faute. Les fautes, hélas ! ne devaient pas manquer dans une situation si critique.

Un rayon d'espoir vint luire tout à coup dans ce ciel chargé d'orages. Une dépêche apportée de province par un pigeon voyageur brisait enfin le long silence dont Paris souffrait depuis deux semaines. La délégation de Tours annonçait que les départements organisaient la résistance et que tous les hommes valides accouraient sous les drapeaux pour faire à l'étranger une guerre à outrance.

Ces bonnes nouvelles ne dissipèrent pas les craintes du gouvernement à l'endroit de la délégation de Tours, que toute la presse parisienne accusait de faiblesse. Un mois s'était écoulé depuis le départ de MM. Glais-Bizoin et Crémieux : qu'avaient-ils fait ? où étaient les armées qu'ils avaient levées ? D'après un bruit très-répandu, les membres de la délégation étaient entourés d'anciennes créatures de l'Empire qui paralysaient leurs efforts et leur représentaient sans cesse la nécessité de faire procéder aux élections. Le décret rendu à Paris le 24 septembre et ajournant jusqu'à nouvel ordre la nomination d'une Assemblée était-il parvenu à Tours ? Serait-il exécuté ? Le gouvernement de Paris avait des raisons pour en douter. D'autre part, le général Trochu s'était arrêté à un plan qui consistait à opérer une trouée à l'ouest de Paris et à se diriger vers Rouen, en suivant le cours de la Seine. Ce mouvement ne pouvait réussir que si l'armée parisienne agissait de concert avec les armées de province. Comment prévenir la délégation de Tours de ce dessein, auquel était attaché le salut de la patrie ? Le gouvernement résolut d'envoyer un de ses membres à Tours, et il choisit pour cette importante mission M. Gambetta, ministre de l'intérieur, dont le patriotisme, la jeunesse, l'éloquence enflammeraient le pays. M. Gambetta ne recula pas devant le périlleux voyage que lui proposaient ses collègues : n'écoutant que son amour pour la France, il monta en ballon dans la matinée du 7 octobre, en présence d'une foule immense, qui le poursuivit longtemps de ses acclamations ; le soir du même jour, après avoir entendu siffler les balles allemandes, il atterrissait dans la forêt d'Epineuse, non loin de Montdidier (Somme) ; le lendemain, il arrivait à Tours, pendant que la France, informée de cet événement par le télégraphe, sentait un sang nouveau circuler dans ses veines et ressaisissait les grands espoirs.

M. Gambetta publiait en arrivant la proclamation suivante :

Tours, 9 octobre 1870.

Citoyens des départements,

Par ordre du gouvernement de la République, j'ai quitté Paris pour venir vous apporter, avec les espérances du peuple renfermé dans ses murs, les instructions et les ordres de ceux qui ont accepté la mission de délivrer la France de l'étranger.

Paris, depuis dix-sept jours étroitement investi, a donné au monde un spectacle unique, le spectacle de plus de deux millions d'hommes qui, oubliant leurs préférences, leurs dissidences antérieures, pour se serrer autour du drapeau de la République, ont déjà déjoué les calculs des envahisseurs, qui comptaient sur la discorde civile pour lui ouvrir les portes de la capitale.

La révolution avait trouvé Paris sans canons et sans armes. A l'heure qu'il est, on a armé quatre cent mille hommes de garde nationale, appelé cent mille mobiles, groupé soixante mille hommes de troupes régulières. Les ateliers fondent des canons, les femmes fabriquent un million de cartouches par jour; la garde nationale est pourvue de deux mitrailleuses par bataillon; on lui fait des canons de campagne pour qu'elle puisse opérer bientôt des sorties contre les assiégeants; les forts occupés par la marine ressemblent à autant de vaisseaux de haut bord immobiles, garnis d'une artillerie merveilleuse et servie par les premiers pointeurs du monde. Jusqu'à présent, sous le feu de ces forts, l'ennemi a été impuissant à établir le moindre ouvrage.

L'enceinte elle-même, qui n'avait que 500 canons, le 4 septembre, en compte aujourd'hui 3,800; à la même date, il y avait 50 coups de canon à tirer par pièce; aujourd'hui il y en a 400, et l'on continue à fondre des projectiles avec une fureur qui tient du vertige. Tout le monde a son poste marqué dans la cité et sa place de combat. L'enceinte est perpétuellement couverte par la garde nationale, qui, de l'aube à la nuit, se livre à tous les exercices de la guerre avec l'application du patriotisme, et on sent tous les jours grandir la solidité et l'expérience de ces soldats improvisés.

Derrière cette enceinte ainsi gardée, s'élève une troisième enceinte, construite sous la direction du comité des barricades; derrière ces pavés savamment disposés, l'enfant de Paris a retrouvé, pour la défense des institutions républicaines, le génie même du combat des rues.

Toutes ces choses, partout ailleurs impossibles, se sont exécutées au milieu du calme, de l'ordre, et grâce au concours enthousiaste qui a été donné aux hommes qui représentent la République. Ce n'est point une illusion; ce n'est pas non plus une vaine formule : Paris est inexpugnable; il ne peut plus être pris, ni surpris.

Restaient aux Prussiens deux autres moyens d'entrer dans la capitale, la sédition et la faim. La sédition, elle ne viendra pas, car les suppôts et les complices du gouvernement déchu, ou bien ils ont fui, ou bien ils se cachent. Quant aux serviteurs de la République, les ardents comme les tièdes, ils trouvent dans le gouvernement de l'Hôtel de Ville d'incorruptibles otages de la cause républicaine et de l'honneur national.

La famine!

Prêt aux dernières privations, le peuple de Paris se rationne volontairement tous les jours; et il a devant lui, grâce aux accumulations de vivres, de quoi défier l'ennemi pendant de longs mois encore. Il supportera avec une mâle constance la gêne et la disette, pour donner à ses frères des départements le temps d'accourir et de le ravitailler

Telle est, sans déguisement ni détour, la situation de la capitale de la France.

Citoyens des départements,

Cette situation vous impose de grands devoirs.

Le premier de tous, c'est de ne vous laisser divertir par aucune préoccupation qui ne soit pas la guerre, le combat à outrance; le second, c'est, jusqu'à la paix, d'accepter fraternellement le commandement du pouvoir républicain sorti de la nécessité et du droit. Ce pouvoir, d'ailleurs, ne saurait sans déchoir s'exercer au profit d'aucune ambition. Il n'a qu'une passion et qu'un titre : arracher la France à l'abîme où la monarchie l'a plongée. Cela fait, la République sera fondée et à l'abri des conspirateurs et des réactionnaires.

Donc, toutes autres affaires cessantes, j'ai mandat, sans tenir compte des difficultés ni des résistances, de remédier, avec le concours de toutes les libres énergies, aux vices de notre situation, et, quoique le temps manque, de suppléer à force d'activité à l'insuffisance des délais. Les hommes ne manquent pas. Ce qui a fait défaut, c'est la résolution, la décision et la suite dans l'exécution des projets.

Ce qui a fait défaut après la honteuse capitulation de Sedan, ce sont les armes. Tous nos approvisionnements de cette nature avaient été dirigés sur Sedan, Metz et Strasbourg ; et l'on dirait que, par une dernière et criminelle combinaison, l'auteur de tous nos désastres a voulu, en tombant, nous enlever tous les moyens de réparer nos ruines. Maintenant, grâce à l'intervention d'hommes spéciaux, des marchés ont été conclus, qui ont pour but et pour effet d'accaparer tous les fusils disponibles à l'étranger. La difficulté était grande de se procurer la réalisation de ces marchés : elle est aujourd'hui surmontée.

Quant à l'équipement et à l'habillement, on va multiplier les ateliers et requérir les matières premières, si besoin est ; ni les bras ni le zèle des travailleurs ne manquent ; l'argent ne manquera pas non plus.

Il faut enfin mettre en œuvre toutes nos ressources qui sont immenses, secouer la torpeur de nos campagnes, réagir contre de folles paniques, multiplier la guerre de partisans, et, à un ennemi si fécond en embûches et en surprises, opposer des piéges, harceler ses flancs, surprendre ses derrières, et enfin inaugurer la guerre nationale.

La République fait appel au courage de tous ; son gouvernement se fera un devoir d'utiliser tous les courages et d'employer toutes les capacités. C'est sa mission à elle d'armer les jeunes chefs, nous en ferons ! Le ciel lui-même cessera d'être clément pour nos adversaires, les pluies d'automne viendront, et retenus par la capitale, les Prussiens, si éloignés de chez eux, inquiétés, troublés, pourchassés par nos populations réveillées, seront décimés pièce à pièce par nos armes, par la faim, par la nature.

Non, il n'est pas possible que le génie de la France se soit voilé pour toujours, que la grande nation se laisse prendre sa place dans le monde par une invasion de cinq cent mille hommes.

Levons-nous donc en masse, et mourons plutôt que de subir la honte du démembrement. A travers tous nos désastres, et sous les coups de la mauvaise fortune, il nous reste encore le sentiment de l'unité française, l'indivisibilité de la République. Paris cerné affirme plus glorieusement encore son immortelle devise, qui dictera aussi celle de toute la France.

Vive la nation ! Vive la République une et indivisible !

Le membre du Gouvernement de la défense nationale,
ministre de l'intérieur,
Léon GAMBETTA.

Pendant que les départements se réveillaient à la voix de M. Gambetta, les partisans des élections municipales continuaient, dans Paris, leurs manifestations dans l'espoir d'obliger le gouverne-

ment à accéder à leurs désirs. Le comité central des vingt arrondissements, les clubs et la presse radicale soufflaient le feu sans
trêve ni repos et se répandaient en accusations sur toutes choses.
Tous leurs reproches n'étaient pas injustes, mais la violence de
leur langage consolidait le gouvernement, au lieu de l'ébranler,
et le dépit qu'ils en éprouvaient augmentait encore leur impatience. De nouveaux rassemblements se formèrent, le 8 octobre,
sur la place de l'Hôtel-de-Ville. Des cris nombreux de « Vive la
commune ! » se firent entendre dans les groupes. Ils se perdirent
au milieu d'une foule qui, indifférente en apparence, n'en condamnait pas moins avec sévérité des hommes qui semaient la discorde
dans une ville assiégée. Des bataillons de la garde nationale étant
accourus pour défendre le gouvernement, les manifestants, voyant
leur impuissance, prirent le parti de se retirer. Sur ces entrefaites,
le général Trochu arrivait à cheval et recevait une ovation. Les
membres du gouvernement descendaient de l'Hôtel-de-Ville et
passaient la garde nationale en revue, recueillant sur leur passage
les cris de : « Vive le gouvernement ! Vive la République ! Pas de
commune ! »

« Messieurs, dit M. Jules Favre aux officiers rassemblés, cette
journée est bonne pour la défense, car elle affirme une fois de
plus et d'une manière éclatante notre ferme résolution de rester
unis pour sauver la patrie. Cette union intrépide, dévouée dans
une seule et même pensée, elle est la raison d'être du gouvernement que vous avez fondé le 4 septembre.

« Aujourd'hui vous consacrez de nouveau sa légitimité. Vous
entendez le maintenir pour qu'avec vous il délivre le sol national de
la souillure de l'étranger ; de son côté, il s'engage envers vous à
poursuivre ce noble but jusqu'à la mort, et, pour l'atteindre, il est
décidé à agir avec fermeté contre ceux qui tenteraient de l'en
détourner.

« Par un redoutable hasard de la fortune, Paris a l'honneur de
concentrer sur lui les efforts des agresseurs de la France. Il est
son boulevard. Il la sauvera par votre abnégation, par votre courage, par vos vertus civiques, et si quelques téméraires essayent
de jeter dans son sein des germes de division, votre bon sens les
étouffera sans peine.

« Tous, nous eussions été heureux de donner aux pouvoirs
municipaux le fondement régulier d'une libre élection. Mais tous

aussi, nous avons compris que, lorsque les Prussiens menacent
la cité, ses habitants ne peuvent être qu'aux remparts et même
au dehors, où ils brûlent d'aller chercher l'ennemi.

« Quand ils l'auront vaincu, ils reviendront aux urnes électorales, et, au moment où je vous parle, entendez-vous l'appel suprême qui m'interrompt ? C'est la voix du canon qui tonne et qui
nous dit à tous où est le devoir.

« Messieurs, un mot encore :

« Aux remercîments du gouvernement, qui est votre œuvre,
votre cœur, votre âme, qui n'est quelque chose que par vous et
pour vous, laissez-moi mêler un avis fraternel : que cette journée
ne fasse naître en nous aucune pensée de colère, ou même d'animo-
sité. Dans cette grande et généreuse population, nous n'avons pas
d'ennemis. Je ne crois pas même que nous puissions appeler adversaires ceux qui me valent l'honneur d'être maintenant au
milieu de vous. Ils ont été entraînés ; ramenons-les par notre patriotisme. La leçon ne sera pas perdue pour eux ; ils verront par
votre exemple combien il est beau d'être unis pour servir la patrie ;
et désormais c'est avec nous qu'ils voleront à sa défense. »

M. Jules Favre était optimiste : le gouvernement avait des ennemis, peu nombreux, il est vrai, auxquels il pardonnait, mais qui
ne lui pardonnaient pas. Flourens en s'éloignant, le 5 octobre,
de l'Hôtel-de-Ville avait dit que la lutte recommencerait un jour ;
les auteurs de la manifestation du 8 octobre emportèrent le même
sentiment, aigri par deux échecs. Quant au gouvernement, il
reçut de ce double conflit une popularité plus grande, et, comme
conséquence, une responsabilité plus lourde. Pour désarmer ses
adversaires et les mettre dans l'impuissance de nuire, ce n'était
pas assez de ne pas leur céder la place, comme ceux-ci le souhaitaient sous prétexte d'instituer la commune ; il fallait leur fermer
la bouche par un redoublement d'activité, par de fréquentes sorties
contre l'armée assiégeante. Le général Trochu, dont le prestige
n'avait point encore baissé, disait avoir son plan, et on le croyait
sur parole ; l'immense majorité de Paris estimait donc qu'il n'était
ni juste, ni prudent de presser l'exécution d'un projet qui ne pouvait être couronné de succès que si on l'exécutait en temps opportun ; on fabriquait des canons et des projectiles, on organisait la
garde nationale ; chaque jour amenait un progrès nouveau. Pourquoi, disait-on, venir troubler le gouvernement au milieu de son

œuvre ? Pourquoi lui susciter des difficultés ? Ainsi raisonnait dans son bon sens la population parisienne ; aussi jugeait-elle avec une extrême sévérité les auteurs des manifestations qui, en semant des ferments de discorde, apportaient une diversion funeste à l'œuvre de la défense.

Pendant que ces événements se passaient dans l'intérieur de Paris, les avant-postes continuaient à se tenir en éveil par de continuelles escarmouches : c'étaient de petits combats qui n'avaient d'autre avantage que d'accoutumer au feu nos troupes inexpérimentées, et surtout nos mobiles. L'impatience publique ne s'accommodait pas de ces rencontres insignifiantes, relatées dans des rapports quotidiens très-monotones. On attendait tous les jours un engagement plus sérieux contre les lignes d'investissement. De son côté, le gouverneur de Paris déclarait qu'il saurait résister à l'impatience publique et qu'il agirait à son heure. Toutefois, le 13 octobre une tentative assez sérieuse fut dirigée sur la ligne de Choisy-le-Roi à Versailles, sur les lieux mêmes où les troupes du 13ᵉ corps s'étaient déjà deux fois battues, d'abord à Châtillon puis à Chevilly. L'armée assiégeante s'était empressée de fortifier le fort de Châtillon, position excellente pour assurer la liberté de ses mouvements entre Choisy-le-Roi et Versailles et pour menacer les forts du Sud. Le gouverneur de Paris se décida à faire attaquer la redoute. A cet effet, le 13ᵉ corps fut divisé en trois colonnes : la première formant l'extrême droite, reçut l'ordre de se porter contre Clamart; la seconde, au centre, sous le commendement du général Susbielle, devait marcher sur le village de Châtillon et s'avancer ensuite contre la redoute ; la troisième, comptant dans ses rangs les mobiles de l'Aube et de la Côte-d'Or, avait ordre d'attaquer Bagneux, village occupé par l'ennemi et couvert de barricades.

Au signal donné par le fort de Vanves, les mobiles de l'Aube et de la Côte-d'Or se précipitent sur Bagneux, défendu par le 5ᵉ bataillon de chasseurs à pied, du 2ᵉ corps Bavarois. Les Bavarois surpris sont chassés de barricade en barricade et forcés d'évacuer le village ; ils laissent entre les mains des mobiles des armes et des prisonniers. Le commandant des mobiles de l'Aube, M. de Dampierre, avait perdu la vie dans ce brillant fait d'armes. Moins heureux au centre, la colonne commandée par le général Susbielle, après avoir traversé Châtillon, ne peut aborder la redoute. L'ennemi, abrité derrière des murs crénelés, lui faisait beaucoup de mal et retardait sa marche, ce qui donnait aux renforts le temps d'accourir. Déjà, en effet, on voyait arriver de l'artillerie par la Croix-de-Berny. Vers six heures, des batteries démasquées à Sceaux et à Bourg-la-Reine lançaient des obus sur Bagneux, où les mobiles n'avaient pas songé à se fortifier, dans l'ignorance où l'on était si l'on voulait garder le village pour reprendre le lendemain l'attaque de la redoute. Quelle était à cet égard l'intention du général Trochu? Le général Vinoy, commandant en chef du 13ᵉ corps, déclare ne l'avoir jamais su.

Après avoir pris Bagneux, il avait adressé au gouverneur de Paris la dépêche suivante :

« Nous sommes maîtres de Bagneux, je prends des mesures pour nous y maintenir : voulez-vous le conserver ? »

Le général Trochu répondit d'une façon évasive, ne disant à Vinoy ni de conserver ni d'abandonner le village. Le commandant du 13ᵉ corps en conclut qu'il devait se retirer sous le canon des forts.

Vers trois heures, on sonne la retraite. Aussitôt des colonnes d'infanterie prussienne se précipitent sur Bagneux, et, dans leur élan, menacent de nous poursuivre hors du village ; nos troupes, faisant volte-face à propos, ouvrent sur les Bavarois un feu nourri qui, joint à la canonnade des forts, les oblige à rétrograder. Ainsi finit le combat de Bagneux. La journée avait été honorable pour nous ; les troupes s'étaient bien battues ; mais quel avait été le but du général Trochu ? Était-ce la reprise de la redoute de Châtillon ? Dans ce cas, pourquoi n'avoir pas ordonné à la colonne du centre de se fortifier dans Bagneux, afin de trouver dans ce village un solide point d'appui pour une nouvelle attaque? Ou bien, le gouverneur de Paris avait-il livré le combat de Bagneux pour calmer les impatiences ? Ce résultat négatif n'était pas fait pour imposer silence à ses adversaires. Ces attaques molles, décousues, commençant toujours par un succès et se terminant, avant la fin du jour, par une retraite, ne relevaient pas le moral de l'armée. La confiance baissait, on commençait à se demander sérieusement si le général Trochu avait un plan.

Sur ces entrefaites, le gouverneur de Paris prit le parti de former des compagnies de volontaires de la garde nationale, vivement réclamées par l'opinion publique. La garde nationale parisienne comptait, vers le milieu d'octobre, 288 bataillons, formant un effectif total de 280,000 hommes de toute condition et de tout âge, depuis le jeune homme de vingt-cinq ans jusqu'au bourgeois patriote qui, sans compter ses années, avait pris un fusil et veillait aux remparts. Le bon sens disait assez que le commandement militaire ne pouvait pas tirer le même parti de ces éléments divers ; que les hommes âgés, formant la garde nationale sédentaire, devaient garder l'intérieur de la ville et les remparts, pendant que la partie active et jeune, versée dans des compagnies de marche, serait appelée à soutenir les troupes régulières dans les opérations extérieures. Mais il y avait de très-grandes divergences d'opinion à cet égard entre les états-majors et la population civile. Les militaires ne croyaient pas à ces soldats improvisés n'ayant ni l'habitude des fatigues de la guerre ni l'instruction pratique sans laquelle une agglomération d'hommes armés ne saurait être considérée comme une armée capable d'être conduite à l'ennemi. Les civils pensaient, au contraire, que l'autorité militaire pouvait choisir dans la garde nationale les éléments d'une armée sérieuse ; n'avait-on pas sous les yeux l'exemple de la garde mobile, qui avait marché bravement au feu à Chevilly et à Bagneux ? Le général Trochu était de l'avis des états-majors ; mais il y aurait eu quelque danger à résister au sentiment public sur cette question, toute de patriotisme ; le gouverneur résolut donc de créer des compagnies de volontaires. Il écrivit une lettre au maire de Paris sur le mode de l'enrôlement et les règles de l'organisation nouvelle : un registre serait ouvert dans chaque mairie pour recevoir les noms des volontaires ; chaque compagnie se composerait de 150 hommes, et, si les inscriptions spontanées donnaient un chiffre supérieur à 150, il serait fait un choix dans l'excédant des hommes âgés de moins de trente-cinq ans, célibataires, justifiant d'une certaine connaissance du maniement des armes et jouissant d'une santé robuste. Cette lettre se terminait par les considérations suivantes :

« Au mois de juillet dernier, l'armée française, dans tout l'éclat de sa force, traversait Paris au cri de : « A Berlin ! à Berlin ! » J'étais loin de partager cette confiance, et, seul peut-être entre tous les officiers généraux, j'osai déclarer au maréchal ministre de la guerre que j'apercevais dans cette bruyante entrée en campagne, aussi bien que dans les moyens mis en œuvre, les éléments d'un grand désastre. Le testament que j'ai déposé à cette époque entre les mains de Me Ducloux, notaire à Paris, témoignera à un jour donné des douloureux pressentiments, trop motivés, dont mon être était rempli.

« Aujourd'hui, devant la fièvre qui s'est très-légitimement emparée des esprits, je rencontre des difficultés qui offrent la plus frappante analogie avec celles qui se sont produites dans le passé.

« Je déclare ici que, pénétré de la foi la plus entière dans le retour de la fortune, qui sera dû à la grande œuvre de résistance que résume le siége de Paris, je ne céderai pas à la pression de l'impatience publique. M'inspirant des devoirs qui nous sont communs à tous et des responsabilités que personne ne partage avec moi, je suivrai jusqu'au bout le plan que je me suis tracé, sans le révéler, et je ne demande à la population de Paris, en échange de mes efforts, que la continuation de la confiance dont elle m'a jusqu'à ce jour honoré. »

L'appel aux volontaires de la garde nationale fut considéré comme une de ces demi-mesures molles et indécises qu'on reprochait au gouvernement ; il resta lettre morte. Le général Trochu demandait à Paris de lui garder sa confiance, mais il ne montrait pas la ferme volonté d'agir, et ce qu'on attendait de lui, à tort ou à raison, c'était une action énergique. Le siége durait depuis un mois, et aucune tentative vraiment digne de ce nom n'avait été faite contre les lignes ennemies : voilà ce qui frappait tous les esprits. On ne se demandait pas si le gouvernement, qu'on pressait d'agir, avait les moyens de le faire sans courir au-devant d'un échec ; l'impatience publique ne s'accommodait pas des lenteurs, elle oubliait que le gouvernement avait trouvé une place immense dépourvue de soldats et d'artillerie et que les canons ne s'improvisent pas en quelques jours. Pendant ce temps, les clubs et certains journaux tonnaient : ils disaient que le général Trochu devait se jeter avec de grandes masses d'hommes sur un point de la ligne d'investissement et opérer, coûte que coûte, une trouée. Autant la confiance dans le succès était aveugle, d'une part, autant, de l'autre, la foi dans la défense était faible et chancelante. Ici, éclatait l'impatience qui pouvait conduire à un grand désastre, ou au moins à un carnage inutile ; là, dominaient la mollesse, le culte des traditions militaires et le respect de la routine. Cette tendance du général Trochu et des comités à conserver leurs préjugés de métier s'était accusée surtout dans la ténacité de leurs défiances vis-à-vis de l'artillerie nouvelle, dont le ministre des travaux publics avait entrepris la fabrication. L'histoire des résistances rencontrées par M. Dorian serait instructive ; il est plus simple de dire en peu de mots ce qu'il fit pour la défense. Quand les Prussiens s'étaient approchés de Paris, l'enceinte était dépourvue de tout : de pièces d'artillerie, d'affûts, de projectiles. Les quelques pièces dont on disposait n'avaient que dix coups à tirer. On s'émut du danger ; on créa des commissions spéciales ; ces commissions, composées de professeurs, d'ingénieurs de chemins de fer et d'ingénieurs civils, se divisèrent le travail ; les unes étudièrent l'analyse chimique des métaux qui entraient dans la composition des pièces, les autres s'occupèrent de la construction des affûts. Deux genres de difficultés ralentirent leurs efforts au début : les unes venaient des choses, les autres venaient des hommes ; le comité d'artillerie, très-défiant à l'endroit des nouveaux canons, ne communiquait qu'avec regret les documents scientifiques dont on avait besoin pour se guider dans les études préparatoires ; en outre, les propriétaires des grandes usines de Paris hésitaient à se lancer dans la fabrication des engins nouveaux et refusaient surtout d'engager leur responsabilité. L'institution d'un comité mixte d'ingénieurs et d'officiers d'artillerie fit taire les défiances des hommes spéciaux, en ménageant leur amour-propre ; quant aux grands industriels, au bout de peu de temps, ils s'étaient mis à l'œuvre et le gouvernement n'eut qu'à se louer de leur activité. Les canons fabriqués furent des canons de 7 se chargeant par la culasse, d'après le modèle de M. Reffye. Le comité d'artillerie avait commencé par condammer cette pièce ; l'opinion publique, toujours en éveil, répondit que les Prussiens se servaient de canons se chargeant par la culasse et que la supériorité de leur artillerie sur la nôtre n'était que trop évidente ; le bon sens l'emporta sur la routine, et la défense n'eut qu'à se féliciter de cette victoire.

Quant aux difficultés provenant des choses, elles furent également surmontées : Paris possédait le bronze et la fonte en abondance ; la fabrication des pièces de 7 fut très-rapide. Des souscriptions particulières étaient venues en aide au gouvernement ; le journal le *Siècle* offrit une batterie complète. Les hommes spéciaux avaient déclaré que la construction d'un affût n'exigeait pas moins de trois mois : M. Dorian fît construire un affût en quelques jours. Les plâtras de Paris fournirent une provision inépuisable de salpêtre pour la fabrication de la poudre. Une commission spéciale, dite commission d'armement, était chargée spécialement de la transformation des fusils à percussion en fusils à tabatière. Une difficulté se présenta : la chambre de culasse des fusils à tabatière est en acier, et l'on n'avait pas d'acier ; la commission remplaça ce métal par une combinaison de bronze et d'étain. Pendant ce temps, les grandes usines avaient entrepris la fabrication des mitrailleuses ; l'industrie privée, après beaucoup de tâtonnements, réussit à fabriquer des fusils chassepot, mais ces armes, qui demandent beaucoup de temps et de soins, ne purent être livrées qu'après le siége.

Quoi qu'il en soit, grâce à l'activité du ministre des travaux publics et aux ressources fécondes de l'industrie parisienne, si riche et si ingénieuse, le gouvernement pouvait publier, le 17 octobre, un tableau rassurant de l'armement de Paris. Cet exposé s'ouvrait par ces mots :

« Au moment où le siége de Paris semble définitivement passer de la période purement défensive à la période offensive, le gouvernement croit devoir répondre au vœu public en résumant l'immense effort qui a été fait en quelques semaines pour rendre imprenable une place jugée hors d'état de se défendre. »

Suit l'énumération des commandes faites à l'industrie par le ministre des travaux publics et le détail des travaux effectués en avant des forts et sur les remparts.

Les commandes du ministre des travaux publics comprenaient 102 mitrailleuses de divers modèles, livrables du 13 au 27 octobre ; 115 mitrailleuses du système Gatling et Christophe, à livrer à partir du 27 octobre ; 312,600 cartouches pour mitrailleuses, livrées ; 50 mortiers et leurs accessoires, avec 50 affûts, livrés ; 400 affûts de siége, dont la livraison est commencée ; 500,000 obus de différents calibres, commandés aux différentes fonderies de Paris ; 5,000 bombes ; plusieurs grosses pièces de marine à longue portée ; enfin 300 canons de 7 centimètres, rayés, se chargeant par la culasse et portant à 8,000 mètres.

Les travaux effectués pour la défense de Paris sont, en avant des forts, les redoutes du Moulin-Saquet et des Hautes-Bruyères ; dans les forts, l'établissement d'abris, plates-formes, magasins, casemates et embrasures ; la fermeture des 79 portes de la ville ; le barrage de quatre canaux ; la construction d'estacades dans la Seine ; la zone militaire déblayée ; les bois de Boulogne et de Vincennes en partie abattus ; 61,000 mètres de palissades ; trois batteries nouvelles à Saint-Ouen, à Montmartre et aux Buttes-Chaumont ; sur les remparts, constructions des abris ; soixante-dix poudrières ; deux millions de sacs à terre pour les parapets; le Point-du-Jour fortifié ; des mines, torpilles, fougasses, barricades et tranchées aux abords.

Il y avait alors en batterie, sur les remparts ou dans les forts, 2,140 bouches à feu, dont l'approvisionnement avait été porté, de 10 coups par pièce, à 400 et 500 coups.

Tel était au 17 octobre le résumé, donné par le gouvernement, des travaux entrepris pour la défense de Paris. Le personnel de l'artillerie était, à cette époque, de 13,000 hommes, recrutés principalement parmi les marins.

C'est peut-être ici le moment de compléter le tableau des forces réunies sous Paris. Les troupes de ligne, dont l'effectif total ne dépassait pas 60,000 hommes, forment deux corps d'armée, le 13e sous les ordres du général de division Vinoy, le 14e sous les ordres du général de division Renault. Auprès de ces troupes régulières se placent 120,000 hommes de garde mobile, amenés de vingt-cinq départements et divisés en quatre-vingt-dix bataillons. Quant à la garde nationale parisienne, elle compte, comme il a été dit, 288 bataillons armés de fusils de différents modèles, fusils à percussion rayés et fusils à tabatière. Les corps francs et les francs-tireurs répandus autour de Paris ne comptent guère plus de 10,000 hommes. En tout, près de 600,000 hommes, de valeur très-inégale, sans doute, et qu'on aurait tort de compter comme des soldats utiles. Mais de cette masse d'hommes armés, le général Trochu pouvait, sans contredit, tirer deux cent mille soldats qui, bien disciplinés, soumis aux règlements militaires, appuyés par une puissante artillerie, et guidés par des chefs résolus, seraient conduits à l'ennemi avec espoir de succès.

Que faisait la province pendant que ces préparatifs exaltaient le patriotisme de Paris? Le gouvernement était sans nouvelles et les vagues rumeurs qui perçaient les lignes ennemies, apportées par des feuilles étrangères hostiles à la France, n'étaient rien moins que rassurantes. Le gouvernement gardait le silence, tenant à bon droit pour suspectes des nouvelles que l'ennemi avait intérêt à laisser parvenir dans la ville assiégée ; mais ses adversaires ne se croyaient pas tenus à la même réserve et s'empressaient de les divulguer, soit pour l'obliger à sortir de son mutisme, soit pour lui créer des embarras. C'est ainsi qu'on apprit le départ de Metz du général Bourbaki, chargé, disait-on, d'une mission auprès de l'impératrice. Quelle était cette mission? Se rattachait-elle à des intrigues bonapartistes? C'est par le même moyen qu'on sut que des troubles avaient éclaté à Lyon et à Marseille, que l'amiral Fourichon s'était démis de ses fonctions à la délégation de Tours, que l'armée de la Loire avait été battue à Arthenay et, enfin, qu'un gouvernement s'était formé dans les provinces de l'Ouest, en dehors de la délégation de Tours. Ces nouvelles alarmantes n'étaient pas seulement publiées dans un journal, elles étaient affichées sur les murs de la ville, et, si cette manœuvre en rendait l'origine suspecte, l'émotion produite n'était pas moins fort vive. Le gouvernement jeta l'auteur de la manœuvre en prison. Une dépêche de M. Gambetta rétablit la vérité. M. Gambetta annonçait que M. Thiers, de retour de son grand voyage, était attendu à Tours ; que le général Bourbaki offrait ses services au gouvernement de la République ; que Lyon était calme ; que le général Cambriels se maintenait fermement de Belfort à Besançon. « Nous avons la conviction, disait-il, en terminant, que la prolongation inattendue de votre résistance et les préparatifs de jour en jour plus considérables des départements déconcertent les envahisseurs et commencent à les exaspérer. »

Ces assurances ramenèrent la sérénité dans les esprits et l'on se prit de plus belle à dire au général Trochu : Puisque la province se lève, il faut que Paris agisse aussi de son côté ; agissez donc !

Le général Trochu ordonna une sortie pour le 21 octobre contre le parc de la Malmaison et les hauteurs boisées qui, dominant le parc et le château, s'étendent, d'une part, jusqu'à Saint-Germain, et de l'autre, jusqu'à Versailles. Tout l'effort de l'attaque devait se porter sur la Malmaison et la Jonchère, hameau situé au-dessus du parc et clef de la position occupée par l'ennemi,

qui avait garni la côte d'ouvrag es en terre et de canons. La direction des opérations fut confiée au général Ducrot. Les troupes
d'attaque étaient formées en trois groupes. Le premier, sous les
ordres du général Berthaut, comptait 3,400 hommes d'infanterie, un escadron de cavalerie, 20 bouches à feu. Il devait opérer
entre le chemin de fer de Saint-Germain et la partie supérieure
du village de Rueil. Le second, commandé par le général Noël,
ayant 1,350 hommes d'infanterie et 10 bouches à feu, avait l'ordre
d'attaquer le parc de la Malmaison par le sud et de descendre
par le ravin qui relie l'étang de Saint-Cucufa à Bougival. Le
troisième, aux ordres du colonel Cholleton, fort de 1,600 hommes
d'infanterie, d'un escadron de cavalerie et de 18 bouches à feu,
devait se porter au centre en avant de Rueil et relier la colonne
de droite à la colonne de gauche.

Quand les troupes eurent occupé leurs positions respectives,
l'artillerie commença par couvrir de projectiles le parc de Buzenval, la Malmaison, la Jonchère et Bougival ; puis, le feu ayant
brusquement cessé, les colonnes s'élancèrent avec impétuosité
contre les points qui leur étaient désignés. Au sud de la Malmaison, les soldats du général Noel s'engagent dans le ravin qui descend à l'étang de Saint-Cucufa et gravissent les pentes de la
Jonchère. Un feu très-nourri de mousqueterie, partant de l'épais-
seur du bois, arrête leur course. Le mouvement dessiné, qui consistait à contourner la Malmaison pour prendre les Prussiens
entre deux feux, se trouve suspendu. L'ennemi, prévenu par la
canonnade qui a précédé l'attaque, a amené des renforts d'artillerie
et relevé ses tirailleurs. De grosses masses accourent de Bougival pour couper notre droite entre Rueil et la Seine. Cependant
quatre compagnies de zouaves, engagées dans le parc de la Malmaison et dans une situation très-critique, étaient délivrées par le
bataillon des mobiles de Seine-et-Marne. Moins heureuses, deux
batteries, pour s'être trop avancées pour soutenir l'action de l'infanterie, étaient prises par l'ennemi après une fusillade meurtrière
qui avait couché à terre hommes et chevaux. A l'extrême gauche,
les francs-tireurs de la colonne Cholleton s'étaient jetés dans le
bois de Buzenval, d'où ils avaient chassé les tirailleurs prussiens.

Le jour baissait, le général Ducrot fit sonner la retraite et les
troupes rentrèrent dans leurs cantonnements de Courbevoie et du
Mont-Valérien.

Ce combat, qui avait commencé par jeter un grand effroi au quartier général de Versailles eut le même résultat négatif que les précédents. Nos troupes avaient enlevé des positions, elles les abandonnèrent. Pour la première fois peut-être, depuis l'ouverture de la guerre, notre artillerie avait eu le dessus sur l'artillerie allemande. « Les troupes de l'ennemi, dit le général Ducrot, ne nous ont opposé qu'une force d'artillerie inférieure à la nôtre. » Notre supériorité ne servit de rien. Le général Ducrot avait reçu l'ordre d'attaquer la Malmaison et la Jonchère; on ne lui avait pas dit de garder ces positions et de s'y fortifier. « En résumé, dit-il dans son rapport, le but a été atteint, c'est-à-dire que nous avons enlevé les premières positions de l'ennemi, que nous l'avons forcé à faire entrer en ligne des forces considérables qui, exposées pendant presque toute l'action au feu formidable de notre artillerie, ont dû éprouver de grandes pertes. » Ce qui signifie qu'on s'était battu uniquement pour tuer un certain nombre d'hommes à l'armée assiégeante. Encore ce but ne fut-il pas atteint, car on a su depuis, par les rapports allemands, que dans cette journée les Prussiens n'avaient perdu que trois cents hommes. « Cette sortie, écrit le général Vinoy, eut pour résultat de faire voir aux Prussiens la faiblesse qu'avait, de ce côté, leur ligne d'investissement et elle les décida à entreprendre les travaux considérables qui ont fait, sur ce point, l'une des positions fortifiées les plus redoutables occupées par eux. Il est à regretter que des dispositions n'aient pas été prises pour profiter immédiatement du commencement de succès obtenu par le général Ducrot ; les conséquences d'une opération mieux combinée et menée plus à fond eussent peut-être été considérables. »

Les nouvelles arrivées de Tours ne donnèrent pas aux esprits le temps de s'appesantir sur la mollesse du commandement militaire, encore une fois accusée par le combat de la Malmaison. M. Gambetta annonçait qu'Orléans était tombé aux mains des Prussiens. Que s'était-il passé? Cette ville avait-elle été perdue à la suite d'un combat malheureux? On racontera plus loin l'évacuation précipitée d'Orléans, sur la foi de renseignements erronés qui avaient répandu tout à coup une terreur panique. Malgré la perte d'Orléans, les efforts de la délégation de Tours autorisaient de sérieuses espérances. M. Gambetta écrivait le 16 octobre aux membres du gouvernement, à Paris :

« Le général Cambriels se maintient fermement, malgré l'occupation de Mulhouse, de Belfort à Besançon ; cette dernière ville est tout à fait en état de défense et occupée par de l'artillerie de marine, servie comme vous le savez. On a donné, d'ailleurs, de nombreux commandements aux officiers de la flotte... J'ai la conviction que la prolongation inattendue de votre résistance et les préparatifs militaires de jour en jour plus considérables des départements déconcertent les envahisseurs et commencent à exciter la sympathie de l'Europe. Les bruits de médiation par la voie anglaise ou russe circulent avec une intensité croissante. Il faut faire à la Prusse une guerre de lassitude avec prudence et ténacité, et nous la forcerons à reconnaître qu'en prolongeant elle-même la guerre, elle n'augmente pas ses bonnes chances ; au contraire, elle compromet le fruit de ses victoires. »

Un peu plus tard, M. Gambetta, beaucoup plus explicite et précis, s'exprimait ainsi : •

« J'ai fourni à M. Thiers des renseignements positifs sur l'état et la position de nos troupes : il a pu se convaincre que les hommes abondent et que les cadres se reforment. Ce qui nous manque cruellement ce sont les généraux, et surtout un véritable homme de guerre capable de remanier et d'employer toutes les forces dont nous pouvons disposer. Il a pu se convaincre qu'il existait réellement une armée de la Loire, de cent dix mille hommes bien armés, bien équipés, sous le commandement d'un général ferme et vigilant, dont les efforts ont jusqu'ici suffisamment couvert Nevers, Bourges, Vierzon, Blois et Tours qui semblaient perdus après l'échec de La Motterouge à Orléans. Nous avons, de Belfort à Besançon, le noyau d'une seconde armée, dite armée de l'Est, qui a malheureusement après la prise de Strasbourg abandonné les positions des Vosges avec une précipitation affligeante, mais qui est en bonne voie de réorganisation depuis mon voyage à Besançon, et qu'on peut porter à quatre-vingt mille hommes dans trois semaines.

« L'Ouest vendéen est assez solidement gardé par un corps de trente-cinq mille hommes, dont la droite est appuyée à l'armée de la Loire.

« La région du Nord, couverte par de nombreuses places fortes, ne compte guère plus de quarante mille hommes dispersés, dont le général Bourbaki a pris le commandement. Enfin les dépôts sont presque partout encombrés par la formation des quatrièmes bataillons de l'appel de la dernière classe.

« Je ne fais pas entrer dans cette énumération les corps francs, qui font tant de mal aux Prussiens et qui sont si redoutés d'eux. Avec le commandement de Garibaldi dans l'Est et de Kératry dans l'Ouest, ils constituent de sérieuses ressources.

« Mais Paris tiendra-t-il longtemps encore ?

« Je le sais : si nous gagnons un mois, nous sommes en plein hiver et nous avons une armée de plus. Les armes, dont l'acquisition a été si difficile et si lente, commencent à arriver en grande quantité. Le désarmement des escadres nous donne un sérieux contingent de marins et d'artilleurs. Tous les jours nous augmentons notre matériel d'artillerie. Bien que critique, notre situation ne peut que s'améliorer, si nous ne commettons pas d'imprudence. Donc il faut durer. Nos ennemis ont contre eux le temps qui s'écoule ; ce qui explique leurs nouvelles dispositions à l'armistice. »

Quelques jours après, une dépêche de M. Gambetta annonçait à Paris l'héroïque résistance de Châteaudun. Un cri d'admiration s'échappa de toutes les poitrines, un rayon d'espoir illumina tous les fronts. Châteaudun, ville ouverte, défendue par des gardes nationaux et des francs-tireurs, avait arrêté cinq mille Prussiens pendant toute une journée ; elle avait supporté sans peur un bombardement acharné et l'ennemi n'avait pénétré dans ses murs qu'à travers les flammes et les ruines. C'était un grand exemple, capable d'enflammer les cœurs. Paris en tressaillit. La délégation de Tours avait décrété que Châteaudun avait bien mérité de la patrie ; Paris donna son nom à la rue du cardinal Fesch ; hommage insuffisant aux yeux de la population parisienne. Elle disait que le plus éclatant hommage qu'on pût rendre à la noble cité, c'était d'imiter son énergie.

D'autres émotions allaient s'emparer des esprits. Le 27 octobre, le journal le *Combat*, dirigé par M. Félix Pyat, publiait en tête de ses colonnes les lignes suivantes :

LE PLAN BAZAINE.

« Fait vrai, sûr et certain, que le Gouvernement de la défense nationale retient par devers lui comme un secret d'État, et que nous dénonçons à l'indignation de la France comme une haute trahison :

« Le maréchal Bazaine a envoyé un colonel au camp du roi de Prusse pour traiter de la reddition de Metz et de la paix, au nom de Sa Majesté l'empereur Napoléon III. »

Cette nouvelle, éclatant comme un coup de tonnerre, bouleversa les esprits. On croyait encore en Bazaine ; les dépêches venues de Tours représentaient le maréchal livrant de glorieux combats à 'ennemi. Bazaine ne négociait donc pas avec lui, encore moins négociait-il au nom du gouvernement déchu. Si cette nouvelle avait un fondement sérieux, est-ce que la délégation de Tours et à sa suite le gouvernement de Paris ne l'auraient pas apprise ? Pouvait-on admettre qu'il gardât le silence sur un événement de cette importance ? Telles étaient les réflexions suggérées par les révélations du journal le *Combat*. Des groupes s'étaient formés sur les boulevards et les places publiques. On se rendit à l'Hôtel-de-Ville pour interroger les membres du gouvernement. Ceux-ci répondent que la nouvelle est mensongère. Des rassemblements furieux se forment alors dans la rue Tiquetonne, où sont les bureaux du *Combat* ; des cris hostiles se font entendre : *A bas Pyat ! Mort à Pyat !* Mais Félix Pyat est absent. La foule se disperse, en proie à une vive irritation, convaincue par la réponse de l'Hôtel-de-Ville que les allégations du journal sont fausses et lancées dans le but de créer des entraves au gouvernement.

Le lendemain, le *Journal officiel* reproduisait les lignes du *Combat* et ajoutait ces mots :

« L'auteur de ces tristes calomnies n'a pas osé faire connaître son nom. Il a signé : le *Combat*. C'est à coup sûr le combat de la Prusse contre la France ; car, à défaut d'une balle qui aille au cœur du pays, il dirige contre ceux qui le défendent une double accusation, aussi infâme qu'elle est fausse. Il affirme que le gouvernement trompe le public en lui cachant d'importantes nouvelles, et que le glorieux soldat de Metz déshonore son épée par une trahison.

« Nous donnons à ces deux inventions le démenti le plus net. Dénoncées à un conseil de guerre, elles exposeraient leur fabricateur au châtiment le plus sévère. Nous croyons celui de l'opinion plus efficace. Elle flétrira, comme ils le méritent, ces prétendus patriotes dont le métier est de semer les défiances en face de l'ennemi et de ruiner, par leurs mensonges, l'autorité de ceux qui le combattent.

« Depuis le 17 août, aucune dépêche directe du maréchal Bazaine n'a pu franchir les lignes ; mais nous savons que, loin de songer à la félonie qu'on ne rougit pas de lui imputer, le maréchal n'a pas cessé de harceler l'armée assiégeante par de brillantes sorties. Le général Bourbaki a pu s'échapper, et ses relations avec la délégation de Tours, son acceptation d'un commandement important, démentent suffisamment les nouvelles fabriquées que nous livrons à l'indignation de tous les honnêtes gens. »

La bonne foi du gouvernement n'était pas suspecte ; il n'avait pas reçu de nouvelles de Metz. Un sous-officier prussien, fait prisonnier au Bourget, avait, il est vrai, parlé de la reddition de la place, M. Jules Favre l'avoue ; et il ajoute qu'il s'était immédiatement rendu à Saint-Denis pour interroger le colonel qui avait entendu le prisonnier. Mais le colonel répondit que la déclaration de cet homme n'avait aucune consistance, et M. Jules Favre n'eut pas même l'idée de l'interroger lui-même. Le rédacteur en chef du *Combat*, plus défiant que M. Jules Favre et heureux sans doute de créer des embarras au gouvernement, s'était empressé de publier cette nouvelle qui avait transpiré jusqu'à lui ; mais comme il ne pouvait fournir la preuve de ce qu'il avançait, il baissa la tête devant la note du *Journal officiel*, et il attendit.

Une heureuse diversion vint changer le cours des préoccupations publiques. Le village du Bourget, situé au nord de Paris, sur la route de Lille et à une petite distance de Saint-Denis, était occupé par les Prussiens depuis le commencement du siége. La possession du Bourget était avantageuse à l'ennemi à un double point de vue : elle facilitait ses communications avec tout le sud et Versailles, par le chemin de fer qui du Bourget rejoint Sevran, au nord de la forêt de Bondy ; elle lui donnait, en outre, un poste avancé dans la plaine Saint-Denis et vers la Courneuve, que nos troupes occupaient. Aucun incident digne d'être mentionné ne s'était passé de ce côté depuis l'investissement. Le 28 octobre, à 3 heures du matin, le général de Bellemare, commandant de

Saint-Denis, ordonne aux francs-tireurs de la Presse, au nombre de deux cent cinquante, de pousser une reconnaissance sur le Bourget. Ces braves soldats, divisés en trois groupes, s'avancent avec une extrême prudence à la faveur de la nuit, et ils surprennent le poste prussien, établi dans une maison à l'entrée du village. Épouvantés par cette attaque soudaine, les Prussiens se précipitent en désordre dans la grande rue du Bourget et fuient vers l'église, située au centre du village. Là ils essayent de résister : les francs-tireurs ouvrent sur eux un feu bien nourri, et, avec un merveilleux entrain, les rejettent dans la campagne. Les Prussiens, étourdis par l'impétuosité de l'attaque, troublés par la nuit qui les trompe sur le nombre de leurs adversaires, s'enfuient à toutes jambes dans la direction de Dugny, laissant derrière eux des objets d'équipement, des tentes et des armes. Quant le jour paraît, les francs-tireurs sont maîtres du Bourget et transportés de joie par le succès inespéré de leur coup de main. Le général de Bellemare, averti de ce qui se passe, envoie quelques renforts en toute hâte. Ces renforts se composent d'une partie du 14ᵉ bataillon et des 12ᵉ et 16ᵉ bataillons des mobiles de la Seine, auxquels est adjoint le 133ᵉ de ligne, plus 3 pièces de 4 et 2 mitrailleuses. On se mit aussitôt à fortifier le village, en prévision d'un retour offensif de l'ennemi.

Dans la journée, en effet, on voit descendre de Gonesse et d'Écouen de grandes masses d'infanterie, qui se disposent en arrière de deux batteries placées au pont Iblon et de deux autres batteries de campagne amenées sur la route de Dugny. Une violente canonnade, qui ne dure pas moins de trois heures, est dirigée sur le Bourget ; plusieurs maisons brûlent et s'écroulent ; mobiles et francs-tireurs, serrés contre les murs des jardins, laissent passer l'ouragan sans broncher. L'infanterie prussienne n'avance pas, la canonnade cesse. Nos soldats, renforcés par onze compagnies du 28ᵉ de marche, recommencent leurs travaux de fortification ; ils prévoient une attaque de nuit. Vers 8 heures, la fusillade éclate, en effet ; les Allemands sont parvenus sans bruit jusqu'au pied des murs derrière lesquels veillent les mobiles ; on les fusille à bout portant et, pendant que les plus hardis mordent la poussière, les autres rentrent précipitamment dans leurs quartiers.

La prise du Bourget avait causé dans Paris une joie démesurée, mais très-explicable. Ce n'est pas seulement parce que les mobiles parisiens y avaient pris part. Il semblait que ce fût le commencement d'une meilleure fortune. C'était la première fois qu'on gardait une position acquise ; c'était la première fois qu'après un coup de main heureux, on n'avait pas battu en retraite. La possession du Bourget n'était pas considérée cependant comme une grande victoire, mais elle élargissait le cercle de l'investissement, elle était saluée comme le présage d'événements plus heureux par un peuple qui n'avait pas été gâté jusqu'alors par le sort des armes. N'était-il pas permis aussi de penser que l'armée serait encouragée par ce succès partiel ?

Pendant que Paris se félicitait de la prise du Bourget, le général de Bellemare attendait avec impatience les renforts d'artillerie qu'il avait fait demander au général Trochu. L'amour-propre de l'ennemi était trop engagé pour qu'on pût se flatter de rester paisiblement en possession du village. Une nouvelle et plus furieuse attaque était imminente. Cependant le général Trochu n'envoya pas de canons, et il ne donna pas aux troupes qui occupaient le Bourget l'ordre de se retirer. Cette absence perpétuelle de décision devait avoir, cette fois, des conséquences très-douloureuses.

Le Bourget resta défendu par trois mille hommes, deux pièces de 4 et une mitrailleuse. Le 30 octobre, au jour levant, les Prussiens démasquent plusieurs batteries amenées pendant la nuit et ouvrent sur le village un feu d'une intensité inouïe. Pendant que les maisons volent en éclats et que les barricades, imparfaitement construites, sont renversées, pendant que nos malheureux soldats, couchés contre les murs, entendent siffler les obus sur leurs têtes, l'infanterie prussienne se déploie hardiment, s'avance et menace de couper la ligne de retraite sur Saint-Denis. Les enclos, les jardins, les rues deviennent le théâtre d'une lutte sauvage à la baïonnette, et les obus des forts de l'Est et d'Aubervilliers, éclatant dans cette affreuse mêlée, tuent indistinctement les Français et les Prussiens. Des trois mille défenseurs du Bourget, douze cents sont faits prisonniers ; les autres ont eu le temps de battre en retraite par la route d'Aubervilliers. Un grand nombre de morts et de blessés rougissent la terre de leur sang. Parmi eux est étendu le commandant Baroche. Enveloppé d'ennemis qui le sommaient de se rendre, il s'était précipité contre eux le pistolet au poing, méprisant et désespéré ; il tomba percé de coups. Les renforts du général Trochu arrivaient en vue du Bourget pendant l'affreux carnage et la debandade sur la route d'Aubervilliers : il n'était plus temps, le Bourget était perdu.

A cette nouvelle, Paris ne put contenir sa douleur et sa colère. Il ne se demanda point si l'occupation du Bourget avait ou n'avait pas une importante stratégique. Il consultait son bon sens, qui répondait : Si le Bourget était une position avantageuse, il fallait, après l'avoir occupé, le fortifier, y envoyer des troupes et de l'artillerie ; si, au contraire, on ne voyait aucun avantage à garder le Bourget, il fallait donner aux trois mille hommes qui l'occupaient l'ordre de se retirer et ne pas les laisser exposés à un combat inégal et à un carnage certain. Le gouverneur de Paris ne sut s'arrêter ni à l'un ni à l'autre de ces partis. Il prétendit que ce village « ne faisait pas partie de son système général de défense, que son occupation était d'une importance très-secondaire et que les bruits qui attribuent de la gravité aux incidents qui viennent d'être exposés sont sans fondement. » Pourtant, le 21 décembre, nous verrons le général Trochu essayer de reprendre le Bourget avec des forces considérables ; mais alors l'ennemi aura pris ses précautions pour éviter une nouvelle surprise. Ces explications embarrassées et peu sincères ne firent qu'augmenter l'irritation populaire. La nouvelle de la capitulation de Metz, si hautement démentie deux jours auparavant, la porta à son comble,

La certitude de ce triste événement venait d'être apportée à l'Hôtel-de-Ville par M. Thiers, de retour de son voyage auprès des principales cours d'Europe et rentré à Paris, avec un sauf-conduit prussien, pour soumettre au gouvernement une proposition d'armistice. L'illustre ambassadeur croyait que l'ennemi accepterait une suspension d'armes, pendant laquelle une Assemblée nationale serait nommée ; l'Angleterre, la Russie, l'Autriche et l'Italie avaient promis de peser de toute leur influence morale sur le quartier général allemand pour qu'il fût mis un terme à cette lutte fratricide. La continuation des hostilités ne nous offrait, d'ailleurs, au jugement de M. Thiers, aucune chance favorable : il avait vu, en passant à Tours, l'armée de la Loire ; il avait rencontré des soldats braves, pleins de bonne volonté et de patriotisme, mais sans cadres solides, sans instruction ; il doutait du succès de nos armes contre une armée aguerrie et enflammée d'espoir par ses victoires. Il venait donc, après en avoir délibéré avec la délégation de Tours, prendre les ordres du gouvernement de l'Hôtel-de-Ville pour arriver à signer un armistice. En passant à Versailles, il avait appris, à n'en pouvoir douter, la douloureuse issue du drame de Metz. Des officiers prussiens dignes de foi lui avaient affirmé le fait. Quoiqu'un éclat fût probable, le gouvernement ne pouvait dissimuler la vérité à la population parisienne, fort excitée par la perte du Bourget. Il se décida courageusement à tout dire, et la capitulation de Metz et les projets d'armistice qui se rattachaient à l'arrivée de M. Thiers.

Le *Journal officiel* du 31 octobre publiait les lignes suivantes :

« Le gouvernement vient d'apprendre la douloureuse nouvelle de la reddition de Metz. Le maréchal Bazaine et son armée ont dû se rendre après d'héroïques efforts, que le manque de vivres et de munitions ne leur permettaient plus de continuer. Ils sont prisonniers de guerre.

« Cette cruelle issue d'une lutte de près de trois mois causera dans toute la France une profonde et pénible émotion ; mais elle n'abattra pas notre courage. Pleins de reconnaissance pour les braves soldats, pour la généreuse population qui ont combattu pied à pied pour la patrie, la ville de Paris voudra être digne d'eux. Elle sera soutenue par leur exemple et par l'espoir de les venger. »

Dans une seconde note qui fut, comme la précédente, affichée sur les murs, le gouvernement annonçait l'arrivée de M. Thiers et l'espoir qu'il apportait de la conclusion d'un armistice désiré par l'Angleterre, la Russie, l'Autriche et l'Italie. Cet armistice aurait pour objet la convocation d'une Assemblée nationale ; le gouvernement ne l'accepterait, d'ailleurs, que si l'ennemi consentait le ravitaillement de Paris, proportionné à la durée de la trêve, et si, en outre, l'élection était faite par le pays tout entier, y compris l'Alsace et la Lorraine.

Une agitation extraordinaire agita Paris à cette double nouvelle. Irrité par la perte du Bourget, le peuple concevait moins que jamais la suspension des hostilités ; il se prononçait pour la lutte à outrance. Sa confiance dans le gouvernement était ébranlée de deux côtés à la fois ; on ne s'attendait pas à apprendre la capitulation de Metz à si courte distance de l'éclatant démenti donné au journal le *Combat* et on inclinait à penser que la nouvelle était déjà connue alors qu'on l'avait démentie en termes si catégoriques. La supposition était inexacte, mais les adversaires du gouvernement triomphaient ; la fâcheuse affaire du Bourget fournissait un autre aliment aux récriminations. Enfin la proposition d'armistice montrait le gouvernement prêt à cesser la lutte, au moment même où les esprits, très-surexcités, inclinaient le plus vers la guerre. De tous ces sentiments confus, exploités par les hommes exaltés, allait sortir un conflit redoutable. Mais avant d'aborder le récit de la journée du 31 octobre, nous devons présenter le tableau des événements qui furent la cause principale de cette explosion populaire : nous voulons parler de la capitulation de Metz.

LIVRE HUITIÈME.

LE MARÉCHAL BAZAINE.

On se souvient que le maréchal Bazaine s'était retiré sous le canon de Metz à la suite de la bataille de Saint-Privat (18 août), bataille à laquelle il n'avait pas assisté. C'en était fait de l'exécution du plan projeté, c'est-à-dire de la jonction des deux armées de Mac-Mahon et de Bazaine par la route de Verdun.

Toutefois, par une contradiction singulière, le commandant en chef de l'armée du Rhin, qui avait refusé de profiter de ses avantages à Gravelotte et qui s'était laissé battre à Saint-Privat, n'avait pas renoncé, semble-t-il, à se frayer un passage à travers les lignes ennemies. Si c'était un projet sincère ou un calcul perfide destiné à donner le change à l'armée impatiente de marcher, la suite de cette histoire le fera voir. Toujours est-il que le 19 août, au lendemain de la bataille de Saint-Privat, le maréchal Bazaine écrit au ministre de la guerre et au maréchal Mac-Mahon :

« *Je compte toujours prendre la direction du nord et me porter par Montmédy sur la grande route de Sainte-Menehould à Châlons, si celle-ci n'est pas trop fortement occupée. Dans ce dernier cas, je marcherai par Sedan et même par Mézières pour gagner Châlons.* » Le lendemain, à une dépêche de Mac-Mahon, qui se montre fort alarmé de découvrir la route de Paris pour aller vers le nord, Bazaine, un peu moins affirmatif, répondait : « J'ai dû prendre position sous Metz pour faire reposer les soldats et les pourvoir de munitions et de vivres. L'ennemi autour de moi devient de plus en plus fort. *Pour opérer ma jonction avec vous, je prendrai probablement la direction du nord;* je vous ferai savoir quand je pourrai me mettre en marche sans compromettre l'armée. » Au reçu de cette dépêche, le maréchal Mac-Mahon télégraphiait de Reims au ministre de la guerre :

« Le maréchal Bazaine a écrit du 19 qu'il comptait toujours opérer son mouvement de retraite par Montmédy. Par suite, je vais prendre des dispositions pour me porter sur l'Aisne. »

Le mouvement de l'armée de Châlons vers les bords de l'Aisne étant résolu, le maréchal Bazaine en est informé par une dépêche ainsi conçue :

MAC-MAHON A BAZAINE.

« Reçu votre dépêche du 19. Je suis à Reims ; je marche dans la direction de Montmédy. Je serai après-demain sur l'Aisne, d'où j'opérerai suivant les circonstances pour venir à votre secours. »

Le maréchal Bazaine reçut cette dépêche le 23 août, des mains d'un agent de police de Thionville. Il a depuis nié le fait; mais il paraît positif qu'un officier d'état-major était auprès du maréchal quand le messager lui remit le billet de Mac-Mahon et que cet officier put en prendre connaissance. « Monsieur le maréchal, s'écria-t-il, après l'avoir lu, il n'y a pas de temps à perdre, il faut partir de suite. — De suite, de suite, lui fut-il répondu, c'est bien vite, mais après-demain, nous verrons. — Le plus tôt sera le mieux, croyez-moi, ajouta l'officier, et il partit, heureux de la bonne nouvelle qu'il venait d'apprendre [1].»

---

[1] *Metz, campagne, négociations,* par un officier supérieur de l'armée du Rhin, p. 121.

Le maréchal Bazaine comprit que le commandant en chef de l'armée de Châlons courait à une perte certaine, s'il restait lui-même immobile dans Metz ; il parut se décider à marcher en avant. Diverses dispositions sont prises ; il crée dans chaque régiment des compagnies de partisans avec mission d'éclairer l'armée : il réduit les bagages des officiers au strict nécessaire ; il fait jeter deux ponts aux extrémités de l'île Chambière pour le passage des troupes ; il forme un corps de cavalerie sous les ordres du général Desvaux ; il donne enfin des ordres pour un mouvement général par le nord-est, et fixe cette grande sortie au 26 août. Le maréchal se propose de gagner Thionville en suivant la rive droite de la Moselle, de franchir cette rivière à Thionville même, et de là de se diriger en toute hâte vers Montmédy par Audun-le-Roman et Longuyon. La position la plus importante à enlever à l'ennemi est le village de Sainte-Barbe, défendu par des bois et des ouvrages en terre. Fort heureusement, le prince Frédéric-Charles venait d'affaiblir sa ligne d'investissement par l'envoi de plusieurs corps sur les bords de l'Aisne à la poursuite de Mac-Mahon. Avec les cent vingt mille hommes dont il dispose, le maréchal Bazaine peut compter sur la victoire, surtout s'il agit avec vigueur et s'il ne donne pas à l'ennemi le temps de se reconnaître. Les ordres du maréchal sont donnés aux chefs de corps dans la soirée du 25 août. Le 2e corps, plaçant une division à Ars-Laquencxy pour arrêter les renforts qui pourront accourir par le sud, doit se concentrer en arrière de Noisseville, sur la route de Sarrelouis ; le 3e est chargé d'occuper la ferme de Bellecroix ; le 4e, après avoir traversé la Moselle par l'un des ponts jetés en amont de l'île Chambière, prendra position au sud du château de Grimont, sur la route de Sainte-Barbe ; le 6e doit se mettre à cheval sur la route de Bouzonville, en avant du bois de Grimont.

Toutes ces dispositions étaient arrêtées dans l'après-midi du 25 août, lorsque le maréchal Bazaine reçut la visite des généraux Soleille et Coffinières de Nordeck, le premier commandant de l'artillerie de l'armée, le second commandant du génie et gouverneur de Metz. Ces deux généraux venaient supplier le maréchal Bazaine de renoncer à son projet de sortie et de ne pas abandonner la ville de Metz. Le général Coffinières prétendit que l'armée, en restant sous Metz, paralysait deux cent mille ennemis, et qu'il ne fallait pas perdre ce précieux avantage. Il représenta que l'armée de Metz était une menace perpétuelle pour les Allemands qui s'étaient avancés au cœur de la France, le danger de voir leur ligne de retraite coupée devant les rendre hésitants ; le maréchal Mac-Mahon aurait le temps de constituer son armée et de se défendre sous le canon de Paris ; s'il était assez heureux pour remporter une victoire, l'ennemi, obligé de battre en retraite, se verrait resserré entre deux armées et sa ruine serait complète. Le général Coffinières ajoutait que si l'armée s'éloignait de Metz, la ville serait incapable de se défendre avec sa garnison de quinze mille hommes ; les forts et les remparts n'étaient pas complètement armés ; si l'armée abandonnait la ville à elle-même, il ne répondait de rien. Quant au général Soleille, il insista sur l'insuffisance de l'approvisionnement en munitions : d'après lui, l'armée serait au dépourvu après deux batailles, qu'on ne pouvait éviter ; il en résulterait peut-être un désastre sans précédent. En tenant ces discours au maréchal Bazaine, le général Coffinières oubliait que ces diverses considérations n'avaient pas empêché, quelques jours auparavant, le projet de retraite par Verdun ; il oubliait aussi que si l'armée séjournait dans Metz, elle manquerait bientôt de vivres ; car les approvisionnements de bouche avaient été faits pour une garnison de quinze mille hommes et non pour cent cinquante mille rationnaires. De son côté, le général Soleille oubliait que, le 22 août, il avait adressé lui-même au maréchal un tableau très-rassurant des approvisionnements en munitions, tableau d'après lequel l'armée était abondamment pourvue de canons et de projectiles de toute sorte.

Ces deux généraux ignoraient, il est vrai, que le maréchal eût reçu une dépêche très-pressante de Mac-Mahon ; sans doute ils auraient tenu un autre langage, s'ils avaient eu connaissance de ce fait. Le maréchal Bazaine ne jugea pas à propos de les en instruire ; il se borna à répondre que ses ordres étaient donnés et que la sortie projetée aurait lieu. En effet, le 26 août, à l'aube, les troupes se mettent en marche pour occuper les positions qui leur ont été assignées. Mais, pendant la nuit, le commandant en chef a réfléchi, et sa résolution première a fait place au doute. Il appelle à un conseil de guerre tous les chefs de corps, dans le but de leur soumettre ses scrupules tardifs et de recueillir leurs avis. Sans attendre la séance, il contremande les ordres qu'il a déjà donnés. Le conseil se réunit au château de Grimont, et, là, toutes les considérations présentées la veille par les généraux Soleille et Coffinières sont retracées sous les couleurs les plus sombres devant des chefs de corps qui n'ont pas les moyens de contrôler ces rapports. De la lettre alarmante du maréchal Mac-Mahon, du tableau rassurant du général Soleille, pas un mot. Les chefs de corps , ne soupçonnant pas la gravité de la situation, se rallient à l'opinion du maréchal, qui, plus tard, se retranchera derrière cette décision nullement spontanée. Seul, le général Bourbaki, arrivé au conseil sur la fin de la séance, s'élève contre la résolution adoptée et se prononce pour une action énergique; mais l'unanimité de ses collègues pour l'abstention calme son ardeur. Fort mécontent néanmoins, il renvoie la garde dans ses bivouacs. Toutes les troupes reçurent l'ordre de rentrer dans leurs anciens quartiers. Ce mouvement de retraite, opéré sous une pluie torrentielle, amène des désordres déplorables. Le matériel encombrait les routes et arrêtait la marche de l'infanterie. Le chaos fut tel que les troupes du 4e corps ne rentrèrent dans leur ancien camp que le 27 août, après avoir passé vingt-six heures sous les armes. Le matin, un accident survenu à l'un des ponts de l'île Chambière avait produit un encombrement analogue et occasionné de sérieux retards. Ce pont ne se trouva pas assez solide pour donner passage au matériel et à la cavalerie. Il y avait toujours dans le commandement et les services cette même incurie qui éveille la défiance du soldat et ruine le moral d'une armée.

A la suite de cette vaine démonstration, les troupes étaient rentrées dans leurs quartiers fort découragées, accusant sourde-ment leurs chefs de les exposer à des souffrances inutiles et soup-çonnant le maréchal Bazaine de ne vouloir pas sortir de Metz. Cependant, le 30 août, le commandant en chef donna de nouveaux ordres pour une grande opération. Un messager du maréchal Mac-Mahon avait pu franchir les lignes prussiennes et apporter dans Metz une dépêche. Cette dépêche n'était autre que celle apportée par l'agent de police de Thionville dans la journée du 23, et que le maréchal Bazaine assure avoir reçue le 30 pour la première fois. Cette assertion est contredite par l'incident que nous avons rapporté plus haut. Toujours est-il que le maré-chal parut comprendre la nécessité de sortir de l'inaction et de montrer quelque bonne volonté. S'il n'opérait pas la trouée et s'il se rabattait encore une fois sous les murs de Metz, on ne pourrait pas, du moins, l'accuser de n'avoir rien fait pour donner la main au maréchal Mac-Mahon. Les ordres de marche sont donnés; mais, par une inexplicable imprudence, les mouvements prescrits sont les mêmes que ceux de la précédente sortie : on doit occuper les mêmes points, suivre les mêmes routes, répéter les mêmes manœuvres ; c'était avertir l'ennemi et l'inviter à masser ses troupes sur les positions qui avaient essuyé les plus vives attaques dans la sortie précédente; pour comble de négligence, au lieu de faire avancer les troupes pendant la nuit, le maréchal Bazaine exécute ses mouvements en plein jour, sous les yeux des Prussiens, qui se hâtent d'appeler des renforts. Ils en avaient grand besoin, car ils ne comptaient guère que cinquante mille hommes à opposer immédiatement aux cent trente mille du maréchal Bazaine. Celui-ci, suivant sa coutume, agit avec une lenteur extrême. Dès huit heures du matin, le 31, les 2ᵉ et 3ᵉ corps (Frossard et Lebœuf), qui étaient campés sur la rive droite de la Moselle, vont occuper sans coup férir les emplacements qui leur sont indiqués. L'ennemi garde faiblement les villages de Noisseville, Montoy et Nouilly, mais aucun chef de corps n'ose prendre sur lui de pousser une colonne contre ces positions, qu'on enlèverait sans peine. Les troupes forment leurs armes en faisceaux et attendent. Les autres corps éprouvent dans leur marche des retards considérables provenant de l'encombrement des routes, que cette fois encore on n'a pas su éviter. A onze heures seulement, le 4ᵉ corps (Ladmirault) occupe l'emplacement qui lui a été assigné ; le 6ᵉ corps (Canrobert) n'arrive qu'à une heure, la garde à deux heures et demie ; la réserve d'artillerie devait arriver seulement à six heures, la cavalerie à neuf heures !

Il était déjà trois heures de l'après-midi et le signal de l'attaque n'avait pas été donné. Que faisait le maréchal Bazaine? Il allait et venait sur la route de Sainte-Barbe, examinant le terrain et n'ayant point l'air de se douter que, pendant ces lenteurs, les masses ennemies passaient rapidement de la rive gauche sur la rive droite pour lui barrer le passage. A la pointe du jour, nous n'aurions eu devant nous, de l'aveu du prince Frédéric-Charles, que trois divisions d'infanterie sur l'espace de vingt-quatre kilomètres compris entre Malroy et Courcelles-sur-Nied. L'armée française aurait pu passer presque sans combat. Nos mouvements opérés en plein jour et nos inexplicables lenteurs permirent aux Prussiens de se concentrer. Frédéric-Charles appela le maréchal de Manstein à Roncourt ; il fit avancer le général de Fransecki entre Briey et Auboué, pendant que Steinmetz portait une brigade du VII° corps à Courcelles-sur-Nied. Vers midi, l'ennemi se trouvait en mesure de nous disputer sérieusement le passage. Le maréchal Bazaine surveillait la construction d'un épaulement. La journée touchait presque à sa fin, — il était quatre heures — lorsqu'il se décida enfin à donner le signal de l'attaque. « Il était bien tard, écrit le maréchal dans son rapport, pour pouvoir espérer la réalisation complète de l'opération que j'avais entreprise ; mais je comptais assez sur l'énergie des troupes et la décision de leurs chefs pour enlever la position de Sainte-Barbe et nous y établir avant la nuit. » Quoique découragées par les lenteurs de leur commandant en chef les troupes se montrèrent dignes d'elles-mêmes, et à dix heures du soir elles occupaient les positions qu'elles venaient d'emporter avec leur vigueur accoutumé. La division Montaudon (du 3° corps) garde Noisseville et Montoy, où elle avait pénétré malgré une très-vive résistances; les divisions Metman et Aymard entourent Servigny ; le 6° corps (Canrobert) s'étend en arrière du village de Failly jusqu'à la Moselle, par les villages de Vany et de Chieulles. Malgré tout le temps perdu, l'objet principal était atteint ; les officiers attendaient les instructions du maréchal pour la journée du lendemain qui devait, selon eux, compléter le succès et voir brisé le cercle d'investisement. Dans la soirée, le maréchal regagnait le fort Saint-Julien sans donner d'instructions aux chefs de corps, sans demander des rapports sur la journée. Les troupes se rappelèrent la retraite inopinée du soir de la bataille de Gravelotte. On disait de tous côtés : « *Ah ! nous sommmes perdus, ce n'est que trop certain, il ne veut pas sortir... On l'avait bien dit* [1]. » Pendant que le maréchal rentrait à son quartier général avec cette coupable insouciance, le prince Frédéric-Charles massait ses troupes et construisait des batteries pour reprendre la lutte le 1ᵉ septembre au matin. Aussitôt que les brouillards ré-

---

[1] *Metz, campagne, négociations*, page 159.

pandus sur la vallée furent dissipés, l'artillerie allemande ouvrait un feu des plus violents sur le 3e corps. Le maréchal Lebœuf multipliait ses efforts pour maintenir ses troupes dans Noisseville ; mais personne ne venant à son secours, abandonné par les corps campés dans le voisinage et voyant grossir autour de lui le nombre des troupes et des canons de l'ennemi, il dut ordonner la retraite ; commencée à dix heures, elle était terminée à midi.

Ainsi finit misérablement la tentative sur Noisseville, qui ne fut jamais pour le maréchal Bazaine un projet sérieux. Comment s'expliquerait-on, dans l'hypothèse contraire, cette bataille engagée seulement à quatre heures de l'après-midi, quand l'ennemi, qu'on pouvait surprendre et culbuter dans la matinée, avait eu le temps d'appeler des renforts ? Comment admettre, si le maréchal avait voulu opérer une trouéé, qu'il eût répété le 31 août les manœuvres du 26, qui mettaient aussitôt l'ennemi dans la confidence de ses projets ? Comment interpréter son inaction du 1ᵉʳ septembre ? Les chiffres parlent du reste assez haut. Dans ces deux journées, nous avons eu 146 officiers et 3,401 hommes tués, blessés ou disparus. Dans la seule journée de Gravelotte, nous avions eu environ dix-huit mille hommes hors de combat. Rien ne montre mieux que ce rapprochement que le maréchal Bazaine ne considéra point la bataille de Noisseville comme une affaire sérieuse. Son but était de rester sous les murs de Metz ; mais il fallait répondre de quelque façon à l'appel pressant du maréchal Mac-Mahon et dégager sa responsabilité par un semblant d'effort. Tel paraît avoir été l'objet de l'attaque contre Noisseville.

Avec la sortie des 31 août et 1ᵉʳ septembre se termine l'histoire militaire de l'armée du Rhin. Les troupes se retirèrent dans le camp retranché de Metz pendant la journée du 1ᵉʳ septembre, au moment où l'armée de Châlons, qui s'était aventurée pour secourir Bazaine, périssait dans le gouffre de Sedan. Mac-Mahon avait cru que le commandant en chef de l'armée du Rhin, à la tête de ses cent soixante mille hommes, renverserait tout sur son passage pour éviter une catastrophe à son pays. Son erreur coûta cher à la France. Pour avoir voulu sauver Bazaine, il se perdit. Le commandant en chef de l'armée du Rhin a renoncé le 17 août à marcher sur Verdun ; il renonça le 31 à marcher sur Thionville ; peu soucieux, d'une part, de rejoindre Napoléon III, indifférent, de l'autre, à la perte de l'armée de Châlons, il nous

apparait dès à présent comme un ambitieux qui se réserve, s'inquiétant fort peu des ruines qui s'accumulent, pourvu qu'il reste
debout au milieu d'elles. Ce caractère s'est accusé dans les
événements militaires dont nous avons présenté le rapide tableau ; il revèt un relief plus saisissant dans les négociations politiques qui vont s'ouvrir.

Rentré dans le camp retranché de Metz, à son quartier général
du Ban-Saint-Martin, le maréchal Bazaine donne des ordres
pour l'achèvement des travaux de fortification ; on complète la
défense des forts encore en mauvais état ; on construit des ouvrages de campagne ; mais, bien que le maréchal eût annoncé,
le 1ᵉʳ septembre, l'intention de se battre tous les jours, il ne
forme aucun projet de sortie. La famine cependant avance à
grands pas ; Metz n'était pas approvisionné pour cent cinquante
mille rationnaires. Dès le 3 septembre, on mange de la viande de
cheval, et la ration est fixée à trois cent cinquante grammes par
tète. Quelques jours après, le pain est rationné à son tour ; la
provision de sel est absolument insuffisante ; la paille et le foin
ne tarderont pas à faire défaut à la cavalerie. Il y a dans les
environs de riches et populeux villages abondamment fournis de
toutes choses : en exécutant de hardis coups de main, il serait
possible de ramener dans la place des fourrages, du blé, du bétail,
des légumes. L'armée est condamnée à une oisiveté complète.
Le maréchal Bazaine attend les événements. Dans sa pensée, la
campagne ne saurait être longue ; les guerres de nos jours se
terminent avec une rapidité foudroyante. Si Mac-Mahon, dont il
n'a pas encore de nouvelles, remporte une victoire, il entendra
de Metz son canon ; l'armée de Frédéric-Charles, prise entre
deux feux, sera écrasée, ou elle battra en retraite vers
le Rhin ; ce sera, pour l'armée de Metz, la délivrance dans le
triomphe ; Bazaine aura sa part de gloire et de lauriers, il sera
pour la France le vainqueur de Gravelotte. Si, au contraire, Mac-
Mahon est battu, la France, sans armée, subit la paix que lui
offrira l'Allemagne ; l'empereur abdique, une régence est proclamée pendant la minorité du jeune prince. Quel est l'homme d'é-
pée naturellement appelé à protéger le trône autour duquel gron-
dent les menaces des partis? Cet homme ne peut être que le seul
maréchal qui soit resté debout avec une grande armée, glorieuse
et intacte. Tels étaient sans doute les rêves qui obsédaient l'âme du

maréchal Bazaine et qui, lui fermant les yeux sur la famine menaçante, sur les vides toujours plus grands de sa cavalerie, le détournaient de toute opération militaire. La fortune pouvait bien lui réserver en France les hautes destinées qu'il avait vainement poursuivies au Mexique. Le maréchal attendit.

De l'intérieur du camp retranché, les troupes avaient entendu, au commencement de septembre, des hourras et des cris inusités qui s'élevaient au loin. On ne tarda pas à connaître les causes de ce bruit insolite. Un poste prussien ayant été enlevé, deux journaux allemands, trouvés sur les prisonniers, apprirent au maréchal la catastrophe de Sedan, la captivité de Napoléon III, la chute de l'Empire et l'avénement du gouvernement républicain de la défense nationale. Tous ces détails reçurent une triste confirmation de la bouche des prisonniers français entrés dans Metz par suite d'échange, et dont les uns avaient assisté à la déroute de Beaumont, les autres à la capitulation de Sedan. Le doute n'était malheureusement plus possible. L'armée ressentit une profonde douleur pour la France et une vive indignation contre le souverain qui avait signé la capitulation ; elle aurait voulu prendre immédiatement les armes et décharger son désespoir sur l'ennemi qui l'entourait. Le maréchal Bazaine tint secret le sentiment que cette catastrophe éveillait en lui. Une seule hypothèse ne s'était pas présentée à son esprit pendant qu'il bâtissait ses projets ambitieux : c'était celle d'un gouvernement qui ne serait plus l'Empire et ne serait pas la régence, et d'un gouvernement qui voudrait, quoique sans armée, continuer la guerre. Peut-être l'ambition du commandant en chef de l'armée du Rhin se serait-elle accommodée de la République, si la première place lui eût été réservée; mais on l'avait offerte au général Trochu, à un homme que Bazaine regardait comme un rival ; il s'exprimait avec vivacité sur le compte du chef du Gouvernement de la défense nationale et l'on sentait percer dans son dépit l'amertume de la déception.

Sur ces entrefaites, un jeune attaché d'ambassade essaye de franchir les lignes prussiennes ; arrêté aux avant-postes, puis renvoyé à Metz, il rapporte au maréchal les plus tristes renseignements sur l'état intérieur de la France. D'après ces renseignements, puisés dans des journaux prussiens et dans la conversation des officiers prussiens, la France serait en proie à l'anarchie.

Le gouvernement de la défense nationale n'existe plus ; la populace de Belleville l'a renversé et Paris est livré au meurtre et au pillage. Des scènes analogues se passent en province ; les villes épouvantées ouvrent leurs portes aux Prussiens comme à des libérateurs. L'attaché d'ambassade raconte toutes ces belles choses au maréchal Bazaine, qui invite aussitôt le jeune homme à rédiger un rapport, lequel rapport sera communiqué aux chefs de corps, qui en donneront connaissance aux troupes. C'est ainsi que le maréchal Bazaine observait les prescriptions du code militaire qui enjoignent au commandant d'une place bloquée « de fermer l'oreille aux nouvelles et bruits décourageants que l'ennemi a intérêt à répandre. » Les officiers de l'état-major général se montrèrent moins oublieux de leur devoir. Lorsque le général Jarras les invita à prendre des copies du roman de l'attaché d'ambassade, ils se retranchèrent, non sans indignation, derrière les prescriptions de l'honneur militaire. Le maréchal eut le bon esprit de céder devant cette résistance inattendue; il se contenta de· communiquer le document à des officiers délégués dans chaque corps. Voilà comment le maréchal soutenait le moral de son armée, pendant que l'ennemi propageait des bruits perfides pour la décourager.

Le 12 septembre, le maréchal Bazaine convoque les généraux commandant les corps d'armée et leur anonce que désormais on ne fera plus aucune tentative pour sortir de Metz. « Vous comprenez bien, leur dit-il, que je ne veux pas m'exposer à subir le sort de Mac-Mahon ; conséquemment, nous n'entreprendrons plus désormais de grandes sorties ; chacun de vous se chargera de faire de petites opérations de détail en avant de son front, afin de tenir la troupe en éveil et de montrer à l'ennemi que nous ne sommes pas morts. Je ne puis être partout ; je m'en rapporte aux commandants des corps d'armée; je les laisserai juges de l'opportunité d'ordonner ces sortes d'opérations ; nous attendrons ainsi les ordres du gouvernement [1]. »

Attendre, pour agir, les ordres du gouvernement quand on a l'ennemi devant soi et quand on est dans une ville bloquée, c'est ne vouloir pas agir du tout. Le devoir d'un chef d'armée est tout tracé dans un cas semblable. Du reste le maréchal Bazaine, qui

____
[1] Paroles rapportées par le général Deligny, présent à la réunion.

n'avait rien fait pour aller au secours de Mac-Mahon, serait-il sorti de son inaction après avoir reçu une dépêche de Tours ou de Paris ? Il est permis d'en douter. Toujours est-il que les généraux présents à cette séance répondirent par le silence aux ouvertures du maréchal, et il prit cette réserve pour un acquiescement. Les vivres diminuent, le nombre des chevaux décroît tous les jours, l'artillerie et la cavalerie se désorganisent, la famine approche. Quelle peut être l'espérance du maréchal Bazaine dans une situation qui empire à vue d'œil ? Le maréchal est persuadé que la guerre touche à son terme ; il ne croit pas à la résistance de Paris. Cette ville de plaisirs n'est pas, selon lui, capable de faire face à l'ennemi ; le siége qu'elle a l'intention de soutenir est une fanfaronnade qui sera de courte durée ; la province, sans armée, va demander la paix. Le parti le plus sage est d'attendre et de se réserver. Le maréchal se réserve. Cependant la population de Metz est fort inquiète et s'agite ; elle ne s'explique pas que l'autorité militaire ne lui ait pas officiellement communiqué les nouvelles dont il n'est plus permis de douter : la chute de l'Empire et l'avénement de la République ; elle trouve ce silence équivoque et injurieux. Le soir, le gouverneur de Metz, de concert avec le préfet, se décide à sortir de sa réserve, et le maréchal, imitant cet exemple, rédige un ordre du jour à l'armée où, après avoir annoncé la captivité de l'empereur et la formation d'un pouvoir nouveau, il disait : « Nos obligations militaires envers la patrie restent les mêmes. Continuons donc à la servir avec le même dévouement et la même énergie, en défendant son territoire contre l'étranger, l'ordre social contre les mauvaises passions. »

Ces paroles sont incompréhensibles, si on les rapproche des résolutions prises dans la réunion du 12 septembre ; elles prouvent, du moins, que le maréchal avait deux langages. Pendant qu'il invitait son armée à servir la patrie avec le même dévouement que par le passé, il se laissait bercer par le prince Frédéric-Charles des plus flatteuses espérances. On aura de la peine à croire qu'à la suite du récit fantastique du jeune attaché d'ambassade, le maréchal eût fait porter une lettre au commandant en chef de l'armée allemande. Rien n'est plus vrai cependant. Cette lettre, portée par le colonel Boyer, son aide de camp, demandait au prince des renseignements sur ce qui se passait en

France. Le prince refusa de recevoir l'aide de camp du maréchal, mais il lut la lettre et il y répondit avec le gracieux empressement d'un homme qui est bien aise de nouer des relations avec le chef d'une armée ennemie ; il y racontait tous les événements accomplis depuis le commencement de septembre, et il informait Bazaine de la marche triomphale des armées allemandes à travers la France, et de leur arrivée sous les murs de Paris ; il se montrait enfin plein d'égards et de déférence pour le commandant en chef de l'*armée impériale française* et se mettait à sa disposition pour tous les renseignements ultérieurs qu'il pouvait désirer. Cette curieuse allusion à l'Empire avait-elle été glissée dans la lettre pour avertir le maréchal que l'Allemagne ne reconnaissait pas le Gouvernement de la défense nationale et pour refroidir son dévouement à son endroit? peut-être ; mais le maréchal n'éprouvait pas pour le gouvernement impérial les regrets que lui prêtait le prince Frédéric-Charles. Le 16 septembre, aussitôt après avoir publié l'ordre du jour dont nous avons cité les passages caractéristiques, le maréchal avait mis au rebut tous les imprimés portant le sceau impérial. Deux nominations d'officiers furent libellées sur un papier vierge des souvenirs de l'Empire. Bazaine avait donc pris son parti de la chute de Napoléon III. Ses rêves ambitieux avaient un objet fixe, indépendant de la forme du gouvernement. Mais ce n'était pas sans raison que Frédéric-Charles avait invoqué le souvenir de l'Empire dans sa lettre. Peu de jours après, il faisait parvenir dans Metz un journal allemand publié à Reims. On y lisait qu'il ne fallait plus s'occuper que de la paix ; que le roi Guillaume, ne trouvant plus d'armée française devant lui, allait imposer sa volonté à la France. Mais avec qui traiterait-il ? À ses yeux, trois personnes seulement étaient investies de l'autorité nécessaire : c'étaient l'empereur, l'impératrice et le maréchal Bazaine. L'empereur étant captif en Allemagne, l'impératrice étant en Angleterre, c'est avec le maréchal seulement que le roi de Prusse pouvait entrer en négociations.

On commence à voir où tendaient les politesses de Frédéric-Charles au maréchal Bazaine, et on peut juger de l'impression produite sur l'esprit de celui-ci par les ouvertures directes du journal de Reims. Le piége était habilement tendu, on connaissait au quartier général allemand toutes les hésitations du commandant en chef de l'armée de Metz ; on savait par des espions le découragement croissant de l'armée, on connaissait l'état des vivres ; ce qu'on savait aussi, c'est que l'ancien soldat du Mexique était un ambitieux. Le prince Frédéric-Charles et M. de Bismarck jugèrent le moment opportun de détacher un de leurs agents auprès du maréchal.

Cet homme était le sieur Regnier.

Le sieur Regnier avait commencé par faire un voyage en Angleterre : il voulait voir l'impératrice. Celle-ci refusa de le recevoir dans sa résidence d'Hastings. Regnier est plus heureux avec le prince impérial : il obtient deux lignes de la main de l'enfant, au bas d'une photographie représentant l'habitation de sa mère. Ces mots devaient servir de lettre d'introduction à Regnier auprès de Napoléon III. Il revient en France avec son précieux autographe, et, avant de se rendre à Wilhemshöhe, séjour de Napoléon III, il se présente au château de Ferrières, résidence de M. de Bismarck. Il s'y trouve en même temps que M. Jules Favre, ministre des affaires étrangères et vice-président du Gouvernement de la défense nationale, venu, on s'en souvient, pour tenter un effort suprême en faveur de la paix. M. Jules Favre fait antichambre pour être reçu par M. de Bismarck. Traité avec plus d'égards, M. Regnier est introduit avec empressement par le comte de Hatzfeld, et il peut s'entretenir longuement avec le ministre prussien. Ce premier incident donne déjà beaucoup à penser sur la qualité du sieur Regnier. L'homme d'État prussien n'aurait pas violé toutes les lois de l'étiquette pour recevoir un inconnu ; il n'aurait pas laissé cet inconnu pénétrer librement jusqu'à lui. Or, si le sieur Regnier n'était pas un inconnu pour M. de Bismarck, qu'était-il et quel métier faisait-il ? Le mystérieux personnage quitte le château de Ferrières ; mais au lieu de prendre le chemin de Wilhemshöhe comme il se l'etait d'abord proposé, il se rend au quartier général du prince Frédéric-Charles, prevenu de son arrivée par une dépêche de M. de Bismarck. Le 23 septembre, une escorte prussienne accompagne M. Regnier jusqu'aux avant-postes français, où on le présente comme un membre de la Société internationale de secours aux blessés qui vient demander au maréchal Bazaine le rapatriement de huit médecins luxembourgeois irrégulièrement retenus à Metz. M. Regnier, introduit sans difficulté dans la place, est conduit auprès du maréchal Bazaine, et il a avec lui un entretien intime qui

LA TROISIÈME RÉPUBLIQUE FRANÇAISE

LE GÉNÉRAL BOURBAKI

dure jusqu'à onze heures du soir. Le lendemain, M. Regnier retourne au quartier général de Frédéric-Charles; il revient à Metz vers midi, s'entretient une seconde fois avec le maréchal qui, l'entrevue terminée, monte à cheval et va conférer avec le maréchal Canrobert et le général Bourbaki. Bientôt Canrobert et Bourbaki arrivent au quartier général, que le sieur Regnier n'a pas encore quitté, et une longue conférence commence entre les quatre personnages. A la nuit tombante, le général Bourbaki se glissait, à la faveur d'un déguisement, dans le groupe des médecins luxembourgeois qui s'apprêtaient à sortir de la ville. Le général Bourbaki allait en Angleterre où, suivant M. Regnier, l'impératrice l'appelait. Avant de partir, il avait exigé un ordre écrit du maréchal Bazaine. Ce document éclaire toute l'intrigue; il était ainsi conçu :

ORDRE

« *Sa Majesté l'impératrice régente* ayant mandé près de sa personne M. le général de division Bourbaki, commandant la garde impériale, cet officier général est autorisé à s'y rendre.

« Le maréchal de France commandant en chef
l'armée du Rhin.

« *Signé :* maréchal BAZAINE.

« Metz, le 15 septembre 1870. »

L'aventure du sieur Regnier avait eu plein succès. Le maréchal Bazaine qui, peu de jours auparavant, avait mis au rebut les imprimés marqués du sceau impérial, se rattachait tout à coup à l'éventualité d'une restauration bonapartiste. L'impératrice était pour lui la régente ; il se laissait entraîner dans une conspiration politique par un inconnu, sans titre, sans mandat, qui se présentait à son quartier général sous la haute protection de M. de Bismarck et du prince Frédéric-Charles. Le général Bourbaki s'éloignait de ses soldats sur l'assurance à lui donnée par Regnier que l'impératrice désirait le voir. La parole de cet inconnu suffisait au général, et il n'en fallait pas davantage à Bazaine pour signer l'ordre menteur qu'on vient de lire. Tant d'imprudence aurait lieu d'étonner de la part d'un homme chargé d'une responsabilité si lourde, si Bazaine ne nous était déjà suspect par sa conduite. D'où était donc venue au sieur Régnier la puissance de persuasion qu'il avait exercée sur le maréchal ? De la conformité de ses promesses avec les rêves ambitieux de celui-ci. Il eut l'art de flatter les espérances de Bazaine, et Bazaine tomba dans le piége que lui tendait M. de Bismarck par l'intermédiaire du sieur Régnier. Il est probable que M. de Bismarck se souciait fort peu à ce moment de rétablir le gouvernement impérial pour traiter avec lui ; trop perspicace pour n'avoir pas deviné le sentiment général de la France, l'homme d'État prussien n'envisageait pas sérieusement cette éventualité. Mais faire présenter cette perspective au maréchal Bazaine par un homme comme Regnier, c'était un moyen habile de découvrir les pensées secrètes du maréchal, de le séparer peut-être, lui et son armée, du gouvernement actuel de la France et de l'entretenir dans l'inaction par de vagues promesses, jusqu'au jour où la famine l'obligerait à capituler. C'est, en effet, ce qui arriva. En attendant que le voile soit déchiré, le commandant en chef de l'armée du Rhin se berce des plus belles espérances. Les propositions du sieur Regnier sont telles qu'il pouvait les désirer. Le roi de Prusse ne veut traiter, d'après Régnier, qu'avec l'empereur, l'impératrice ou le maréchal Bazaine : il inclinerait surtout à signer une convention avec l'ex-impératrice et le maréchal. En vertu de cette convention, l'armée de Metz, neutralisée vis-à-vis de l'Allemagne, se retirerait sur un point désigné du territoire, où seraient convoqués le Corps législatif et le Sénat, tels qu'ils étaient au 4 septembre. Ces deux corps délibéreraient sous la protection de l'armée de Bazaine et concluraient la paix avec la Prusse. Si des troubles éclataient dans l'intérieur de la France quand la paix serait consommée, l'armée de Metz serait chargée de rétablir l'ordre, c'est-à-dire d'engager la guerre civile, sous les yeux de l'étranger. Restauration de l'Empire, renversement du gouvernement de la Défense nationale, du gouvernement reconnu par la France, avec le consentement et, au besoin, avec l'appui des armées allemandes : tels étaient les projets auxquels le maréchal Bazaine n'hésita pas à donner son acquiescement. L'envoi du général Bourbaki en Angleterre fut un commencement d'exécution du complot. Le départ du commandant en chef de la garde impériale avait été annoncé à l'armée et aux habitants de Metz par un ordre du jour du maréchal; quant à la cause du départ, elle était passée sous silence. Il en résulta un trouble profond des esprits; les versions les plus étranges eurent cours sur la disparition de Bourbaki : les uns disaient qu'il avait été tué par Bazaine, les autres qu'il était prisonnier au quartier général du Ban Saint-Martin. Les soldats, fort abattus par une longue inaction, n'auguraient rien de bon de cet incident, et les habitants de Metz, aussi clairvoyants que patriotes, dénonçaient hautement la trahison de Bazaine.

Le général Bourbaki avait passé par la Belgique pour se rendre en Angleterre. Là il avait parlé du sieur Regnier à plusieurs amis ; personne ne connaissait cet homme. Flairant un piége, le général s'embarque pour l'Angleterre et se présente devant l'ex-impératrice. Celle-ci, très-surprise, répond qu'elle n'a jamais vu le sieur Regnier, qu'elle ne l'a, par conséquent, chargé d'aucune mission et qu'elle ne veut pas tremper dans cette abominable intrigue. Le général Bourbaki, transporté d'indignation et de douleur, est obligé de s'avouer qu'il a été joué par Regnier et par le maréchal Bazaine. Il veut rentrer dans Metz : le prince Frédéric-Charles s'y oppose, et quand le roi de Prusse consent, après un temps assez long, à laisser le général retourner dans la ville assiégée, où il veut reprendre son commandement, il est trop tard; l'heure de la capitulation va sonner. Bourbaki aime mieux offrir son épée au gouvernement de la Défense nationale. Qu'irait-il faire dans une place où l'on négocie avec l'ennemi?

Ainsi finit la triste aventure à laquelle est attaché le nom de Regnier. Cet homme, que Bazaine aurait dû traduire devant un conseil de guerre comme espion, a été accueilli avec empressement au quartier-général du Ban Saint-Martin. Il va et vient du camp prussien au camp français, librement, jouant le personnage, débitant des mensonges avec effronterie ; il transmet à M. de Bismarck et à Frédéric-Charles le résultat de ses observations sur la place assiégée, il s'assure que le maréchal songe moins à combattre qu'à négocier, et, développant de la part de M. de Bismarck un projet auquel M. de Bismarck ne croit pas lui-même, il entraîne le maréchal dans une conspiration qui doit consommer la perte de l'armée. Cet homme, que le maréchal ne connaît pas, qui n'a aucun titre, qui n'offre aucune garantie, qui pénètre dans Metz avec un sauf-conduit de l'ennemi, qui propose une infâme trahison à un maréchal de France, on le croit sur parole, et c'est en Angleterre seulement que le trop crédule général Bourbaki se demandera s'il n'a pas été victime d'une odieuse intrigue! On reste confondu devant une pareille aventure. Dans les jours qui suivirent le voyage de Regnier, les bruits les plus étranges furent de nouveau répandus dans la ville : on alla jusqu'à croire à la prochaine arrivée de l'impératrice. La désillusion ne se fît pas attendre pour le maréchal. Vers la fin de septembre, il recevait deux lettres du quartier général de Frédéric-Charles. La première, écrite par le général Bourbaki, respirait un profond ressentiment du rôle de dupe qu'il avait joué en se rendant en Angleterre. L'ex-impératrice ne connaissait pas Regnier, ne l'avait jamais vu, ne lui avait donné en aucune façon l'autorisation d'aller en son nom à Ferrières et à Metz. Bourbaki exhalait sa colère contre l'agent Regnier et n'épargnait pas le maréchal. La seconde, du prince Frédéric-Charles, contenait le refus opposé à Bourbaki pour son retour dans Metz. En même temps, le maréchal Bazaine était informé par des dépêches du quartier général de Versailles que le plan Regnier n'était accepté par la Prusse qu'à la condition que Metz ouvrirait ses portes.

Bazaine s'était trop avancé pour reculer. Il était bien décidé à ne tenter aucun effort militaire sérieux, quoique son armée, animée de la plus belliqueuse ardeur, fût encore en état de tenir la campagne et de se frayer un passage. Il voulut cependant donner encore quelques satisfactions partielles à ses soldats impatients et à la population civile, dont le désespoir devenait menaçant. Une pétition circulait dans la ville et se couvrait d'innombrables signatures; elle fut remise au maire, qui devait la communiquer au maréchal et user de toute son influence pour obtenir enfin que l'armée fût éloignée de la ville. Le langage de la malheureuse cité mérite d'être rapporté pour son patriotisme et sa clairvoyance :

« Metz, le 27 septembre.

« Monsieur le maire,

« Nous avons accueilli avec gratitude l'expression de patriotique confiance que vous mettez en nous; c'est pour y répondre que nous osons appeler aujourd'hui votre attention sur la situation de notre ville. Il vous sera permis, à vous, le représentant

naturel et respecté d'une vieille cité qui veut rester française, de
faire, à cette occasion, telle démarche que vous jugerez nécessaire,
et de parler avec la simplicité et la franchise que commandent
les circonstances.

« Il ne nous appartient pas de rappeler tout ce qu'a tenté notre
ville depuis le début de la guerre. Ce n'est point d'ailleurs pour
marchander son concours que nous le rappellerions ici. Nous
avons confiance que son patriotisme croîtra en raison même des
épreuves qui peuvent nous atteindre encore. Mais il est des difficultés qu'il est bon de prévoir, puisque le temps ne fait que les
les accuser, et que, dans une certaine mesure, nous pensons qu'on
peut y pourvoir. Nous croyons que l'armée rassemblée sous nos
murs est capable de grandes choses, mais nous croyons aussi
qu'il est temps qu'elle les fasse. Chaque jour qui s'écoule amène
pour elle des difficultés nouvelles.

« Faute de nourriture, ses chevaux, réduits à l'impuissance,
paralyseront peu à peu ses mouvements et disparaîtront bientôt.
Le froid, la pluie peuvent aussi revenir entraver toute opération
et amener un cortége de maladies plus redoutables peut-être que
les blessures. Avec le temps aussi, et malgré la sage réglemen-
tation de nos vivres, la faim, mauvaise conseillère, peut égarer
les esprits peu éclairés, dans la ville et dans les camps, et amener des conflits terribles qu'un patriotisme supérieur a seul
pouvoir de conjurer.

« Nous croyons donc qu'il est temps d'agir, parce que l'insuccès lui-même vaut mieux que l'inaction ; parce que tous les moments sont comptés ; parce que, sans pouvoir discuter ni même
indiquer des opérations, le simple bon sens nous montre claire-
ment que des entreprises énergiquement et rapidement conduites
avec l'ensemble des forces dont on dispose peuvent amener des
résultats considérables, peut-être décisifs. Laisserons-nous venir
le jour où, pour avoir fermé les yeux, il nous faudra reconnaître
que les retards nous ont été funestes ?

« Certes, toute tentative est périlleuse, mais avec le temps le
péril sera-t-il moindre ? Quel secours attendons-nous d'ailleurs ?

« Est-ce la question politique qui se mêle à tort à la question
militaire et qui commande ces lenteurs? Dira-t-on que c'est à
Paris que notre sort doit se décider?

« Vous ne le pensez pas, monsieur le maire, et avec toute

l'énergie que vous donne une autorité que vous tenez de tous, vous direz que c'est à Metz, avec les ressources existant à Metz et sous Metz que se régleront les destinées de notre ville.

« Pour celles de la France, il ne nous appartient pas, il n'appartient à personne, ni à un parti, ni à un homme, de les régler dans le secret. C'est au grand jour et pacifiquement que le scrutin auquel nous avons été conviés pourra seul en décider. D'ici là, quelle plus noble ambition que celle de sauver notre pays, de prêter la main aux luttes grandioses que soutient notre capitale, et d'imiter l'héroïsme de Strasbourg ! Nous avons confiance que toute démarche tentée par vous répondra à des conseils déjà formés dans le silence, et que, s'inspirant d'une situation peut-être unique dans l'histoire, le commandement aura cette autorité et cette décision qui s'imposent et qui produisent des victoires.

« Qu'on pardonne donc, s'il en est besoin, à la franchise de notre langage.

« Il n'y a dans notre pensée, ni désir déplacé d'ingérence, ni récrimination.

« Il n'y a pas surtout la pensée de froisser aucun des sentiments qui méritent le respect et qui, en ce moment, doivent nous rapprocher tous. C'est parce que nous voulons que l'armée et la population soient entièrement unies, c'est parce que nous croyons que cette union peut amener de grandes choses, que nous vous adressons cet appel.

« Il nous a semblé que nous avions le devoir d'élever notre voix, parce qu'elle vous apporte, dans sa sincérité, le reflet des passions qui agitent notre population, de notre responsabilité et d'un patriotisme résolu à tous les sacrifices. Si dures que soient les exigences de la situation, vous savez bien, monsieur le maire, que notre ville les supportera, et vous avez le droit de le dire, puisqu'elle ne veut pas être la rançon de la paix et que, après le long passé d'honneur qu'elle trouve dans ses annales, elle ne veut pas déchoir. »

Le maréchal prit connaissance de la pétition et déclara qu'il était de l'avis des signataires : il était décidé, disait-il, à sortir de Metz à la tête de l'armée. Pourtant, un mois s'était écoulé depuis la bataille de Noisseville, et dans ce long intervalle les troupes n'avaient tenté que de rares coups de main sur les villages environnants pour ramener dans Metz des fourrages, du blé et autres provisions qui baissaient dans la place. L'une de ces expéditions, dirigée contre le château de Mercy, en avant du fort Queuleu, avait été couronnée d'un plein succès : les tranchées prussiennes furent vigoureusement enlevées à la baïonnette, et l'ennemi accusa son irritation le lendemain en incendiant les villages de Peltre, Colombey, Fradonchamps et les Petites-Maxes. Les troupes avaient retrouvé leur entrain dans ce brillant combat. Le maréchal conçut alors le plan d'une grande sortie dans la direction de Thionville. L'armée, divisée en deux grandes masses, devait marcher parallèlement sur les deux rives de la Moselle, la droite formée des 2e et 3e corps, sous les ordres du maréchal Lebœuf, la gauche (4e et 6e corps) sous les ordres du maréchal Canrobert. Bazaine et la garde marcheraient au centre avec les bagages et la réserve. Quelques opérations partielles préalables furent jugées nécessaires pour assurer la marche des colonnes. Le 6e corps enlève, pendant la nuit du 2 octobre, le château de Ladonchamps, situé sur la rive gauche de la Moselle, et commandant par sa position la route et la voie ferrée ; sur la même rive, les troupes du général Ladmirault s'emparent du chalet Billaudel et du village de Lessy : de ce village on arrêterait les renforts ennemis débouchant par le ravin de Châtel, et l'on rejoindrait ensuite la colonne de gauche en s'avançant par le village de Saulny. On était au 4 octobre, le mouvement général de l'armée paraissait imminent ; un conseil de guerre réuni chez le maréchal avait sans doute arrêté les dernières dispositions et l'armée n'attendait plus que le signal du départ, lorsque des difficultés imprévues suspendirent l'exécution du projet. Le maréchal Lebœuf et le général Ladmirault émirent des doutes sur le succès de l'entreprise ; le général Coffinières, gouverneur de la ville, renouvela les objections qu'il avait déjà présentées au maréchal à la fin d'août ; il voyait avec terreur l'armée s'éloigner de Metz ; la ville ne résisterait pas à l'ennemi, elle succomberait bientôt à la famine, au typhus, et avec elle la Lorraine tomberait aux mains des Prussiens. Qui porterait la responsabilité de ces désastres ? le maréchal ; quant à lui, gouverneur de la ville, il dégageait la sienne (1).

(1) Le général Coffinières ne tarde pas, d'ailleurs, à changer d'avis. Dans un conseil de guerre tenu le 10 octobre, il demandera « s'il ne serait pas préférable de tenter le

Le maréchal hésitait peut-être encore, malgré les funestes avertissements du général Coffinières, malgré les avis décourageants de son entourage immédiat ; une circonstance fortuite vint le plonger encore une fois dans sa fatale inaction. Des journaux allemands ayant été saisis sur un prisonnier, il y lut le récit de l'entrevue de Ferrières, la prise de la redoute de Montretout, l'investissement complet de Paris, la menace du bombardement ; et de cette situation militaire, non moins que de la demande d'armistice formulée à Ferrières par M. Jules Favre, il conclut que la résistance de Paris touchait à son terme. Pour demander la paix, le gouvernement de la Défense nationale était sans doute aux prises avec les plus cruels embarras intérieurs ; la populace était sans doute à la veille de saisir le pouvoir. Paris épouvanté par ses excès s'empresserait d'ouvrir ses portes à l'armée allemande. Ces hypothèses répondaient trop bien, on le sait, aux pensées secrètes du maréchal et à ses espérances ambitieuses. On le voit aussitôt changer d'attitude et abandonner la grande opération de Thionville.

Il fera cependant encore de petites tentatives partielles pour ramener des approvisionnements dans la place, et pour dissimuler ses projets. Il prévoit les accusations dont il sera l'objet dans un avenir prochain, et il va chercher à les écarter par une expédition contre les fermes des Grandes et des Petites-Tapes, fermes situées au nord de Metz, sur la rive gauche de la Moselle, et que l'on avait lieu de croire abondamment pourvues de récoltes. Les troupes du 6ᵉ corps (Canrobert), soutenues par la division Déligny des voltigeurs de la garde, reçurent l'ordre d'avancer jusqu'au ruisseau des Tapes, petit cours d'eau qui se jette dans la Moselle, en avant de Ladonchamps et du hameau de Saint-Remy. Pendant qu'on tiendrait ces positions, les denrées seraient enlevées en toute hâte, après quoi les troupes rentreraient dans leurs quartiers. L'opération présentait des difficultés fort sérieuses, car les hauteurs qui commandent la vallée à droite et à gauche étaient

sort des armes avant d'entamer des négociations, le succès de cette tentative pouvant rendre les pourparlers inutiles, ou bien le résultat de nos efforts pouvant peser dans la balance par les pertes que nous aurions fait subir à l'ennemi. » (*La Capitulation de Metz*, par le général Coffinières de Nordeck, p. 62.) Si la tentative conseillée était encore possible le 10 octobre, elle l'était à plus forte raison le 5. Pourquoi donc le général Coffinières dissuada-t-il le maréchal Bazaine de l'entreprise projetée ?

couronnées de batteries dont les feux croisés feraient beaucoup de mal aux voltigeurs massés dans la plaine. Le maréchal crut parer à ce danger, d'une part, en ordonnant au maréchal Lebœuf de porter une de ses divisions en avant de la ferme de Grimont, sur la rive droite, pour attirer sur elle les troupes et les batteries installées à Malroy ; d'autre part, à l'extrême gauche, en prescrivant au général Ladmirault de s'emparer du bois et du village de Vigneulles et de s'avancer par Saulny-de-Plesnois et Villiers-les-Plesnois.

L'attaque réussit au delà de toute espérance ; toutes les positions indiquées sont brillamment conquises, et, à trois heures, les troupes bordaient le ruisseau des Tapes du chemin de fer à la Moselle, mais les denrées ne purent être enlevées. « En présence de l'intensité du feu de l'ennemi qui ne diminuait pas et de la direction convergente qu'il lui avait donnée sur les points dont nous nous étions emparés, il n'était pas possible de réaliser l'opération de courage que j'avais voulu faire ; nos voitures n'auraient pu traverser un terrain sillonné en tous sens par les obus, et force fut de les faire rentrer au camp...................... Bien que l'opération de courage projetée n'ait pu avoir lieu, cette journée n'en constitue pas moins pour nos armes un brillant succès. Nos troupes s'y sont vaillamment comportées, et l'ennemi, chassé de toutes ses positions, abandonnant ses tranchées et ses ouvrages, laisse entre nos mains 535 prisonniers, dont 4 officiers. Malheureusement nos pertes sont sérieuses ; elles s'élèvent à 1,257 hommes, parmi lesquels on compte 3 officiers généraux [1]. »

Cet effort fut le dernier ; les troupes auxquelles le maréchal est obligé de rendre hommage vont être condamnées à une inaction absolue après ce brillant fait d'armes. Le maréchal ne paraît pas avoir eu d'autre but, dans la sortie des Tapes, que de montrer une certaine bonne volonté d'agir ; il a eu douze cents hommes tués ou blessés ; il a fait cinq cents prisonniers ; n'est-ce pas la preuve qu'il avait l'intention de se battre ? Mais les troupes ne s'y trompèrent pas ; les officiers compétents de l'armée de Metz avaient prévu le résultat de cette expédition où les deux ailes restant en arrière, la colonne du centre était obligée de s'aventurer sur un terrain découvert sous le feu convergent des batteries

____

[1] Rapport officiel du maréchal Bazaine.

ennemies. Pourquoi le maréchal n'avait-il pas fait attaquer les hauteurs où ces batteries étaient installés ? Sans doute parce qu'a-près les avoir conquises il aurait fallu les garder. Cela n'entrait pas dans les plans du maréchal. Ce combat était à peine fini qu'il adressait (7 octobre) la lettre confidentielle suivante aux commandants des corps d'armée et aux chefs des différents services :

« Le moment approche où l'armée du Rhin se trouvera dans la position la plus difficile peut-être qu'ait jamais dû subir une armée française. Les graves événements militaires et politiques qui se sont accomplis loin de nous et dont nous ressentons le douloureux contre-coup, n'ont ébranlé ni notre force morale, ni notre valeur comme armée. Mais vous n'ignorez pas que des complications d'un autre ordre s'ajoutent journellement à celles que créent pour nous les faits extérieurs.

« Les vivres commencent à manquer, et, dans un délai qui ne sera que trop court, ils nous feront absolument défaut. L'alimenta-tion de nos chevaux de cavalerie et de trait est devenue un problème dont chaque jour qui s'écoule rend la solution de plus en plus impossible ; nos ressources sont épuisées, nos chevaux vont dépérir et disparaître.

« Dans ces graves circonstances, je vous ai appelés pour vous exposer la situation et vous faire part de mes sentiments. Le devoir d'un général en chef est de ne rien laisser ignorer, en pareille occurrence, aux commandants des corps d'armée placés sous ses ordres et de l'éclairer de leurs avis et de leurs conseils.

« Placés plus immédiatement en contact avec les troupes, vous savez certainement ce qu'on peut attendre d'elles, ce que l'on doit en espérer. Aussi, avant de prendre un parti décisif, ai-je voulu vous adresser cette dépêche, pour vous demander de me faire connaître par écrit, après un examen très-mûri et très-approfondi de la situation, et après en avoir conféré avec vos généraux de division, votre opinion personnelle et votre appré-ciation motivée.

« Dès que j'aurai pris connaissance de ce document, dont l'importance ne vous échappera point, je vous appellerai dans un conseil suprême, d'où sortira la solution définitive de la situation de l'armée dont S. M. l'empereur m'a confié le commandement.

« Je vous prie de me faire parvenir dans les quarante-huit heures l'opinion que j'ai l'honneur de vous demander et de m'accuser réception de la présente dépêche. »

Trois faits importants se dégagent de cette lettre : 1° le maréchal Bazaine est disposé à négocier avec l'ennemi ; 2° il ne reconnaît pas le gouvernement de la Défense nationale, et à ses yeux l'empereur est toujours le représentant du pouvoir dont il tient son commandement ; 3° il cherche à s'abriter derrière l'opinion des chefs de corps, — et aussi des généraux de division, qu'il consulte pour la première fois, quand la situation que ceux-ci n'ont pas voulue lui semble désespérée, condescendance tardive destinée à diminuer sa responsabilité devant ses juges futurs. Conformément aux termes de la lettre, la réunion des chefs de corps et des généraux de division a lieu le 8 octobre, et les résolutions prises se résument en ces mots : l'armée est prête à accepter une convention honorable qui lui permettra de se retirer avec armes et bagages ; plutôt que de subir des conditions humiliantes, elle se frayerait un passage à travers l'ennemi, les armes à la main. Mais les membres de la réunion demandent à entrer en pourparlers sur l'heure ; ils ne veulent pas être acculés par la famine à la dernière extrémité et être obligés de subir la loi du vainqueur, si dure qu'elle soit. Le pain et le sel manquent, la santé des troupes dépérit ; il faut donc ou traiter promptement, ou promptement tenter l'effort suprême.

Le maréchal se montre fort satisfait de cette détermination qui lui laissait le champ libre pour l'ouverture des négociations. Le 10 octobre, il réunissait les commandants de corps et les chefs de service, et traçait devant eux le tableau de la situation sous les plus sombres couleurs ; il parlait encore des désordres qui régnaient, disait-il, dans l'intérieur de la France ; il insistait sur la volonté du roi de Prusse de ne pas traiter avec le gouvernement provisoire ; sur l'obligation où l'on se trouverait, par suite, de considérer comme non avenue la captivité de l'empereur ; sur la nécessité d'appuyer le gouvernement de la République de concert sans doute avec les armées prussiennes. Le gouverneur de Metz objecta, il est vrai, « qu'il n'était pas admissible que les Prussiens laissassent l'armée de Metz rentrer en France pour rétablir l'ordre, et que ces ouvertures n'étaient qu'un leurre pour nous faire arriver à l'entier épuisement de nos faibles ressources [1]. » Le conseil ne crut pas devoir s'arrêter à ces sages observations, et les résolutions suivantes furent adoptées :

« 1° On tiendra sous Metz le plus longtemps possible ;

« 2° On ne fera pas d'opération autour de la place, le but à atteindre étant plus qu'impossible ;

« 3° des pourparlers seront engagés avec l'ennemi dans un délai qui ne dépassera pas quarante-huit heures, afin de conclure une convention militaire honorable acceptable pour tous ;

4° Dans le cas où l'ennemi voudrait imposer des conditions incompatibles avec notre honneur et le sentiment du devoir militaire, on tentera de se frayer un passage les armes à la main. »

La « convention militaire honorable » pourrait-elle s'entendre d'une capitulation comme celle de Sedan, par exemple ? Non, les généraux de division avaient stipulé qu'ils entendaient sortir de Metz avec armes et bagages. Quant à la ville de Metz elle-même, le conseil n'avait rien dit, ce qui donne à penser que le maréchal, les chefs de corps et les généraux traitaient seulement pour l'armée, et supposaient que la ville pourrait continuer la résistance une fois livrée à elle-même. Mais que feront les autorités militaires si le roi de Prusse exige la reddition de la place ? Cette exigence ne paraît pas avoir été prévue.

Après un premier refus, destiné sans doute à faire traîner les choses en longueur, Frédéric-Charles permit au général Boyer — le maréchal venait de lui conférer ce grade — de franchir les lignes prussiennes pour se rendre à Versailles et traiter de la capitulation avec le roi de Prusse. Quand la nouvelle de ce départ, et les causes qui l'avaient amené furent connues dans la ville, une profonde émotion s'empara des esprits, des rassemblements tumultueux se formèrent sur les places, l'hôtel de ville fut envahi ; on jeta par la fenêtre le buste de l'empereur, on foula aux pieds l'aigle impériale qui surmontait le drapeau tricolore. Cette vaillante population ne pouvait se résigner, après avoir tant souffert, à la douleur qu'elle entrevoyait au bout des négociations ; elle aimait la France et voulait rester française. Le général Coffinières annonça, pour la calmer, le prochain départ de l'armée ;

---

[1] *Capitulation de Metz*, par le général Coffinières de Nordeck.

il était décidé, disait-il, à résister jusqu'à la dernière extrémité ;
il écrivit au maire une lettre où on lisait ces mots : « Tout ce qu'il
sera humainement possible de faire pour la défense, nous le ferons sans aucune hésitation. » L'émoi n'était pas moins grand
dans les rangs de l'armée ; la perspective d'une capitulation à
l'image de celle de Sedan soulevait le cœur des officiers et des
soldats. Les officiers se sentaient, écrit le général Déligny, « hu-
miliés dans leurs armes, blessés dans leur dignité. » Des réunions s'étaient formées pour aviser à la conduite à tenir. Toute
perte de temps fut considérée comme funeste ; encore deux ou
trois jours d'attente, et il n'y aurait presque plus d'attelages ni de
cavalerie. Sur ses 10 batteries, l'artillerie de la garde ne pouvait
plus en atteler que 4, 2 de canons et 2 de mitrailleuses ; s'il en
était ainsi dans le corps où les chevaux avaient été le plus soignés
et les fourrages ménagés avec le plus de soin, quel espoir y avait-
il a fonder sur les autres ? On pouvait encore, il est vrai, trouver
d'autres ressources ; les entreprises publiques, les compagnies de
Metz possédaient encore à part cela 1,600 chevaux en bon état,
faits au service du trait, qu'elles offraient de céder à l'armée
pour traîner les canons le jour où elle en aurait besoin. On pouvait atteler ainsi 400 voitures, et par conséquent environ 150
bouches à feu ; avec les chevaux de main des officiers et les dernières ressources des corps, on était en droit de compter sur 100
autres, ce qui permettait de constituer un parc de 250 pièces, plus
que suffisant pour appuyer un grand effort et favoriser une trouée
sur un point quelconque des lignes ennemies. Les chefs de corps et
les généraux répondaient de leurs soldats ; ils ne doutaient pas que
la garde ne se joignît à eux, aussi bien que d'autres troupes entraî-
nées par l'exemple et par un amour-propre habilement surexcité [1].

Divers projets de sortie sont discutés ; mais quel est le chef qui
voudra se mettre à la tête des troupes et tenter la trouée du désespoir ? Ce n'est pas le maréchal Bazaine, l'indignation contre sa
personne est générale ; sa conduite a révolté le sentiment de
l'honneur dans toutes les âmes, et quelques membres de la réunion sont allés jusqu'à proposer de le déposséder de son commandement. Toutefois le respect de la hiérarchie est encore si
grand que la majorité de la réunion conseille de tenter une dé-

---

[1] *Metz, Campagnes, négociations.* page 307.

marche suprême auprès du maréchal. Les délégués seront peut-être assez heureux pour lui faire partager les douloureux sentiments de l'armée, et l'arracher à sa coupable indolence. Bazaine répondit à la députation des généraux que leurs sentiments étaient les siens, qu'il était bien résolu à ne pas capituler ; puis, prenant une carte, il leur développe longuement un plan de sortie par le sud qu'il se prépare à mettre à exécution au retour du général Boyer, si la réponse du quartier général prussien n'est pas de nature à être acceptée. Les généraux se retirent plus que jamais convaincus qu'il serait puéril d'attendre du maréchal un acte de vigueur. La réunion se reforma aussitôt ; Bazaine s'était dit tout disposé à remettre le commandement à celui qui voudrait s'en charger. Puisqu'on avait perdu tout espoir de l'entraîner à la tête des troupes, il fallait choisir un autre chef en position d'inspirer confiance à l'armée et d'imposer silence aux susceptibilités de ses collègues. Les noms du maréchal Canrobert et des généraux Déligny et de Cissey furent successivement mis en avant sans succès, aucun de ces officiers généraux n'ayant voulu prendre sur lui la responsabilité de la tentative suprême ; la réunion se disperse tristement. A cette date, un relevé du nombre des combattants capables de marcher à l'ennemi avait été fait sur l'ordre de Bazaine, et il n'avait pas moins donné de 129,000 hommes, sans compter les 20,000 hommes de la garnison de Metz. Avec ces soldats aguerris, conduits par des officiers énergiques comme ceux qu'on vient de voir dans ces deux réunions, le maréchal pouvait rendre encore un éclatant service à son pays ; en admettant qu'il ne fût pas possible à toute l'armée de traverser les lignes prussiennes et de rejoindre les armées en formation sur les bords de la Loire, on pouvait au moins faciliter le départ des hommes les plus résolus et des meilleurs officiers, lesquels, couchant pendant la nuit avec des guides sûrs, auraient apporté aux jeunes armées de la France de précieux éléments qui leur manquaient. Les écrivains militaires allemands, ordinairement indulgents pour le maréchal Bazaine, ont développé cette pensée dans des termes qui méritent d'être cités, bien qu'il soit cruel de recevoir des leçons d'un ennemi.

« Le maréchal était parfaitement au courant de tout ce qui se passait sur le théâtre de la guerre ; il connaissait la résistance de

Paris, la formation de nouvelles armées, au moins de celle de la Loire. Son expérience militaire ne lui permettait pas d'ignorer que la présence de cadres instruits était indispensable pour en faciliter l'organisation, comme pour encadrer les nouvelles levées et celles qui venaient d'être appelées sous les drapeaux.

« C'était donc pour lui un devoir rigoureux de fournir à son pays les cadres qui lui manquaient. Il lui était facile de choisir dans toutes les armes, dans tous les corps, des hommes et des sous-officiers éprouvés, ayant bien supporté les privations et capables de fournir pendant quelques jours des étapes de 10 à 12 lieues ; il en eût formé un détachement auquel il aurait adjoint un grand nombre d'officiers et de canonniers, ceux-ci marchant sans leurs pièces, plus un millier de cavaliers montés sur les meilleurs chevaux restants ; cette troupe aurait pu comprendre ainsi 2,000 officiers, 2,000 canonniers, 6,000 fantassins et 1,000 cavaliers ; total : 11,000 hommes. On l'eût scindée en trois ou quatre groupes, et chacun d'eux, conduit par un guide intelligent, eût pu, en évitant le combat, s'échapper par les bois et, à la faveur de la nuit, traverser nos positions ; chacun eût suivi une route différente ou se fût réparti sur plusieurs directions, assez rapprochées cependant pour pouvoir se soutenir en cas de besoin. Quatre journées de marche devant suffire pour sortir de la région occupée par les troupes allemandes, il y avait lieu de n'emporter des vivres que pour ce laps de temps, en marchant sans voitures et sans bagages.

« Si on mettait en doute la possibilité d'une pareille entreprise, il suffirait, pour s'en convaincre, de voir ce qu'était alors la situation militaire : le gros de nos forces autour de Paris, une autre armée à Metz, et 50,000 hommes en Alsace ; dans les pays intermédiaires entre ces trois points, il n'y avait que 50,000 hommes, répartis sur une telle étendue, qu'ils étaient dans l'impossibilité de se réunir.

« Une fois sortis de Metz, les détachements français pouvaient prendre l'avance sur les troupes d'investissement et, par une marche rapide de 8 à 9 milles, faite d'une seule traite, ils pouvaient avoir la certitude de nous échapper complétement.

« La meilleure direction à suivre, parce qu'elle était la plus courte, était entre Nancy et Sarguemines, vers les Vosges d'abord et Besançon ensuite, où devait être le rendez-vous. De Metz au sud de Lunéville, il n'y avait guère que 16 milles à parcourir (30 lieues) ; à partir de ce point, le détachement retrouvait des corps nombreux de francs-tireurs qui lui eussent servi tout à la fois de guides et de soutiens.

« Le passage à travers nos lignes offrait certainement de sérieuses difficultés ; mais le combat du 31 août avait suffisamment prouvé que cette opération était loin d'être impossible : il ne fallait que se rendre maître pour quelques heures des différents points par lesquels le passage devait s'effectuer. Le maréchal n'avait qu'à préparer habilement la concentration de son armée dans cette direction et à engager à l'improviste une action sérieuse, deux ou trois heures avant la fin du jour, sans perdre un temps précieux comme il l'avait fait le 31 août. Les points de passage restant forcément occupés jusqu'à l'entrée de la nuit, les petits détachements étaient à même de les traverser, sans être obligés de prendre part au combat ; il pouvait se faire, et c'était le cas le plus favorable, qu'ils passassent inaperçus, sans être poursuivis, grâce au dévouement et aux grands sacrifices du reste de l'armée.

« Le maréchal restait encore assez fort, sans aucun doute, pour contraindre l'armée d'investissement à ne pas s'éloigner de Metz ; pour la France il y avait là non-seulement un avantage matériel inappréciable, mais un fait d'une importance morale considérable.

« Au lieu de rien tenter de semblable, le maréchal passa tout le mois de septembre dans la plus complète inaction. Chaque jour voit cependant diminuer les approvisionnements, et il lui est déjà facile de calculer l'heure où viendra la famine, et avec elle la perte certaine de l'armée ; aussi, dès les premiers jours d'octobre, le voit-on entamer des négociations pour écarter le danger qui le menace [1]. »

Le retour du général Boyer était attendu avec une douloureuse impatience ; il arriva enfin le 17 octobre, après sept jours d'absence. A sa sortie de Metz le chemin de fer l'avait emporté jusqu'à Nanteuil, au delà de Château-Thierry ; à partir de cette station, les tunnels et les ponts étant coupés, le général était monté en poste dans une voiture prussienne, conduite par des hommes

---

[1] *La Guerre autour de Metz.*

de la landwehr, qui l'avait transporté jusqu'à Villeneuve-Saint-Georges, d'où, contournant Paris, il était arrivé à Versailles après un voyage qui n'avait pas duré moins de quarante-huit heures. Sa seule présence confirmait l'exactitude des rapports du sieur Regnier à M. de Bismarck. Reçu avec une grande courtoisie, il fut invité à s'expliquer dans un conseil auquel assistaient, avec le roi de Prusse, M. de Bismarck, M. de Moltke, le prince royal et le général Blumenthal. L'ambassadeur du maréchal Bazaine fait connaître l'objet de sa mission et les conditions du traité qu'on serait disposé à souscrire. Toute illusion lui est au même instant enlevée par le comte de Moltke : l'armée de Metz n'obtiendra rien de plus que l'armée de Sedan. Le général Boyer se récrie ; alors M. de Bismarck intervient : il consentirait à laisser l'armée se retirer dans une ville du midi de la France ; on convoquerait dans cette ville le Sénat et le Corps législatif de l'Empire, et ces deux assemblées, après avoir rétabli le gouvernement déchu, avec l'impératrice régente, signeraient la paix avec l'Allemagne. C'était toujours le plan du sieur Regnier. M. de Moltke était, lui, d'un avis tout différent : sans chercher à deviner si les propositions de M. de Bismarck ne recouvraient pas une perfidie destinée à entretenir les illusions de Bazaine jusqu'à l'épuisement complet de ses ressources, il objecte, non sans raison, que l'armée, sortie de Metz pour se rendre dans une ville du Midi, refusera d'obéir à Bazaine et ira grossir les armées de province. Le conseil s'accorde néanmoins à charger le général Boyer de la réponse suivante, conforme au désir de M. de Bismarck :

« On ne traiterait du sort de l'armée de Metz qu'à la condition de la voir rester fidèle au gouvernement de la régence, seul susceptible de faire la paix et de contribuer à son rétablissement ; l'impératrice devrait donner son assentiment à cet arrangement et en assurer l'exécution par sa présence au milieu des troupes. »

M. de Bismarck n'était nullement convaincu que le gouvernement seul de la régence fût capable de conclure la paix avec l'Allemagne ; il savait fort bien, au contraire, et il le reconnaîtra bientôt, que la France ne voulait à aucun prix du rétablissement du gouvernement impérial ; mais il cherchait le moyen le plus sûr d'arriver à tromper Bazaine, de gagner encore une semaine et de consommer la ruine de l'armée de Metz. Il est tenu au courant par ses espions de la situation de Metz : il sait que quelques jours de souffrances achèveront d'épuiser les soldats de Bazaine et qu'il n'y aura plus à redouter de leur part aucun coup de désespoir ; c'est donc pour gagner du temps qu'il charge le général Boyer de cette réponse hypocrite. En même temps, il tient la main à ce que le négociateur de Bazaine ne communique, soit pendant son séjour à Versailles, soit pendant son voyage, avec aucun de ses compatriotes. Le général Boyer aurait vite reconnu qu'on s'était joué de sa bonne foi quand on lui avait tracé le tableau de l'état intérieur de la France. C'était effectivement un tableau lugubre et bien fait pour encourager Bazaine à persévérer dans sa ligne de conduite. D'après les récits émanés des plus hautes autorités prussiennes, le Midi avait formé un gouvernement séparé ; Lyon possédait un gouvernement spécial ; l'Ouest avait constitué une ligue catholique et rompu ses liens avec le reste de la France. Dans l'intérieur de Paris, la discorde avait éclaté entre la population et les membres du gouvernement, et M. Gambetta s'était vu obligé de se sauver en ballon. Ce n'était pas tout. La délégation de Tours, menacée à la fois par l'Ouest et par les armées allemandes, se disposait à chercher un refuge à Toulouse, peutêtre même à Pau. Les villes de Normandie, épouvantées par les excès révolutionnaires, saluaient les Prussiens comme des libérateurs. Enfin, la seule armée de province venait d'être anéantie à Arthenay, non loin d'Orléans. Tel était l'état de la France.

Le général Boyer n'ayant su ni s'aboucher avec un Français à Versailles, ni se procurer un journal, ne parut pas se douter qu'on l'avait trompé ; il rapporta fidèlement à Metz tout ce qu'il avait entendu, et la provenance suspecte de ses récits ne l'empêcha pas d'être cru sur parole. Le général Changarnier, qui assistait au conseil du 18, l'invita à jurer sur l'honneur que tels étaient bien les récits qu'on lui avait faits, et il jura. On lui demande alors à voir les journaux qu'il a pu se procurer pendant son voyage ; il déclare, à la stupéfaction générale, qu'il n'a pu s'en procurer aucun. Seul, le général Coffinières refuse absolument de croire à ces rapports d'origine prussienne. Le moment est venu pour le conseil de prendre une décision. Il avait arrêté, on s'en souvient, dans sa séance du 10 octobre : 1° qu'il refuserait toute convention qui ne serait pas jugée honorable ; 2° qu'il ne fallait pas se laisser

acculer par la famine, qu'il fallait agir sans délai, si un effort suprême était à tenter par suite des exigences de l'ennemi. Va-t-il
persévérer dans ces résolutions, après le récit du général Boyer,
ou se déjuger ? Le conseil se déjuge ; à l'unanimité moins deux
voix, il est décidé que le général Boyer partira pour l'Angleterre,
avec la mission d'inviter l'impératrice à entamer des négociations
avec Versailles. Un sauf-conduit est de nouveau demandé au
prince Frédéric-Charles, et le général Boyer se met en route pour
la seconde fois. Le piége tendu par M. de Bismarck à Bazaine a
un plein succès : les vivres qui restent encore seront épuisés pendant que les négociations suivront leur cours.

Le relevé des approvisionnements restant en magasin portait
jusqu'au 22 octobre la durée possible de la résistance : passé cette
date, il n'y aurait plus de pain et les troupes seraient obligées de
se nourrir avec de la viande de cheval ; le sel, on le sait, manquait
déjà. Le maréchal n'avait pas pu passer sous silence à l'armée la
gravité de la situation et l'imminence d'un dénoûment qu'il n'a-
vait pu dépendre d'elle d'écarter par sa bravoure. Cette communication, faite dans les termes les plus adoucis, jeta dans le camp
une surexcitation très-grande ; des imprécations, des menaces
même étaient proférées contre le maréchal qui, très-prudent
d'ailleurs, ne se montrait presque jamais en public. Au sein de
la population civile, l'irritation prit des allures plus sérieuses : la
vaillante et patriotique cité, qui depuis longtemps pressait le maréchal d'agir, voyait se dresser devant elle les terribles conséquences des négociations engagées ; les journaux, bravant la cen-
sure, se répandaient en accusations contre le maréchal ; fait
caractéristique : dans cette ville soumise à l'état de siége, aucune
voix ne s'éleva pour le défendre : chez les soldats et chez les civils le sentiment était le même : aux yeux des uns et des autres,
le maréchal trahissait la France.

Quatre mortelles journées se passent au milieu de ces angoisses de l'agonie. Enfin le 24 au matin, un parlementaire prussien, chargé d'une lettre de Frédéric-Charles, se présente aux
avant-postes ; on l'amène sans perdre un instant auprès du maréchal ; celui-ci ouvre le pli et lit la dépêche suivante de M. de
Bismarck :

« D'après les informations que je reçois de Londres, l'impératrice se refuse à toute espèce de transaction, comme à tout traité ayant pour base une cession de territoire. Les renseignements que nous avons, d'ailleurs, été à même de prendre dans le pays et dans l'armée nous ont prouvé que le gouvernement impérial n'y rencontrerait aucun appui. En entrant en arrangement avec lui, le roi semblerait vouloir l'imposer à la France ou chercher à intervenir dans ses affaires intérieures, ce qui serait contraire aux intentions de Sa Majesté.

« Le maréchal Bazaine n'a pas donné les garanties qui lui étaient demandées et que le général Boyer avait dit lui faire connaître comme base première de toute convention, c'est-à-dire la cession de la ville de Metz et la signature de tous les chefs de son armée reconnaissant la régence et s'engageant à la rétablir.

« Dans ces conditions, il n'y a plus lieu de continuer des négociations politiques ; la question se pose militairement ; c'est aux événements de la guerre seuls qu'il appartient de la résoudre. »

M. de Bismarck s'était joué du maréchal Bazaine.

Dans cette extrémité, le général Desvaux, commandant de la garde, propose de marcher contre les lignes ennemies, plutôt que de subir la loi du vainqueur ; mais il est seul de cet avis. La cavalerie est dans un état déplorable, l'artillerie est entièrement désorganisée, le pain manque depuis deux jours. M. de Bismarck avait fait durer la négociation tout le temps qu'il fallait pour réduire l'armée à une complète impuissance, et, grâce au maréchal Bazaine, il avait complétement réussi. Le maréchal ne s'apercevait pas encore qu'il était la dupe du diplomate prussien ; il persistait à se croire un grand prestige auprès de Frédéric-Charles, parce que celui-ci, devinant son ambition, n'avait jamais manqué de flatter sa vanité pour en tirer profit. Bazaine résolut donc d'envoyer auprès du prince un homme chargé d'obtenir de lui des conditions moins dures que celles qu'on lui signifiait de Versailles. Il charge de cette triste commission le général Changarnier, attaché à l'état-major du maréchal Lebœuf depuis l'ouverture de la campagne. Accueilli par Frédéric-Charles avec une grande courtoisie, le vieux général n'en essuie pas moins un refus absolu. Le commandant en chef prussien ne veut pas consentir à laisser l'armée de Metz se retirer soit dans le Midi, soit en

Algérie ; il la sait réduite à la dernière extrémité, il n'a plus à redouter de sa part une tentative désespérée ; il attend qu'elle dépose les armes et lui ouvre les portes de la ville. Le prince est si bien persuadé que l'heure de la capitulation est proche qu'il enverra, dit-il, le jour même, le général de Stiehle au château de Frescaty, sur la ligne des avant-postes pour prendre les derniers arrangements avec le négociateur que voudra bien désigner le maréchal Bazaine. Il avertit même le général Changarnier qu'il a fait accumuler d'immenses approvisionnements de bouche aux portes de la ville, tant il sait bien que l'armée et la population souffrent de la famine. Telle est la réponse rapportée au camp par le général Changarnier. Le maréchal se résigne à la dernière humiliation ; il désigne le général de Cissey, qui se rend au château de Frescaty, où l'attend le général de Stiehle. Les conditions offertes pour la capitulation de l'armée sont inexorables : l'armée de Metz est traitée comme l'avait été celle de Sedan ; elle sera prisonnière de guerre, après avoir livré à l'ennemi ses armes, ses drapeaux, son matériel et ses bagages ; quant à la ville, son sort ne sera pas séparé de celui des troupes : elle doit ouvrir ses portes et se livrer. Après avoir reçu ces pénibles communications, le général de Cissey se retire. Le conseil est convoqué une dernière fois par le maréchal Bazaine ; on y entend le rapport du général Changarnier et le récit de la mission du général de Cissey, que suivent de longues et ardentes discussions.

Le général Desvaux proteste encore une fois, au nom de la garde, contre la capitulation à laquelle tous les membres du conseil paraissent résignés ; c'est en vain qu'il rappelle l'engagement pris naguère de repousser toute convention incompatible avec l'honneur : des hommes qui ne s'étaient pas élevés contre les projets du commandant en chef, au temps où l'armée était encore pleine de vigueur, pouvaient-ils songer à recourir à la fortune des armes, quand les troupes démoralisées manquaient de pain ? « Il fut convenu à l'unanimité, non sans la plus vive douleur, que M. le général de division Jarras, chef d'état-major général, serait envoyé au quartier général du prince Frédéric-Charles, comme délégué par le conseil et muni des ses pleins pouvoirs, pour arrêter et signer une convention militaire par

laquelle l'armée française, vaincue par la famine, se constituait
prisonnière de guerre[1]. »

Dans la soirée (26 octobre) le général Jarras quitte Bazaine,
avec lequel il a eu un long entretien, pour se rendre à Frescaty,
où il est reçu par le général de Stiehle. Les clauses de la capitulation sont débattues par les deux négociateurs. L'armée
et la ville, dont le sort est lié, doivent se rendre et remettre aux
mains de l'ennemi tout leur matériel « dans l'état où il serait
au moment de la signature de la convention. » Cette rédaction
laissait, on le voit, au maréchal la faculté de noyer ses poudres,
d'enclouer ses canons et de briser ses fusils ; il refusa d'en profiter, en vertu d'une théorie inconnue jusqu'à ce jour dans l'histoire
militaire : à savoir que la place et le matériel « devaient faire
retour à la France après la signature de la paix. » Le négociateur
allemand consentait à laisser aux officiers français leurs chevaux
et leurs bagages : c'est un point sur lequel Bazaine avait recommandé au général Jarras d'insister avec une énergie toute particulière ; on verra bientôt pourquoi ; quant à l'épée et au sabre, les
officiers français seraient contraints de les déposer : il y avait
exception cependant pour ceux qui s'engageraient à ne plus servir
contre l'Allemagne pendant la durée de la guerre. Le général
Jarras obtint pour l'armée française les honneurs militaires. Cette
formalité qui, on le sait, consiste pour l'armée vaincue à défiler
devant l'armée ennemie, tambours battants et enseignes déployées,
avant de déposer les armes et de se constituer prisonnière, équivaut à la reconnaissance par le vainqueur de la bravoure du vaincu ;
elle est consacrée par les traditions militaires de tous les pays.
Cette consolation et cet honneur, le maréchal les refusa pour son

---

[1] Il résulte de ces termes, empruntés au *Rapport sommaire* du maréchal, que celui-
ci cherche à abriter sa responsabilité derrière la décision des membres du conseil,
comme s'il avait délibéré au même titre qu'eux. Ce subterfuge ne saurait prévaloir
contre les articles 256 et 259 du règlement sur le service des places :

« Art. 256. Quand le dernier terme de la résistance est arrivé, le commandant
consulte le conseil de défense ; il prend de lui-même, en suivant l'avis le plus énergique, s'il n'est absolument impraticable, les résolutions que le sentiment de son devoir
et de sa responsabilité lui suggère. Dans tous les cas il décide seul de l'époque et des
termes de la capitulation.

« Art. 259. Le commandant supérieur d'une place a le droit de réunir le conseil
de défense et de le consulter ; mais, après la séance, il décide seul et sans avoir à se
conformer aux avis de la majorité. »

armée; on verra plus loin pour quel motif. Enfin, le général Jarras avait pensé que les autorités prussiennes accorderaient à un détachement de chaque corps la permission de se retirer soit dans une ville du Midi, soit en Algérie, sous la condition expresse de ne plus porter les armes contre l'Allemagne, tant que durerait la guerre. Il essuya sur ce point un refus inflexible. Quand ces diverses questions eurent été débattues, l'envoyé du maréchal retourna au quartier général, porteur du protocole, qu'il fallait examiner une dernière fois avant la signature définitive. Le maréchal fut péniblement surpris d'apprendre que les officiers n'auraient pas le droit de garder leurs épées ; il ne voulait pas céder sur ce point, mais au moment même où il invitait le général Jarras à insister sur ce point, une dépêche de Frédéric-Charles vient lui annoncer que le roi de Prusse accordait aux officiers la satisfaction demandée en leur nom. Arrivé à l'article relatif aux honneurs militaires, le maréchal s'arrète ; il ne s'oppose pas à ce que cette clause figure sur le protocole, mais à une condition: c'est qu'elle restera lettre morte. Il voit trop de difficultes au défilé de l'armée ; il allègue le mauvais temps, il imagine des compétitions possibles entre les divers corps. Des juges compétents estiment que le motif réel de ces réserves ne dérivait ni de la mauvaise température, ni des jalousies imaginaires que l'ordre du défilé pouvait éveiller entre les régiments. Il faut chercher ailleurs ce motif. Le maréchal, qui s'était rarement montré à ses troupes, craignait de paraître devant elles pendant ce morne défilé ; il redoutait les murmures et les imprécations de cette vaillante armée précipitée par sa faute dans une si grande catastrophe. Enfin, l'examen du protocole est terminé, le général Jarras retourne à Frescaty pour se faire infliger une leçon de dignité par le négociateur prussien. Le général de Stiehle ne peut pas admettre, en effet, que l'on fasse figurer pour la forme les honneurs militaires sur la convention. Si cet article ne doit pas recevoir son exécution, il pense qu'il vaut mieux pour la sincérité des deux partis l'effacer tout de suite. Le général prussien se montre fort surpris que le maréchal refuse les honneurs militaires pour son armée parce qu'il pleut, et il dit, non sans malice, au chef d'état-major de Bazaine que l'armée prussienne ne se laissait jamais guider par des considérations de cette nature. Le général Jarras connaissait la volonté de Bazaine : il subit la leçon et consentit à la suppression de l'article. Toutefois, comme il fallait trouver un témoignage honorable pour l'armée, il eut l'idée fort étrange d'interpréter comme un hommage de respect pour les troupes la liberté accordée aux officiers de garder leurs épées. Un autre incident, non moins curieux, se produisit au cours de la discussion. Les négociateurs traitaient la question de l'envoi des prisonniers en Allemagne. Le général de Stichle venait de régler l'ordre du départ des officiers. « Quant aux 80,000 hommes de troupes, ajoutait-il..... » Le général Jarras l'interrompit pour lui dire : « 80,000 hommes, mais il y en a bien davantage, nous en avons 126,000. — Oh ! oui, je sais, répliqua le général prussien, avec les malades et les blessés. — Mais non, pas du tout, tint à constater son interlocuteur ; c'est 126,000 combattants, donnés par la dernière situation, sans compter la garnison de Metz, les malades et les blessés, plus de 160,000 hommes. — Vraiment, est-ce possible? » Se contenta de répondre M. de Stiehle ; l'étonnement peint sur son visage en dit plus que ses paroles [1].

Dans l'après-midi de cette néfaste journée, l'intendant en chef était accouru auprès du maréchal pour lui apporter, disait-il, une heureuse nouvelle. Grâce à de minutieuses recherches, on venait de trouver des vivres pour quatre jours ; on en trouverait encore autant si l'on voulait s'en donner la peine. On pourrait donc tenir encore une semaine ; tout n'était donc pas irrévocablement perdu. Le maréchal répondit à l'intendant : « Et que voulez-vous que cela me fasse, monsieur l'intendant? Vous auriez des vivres pour quinze jours, que cela ne changerait rien à la situation ; les pourparlers sont engagés, il faut en finir de suite et nous en aller [2]. »

Au camp et dans la ville, l'agitation était portée à son comble par la perspective de l'inévitable désastre. Quelques officiers, qui ne veulent pas courber la tête sous la honte de la capitulation, se

----

[1] Cet incident est rapporté par le colonel d'Andlau, dans l'ouvrage : *Metz, campagne, négociations*, page 388.

[2] Cette réponse très-grave est rapportée par le colonel d'Andlau, qui la met en regard de l'article 255 du service des places, ainsi conçu :

« Le commandant d'une place de guerre ne doit jamais perdre de vue qu'il défend l'un des boulevards de l'empire, l'un des points d'appui de ses armées et que, *de la reddition d'une place, avancée ou retardée d'un jour, peut dépendre le salut du pays.* »

BAZAINE

réunissent et dressent un plan de sortie ; ils s'élanceront à la tête d'une poignée d'hommes résolus et franchiront, coûte que coûte, les lignes ennemies. L'intrépide général Clinchant était déjà désigné pour le commandement de cette expédition périlleuse ; mais, chose à peine croyable dans un pays où l'honneur militaire a tenu tant de place, des chefs de corps dénoncent ce généreux projet au maréchal Bazaine et lui offrent leur concours pour l'entraver. Le général Clinchant est mandé au quartier général du maréchal Lebœuf, son supérieur hiérarchique ; là, il se trouve en présence de ce vieux général Changarnier, dont la présence à Metz se révèle pour la première fois quand on entame les négociations. Visiblement agité, gesticulant avec véhémence, il apostrophe violemment le général Clinchant. Il ne comprend pas qu'il songe à se soustraire au déshonneur de la capitulation ; il le somme de renoncer à son projet, et comme celui-ci résiste et persiste, Changarnier, dont l'irritation s'accroît, repoussant le général abasourdi vers la porte, s'écrie tout à coup : « Je n'aime pas les braillards, entendez-vous, général ; j'aime mieux que l'armée périsse que de la voir se sauver par l'indiscipline ! » Après avoir prononcé ces étranges paroles, il se jette, en fondant en larmes, dans les bras de Clinchant. Pendant cette scène, les troupes qui devaient accompagner le général avaient été éloignées par ordre supérieur. Il ne restait plus qu'à baisser la tête, en attendant le dénoûment de ce douloureux drame.

Le 28 octobre, le maréchal Bazaine adressait à ses troupes un ordre du jour ainsi conçu :

« A l'armée du Rhin.

« Vaincus par la famine, nous sommes contraints de subir les lois de la guerre, en nous constituant prisonniers. A diverses époques de notre histoire militaire, de braves troupes, commandées par Masséna, Kléber, Gouvion Saint-Cyr, ont éprouvé le même sort, qui n'entache en rien l'honneur militaire quand, comme vous, on a aussi glorieusement accompli son devoir jusqu'à l'extrême limite humaine.

« Tout ce qu'il était loyalement possible de faire pour éviter cette fin a été tenté et n'a pas abouti.

« Quant à renouveler un suprême effort pour briser les lignes fortifiées de l'ennemi, malgré votre vaillance et le sacrifice de milliers d'existences qui peuvent encore être utiles à la patrie, il eût été infructueux, par suite de l'armement et des forces écrasantes qui gardent et appuient ces lignes ; un désastre en eût été la conséquence..

« Soyons dignes dans l'adversité ; respectons les conventions honorables qui ont été stipulées, si nous voulons être respectés comme nous le méritons. Évitons surtout, pour la réputation de cette armée, les actes d'indiscipline, *comme la destruction d'armes et de matériel, puisque, d'après les usages militaires, places et armements doivent faire retour à la France, lorsque la paix est signée* [1]..

[1] Le maréchal trompait sciemment son armée en tenant ce langage. Le texte du protocole signé à Frescaty lui inflige, d'ailleurs, un démenti sans réplique :

« Entre les soussignés, le chef d'état-major général de l'armée française sous Metz, et le chef de l'état-major de l'armée prussienne devant Metz, tous deux munis des pleins pouvoirs de Son Excellence le maréchal Bazaine, commandant en chef, et du général en chef Son Altesse Royale le prince Frédéric-Charles de Prusse,

« La convention suivante a été conclue :

« Article 1er. L'armée française placée sous les ordres du maréchal Bazaine est prisonnière de guerre.

« Art. 2. La forteresse de la ville de Metz, avec tous les forts, le matériel de guerre, les approvisionnements de toute espèce et tout ce qui est propriété de l'État, seront rendus à l'armée prussienne dans l'état où tout cela se trouve au moment de la signature de cette convention.

« Samedi, 29 octobre, à midi, les forts de Saint-Quentin, Plappeville, Saint-Julien, Queuleu et Saint-Privat, ainsi que la porte Mazelle (route de Strasbourg), seront remis aux troupes prussiennes.

« A dix heures du matin de ce même jour, des officiers d'artillerie et du génie, avec quelques sous-officiers, seront admis dans lesdits forts, pour occuper les magasins à poudre et pour éventer les mines.

« Art. 3. Les armes ainsi que tout le matériel de l'armée, consistant en drapeaux, aigles, canons, mitrailleuses, chevaux, caisses de guerre, équipages de l'armée, munitions, etc., seront laissés à Metz et dans les forts à des commissions militaires instituées par M. le maréchal Bazaine, pour être remis immédiatement à des commissaires prussiens. Les troupes, sans armes, seront conduites, rangées d'après leurs régiments ou corps, et en ordre militaire, aux lieux qui seront indiqués pour chaque corps.

« Les officiers rentreront alors, librement, dans l'intérieur du camp retranché ou à Metz, sous la condition de s'engager sur l'honneur à ne pas quitter la place, sans l'ordre du commandant prussien.

« Les troupes seront alors conduites par leurs sous-officiers aux emplacements de bivacs. Les soldats conserveront leurs sacs, leurs effets et les objets de campement (tentes, couvertures, marmites, etc.).

« Art. 4. Tous les généraux et officiers, ainsi que les employés militaires ayant rang d'officiers, qui engageront leur parole d'honneur par écrit de ne pas porter les armes contre l'Allemagne, et de n'agir d'aucune autre manière contre ses intérêts jusqu'à la fin de la guerre actuelle, ne seront pas faits prisonniers de guerre ; les officiers et

« En quittant le commandement, je tiens à exprimer aux généraux, officiers et soldats, toute ma reconnaissance pour leur loyal concours, leur brillante valeur dans les combats, leur résignation dans les privations, et c'est le cœur navré que je me sépare de vous.

« *Le commandant en chef de l'armée du Rhin,*

« Maréchal BAZAINE. »

On a quelque peine a se contenir, quand on voit le maréchal Bazaine évoquer, à propos de la capitulation de Metz, les glorieux souvenirs de Kléber à Mayence et de Masséna à Gênes. Mais faut-il s'étonner, si l'homme dont la conduite révèle une absence complète de sens moral, manque de mesure dans son langage, et après tant d'actes coupables est-il permis de s'arrêter à des mots déplacés? Une faute amène une autre faute, et un mensonge appelle un autre mensonge. Après avoir trompé son armée en lui promettant qu'après la signature de la paix le matériel de guerre serait rendu à la France, après avoir foulé aux pieds toutes les traditions militaires en qualifiant « d'actes d'indiscipline » la destruction des armes et du matériel, le maréchal commet une « dernière infamie [1] » par un mensonge plus odieux encore que le précédent. En vertu de l'article 3 du protocole de Frescaty, les armes, ainsi que tout le matériel, consistant en dra-

employés qui accepteront cette condition conserveront leurs armes et les objets qui leur appartiennent personnellement.

« Pour reconnaître le courage dont ont fait preuve pendant la durée de la campagne les troupes de l'armée et de la garnison, il est en outre permis aux officiers qui opteront pour la captivité d'emporter avec eux leurs épées ou sabres, ainsi que tout ce qui leur appartient personnellement.

« Art. 5. Les médecins militaires sans exception resteront en arrière pour prendre soin des blessés ; ils seront traités d'après la convention de Genève ; il en sera de même du personnel des hôpitaux.

« Art. 6. Des questions de détail concernant principalement les intérêts de la ville sont traitées dans un appendice ci-annexé, qui aura la même valeur que le présent protocole.

« Art. 7. Tout article qui pourra présenter des doutes sera toujours interprété en faveur de l'armée française.

« Fait au château de Frescaty, 27 octobre 1870.

« *Signé :* L. JARRAS.   STIEHLE. »

[1] Expression du général Bisson, commandant la 2e division du 6e corps d'armée.

peaux, aigles, etc., devaient être déposés dans les forts pour être
« remis immédiatement à des commissaires prussiens. » Le maréchal comprit que ni les officiers ni les soldats ne consentiraient à
livrer à l'ennemi ces drapeaux, symbole de l'honneur militaire,
dans les plis desquels flotte sur le champ de bataille l'image sacrée
de la patrie. Il écrivit donc aux chefs de corps une circulaire dont
voici le spécimen :

« A S. E. le maréchal Canrobert, commandant le 6ᵉ corps.

« Au grand quartier général, Ban Saint-Martin, 27 octobre 1870.

« Monsieur le maréchal,

« Veuillez donner des ordres pour que les aigles des régiments d'infanterie de votre
corps d'armée soient recueillies demain matin de bonne heure, par les soins de votre
commandant d'artillerie, et transportées à l'arsenal de Metz, où la cavalerie a déjà
déposé les si nnes; vous préviendrez les chefs de corps QU'ELLES Y SERONT BRULÉES.

« Ces aigles, enveloppées de leurs étuis, seront emportées dans un fourgon fermé; le
directeur de l'arsenal les recevra et en délivrera des récipissés aux corps.

« *Le maréchal commandant en chef,*

« *Signé :* BAZAINE. »

Les drapeaux ne seront pas livrés, ils seront brûlés : voilà de
quoi calmer les inquiétudes des régiments, dont plusieurs ont
déclaré qu'ils ne livreraient pas les emblèmes de l'honneur. Le
lendemain, quand on suppose que la livraison des drapeaux a
été effectuée, on tient un langage différent au directeur de l'arsenal :

CABINET DU MARÉCHAL
COMMANDANT EN CHEF.

« Ban-Saint-Martin, 28 octobre.

« ORDRE,

« D'après la convention militaire signée hier soir 27 octobre, tout le matériel de
guerre, étendards, etc., doit être déposé, inventorié et conservé intact jusqu'à la paix :
les conditions définitives de la paix doivent seules en décider.

« En conséquence, le maréchal commandant en chef prescrit, de la manière la plus
formelle, au colonel de Girels, directeur d'artillerie à Metz, de recevoir et de garder en
lieu fermé tous les drapeaux qui ont été ou qui seront versés par les corps. Il ne devra,
sous aucun prétexte, rendre les drapeaux déjà déposés, de quelque part que la demande
en soit faite. Le maréchal commandant en chef rend le colonel de Girels responsable
de l'exécution de cette disposition, qui intéresse au plus haut degré le maintien des
clauses de la *convention honorable* qui a été signée et l'HONNEUR DE LA PAROLE
DONNÉE.

« *Le maréchal commandant en chef,*

« *Signé :* BAZAINE. »

Quarante-cinq drapeaux sur soixante-seize furent livrés par cet inqualifiable subterfuge au prince Frédéric-Charles qui en décora son quartier général ; les autres furent heureusement préservés de cette souillure ; le général Desvaux, commandant de la garde, fit lui-même brûler les siens devant la porte de l'arsenal, malgré les ordres formels du maréchal ; quant aux autres, ils furent déchirés en morceaux, que les officiers se partagèrent et gardèrent comme de glorieux souvenirs. Le maréchal comprit l'odieux de sa conduite et les accusations qui, dans l'avenir, se dresseraient devant lui ; il ordonna de déchirer la page du registre de correspondance sur laquelle les deux circulaires avaient été transcrites ; mais cette sorte d'escroquerie n'a servi de rien, puisque nous avons le texte de ces trop mémorables documents.

Pendant que les troupes amenaient sur les places de la ville, sur la place de France, sur la place de Chambières le matériel de guerre que les forts et les magasins déjà remplis ne pouvaient plus recevoir [1], la population de Metz s'était rassemblée en proie au plus tragique désespoir. Des soldats qui allaient verser leurs fusils à l'arsenal furent désarmés ; des groupes furieux maudissaient Bazaine et le général Coffinières. Les femmes, mêlées à la foule, joignaient leurs imprécations et leurs larmes aux cris de douleur des gardes nationaux. Cette population si vaillante et si française ne pouvait se résigner à cette grande catastrophe. Le son lugubre de la grande cloche de la cathédrale, dominant ces rumeurs confuses, pénétrait dans les cœurs et les glaçait comme le glas funèbre de la ville infortunée ; sur différents points de la ville le tocsin sonnait, et, de toutes parts, les habitants sortaient de leurs maisons et venaient grossir les rassemblements. Des officiers égarés par la douleur appelaient ce peuple malheureux à a résistance. Craignant un soulèvement populaire qui aurait empêché la capitulation de s'exécuter, le maréchal Bazaine avait envoyé dans la ville un bataillon de voltigeurs de la garde. L'effervescence s'apaisa ; le silence du désespoir qui se recueille ne tarda pas à succéder au tumulte de la rue. Bazaine s'empressa d'écrire au prince Frédéric-Charles que la convention serait strictement exécutée. Il demandait au prince, dans cette lettre, la

---

[1] L'armée de Metz possédait 85 batteries, soit 510 bouches à feu (438 canons, 72 mitrailleuses). En ajoutant ces pièces à celles de la place et de l'arsenal on arrive au chiffre de 1,800 bouches à feu livrées à l'ennemi.

permission de se présenter le lendemain à son quartier général et
de se constituer prisonnier. Il avait hâte de se soustraire aux
regards de ses soldats. Le 29, au matin, après avoir fait à d'éhontés
solliciteurs une abondante distribution de croix et de médailles,
il s'informa du mot d'ordre, sans lequel il ne pourrait franchir les
avant-postes français. Sanglante ironie de la destinée ! Le nom
qu'il jettera à la sentinelle est celui d'un homme qui a trahi
la France, c'est le nom de Dumouriez! Cependant la réponse
du prince Frédéric-Charles n'arrive pas. Bazaine s'impatiente,
commande ses équipages, et sans attendre plus longtemps se
dirige vers le village de Moulins, limite extrême des avant-
postes français [1]. Il y reste caché jusqu'à quatre heures, pendant
que la grande armée de Gravelotte, abandonnée après avoir été
trahie, défile comme un troupeau devant les troupes allemandes.
Au village d'Ars, la population, consternée par le dénoûment du
drame de Metz, reconnaît le maréchal ; les femmes se précipitent
sur sa voiture, en brisent les glaces à coups de pierre et lui jettent, avec le nom de traître, de la boue au visage. La gendarmerie
prussienne accourt pour le soustraire à ces fureurs trop légitimes,
et il peut, sans autre accident, continuer sa route jusqu'au château
de Corny, quartier général du prince Frédéric-Charles.

La capitulation de Metz est l'événement décisif de la campagne
1870-1871 ; l'armée du Rhin, quoique condamnée à l'inaction par
suite des coupables projets de son chef, immobilisait plus de deux
cent mille Allemands aguerris qui reprennent leur liberté pour se
porter sur d'autres points du théâtre de la guerre. Deux cent
mille ennemis sont retenus sous les murs de Paris ; il n'y en a
pas moins de cent mille occupés soit à garder l'Alsace, soit à faire
le siége des nombreuses places fortes disséminées depuis le Rhin
jusqu'à Paris. Cela étant, les Allemands peuvent à peine détacher quelques corps, tant pour inquiéter les armées de province
en formation que pour assurer par des expéditions dans les régions
non dévastées la subsistance des troupes d'occupation. Jouissant
d'une liberté relative pour l'organisation de ses jeunes armées,
la délégation de Tours peut donc, sans témérité, espérer un

---

[1] Comme dernières paroles aux personnes qui ne l'accompagnaient pas, il dit, assure-
t-on : « Cette affaire aura au moins un bon côté; elle fera cesser la résistance de
Paris et rendra la paix à notre malheureux pays. » (*Metz, campagne, négociations,*
p. 410.)

retour de fortune. Tout à coup la victoire de Coulmiers (9 novembre) semble ouvrir le chemin de Paris aux jeunes armées de la République. Espérance trop vite déçue ! Quelques jours se sont à peine écoulés que l'armée de Frédéric-Charles, rendue libre par la trahison de Bazaine, apparaît sur les bords de la Loire et change encore une fois la face des choses pour le malheur de la France. Grâce à ce précieux renfort, les armées allemandes se portent au nord, à l'ouest, partout où une résistance se manifeste, sans se relâcher pour cela de leur surveillance sur Paris.

Ainsi l'avait voulu le maréchal Bazaine, en qui la France avait espéré jusqu'au bout, jusqu'au jour où l'affreuse réalité se dresse devant elle dans toute son horreur. Pauvre et généreuse France ! Elle était bien excusable de nourrir, même après Sedan, une semblable illusion. Elle n'avait jamais vu, dans le cours de sa longue et orageuse histoire, cent soixante-treize mille hommes commandés par un chef renommé, livrer leurs armes, leur immense matériel à l'ennemi et prendre le douloureux chemin de la captivité ; elle n'avait jamais vu un maréchal refuser de servir sa patrie, dans l'espoir de l'asservir après sa défaite ; nouer des intelligences avec l'ennemi, quand son armée demande à marcher ; oublier ses devoirs militaires dans des négociations perfides ; propager de faux bruits pour abattre le courage de ses soldats ; fouler aux pieds les plus respectables traditions en refusant les honneurs militaires pour ses troupes ; afficher le mensonge pour décider les régiments à se séparer de leurs drapeaux ; se dérober enfin par la fuite à la suprême humiliation dont il est l'auteur.

Ce fut un morne défilé, quand les 152,827 hommes de la grande armée de Metz sortirent de la ville pour passer devant le front des bataillons ennemis. Toute l'armée allemande avait pris les armes : les régiments étaient alignés sur un côté des routes ; sur l'autre, se tenait le général commandant le corps, entouré de son état-major. Le prince Frédéric-Charles présidait fièrement la lugubre cérémonie. Les longues colonnes de prisonniers couvrant au loin les routes défilent silencieusement, l'œil morne, les cœurs déchirés par un sombre désespoir, devant les chefs des troupes allemandes ; puis on les arrête pour compter ces braves soldats comme des têtes de bétail. Le moment de la séparation est arrivé : les soldats serrent en pleurant la main de leurs officiers ; ils ne voulaient pas se séparer d'eux. Larmes inutiles ! Les officiers retournent dans leurs bivouacs pour y attendre les ordres de l'autorité prussienne ; parqués dans des campagnes détrempées par la pluie, sous un ciel inclément, les pauvres soldats font leurs adieux à la France qu'ils auraient voulu défendre et qu'ils vont quitter pour aller gémir captifs en Allemagne.

Les Prussiens venaient d'entrer dans Metz ; ils avaient pris possession de la cité désolée au nom de Sa Majesté le roi de Prusse.

ERRATA.

Page 217, *au lieu de :* opération de courage, *lisez :* opération de fourrage.

Page 219, *au lieu de :* appuyer le gouvernement de la République, *lisez :* le gouvernement de l'Empire.

Page 222, *au lieu de :* couchant pendant la nuit, *lisez :* marchant pendant la nuit.

LIVRE NEUVIÈME.

LE 31 OCTOBRE.

Agitation causée par la capitulation de Metz, la perte du Bourget et les bruits d'armistice. — Abattement de Paris. — Les partisans de la Commune relèvent la tête. — Réunion des maires a l'Hôtel-de-Ville : les élections municipales sont décidées à l'unanimité. — M. Étienne Arago porte cette décision aux membres du gouvernement. — Premier envahissement de l'Hôtel-de-Ville. — Discours du général Trochu. — M. Étienne Arago supplie les membres du gouvernement de se prononcer en faveur des élections municipales. — La salle du gouvernement est envahie. — Flourens et ses tirailleurs ; les membres du gouvernement prisonniers. — Blanqui organise le gouvernement de la Commune dans une salle voisine. — Ordres divers signés de lui. — Proclamation du maire de Paris pour annoncer les élections municipales, contresignée par MM. Dorian et Schœlcher. — M. Ernest Picard, qui s'est évadé de l'Hôtel-de-Ville, fait battre le rappel. — Arrivée du 106ᵉ bataillon de la garde nationale. — Scènes tumultueuses. — Délivrance de MM. Trochu, Jules Ferry, Emmanuel Arago. — Négociations entre MM. Dorian et Delescluze. — Rôle de M. Dorian : il veut éviter l'effusion du sang. — Arrivée de M. Jules Ferry à la tête de bataillons de la garde nationale. — On attaque les portes du palais à coups de crosse. — MM. Delescluze et Dorian se présentent en parlementaires. — Delescluze prend l'engagement de faire évacuer l'Hôtel-de-Ville. — Attitude de la foule réunie sur la place. — L'indignation est générale contre les auteurs de la manifestation. — La garde nationale arrive de toutes parts. — Flourens et Blanqui ne se prêtent aux concessions qu'après l'irruption des mobiles par un souterrain. — Moment critique pour les prisonniers. — Évacuation de l'Hôtel-de-Ville ; ovation au général Trochu. — Proclamation du général aux gardes nationales. — Le plébiscite du 3 novembre. — Les élections municipales. — Négociations relatives à l'armistice. — M. Thiers à Versailles. — Rupture des négociations.

La capitulation de Metz jeta les esprits dans un très-grand trouble. Bazaine était un soldat dont on connaissait la bravoure et dont on ne soupçonnait pas l'ambition. On s'était montré fort irrité contre le journal qui l'avait accusé de trahir ses devoirs, et le gouvernement n'avait pas peu contribué à entretenir l'illusion par la vivacité du démenti donné au propagateur de la nouvelle. Toutefois, bien que la chute de Metz fût pour Paris une cruelle blessure, aucun soulèvement populaire n'en aurait, selon toute apparence, accompagné l'annonce officielle, si ce malheur n'eût coïncidé avec la perte du Bourget et les bruits d'armistice. On a déjà vu que la perte du Bourget avait exaspéré la population parisienne ; les plus modérés exhalaient des plaintes amères contre le général Trochu ; les violents se répandaient en récriminations, en menaces, et relevaient audacieusement la tête. Le mot d'armistice, tombant au milieu de cette effervescence, fournit un nouveau prétexte aux doutes des uns ᐯt aux accusations des autres. Pour la multitude, un armistice était considéré comme le préliminaire de la capitulation ; un armistice, c'était la nomination d'une assemblée, la paix, la fin de la résistance nationale, en résumé, la défaite et le démembrement de la patrie. Or, après l'échec du Bourget, le sentiment dominant était celui d'une revanche et de la guerre sans merci : l'amour-propre était froissé de rester sur cet échec, qui aurait pu être changé en victoire, si le commandement militaire avait fait preuve de vigilance. L'épreuve de l'impuissance nationale n'était pas encore suffisamment faite pour qu'on pût sans péril jeter le mot d'armistice dans la foule. L'événement le prouva bien.

Dans la soirée du dimanche, 30 octobre, l'abattement des uns et les allures hardies des autres faisaient présager un orage prochain. Les partisans de la commune parlaient tout haut, dans les clubs, de renverser le gouvernement de l'Hôtel-de-Ville ; on accusait ceux-ci d'incapacité, ceux-là de trahison. Le gouvernement était accoutumé à ces effervescences populaires ; sans s'inquiéter autrement de ces symptômes d'agitation, il délibère une partie de la nuit en présence de M. Thiers. M. Thiers doit, en effet, repartir pour Versailles, après avoir reçu les instructions du gouvernement, et traiter de l'armistice avec M. de Bismarck. Cependant le 31, les maires des vingt arrondissements, très-inquiets des bruits qui courent dans leurs quartiers respectifs, se réunissent spontanément à l'Hôtel-de-Ville, sous la présidence de M. Étienne Arago, maire de Paris. Aucun d'eux ne dissimule ses alarmes ; l'esprit public leur paraît très-excité ; ils ont entendu de très-bons citoyens accuser la mollesse du gouvernement ; l'opinion générale est favorable aux élections municipales ; puisque ces élections sont considérées, à tort ou à raison, comme un stimulant et un auxiliaire pour la défense ; puisque, en outre, elles peuvent apaiser les esprits, il y aurait imprudence à les refuser. Les maires sont donc unanimes : tout atermoiement serait funeste, car le péril devient plus pressant d'heure en heure ; déjà l'on voit par les fenêtres des rassemblements se former sur la place de l'Hôtel-de-Ville. En conséquence, la réunion décide que les élections municipales doivent être annoncées. Mais il faut que cette résolution reçoive l'approbation des membres du gouvernement, qui siégent à l'autre extrémité du palais. M. Étienne Arago va leur soumettre la délibération des maires.

Pendant ce débat, la foule a grossi sous les fenêtres du palais; les grilles ont été franchies par une députation, qui est reçue dans la salle du Trône par MM. Trochu, Simon et Pelletan. Les trois membres du gouvernement, debout en présence d'une foule bruyante qui grossit sans cesse, écoutent l'orateur de la députation, M. Maurice Joly. Très-ému, ayant quelque peine à se contenir, celui-ci expose au général les griefs de Paris sur le système de la défense ; il accuse sa mollesse, son incurie, et qualifie presque de trahison la perte du Bourget. Les assistants applaudissent frénétiquement et ne ménagent au général ni les lazzis, ni les huées. M. Jules Favre étant venu sur ces entrefaites rejoindre ses collègues, c'est vers lui que l'orateur se retourne pour l'accuser d'énerver la défense par des négociations d'armistice. Pas d'armistice ! le peuple de Paris veut se battre à outrance. Mais le gouvernement a donné assez de preuves de son incapacité ; le fardeau du pouvoir est trop lourd pour ses épaules, l'heure de la retraite a sonné pour lui. Voilà ce que la population parisienne lui signifie à l'instant même ; qu'il cède la place à d'autres plus énergiques. Comme seul moyen de salut restant, Paris réclame des élections immédiates : élections de la Commune d'abord, élections du gouvernement ensuite.

Cette harangue est terminée aux cris répétés de *A bas Trochu ! à bas l'armistice !* Dans ce tumulte croissant, le général, sur un signe, obtient du silence :

« Citoyens, dit-il, voulez-vous entendre la parole d'un soldat? (Oui, oui !)

« C'est en vain que vous suspectez mon patriotisme, qui me conduira à la mort pour la défense de la République.

« J'ai trouvé Paris sans défense, il pouvait être envahi en quarante-huit heures sans difficulté. A l'heure qu'il est, nous pouvons le déclarer avec certitude, la ville de Paris est imprenable. (La Commune !)

« Mais il ne suffit pas que l'ennemi n'entre pas, il faut le chasser, le battre. Pour cela nous avons besoin non-seulement de toutes vos forces et de votre patriotisme réunis, il faut encore l'union de tous. »

De toutes parts : A bas Trochu !

Il continue :

« Nous faisons, sachez-le bien, les plus grands efforts, les plus énergiques efforts. Si nos armées ont été vaincues, c'est qu'elles n'avaient pas ce qu'il faut pour vaincre ; elles manquaient d'artillerie... Nul plus que moi n'est dévoué au salut commun et nul ne veut davantage une guerre sans merci, une guerre à outrance. »

Les interpellations et les huées se croisent, étouffant la voix de M. Trochu. De nouveaux arrivants débouchent tumultueusement dans la salle du Trône. M. Trochu renonce à se faire entendre et, brusquement fendant la foule, il se retire avec ses collègues dans la salle ordinaire des séances du gouvernement. Le péril augmentant d'un instant à l'autre et rendant l'heure suivante incertaine, il y a urgence à profiter de la liberté relative dont on jouit encore et à prendre un parti.

Tout à coup, M. Étienne Arago pénètre dans la salle ; son émotion est grande. Il vient, dit-il, au nom des maires supplier les membres du gouvernement d'unir leurs efforts aux leurs pour conjurer une catastrophe. Les maires demandent que le gouvernement se joigne à eux et déclare que les élections sont accordées ; c'est le seul moyen de salut qui reste. « Au nom de la patrie, au nom de la concorde, s'écrie le maire de Paris, je vous conjure de ne pas repousser leur prière. » Les vœux de M. Arago sont entendus. Le gouvernement accepte les élections municipales immédiates et se déclare prêt, pour sa part, à se soumettre à l'épreuve du suffrage universel, pour n'avoir pas vis-à-vis des maires une situation inférieure. On n'a pas oublié, sans doute, que les hommes arrivés au pouvoir en septembre n'avaient reçu d'autre investiture que celle de l'acclamation populaire. Heureux de cette réponse, qui doit, dans sa pensée, ôter tout prétexte de récriminations aux groupes menaçants répandus dans le palais, M. Étienne Arago se retire pour annoncer aux maires que leurs vœux sont comblés. Mais en quelques minutes la situation était devenue on ne peut plus grave. Le maire de Paris, reconnu par quelques individus exaltés, est lâchement insulté. On porte une main téméraire sur son écharpe. Il reparaît subitement dans la salle du gouvernement, frémissant d'indignation, et jetant son écharpe sur la table : « Ils l'ont souillée, dit-il, par leurs insultes ! je la dépose, et ne la reprendrai que lorsque l'honneur du magistrat sera vengé ; du reste, tout est perdu. Les portes de l'Hôtel-de-Ville ont été ouvertes, le palais envahi, vous allez voir ces furieux ! »

La journée du 31 octobre entre ici dans une phase toute différente de celle que nous venons de parcourir : la députation que le gouvernement vient d'entendre demandait la Commune ; les hommes qui arrivent, qui se précipitent comme des furieux dans l'Hôtel-de-Ville, vont l'exiger les armes à la main.

A leur tête est Gustave Flourens, plein de ressentiment depuis le 8 octobre et bien résolu à prendre sa revanche. Il avait, à neuf heures du matin, convoqué à Belleville les chefs des cinq bataillons qui marchaient sous ses ordres, et leur avait communiqué ses projets : il fallait attaquer l'Hôtel-de-Ville sur-le-champ ; mais cet avis n'est pas adopté, parce qu'on n'est pas sûr d'avoir sous la main assez d'hommes pour réussir. Flourens convoque pour quatre heures vingt-trois chefs de bataillon jouissant de sa confiance. Vers trois heures, il rassemble ses cinq cents tirailleurs, s'assure qu'ils sont bien armés, pourvus de cartouches, et il descend sur la place de l'Hôtel-de-Ville, couverte d'une foule immense et confuse, où courent les bruits les plus contradictoires, où se manifestent les sentiments les plus divers. Après avoir disposé sur le quai ses fidèles tirailleurs, il pénètre à grand'peine dans le palais : les cours, les escaliers, les couloirs, regorgent de gardes nationaux, de curieux, d'enfants ; du haut en bas de l'édifice règne un tumulte inexprimable. Flourens avance à travers ce chaos ; il est reconnu, acclamé ; il débouche enfin dans une grande salle où l'on discute tumultueusement des noms pour un comité de salut public. Il se mele à la discussion et son nom est porté sur les listes. Enfin il arrive dans la salle des séances du gouvernement, qui avait été envahie pendant la délibération dont il a été question. Les membres du gouvernement sont assis autour d'une table, serrés par des gardes nationaux, qui les menacent. MM. Jules Favre, Jules Simon, Trochu,

Pelletan, Emmanuel Arago, Garnier-Pagès, et Tamisier, commandant en chef de la garde nationale, sont prisonniers, quelques-uns disent : otages. Flourens apparaît ; mille voix l'acclament ; il veut haranguer la foule et, pour se faire entendre, monte sur la table, botté, éperonné ; de cette tribune improvisée, où il va et vient fiévreusement entre les papiers et les écritoires, il lit aux acteurs et témoins de cette scène étrange la liste des noms qui composent le nouveau gouvernement. De ces noms, les uns sont applaudis, les autres contestés : celui de M. Rochefort, membre du gouvernement de la Défense nationale, excite des murmures ; celui de Flourens ne passe pas sans provoquer des marques d'improbation ; il est vrai que, dans la chaleur de l'action, Flourens s'était nommé le premier, ou le second. Flourens aurait voulu procéder à l'arrestation immédiate des membres du gouvernement de la Défense nationale et les conduire à la prison Mazas ; le manque d'hommes dévoués, la peur de ne pas atteindre Mazas sans voir ses prisonniers délivrés en route, l'excès même de la confusion qui empêche toute entente entre les chefs du mouvement, l'obligent de surseoir à ses projets. Il pensa que tout irait mieux dans quelques heures ; en attendant, les prisonniers sont gardés à vue, et les tirailleurs, restés sur le quai, reçoivent l'ordre de pénétrer dans l'Hôtel-de-Ville pour prêter main-forte à leur chef ; quelques-uns furent chargés de garder les issues du palais. Le jour baissait, les lampes sont apportées. Flourens et Millière (celui-ci venait de monter à son tour sur la table) obtiennent un instant de silence :

« Citoyens, s'écrie Flourens, vous avez renversé un gouvernement qui vous trahissait (acclamations), il faut en constituer un autre (Oui ! oui !). Je vous propose de nommer les citoyens : Flourens (réclamations), Millière, Delescluze, Rochefort (Non ! non ! pas de Rochefort ! — Si ! si ! nous voulons Rochefort !), Dorian (applaudissements), Blanqui, Félix Pyat. » — Le tumulte couvre sa voix. Il fait entendre qu'il faut préparer une salle pour le nouveau gouvernement. On murmure, des gardes nationaux s'écrient que tout doit se passer en présence du peuple. « Eh bien, reprend Flourens avec force, qu'on nous laisse un peu de place et qu'on ne nous étouffe pas. J'ordonne au peuple de s'éloigner. Les gardes nationaux resteront dans la salle. Quant aux membres du gouvernement déchu, nous les retenons comme otages jusqu'à ce qu'ils nous aient donné leur démission de bonne grâce. » (Applaudissements.)

On écrit les noms des membres du gouvernement nouveau et on jette les listes par les fenêtres à la foule houleuse qui attend sur la place de l'Hôtel-de-Ville.

Pendant que ceci se passe dans la salle du gouvernement, le vieux conspirateur Blanqui inaugure, dans une salle voisine, le gouvernement de la Commune, signant des ordres, envoyant des délégués de toutes parts, aux forts, aux ministères, agissant enfin comme s'il était déjà le maître de Paris. Il a fait à son point de vue personnel un récit de la journée. Vers cinq heures, il apprend qu'il est au nombre des élus du peuple qui a renversé le gouvernement ; il accourt à l'Hôtel-de-Ville. On l'acclame, des officiers de la garde nationale le prient d'entrer immédiatement en fonctions ; il demande où est Flourens : il apprend qu'il garde à vue les membres du gouvernement de la défense nationale et qu'il ne peut quitter son poste; la révolution est donc faite. Blanqui s'asseoit, sans autre cérémonie, devant une table chargée de papiers et se met au travail sans plus tarder ; il signe les ordres suivants :

« Ordre de fermer toutes les barrières et d'empêcher toutes communications qui pourraient informer l'ennemi des dissensions soulevées dans Paris.

« Ordre aux commandants des forts de surveiller et repousser avec énergie toutes les tentatives que feraient les Prussiens.

« Ordre à divers chefs de bataillon — une vingtaine environ — de rassembler leurs soldats et de les conduire sur-le-champ à l'Hôtel-de-Ville.

« Ordre à des bataillons, déjà réunis sur la place, d'entrer immédiatement dans le palais pour en garder les portes et en protéger l'intérieur.

« Ordre à ces mêmes forces de faire sortir de l'Hôtel-de-Ville le 106e bataillon, composé de légitimistes et de cléricaux du faubourg Saint-Germain.

« Ordre de faire occuper la préfecture de police par un bataillon républicain actuellement stationné sur la place.

« Ordre à plusieurs citoyens de s'installer dans diverses mairies à la place des maires présents. »

Les émissaires de Blanqui n'eurent pas le temps de porter ces ordres ; il était huit heures du soir et du secours venait d'arriver au gouvernement ébranlé. Blanqui en était d'ailleurs informé, car l'un des ordres que l'on vient de lire invite les bataillons massés sur la place à pénétrer dans l'Hôtel-de-Ville pour en expulser le 106ᵉ bataillon composé, dit-il, de légitimistes et de cléricaux du faubourg Saint-Germain.

Ce bataillon, commandé par M. Ibos, venait d'être amené par M. Charles Ferry, frère de M. Jules Ferry, membre du gouvernement. Les tirailleurs de Flourens qui gardent les portes veulent s'opposer à son passage. Le commandant fait battre la charge et, drapeau en tête, le bataillon force l'entrée ; au bruit des tambours qui dominent le tumulte, ces hommes résolus s'engagent dans l'escalier, fendant les flots de la foule. Ils arrivent enfin auprès de la porte qui donne accès dans la salle où les membres du gouvernement sont retenus prisonniers, toujours gardés à vue par Flourens. La porte, que les factionnaires refusent d'ouvrir, est enfoncée. Le commandant Ibos pénètre dans la salle avec quelques hommes, tandis que les gardes nationaux, obéissant à Flourens, abaissent leurs fusils comme s'ils allaient faire feu. On peut croire un instant qu'une bataille terrible va s'engager, mais Flourens est encore assez maître de lui pour faire relever les armes, et les gardes nationaux ne sont pas assez exaltés pour ne pas écouter sa voix. Le commandant du 106ᵉ bataillon essaye de prononcer quelques paroles : il monte sur la table où se promène toujours Flourens ; une planche trébuche et il tombe. Désespérant alors de dénouer la crise par des paroles que personne, du reste, ne pourrait entendre au milieu de cet incroyable tumulte, il tourne autour de la table avec quelques-uns de ses hommes pour enlever les membres du gouvernement. Le général Trochu, Jules Ferry, Garnier-Pagès, Pelletan, Emmanuel Arago sont entraînés dans cette sorte de poussée. Rejetés hors de la salle, ils parviennent à sortir de l'Hôtel-de-Ville et à recouvrer la liberté. Quant à M. Picard, il avait pu sortir du palais dans le trouble qui avait suivi le premier envahissement de la salle des séances, et, du ministère de la guerre, où beaucoup d'officiers de la marine et de

la garde nationale l'avaient rejoint, il donnait des ordres pour
la délivrance de ses collègues. MM. Favre, Simon, Leflô et Tamisier restaient prisonniers dans l'embrasure d'une fenêtre, derrière une haie de tirailleurs de Flourens.

Tel était, vers neuf heures, l'aspect de l'Hôtel-de-Ville :
une partie du gouvernement captive ; dans la salle voisine,
Blanqui donnant des ordres au nom du gouvernement nouveau ;
des émissaires sans mandat, comme Millière, allant d'une salle à
l'autre et s'épuisant en pourparlers stériles : car si, d'une part,
Blanqui ne voulait rien céder et travaillait à instituer un comité
de salut public, d'autre part, MM. Favre et Simon, menacés par
les baïonnettes des tirailleurs, refusaient énergiquement de se
prêter à aucune concession : « Rendez-nous d'abord notre liberté,
disaient-ils, et nous verrons ensuite ; jusqu'alors, quelles que
soient vos menaces, nous nous refusons à tout accommodement. »

Sans issue de ce côté, la situation n'aurait pu se dénouer que par
des scènes sanglantes, si des hommes plus libres que MM. Favre
et Simon et plus sages que le vieux Blanqui n'avaient assumé le
rôle dangereux et difficile de conciliateurs. On se souvient de la
délibération des maires en faveur des élections immédiates, et du
consentement donné à cette mesure par le gouvernement, au moment où le flot populaire se répandait dans l'Hôtel-de-Ville. Deux
adjoints du maire de Paris, MM. Floquet et Henri Brisson, s'é-
taient empressés de rédiger une proclamation, qui fut approuvée
par les maires et portée aussitôt à l'imprimerie nationale. Cette
affiche, qu'on put lire dans la nuit sur les murs de Paris, notamment autour de l'Hôtel-de-Ville, annonçait que les opérations
électorales auraient lieu le lendemain. Le maire de Paris et ses
adjoints y avaient apposé leurs signatures ; M. Dorian, ministre
des travaux publics, et M. Schœlcher, colonel de l'artillerie de la
garde nationale, l'avaient contresignée, l'un comme président,
l'autre comme vice-président de la commission des élections.

La proclamation était ainsi conçue :

« CITOYENS,

« Aujourd'hui, à une heure, les maires provisoires des vingt arrondissements, réunis
à l'Hôtel-de-Ville de Paris, ont déclaré à l'unanimité que, dans les circonstances actuelles
et dans l'intérêt du salut national, il est indispensable de procéder immédiatement aux
élections municipales.

« Les événements de la journée rendent tout à fait urgente la constitution d'un pouvoir municipal autour duquel tous les républicains puissent se rallier.

« En conséquence, les électeurs sont convoqués pour demain mardi, 1er novembre, dans leur sections électorales, à midi.

« Chaque arrondissement nommera, au scrutin de liste, quatre représentants. Les maires de Paris sont chargés de l'exécution du présent arrêté.

« La garde nationale est chargée de veiller à la liberté de l'élection.

« *Vive la République!*

« Fait à l'Hôtel-de-Ville, le 31 octobre 1870.

Le maire de Paris,
ÉTIENNE ARAGO.

Les adjoints au maire de Paris :
Ch. FLOQUET, Henri BRISSON,
Ch. HÉRISSON, CLAMAGERAN.

Le président de la commission des élections,
DORIAN.

Le vice-président de la commission des élections.
V. SCHŒLCHER. »

Les hommes honorables qui avaient signé cette affiche en attendaient beaucoup de bien. L'heure où la résolution d'en appeler aux électeurs avait été prise — *une heure* — indiquait que les maires avaient agi en dehors de toute pression. A ce moment, le palais de l'Hôtel-de-Ville n'était pas envahi ; les fonctionnaires municipaux avaient donc délibéré dans toute la plénitude de leur liberté. Malheureusement, l'acquiescement des membres du gouvernement aux élections était passé sous silence ; avait-on craint de les engager plus qu'ils ne souhaitaient ; était-ce un oubli involontaire ? Toujours est-il que la proclamation était chaudement discutée dans les groupes et que les ennemis du gouvernement n'étaient pas satisfaits des termes dont on s'était servi. Ils ne voyaient pas dans l'affiche une garantie suffisante pour rentrer chez eux et déposer les armes. On leur faisait observer cependant que M. Dorian, président de la commission des élections, était ministre des travaux publics, et que s'il avait promis son concours aux opérations électorales, ce ne pouvait être que par suite d'un accord avec ses collègues. Ces considérations calmaient un peu la foule. M. Dorian jouissait dans le moment d'une immense popularité, due à sa grande activité pour la fabrication des canons, non moins qu'à la sincérité reconnue de ses convictions républicaines. Aussitôt que l'Hôtel-de-Ville eut été envahi par les sectaires de Flourens et de Blanqui, aussitôt qu'on eut commencé à faire circuler des

listes pour la constitution d'un autre gouvernement, le nom de
M. Dorian avait été acclamé par la foule. Les chefs de la manifestation avaient besoin d'un homme estimé, très-modéré, quoique
excellent républicain, et représentant dans la défense de Paris
l'élément civil, cet élément qui, dans l'opinion générale, devait
primer l'élément militaire. Les sectaires Blanqui, Félix Pyat,
Flourens, Delescluze se jetèrent donc sur le nom de M. Dorian :
ils le nommèrent d'acclamation tantôt président du comité de salut
public, tantôt dictateur, suivant les courants de la foule, courants
très-divers et très-changeants, variant d'une salle à l'autre. En
vain M. Dorian déclinait-il l'honneur dont on s'obstinait à le
couvrir. « Je ne suis, disait-il, qu'un modeste fabricant, un ouvrier
étranger à la politique ; je ne peux pas, je ne veux pas être à la
tête d'un gouvernement constitué par la violence. Mon premier
acte, si j'étais le maître, serait de vous mettre à Mazas [1]. »
Les insurgés n'en continuaient pas moins à nommer M. Dorian
dictateur malgré lui. Cette dictature n'avait, il est vrai, d'autre
consistance que les listes sans cesse renouvelées qui circulaient
dans la foule, en dedans et en dehors de l'Hôtel-de-Ville. La véritable dictature, s'il y en avait une à exercer dans cette situation très-
précaire, Blanqui l'avait prise sans consulter personne, et il n'était
pas d'humeur à s'en dessaisir, tant qu'il n'y serait pas contraint
par la force. M. Dorian pouvait toutefois se servir de son ascendant pour conjurer une catastrophe et sauver la vie de ses collègues. Tel fut, durant toute la nuit, le noble usage qu'il fit de sa
popularité. Il contresigna l'affiche qu'on vient de lire, dans l'espoir
d'apaiser les esprits, et il se voua au rôle ingrat de conciliateur,
jusqu'au dénoûment de ce terrible drame qui, pendant un temps
bien long, côtoya le crime. Ce n'est pas une fois seulement que les
tirailleurs de Flourens abaissèrent leurs fusils sur leurs prisonniers. S'étant épuisé en vains efforts pour faire entendre raison
à ces bandes tumultueuses, M. Dorian s'était retiré dans le cabinet
du maire de Paris. La solution ne pouvait plus arriver que par
l'intervention de la force armée du dehors.

M. Picard avait fait battre la générale dans tous les quartiers
de Paris ; il avait adressé une dépêche télégraphique au général
Ducrot, campé à la porte Maillot, lui enjoignant de se rapprocher

---

[1] Déposition de M. Dorian. V. *l'Enquête parlementaire sur les actes du gouvernement
de la Défense nationale*, p. 527, col 2.

avec ses troupes. Pendant qu'il prend ces dispositions, non sans une certaine lenteur (il ne se doutait pas du danger que couraient ses collègues), M. Picard apprend que le général Trochu est parvenu à sortir de l'Hôtel-de-Ville. Aussitôt il se rend au Louvre, où il rencontre, avec le général, M. Jules Ferry, l'un et l'autre très-émus des scènes dont ils ont été témoins et très-alarmés pour leurs collègues. M. Trochu ne voulait pas envoyer de troupes régulières au secours du gouvernement ; il comptait et ne voulait compter que sur la garde nationale : « La police de la cité, l'ordre dans la rue ne regardent, disait-il, qu'elle seule, » et bien que cette opinion ne fût point partagée par le bouillant général Ducrot, le gouverneur de Paris y persista. Mais à qui donner le commandement de la garde nationale, en l'absence du général Tamisier retenu captif ? M. Trochu l'offrit au général commandant la première division militaire ; celui-ci l'ayant refusé, le général Trochu dit à M. Jules Ferry : « Vous allez prendre le commandement, puisque le général commandant la division ne veut pas, ou ne peut pas le prendre. » M. Ferry part à la tête de la garde nationale avec le colonel Roger du Nord. Ils abordent l'Hôtel-de-Ville par le côté qui fait face à la caserne Lobau. La porte était fermée, gardée par des sentinelles placées derrière la grille. On arrache la grille, on enlève les sentinelles et l'on travaille à faire sauter la porte avec des barres de fer, lorsqu'un parlementaire se présente : c'était M. Delescluze, accompagné de M. Dorian.

« Ne poussez pas plus loin votre attaque de vive force, dit M. Delescluze à M. Ferry, c'est inutile : les gens qui sont là comprennent qu'ils ne sont pas les plus forts. Je vous ferai observer qu'ils tiennent là Jules Favre, Jules Simon, tous vos amis ; que la vie de ces messieurs peut être en danger, et que, par conséquent, le plus sage est d'obtenir que l'Hôtel-de-Ville soit évacué purement et simplement. Je m'en charge. » M. Ferry consent à suspendre l'attaque, mais il met pour condition à cette trêve momentanée que les envahisseurs ne pourront, en évacuant le palais, pousser qu'un seul cri : *Vive la République !* et que le général Tamisier, sortant le premier de l'édifice, présidera au défilé. Delescluze rentre pour assurer l'exécution de ce traité ; M. Ferry, calmant l'impatience des gardes nationaux qui l'entourent, espère grâce à cette trêve sauver la vie de ses collègues. Il était environ minuit. De la place de l'Hôtel-de-Ville, des rues ad jacentes, plongées dans une obscurité à peu près complète, s'élevait le bourdonnement confus d'une foule anxieuse qui, par l'arrivée de nouveaux bataillons de gardes nationaux et de mobiles, grossissait d'heure en heure. Tous ces bataillons, l'arme au pied, ignorant comme tout le monde ce qui se passait et comment ce drame allait finir, attendaient dans l'obscurité, les yeux fixés sur le palais, dont toutes les fenêtres étincelaient de lumières. Le sentiment qui dominait dans cette foule immense n'était maintenant plus douteux. On maudissait les agitateurs qui ne craignaient pas de provoquer la guerre civile sous les yeux des Prussiens. Quand on avait appris que les chefs du mouvement s'appelaient Flourens, Blanqui, Pyat, Delescluze, l'indifférence vis-à-vis du gouvernement s'était changée en une vive irritation contre les auteurs de l'insurrection. La majorité de la population parisienne n'avait pas répugné, dans le principe, à une manifestation dont elle pensait que le gouvernement ferait son profit pour montrer à l'avenir plus d'énergie dans la défense, mais elle n'entendait pas s'abandonner aux mains de quelques hommes sans autorité sur le peuple et sur l'armée. Le triomphe de l'émeute apparut au plus grand nombre comme le prélude de la guerre civile et l'avant-coureur de la capitulation. L'espoir de la délivrance était encore trop vivace dans les cœurs pour qu'une telle perspective ne fût pas écartée avec horreur. Le gouvernement avait donc, à cette heure, reconquis toutes les sympathies perdues par l'échec du Bourget.

M. Delescluze et M. Pyat lui-même possédaient une intelligence assez nette de cette situation pour ne pas se faire d'illusion sur le dénoûment de la crise. Le rôle de M. Pyat fut, du reste, assez effacé durant cette nuit orageuse; il lui suffisait de savoir que les élections municipales avaient été promises. Il affecta donc de se tenir à l'écart, laissant Flourens prononcer des harangues comme un fanatique et Blanqui signer des ordres et jouer au dictateur comme un illuminé. Quant à Delescluze, peu charmé sans doute de l'outrecuidance de Blanqui, certain qu'un mouvement conduit par un homme de si peu d'autorité aboutirait à un échec désastreux ou ridicule, il ne cessa de se donner comme un conciliateur ; il voulait bien que le gouvernement de la Défense nationale cédât la place à la Commune et il comptait pour cela sur les élections annoncées, mais il ne voulait pas que cette victoire fût infirmée par la violence ou souillée par une goutte de sang.

Il semblait éprouver quelque honte des indignes saturnales dont l'Hôtel-de-Ville était le théâtre. Tantôt il essayait de pénétrer dans la salle où les membres du gouvernement étaient retenus captifs dans l'embrasure d'une fenêtre et pressait M. Jules Favre de souscrire à une convention qui mettrait fin au désordre : « Il me tourna le dos avec dédain, écrit M. Jules Favre, lorsque je le sommai de me faire mettre en liberté; » tantôt il rejoignait M. Dorian dans le cabinet de M. Étienne Arago et, de concert avec Millière, le pressait de porter ses propositions aux prisonniers. Les élections municipales et gouvernementales n'étaient pas tout ce qu'ils demandaient. Ils ajoutaient : « Nous voulons la garantie qu'aucun de nous ne sera recherché. » Seulement, quand on s'était mis d'accord avec Delescluze et Millière, arrivaient d'autres personnes qui ne voulaient plus rien et demandaient la Commune [1]. Toute transaction sérieuse devenait impossible dans ce chaos. Quelques individualités pouvaient bien s'engager ; les groupes et les partis ne le pouvaient pas : Flourens ne se serait pas cru lié par ce qu'aurait souscrit Blanqui, et Blanqui aurait montré la même indépendance vis-à-vis de Delescluze. Une convention suppose des chefs reconnus de part et d'autre.

Il n'est pas malaisé d'appuyer ces réflexions d'un exemple frappant. On a vu Delescluze prendre vis-à-vis de M. Jules Ferry l'engagement de faire évacuer immédiatement l'Hôtel-de-Ville : « Je m'en charge, dit-il. » Après avoir fait cette promesse, Delescluze retourne dans le palais. Les envahisseurs obéissent-ils à sa voix ? les voit-on descendre en exécution de l'arrangement conclu? Deux heures s'écoulent, il est trois heures après minuit et l'évacuation n'est pas commencée. A l'intérieur règne toujours le même désordre. Les gardes nationaux sont moins bruyants parce qu'en général ils succombent de fatigue ; quelques-uns suffoquent de chaleur ; d'autres sont ivres ; deux ou trois coups de fusil ont été tirés, sans atteindre personne. Flourens, enroué, exténué, est embarrassé de sa victoire et de ses prisonniers. Millière vient l'avertir qu'au dehors la foule a des allures menaçantes. Relégués dans l'embrasure d'une fenêtre, accablés par les émotions et la fatigue, MM. Favre, Simon, Garnier-Pagès, Leflô entendent sans pâlir les menaces de mort des

[1] Paroles de M. Dorian.

tirailleurs de Flourens. La profonde lassitude empêchait l'effroi. Qui n'eut, d'ailleurs, sa part d'émotion, pendant cette longue nuit? Un moment Blanqui avait été enlevé par des gardes nationaux : il fut, au bout de vingt minutes, délivré par les tirailleurs de Flourens, mais il sortit de la mêlée roué de coups [1]. Plus avant dans la nuit, vers trois heures, le maire de Paris essaye de descendre pour appeler un chef de bataillon de mobiles qui occupe la caserne située derrière l'Hôtel-de-Ville. « A peine arrivé sur le palier de l'étage inférieur, je fus arrêté par des gardes nationaux armés, qui s'écrièrent : « Nous te tenons! nous te tenons! »

« Je ne permets qu'aux honnêtes gens de me tutoyer, leur répondis-je.

« Il sera notre otage, dit un de ces hommes en s'adressant aux autres qui me tenaient les deux bras.

« Il paraît que c'est le mot d'ordre, repris-je; on m'a dit que M. Favre est en otage du côté du gouvernement; moi je suis en otage du côté de la mairie.

« Allons! allons! firent ces quatre hommes, et, après force jurements, ils posèrent la crosse de leurs fusils à terre en dirigeant la pointe de leurs baïonnettes sur ma poitrine.

« C'est très-bien, dis-je; et, appuyant ma tête sur une haute pile de bois à brûler qui se trouvait sur le palier et contre laquelle ces hommes m'avaient poussé : « Si vous me tuez, vous me tuerez endormi. » Et je fermai les yeux [2]. »

---

[1] Voici comment Blanqui a raconté cet incident

« Le citoyen Blanqui, averti que des bataillons hostiles agissaient avec violence dans l'intérieur contre le pouvoir populaire, voulut de nouveau rejoindre le citoyen Flourens, dont il demeurait séparé à son grand déplaisir.

« Il se rendit auprès de lui et, revenant à sa compagnie dans la salle qu'il avait quittée, il dut traverser une pièce qui venait d'être envahie par le 17e bataillon, composé aussi de gardes nationaux du faubourg Saint Germain. Ces gardes nationaux se débattaient avec des citoyens formant l'entourage de Flourens.

« Reconnu par eux, le citoyen Blanqui devint à l'instant même l'objet spécial de leurs attaques. Une lutte violente s'en suivit entre les deux partis. Elle se termina par l'enlèvement de Blanqui, qui fut passablement maltraité et rejeté à demi étranglé dans un corridor où se trouvaient d'autres gardes du 17e.

« Plus humains, ceux-ci le déposèrent sur un banc où il put recouvrer la respiration. Il se trouva là près de Tibaldi, qui avait été également arrêté et accablé de coups. On lui avait arraché les cheveux et la barbe, qu'il porte luxuriante. » (*Patrie en danger*, du 4 novembre 1870.)

[2] *Enquête sur les actes du gouvernement de la Défense nationale.* Déposition de M. Étienne Arago, p. 542, 1re col.

C'était une chimère, noble si l'on veut, d'espérer qu'une transaction à l'amiable ramènerait l'ordre dans ce chaos. On devait s'estimer heureux d'éviter l'effusion du sang; c'était le point essentiel; qui sait, en effet, ce qui serait arrivé si, volontairement ou par imprudence, un coup de feu eût fait une première victime? Ce serait un résultat immense, presque inespéré, de sortir de cette affreuse tourmente sans avoir à déplorer un seul attentat à la vie humaine. Mais espérer davantage c'était, nous le répétons, une chimère. L'affiche annonçant les élections municipales pour le lendemain était sur les murs de Paris, et notamment autour de l'Hôtel-de-Ville, depuis onze heures du soir. Les chefs de l'insurrection ne se comportaient-ils pas cependant comme si elle n'eût pas existé? Delescluze avait pris l'engagement de faire évacuer l'Hôtel-de-Ville. M. Jules Ferry n'attendait-il pas toujours au dehors l'exécution de cette promesse? Près de trois heures s'étaient écoulées depuis les pourparlers. Delescluze ne reparaissait pas, les portes de l'Hôtel-de-Ville restaient fermées. Les insurgés, ou n'avaient pas conscience de leur échec final, ou comptaient faire acheter chèrement la victoire à ceux qui se présenteraient pour leur arracher leurs prisonniers. Les conseils et les supplications ne les touchent pas. Flourens ne songe sérieusement à une transaction que lorsqu'il apprend que les mobiles bretons, pénétrant dans le palais par un souterrain, s'apprêtent à le chasser de l'Hôtel-de-Ville [1]. Cependant le dénoûment

---

[1] Voici, à cet égard, le témoignage de Flourens lui-même :

« On m'apporte tout à coup cette nouvelle : par le souterrain qui fait communiquer l'Hôtel-de-Ville avec la caserne Napoléon, et dont j'ignorais l'existence, viennent de pénétrer deux bataillons de mobiles bretons, fusils chargés et baïonnettes en avant. Une collision entre eux et mes tirailleurs qui occupent les portes de l'Hôtel-de-Ville, et viennent d'être ainsi tournés, grâce au souterrain, est imminente.

« Je consulte Blanqui, Ranvier, Millière, sur le projet d'une convention entre nous et Dorian. Puisque Dorian a été acclamé par le peuple, nous pouvons traiter avec lui, puisque, d'autre part, avec cinq cents tirailleurs, nous ne pouvons tenir contre deux bataillons de mobiles entrés dans l'Hôtel-de-Ville par le souterrain, contre tous ceux qui passeront par la même voie, contre tous ceux qui nous assiégent à l'extérieur, il est inutile de nous faire tuer ; cela serait même funeste au succès de notre cause en amenant de nouvelles journées de Juin dont profiterait de suite la réaction. D'ailleurs, il n'y a qu'un paquet de six cartouches dans les cartouchières de mes tirailleurs.

« Nous allons trouver Dorian, et nous convenons avec lui, librement, de l'accord suivant: « Les élections pour la Commune seront faites ce jour même mardi, à midi, selon « les affiches déjà envoyées aux mairies, et sous la direction de Dorian et de Schœlcher « seuls ; les élections pour un gouvernement nouveau seront faites le lendemain mer- « credi, à la même heure. Afin d'éviter l'effusion du sang, de montrer à nos amis et « aux partisans du gouvernement qu'il y a accord entre nous, nous sortirons ensemble « de l'Hôtel-de-Ville au milieu de mes tirailleurs ralliés sur moi. »

(*La Patrie en danger*, du 4 novembre 1870.)

LE GÉNÉRAL TROCHU

Degorce-Cadot, édit. Paris.   J. Claye, imp.

approche. Un grand fracas retentit tout à coup ; les portes craquent sous les coups de crosse ; il n'est plus possible de se faire illusion : ce lamentable drame touche à sa fin. Les hommes de Flourens, dont un grand nombre s'est assoupi de fatigue, s'éveillent brusquement ; ils arment leurs fusils et les abaissent sur les prisonniers. Moment solennel où va se consommer peut-être un épouvantable forfait. Flourens retrouve dans cet instant critique un peu de sagesse et ordonne à ses tirailleurs de relever leurs armes. Les mobiles bretons et les gardes nationaux, auxquels les portes du palais ont été ouvertes, délivrent les membres du gouvernement sans qu'un seul coup de fusil ait été tiré. Peu à peu les salles de l'Hôtel-de-Ville sont évacuées, et pour éviter tout acte de violence soit d'un côté, soit de l'autre, quelques membres du gouvernement sortent sur la place avec les chefs des insurgés. Le général Tamisier donne, dit-on, le bras à Blanqui. Il était environ quatre heures ; le général Trochu venait d'arriver aux abords de l'Hôtel-de-Ville, à cheval, accompagné d'une faible escorte, et du Louvre au palais, marchant au milieu d'une haie de gardes nationaux rangés dans la rue de Rivoli, il avait entendu sur son passage les cris de : *Vive Trochu ! Vive la République ! A bas la Commune !* Lui qu'on avait maudit dans la journée, on l'acclamait dans la nuit. Étrange métamorphose qui révèle l'étendue de la répugnance qu'inspiraient les agitateurs.

Ainsi se termina cette insurrection du 31 octobre, que l'indifférence publique avait tolérée à ses débuts comme une protestation contre la perte du Bourget, que des hommes coupables voulurent exploiter au profit de la Commune. Flourens, Blanqui, Millière pouvaient bien, par un coup de main, se rendre maîtres de l'Hôtel-de-Ville, mais ce n'était pas assez ; il leur aurait fallu, pour assurer le triomphe de la Commune, la confiance de Paris et l'appui de l'armée. L'un et l'autre leur faisaient défaut ; l'insurrection qu'ils avaient provoquée devait donc échouer : on ne vit point en eux des patriotes tourmentés du désir de sauver Paris, mais des téméraires qui attisaient dans une ville assiégée le feu de la guerre civile. Leurs noms, de suspects qu'ils étaient, devinrent odieux.

Le lendemain, le général Trochu adressait aux gardes nationales de la Seine la proclamation suivante :

« Votre ferme attitude a sauvé la République d'une grande humiliation politique, peut-être d'un grand péril social, certainement de la ruine de nos efforts pour la défense. ·

« Le désastre de Metz, prévu, mais profondément douloureux, a très-légitimement troublé les esprits et redoublé l'angoisse publique, et, à son sujet, on a fait au gouvernement de la Défense nationale l'injure de supposer qu'il en était informé et le cachait à la population de Paris, alors qu'il en avait, je l'affirme, le 30 au soir seulement, la première nouvelle.

« Il est vrai que le bruit en avait été semé depuis deux jours par les avant-postes prussiens. Mais l'ennemi nous a habitués à tant de faux avis, que nous nous étions refusés à y croire.

« Le pénible accident survenu au Bourget, par le fait d'une troupe qui, après avoir surpris l'ennemi, a manqué absolument de vigilance et s'est laissé surprendre à son tour [1], a vivement affecté l'opinion.

« Enfin la proposition d'armistice inopinément présentée par les puissances neutres a été interprétée, contre toute vérité et toute justice, comme le prélude d'une capitulation, quand elle était un hommage rendu à l'attitude de la population de Paris et à la ténacité de la défense. Cette proposition était honorable pour nous ; le gouvernement lui-même en posait les conditions dans des termes qui lui semblaient fermes et dignes. Il stipulait une durée de vingt-cinq jours au moins, — le ravitaillement de Paris pendant cette période, — le droit de voter pour les élections de l'Assemblée nationale, ouvert aux citoyens de tous les départements français.

« Il y avait loin de là aux conditions d'armistice que l'ennemi nous avait précédemment faites : quarante-huit heures de durée effective, et quelques rapports très-restreints avec la province pour la préparation des élections, — point de ravitaillement, — le gage d'une place forte, — l'interdiction aux citoyens de l'Alsace et de la Lorraine de participer au vote pour la représentation nationale.

« A l'armistice aujourd'hui proposé se rattachent d'autres

---

[1] On a vu par les détails que nous avons donnés sur l'affaire du Bourget que les troupes laissées au Bourget avaient moins manqué de vigilance que d'artillerie. L'assertion du général Trochu n'est donc pas exacte et elle est, en outre, offensante pour les malheureux soldats qui moururent ou furent faits prisonniers au Bourget.

avantages dont Paris peut facilement se rendre compte, sans
qu'il faille les énumérer ici. Et voilà qu'on le reproche comme une
faiblesse, peut-être comme une trahison au gouvernement de la
Défense nationale!

« Une infime minorité, qui ne peut prétendre à représenter les
sentiments de la population parisienne, a profité de l'élection publique pour essayer de se substituer violemment au gouvernement.
Il a la conscience d'avoir sauvegardé des intérêts qu'aucun gouvernement n'eut jamais à concilier, les intérêts d'une ville de
deux millions d'âmes assiégée, et les intérêts d'une liberté sans
limites. Vous vous êtes associés à sa tâche, et l'appui que vous
lui avez donné sera sa force à l'avenir contre les ennemis du
dedans aussi bien que contre les ennemis du dehors. »

Le gouvernement avait vu le péril de près ; il délibéra sur les
moyens d'en prévenir le retour. Le 1er novembre, plusieurs chefs
de bataillon, compromis dans les troubles de la nuit, sont révo-
qués de leurs fonctions ; un décret interdit à tout bataillon de
garde nationale de sortir en armes, sous peine de dissolution
immédiate et de désarmement ; l'arrestation des chefs du mouvement insurrectionnel est décidée, le gouvernement ne s'estimant
pas lié par l'accord intervenu entre M. Dorian et les principaux
insurgés. Cet accord était plus factice que réel, sans doute, mais il
avait du moins contribué à éviter des scènes sanglantes [1]. Les insurgés, d'ailleurs, ne baissaient point la tête, quoique vaincus, et
l'on savait positivement qu'ils s'étaient de nouveau réunis, plus
irrités que repentants. Quant à l'affiche placardée la veille sur
les murs et promettant des élections municipales, le gouvernement se refusa à l'admettre comme valable, bien que signée de
M. Dorian et du maire de Paris. Il mit en garde les électeurs
contre toutes convocations hâtives et déclara que les mesures
discutées dans le conseil du gouvernement avant l'envahissement
de l'Hôtel-de-Ville allaient être soumises à une nouvelle et
immédiate délibération.

Le résultat de cette délibération fut la proposition d'un plébiscite pour le 3 novembre. Le peuple de Paris était invité à voter
sur la question suivante : La population maintient-elle, oui ou

---

[1] Cette mesure amena la retraite de M. Edmond Adam, préfet de police, qui jugeait
ces arrestations impolitiques. C'était d'ailleurs le sentiment général. M. Adam fut remplacé par M. Cresson.

non, les pouvoirs du gouvernement de la Défense nationale ? Le vote s'accomplit dans' le plus grand ordre, sous l'empire de l'émotion répandue par les événements, et donna au gouvernement une victoire éclatante. Le dépouillement du scrutin accusa 557,996 oui, 62,632 non [1]. La question gouvernementale était tranchée ; restait la question municipale qui maintenant ne pouvait plus être douteuse. Les élections des maires furent fixées au 6 novembre, mais on eut soin de prévenir la population que rien ne ressemblait moins à la nomination d'une Commune que cette élection municipale.

A cet égard, le *Journal officiel* dissipa toutes les équivoques. « Cette élection, dit-il, ne ressemble en rien à celle de la Commune. Elle en est la négation. Le gouvernement persiste à se

[1] Quand ce résultat fut connu, les membres du gouvernement adressèrent à la population la proclamation suivante :

« Citoyens,

« Nous avons fait appel à vos suffrages.

« Vous nous répondez par une éclatante majorité.

« Vous nous ordonnez de rester au poste de péril que nous avait assigné la Révolution du 4 septembre.

« Nous y restons, avec la force qui vient de vous, avec le sentiment des grands devoirs que votre confiance nous impose.

« Le premier est celui de la défense. Elle a été, elle continuera d'être l'objet de notre préoccupation exclusive.

« Tous, nous serons unis dans le grand effort qu'elle exige ; à notre brave armée, à notre vaillante mobile, se joindront les bataillons de garde nationale frémissant d'une généreuse impatience.

« Que le vote d'aujourd'hui consacre notre union. Désormais c'est l'autorité de votre suffrage que nous avons à faire respecter et nous sommes résolus à y mettre toute notre énergie.

« Donnant au monde le spectacle nouveau d'une ville assiégée dans laquelle règne la liberté la plus illimitée, nous ne souffrirons pas qu'une minorité porte atteinte aux droits de la majorité, brave les lois et devienne, par la sédition, l'auxiliaire de la Prusse.

« La garde nationale ne peut incessamment être arrachée aux remparts pour contenir ces mouvements criminels. Nous mettrons notre honneur à les prévenir par la sévère exécution des lois.

« Habitants et défenseurs de Paris, votre sort est entre vos mains. Votre attitude depuis le commencement du siège a montré ce que valent des citoyens dignes de la liberté. Achevez votre œuvre ; pour nous, nous ne demandons d'autre récompense que d'être les premiers au danger et de mériter par notre dévouement d'y avoir été maintenus par votre volonté.

« Vive la République ! Vive la France !

« Général Trochu, Jules Favre, Garnier-Pagès,
Emmanuel Arago, Jules Ferry, E. Picard,
Jules Simon, Eugène Pelletan. »

prononcer contre la constitution de la Commune qui ne peut que créer des conflits et des rivalités de pouvoirs.

« Quelques-uns de MM. les maires ayant donné leur démission, il fallait pourvoir à leur remplacement.

« Le gouvernement a cru sage de donner aux magistrats municipaux la consécration de l'élection populaire.

« Les maires et adjoints conservent leur caractère d'agents du pouvoir exécutif qui leur est attribué par la loi.

« C'est aux citoyens qu'il appartient de choisir les meilleurs administrateurs, les plus dévoués aux intérêts de la cité et de la défense. »

Ce vote s'accomplit, comme le précédent, dans le plus grand calme. Quelques noms de signification hostile au gouvernement sortirent du scrutin, entre autres ceux de MM. Ranvier, Mottu et Delescluze, impliqués dans les poursuites suscitées par le 31 octobre ; la grande majorité des élus municipaux se recrutait parmi des citoyens investis de la confiance publique et ne portait aucun ombrage au gouvernement. Les nouveaux maires étaient : pour le 1ᵉʳ arrondissement, M. Tenaille-Saligny ; pour le 2ᵉ, M. Tirard ; pour le 3ᵉ, M. Bonvalet ; pour le 4ᵉ, M. Vautrain ; pour le 5ᵉ, M. Vacherot ; pour le 6ᵉ, M. Hérisson ; pour le 7ᵉ, M. Arnaud (de l'Ariége) ; pour le 8ᵉ, M. Carnot ; pour le 9ᵉ, M. Desmarest ; pour le 10ᵉ, M. Dubail ; pour le 11ᵉ, M. Mottu ; pour le 12ᵉ, M. Grivot ; pour le 13ᵉ, M. Pernolet ; pour le 14ᵉ, M. Asseline ; pour le 15ᵉ, M. Corbon ; pour le 16ᵉ, M. Henri Martin ; pour le 17ᵉ, M. François Favre ; pour le 18ᵉ, M. Clémenceau ; pour le 19ᵉ, M. Delescluze ; pour le 20ᵉ, M. Ranvier.

Où en étaient cependant les négociations relatives à l'armistice qui avaient si vivement ému les esprits et exercé sur l'insurrection du 31 octobre une influence décisive ?

On a vu M. Thiers, après son grand voyage à travers le continent, entrer dans Paris le 30 octobre, au milieu de l'effervescence excitée par la perte du Bourget et annoncer au gouvernement la capitulation de Metz. De son pèlerinage patriotique à travers les cours européennes, à Londres, à Vienne, à Saint-Pétersbourg et à Florence, l'illustre voyageur ne rapportait que des vœux timides pour une suspension d'armes. Les neutres, sur l'initiative de la Russie, se concertaient pour une action commune auprès de la Prusse et de la France. Ils commençaient à s'émouvoir des flots de sang versés dans cette longue lutte entre deux peuples civilisés ; ils jugeaient qu'il était temps de faire tomber les armes des mains des combattants, car plus se prolongerait la guerre, plus la haine entre les deux peuples serait profonde, menaçante pour le repos futur de l'Europe. Revenu auprès de la délégation de Tours, afin de lui exposer le résultat de son voyage et de recevoir ses instructions, M. Thiers avait obtenu, par l'intermédiaire de l'empereur de Russie, l'autorisation de pénétrer dans Paris ; il fallait, en effet, recevoir de l'autre partie du gouvernement les pouvoirs nécessaires pour négocier avec M. de Bismarck. Il part de Tours le 28 octobre et se dirige sur Orléans, d'où il gagne Versailles à travers les difficultés provenant de l'occupation étrangère et du mauvais état des routes. Le général Von der Tann l'avait fait accompagner par un officier bavarois. Arrivé le dimanche 30 octobre, à Versailles, il voit en passant M. de Bismarck, sans s'aboucher avec lui : deux officiers l'accompagnent jusqu'aux bords de la Seine, au-dessous du pont de Sèvres, et il passe le fleuve en bateau. Il était reçu, deux heures après, au ministère des affaires étrangères, entouré des membres du gouvernement qui écoutent avidement l'illustre voyageur. M. Thiers raconte son pèlerinage à travers l'Europe, son voyage à Tours, à Orléans, à Versailles ; il dit tout ce qu'il a vu, soit au milieu des jeunes armées françaises en formation non loin de la Loire, soit en traversant les pays occupés par l'étranger ; ses observations lui inspirent plus de crainte que d'espérance sur l'issue de la guerre. Puisque les puissances neutres ont bien voulu intervenir pour proposer un armistice aux belligérants, le gouvernement de la Défense nationale doit accepter l'offre avec empressement et se prêter aux négociations, tout autant du moins que les exigences du quartier général de Versailles seront compatibles avec l'honneur et l'intérêt de la France. Toute la nuit est consacrée à cette importante délibération et le lendemain, vers midi, M. Thiers retourne à Versailles, muni des pouvoirs du gouvernement pour la conclusion d'un armistice.

Les questions que soulevait la proposition des puissances neutres sont débattues, dans une première conférence, entre M. Thiers et M. de Bismarck :

1° Principe de l'armistice, ayant pour but essentiel d'arrêter l'effusion du sang et de fournir à la France le moyen de constituer un gouvernement reposant sur le vœu exprimé de la nation ;

2° Durée de cet armistice, motivée par les délais qu'entraîne la formation d'une Assemblée souveraine ;

3° Liberté des élections, pleinement assurée dans les provinces actuellement occupées par les armées prussiennes ;

4° Conduite des armées belligérantes pendant l'interruption des hostilités ;

5° Enfin ravitaillement des places assiégées, et spécialement de Paris, pendant la durée de l'armistice.

M. de Bismarck assure qu'il souhaite autant que les puissances neutres une suspension d'armes qui permette la constitution en France d'un gouvernement régulier avec lequel la Prusse puisse contracter des engagements valables et durables. Ce premier point ne soulève donc aucune objection de principe. La durée de l'armistice ne soulève pas non plus de grosses difficultés. Le négociateur français demande à M. de Bismarck une durée de vingt-cinq à trente jours, vingt-cinq au moins. Il faut douze jours pour que les électeurs puissent s'orienter et arrêter leur choix, un jour pour voter, quatre ou cinq jours pour que les candidats aient le temps, vu l'état des routes, de se réunir en un lieu déterminé, et de huit à dix jours pour une vérification sommaire des pouvoirs et la constitution de l'Assemblée. Ces calculs ne furent pas contestés par M. de Bismarck et la durée de vingt-cinq jours parut admise. La difficulté capitale provenait de la demande de ravitaillement, demande fort naturelle et conforme au principe des armistices qui veut que les belligérants se trouvent à l'expiration de la trêve dans la même situation qu'au moment où l'armistice est conclu, car s'il n'en était pas ainsi, une ville assiégée signant une suspension d'armes et continuant à dévorer ses approvisionnements pendant la durée de la trêve serait réduite par la famine à l'expiration de l'armistice. Tous les avantages seraient, dans ce cas, du côté de l'assiégeant.

Tout en admettant le ravitaillement en principe, M. de Bismarck formule des objections contre les quantités demandées par le négociateur français, puis il déclare vouloir en référer aux autorités militaires prussiennes. La conférence se trouve remise au lendemain 3 novembre.

M. Thiers en abordant le lendemain M. de Bismarck le trouve sombre et préoccupé; le chancelier prussien a dans les mains des rapports d'avant-postes annonçant qu'une révolution a éclaté à Paris et que le gouvernement de la Défense nationale a été renversé par les partisans de la Commune dans la nuit du 31 octobre. Il demande à M. Thiers s'il a reçu des nouvelles de Paris depuis son départ. M. Thiers n'avait reçu aucun avis depuis qu'il était sorti de Paris, mais il donne à M. de Bismarck l'assurance que le triomphe de la Commune aura été éphémère et que la garde nationale amie de l'ordre et patriote, en majorité dans la grande ville, aura rétabli le gouvernement ébranlé par l'insurrection. Du reste, il va envoyer quelqu'un à Paris pour savoir ce qui s'y passe, et comme il se trouverait sans pouvoirs pour continuer les négociations si les nouvelles répandues étaient vraies, il propose de renvoyer la conférence jusqu'au retour du courrier qu'il fait partir pour Paris immédiatement. Ainsi aux portes de Paris on ignorait les événements du 31 octobre trois jours après leur accomplissement. M. Thiers, ayant pu recevoir des nouvelles dans la même journée, se rend de nouveau chez M. de Bismarck et ne tarde pas à acquérir la certitude que son interlocuteur avait absolument changé d'avis sur l'opportunité d'un armistice. M. de Bismarck parlait moins en son nom, disait-il, qu'au nom des autorités militaires : celles-ci étaient convaincues que l'armistice était absolument contraire aux intérets prussiens ; que donner un mois de répit à la France, c'était procurer à ses armées le temps de s'organiser ; qu'introduire dans Paris des quantités de vivres difficiles à déterminer, c'était lui donner le moyen de prolonger indéfiniment sa résistance ; que l'on ne pouvait, par conséquent, accorder à la France des avantages pareils sans des *équivalents militaires.* « Je me me hâtai de répondre, — c'est M. Thiers qui parle, — que sans doute l'armistice pouvait avoir pour nous certains avantages matériels, mais que le cabinet prussien avait dû le prévoir d'avance en admettant le principe de l'armistice ; que, d'ailleurs, apaiser les passions nationales, préparer et rapprocher ainsi la paix, accorder surtout au vœu formel de l'Europe une déférence convenable, étaient pour la Prusse des avantages politiques qui valaient bien les avantages matériels qu'elle pouvait nous concéder. Je demandai alors quels étaient les *équivalents militaires* qu'on réclamait de nous, car M. le comte de Bismarck mettait un soin extrême à ne pas les désigner.

« Il me les énonça enfin, toujours avec une certaine réserve. « C'était, me disait-il, une position militaire autour de Paris. » Et comme j'insistais : « Un fort, ajouta-t-il, peut-être plus d'un. » J'arrêtai sur-le-champ le chancelier de la confédération du Nord :

« C'est Paris, lui dis-je, que vous nous demandez ; car nous refuser le ravitaillement pendant l'armistice, c'est nous retirer un mois de notre résistance ; exiger de nous un ou plusieurs forts, c'est nous demander nos murailles. C'est, en un mot, nous demander Paris, en vous donnant les moyens de l'affamer ou de le bombarder. Or, en traitant avec nous d'un armistice, vous n'avez jamais pu supposer que la condition ce serait de vous livrer Paris lui-même, Paris, notre principale force, notre grande espérance, et pour vous la grande difficulté que vous n'avez pu vaincre après cinquante jours de siége [1]. »

Le mauvais vouloir de la Prusse était flagrant. Elle n'avait pas osé repousser une proposition d'armistice présentée par les grandes puissances ; et elle était mue en cela par un sentiment de condescendance auquel la diplomatie allemande elle-même ne croyait pas pouvoir se soustraire. On ne s'écarte pas cependant de la vérité en affirmant qu'elle ne s'estimait pas engagée par cette politesse faite à l'Europe. La Prusse entendait pousser jusqu'au bout ses avantages, réduire Paris par la famine et battre les armées de province avec les renforts rendus disponibles par la capitulation de Metz. M. de Bismarck se montre conciliant, se déclare partisan d'une suspension d'armes dans la première entrevue ; c'est, de sa part, une simple déférence aux vœux exprimés par la Russie, l'Angleterre, l'Autriche et l'Italie ; il accepte tout d'abord l'idée d'un ravitaillement, car il n'ignore pas qu'un armistice sans la faculté de remplacer les approvisionnements consommés au jour le jour serait une dérision, la négation même de la trève, au préjudice de l'assiégé. Après avoir fait acte de cour-

---

[1] Rapport adressé de Tours par M. Thiers aux représentants des grandes puissances. On trouvera ce document à la fin de ce chapitre.

toisie, il change brusquement d'avis et s'efface derrière les exigences de l'autorité militaire. L'état-major allemand repousse l'armistice comme contraire à ses intérêts. Le dernier mot de M. de Bismarck à M. Thiers est une proposition d'armistice sans ravitaillement. C'est la rupture des négociations. M. Thiers obtient encore une fois l'autorisation de revenir à Paris; il trouve M. Jules Favre et le général Ducrot sur les bords de la Seine, s'enferme avec eux dans une maison abandonnée, éventrée par les obus, et expose au membre du gouvernement le triste résultat de sa mission, en lui donnant jusqu'au lendemain pour sa réponse officielle et définitive. Il la reçut, en effet, le dimanche 6 novembre à Versailles. Le gouvernement invitait son ambassadeur à rompre la négociation, à quitter immédiatement le quartier général prussien pour se rendre à Tours et à rester dans cette ville à la disposition du gouvernement, au cas où son intervention pût être encore utile à des négociations ultérieures. M. Thiers sortit sur-le-champ de Versailles, accompagné d'officiers prussiens. Quand il arriva entre Orléans et Tours, les hostilités avaient recommencé : il franchit les avant-postes et, rejoignant la voie ferrée, il monta sur une locomotive qui le porta jusqu'au siége du gouvernement de province.

La rupture des négociations causa une grande joie à Paris; elle fut annoncée par le gouvernement en ces termes :

« Les quatre grandes puissances neutres, l'Angleterre, la Russie, l'Autriche et l'Italie avaient pris l'initiative d'une proposition d'armistice, à l'effet de faire élire une Assemblée nationale.

« Le gouvernement de la Défense nationale avait posé ses conditions, qui étaient le ravitaillement de Paris et le vote pour l'Assemblée nationale par toute la population française.

« La Prusse a expressément repoussé la condition du ravitaillement, elle n'a d'ailleurs admis qu'avec des réserves le vote de l'Alsace et de la Lorraine.

« Le gouvernement de la Défense nationale a décidé, à l'unanimité, que l'armistice ainsi compris devait être repoussé. »

Une opinion très-répandue au moment de la rupture des négociations attribuait aux événements du 31 octobre l'échec de la mission de M. Thiers. C'était, croyons-nous, une erreur, fort explicable dans un moment où il y avait une tendance marquée à tout rejeter sur le compte des insurgés, mais une erreur néanmoins. Que la Prusse eût refusé de poursuivre la négociation si l'insurrection avait triomphé, rien de plus naturel, mais l'insurrection était vaincue, le gouvernement venait de recevoir du vote du 3 novembre une consécration éclatante, son autorité n'avait jamais été plus grande. La Prusse ne pouvait donc arguer de sa fragilité pour repousser l'armistice. Dira-t-on qu'elle croyait prochaine une autre tentative insurrectionnelle qui, déchaînant la guerre civile lui ouvrirait les portes de la grande cité ?. Rien ne l'autorisait à nourrir cet espoir. Il est plus naturel et plus sage de penser que les autorités militaires prussiennes n'avaient d'autre ambition que de réduire Paris par la famine. Elles ignoraient la quantité d'approvisionnements entassés dans la ville, il leur était impossible de prévoir à jour fixe la capitulation, mais elles savaient que ce n'était qu'une question de temps ; l'armée allemande, même au prix de longues souffrances, voulait avoir la gloire de voir tomber l'immense cité qui était pour elle la France en raccourci. Ces sentiments existaient avant l'événement du 31 octobre : ce n'est pas la faute du 31 octobre si l'état-major prussien se montrait intraitable et prétendait réduire Paris jusqu'à la dernière extrémité ; ce n'est pas la faute du 31 octobre, si l'Allemagne, qui n'avait pas désarmé lors de l'entrevue de Ferrières, refusait de s'arrêter au 3 novembre. Ni M. Thiers dans son rapport aux représentants des grandes puissances, ni M. de Bismarck dans sa circulaire aux agents diplomatiques n'attribuent au 31 octobre le refus d'armistice avec ravitaillement. Ce refus était décidé d'avance à Versailles. En déclarant qu'il s'apprêtait à continuer la guerre, le gouvernement prit donc le parti le plus convenable à sa dignité. L'opinion publique, fort inquiète des négociations, applaudit à ce langage et se berça de l'espoir que ces pourparlers infructueux auraient au moins une conséquence importante : celle de forcer le général Trochu à ne plus regarder en arrière, à ne plus hésiter, à montrer enfin plus de résolution qu'il n'avait fait jusqu'alors.

On touche, avec la rupture de l'armistice, au point culminant du siège de Paris. A l'énervement inévitable que les bruits de négociations ont fait naître dans une foule d'esprits succède un ardent désir de se mesurer avec l'ennemi. On demande des actes. Le général Trochu semble se préparer, de son côté, pour une action énergique. Un décret du 9 novembre annule l'arrêté relatif à la formation des compagnies de volontaires de la garde nationale, cet arrêté que nous avons vu précédemment donner des résultats si insignifiants. Le présent décret constitue des compagnies de guerre dans chaque bataillon de la garde nationale. Tous les hommes célibataires ou veufs de 20 à 35 ans sont incorporés dans les bataillons de marche et assimilés aux troupes régulières, tant pour l'armement que pour l'uniforme et le service aux avant-postes. Un second décret appelle à l'activité tous les jeunes gens du département de la Seine appartenant à la classe de 1870. Le général Tamisier, commandant de la garde nationale, est remplacé dans ses fonctions par le général Clément Thomas, républicain de vieille date, ancien rédacteur du *National*, représentant de la Gironde en 1848, homme d'honneur et de probité, exilé sous l'Empire et accouru du fond de sa retraite aussitôt après la chute de Napoléon III. En se retirant noblement devant ce soldat plus jeune que lui, le général Tamisier adresse des adieux pleins de dignité à la garde nationale :

« Le général Clément Thomas a été appelé au commandement supérieur de la garde nationale. J'avais accepté comme une très-lourde tâche ces difficiles fonctions ; je n'ai pas hésité à les quitter le jour où j'ai vu le gouvernement placer à côté de moi, avec le titre d'adjudant général, le citoyen que je regarde comme le plus capable de les bien remplir. Il occupera avec plus d'autorité, de vigueur et de science militaire la position que j'ai traversée avant lui. Mais il ne rendra pas plus de justice que moi à cette généreuse armée de la garde nationale parisienne, à ces soldats que l'amour de la patrie a seul formés en quelques semaines. L'insigne honneur d'avoir été un instant leur commandant en chef est bien au-dessus de toutes les ambitions de ma vie. C'était encore un trop grand honneur pour moi que de transmettre des ordres à ces illustres officiers généraux des secteurs de l'enceinte, lorsque j'aurais voulu leur obéir.

« Je regrette d'avoir fait trop peu pour le gouvernement de la Défense nationale. Je l'aime et le respecte, parce qu'on ne saurait soupçonner son désintéressement, parce qu'il a été libéral à une époque qui semblait vouée à la dictature, calme et confiant dans l'avenir au milieu des ennemis et des revers. Il lui a été donné de nous faire oublier par moment les douleurs de la patrie, en nous permettant d'entrevoir ce que la République apporterait un jour à la France, de force, de grandeur et de liberté.

« Tamisier. »

« Gardes nationaux de la Seine, — disait à son tour M. Clément Thomas, — appelé pour la seconde fois, et après vingt-deux ans d'intervalle, à l'honneur insigne de vous commander [1], j'ai accepté, sans présomption comme sans faiblesse, ces fonctions difficiles, parce que je sais le concours que trouvera toujours dans votre patriotisme un chef pénétré de ses devoirs, et qui saura s'inspirer de votre esprit.

« Mon seul regret est de n'avoir pu décider le patriote éprouvé que je remplace à conserver son commandement.

« La crise que nous traversons, mes chers camarades, crise dont vous connaissez les causes et les auteurs, est une de celles où une nation doit périr ou se régénérer par un effort sublime.

« Cet effort, vous êtes résolus à le tenter ; et aujourd'hui qu'un vote librement exprimé prouve la confiance que peuvent mettre en vous les citoyens éminents auxquels vous avez confié le soin de vos destinées, préparons-nous à cette action décisive que vous appelez de tous vos vœux.

« Votre vieux général sera toujours heureux et fier de marcher à votre tête ; mais n'oubliez pas que, dans les épreuves qui nous sont réservées, le courage personnel ne saurait suffire ; il faut y joindre ce qui constitue la véritable force d'une armée : la discipline, l'esprit d'ordre et, ce qui résume peut-être toutes les vertus, l'abnégation élevée jusqu'au sacrifice.

« Union ! confiance ! et vive la République !

« Le commandant supérieur des gardes
nationales de la Seine,

« Clément Thomas. »

En même temps, les troupes composant la garnison de Paris sont divisées en trois armées : la première, comprenant la garde nationale, est placée sous les ordres du général Clément Thomas ;

---

[1] M. Clément Thomas avait commandé en 1848, comme colonel, la 2ᵉ légion de garde nationale.

la deuxième, sous les ordres du général Ducrot, avec les généraux Vinoy, Renault, d'Exea à la tête des trois corps qui la composent ; la troisième est plus spécialement placée sous les ordres du gouverneur de Paris : elle a pour principaux divisionnaires les généraux Soumain et de Bernis, le vice-amiral La Roncière le Noury et le contre-amiral Pothuau.

Pendant que le gouverneur de Paris montre par ces diverses mesures sa volonté de sortir de la fatale inaction qu'on lui reproche, le long et inquiétant silence entre Paris et la province est subitement rompu par une grande nouvelle. Un pigeon apporte une dépêche de M. Gambetta ainsi conçue :

« L'armée de la Loire, sous les ordres du général d'Aurelles de Paladines, s'est emparée hier d'Orléans après une lutte de deux jours. Nos pertes, tant en tués qu'en blessés, n'atteignent pas 2,000 hommes ; celles de l'ennemi sont plus considérables. Nous avons fait un millier de prisonniers, et le nombre augmente par la poursuite... La principale action s'est concentrée autour de Coulmiers, dans la journée du 9. L'élan des troupes a été remarquable, malgré le mauvais temps. »

Tout Paris s'écria : La fortune nous revient ! et il associa dans un indicible ivresse ces deux noms inconnus jusqu'alors : Aurelles de Paladines et Coulmiers.

Nous allons raconter par suite de quels efforts incessants, au milieu d'une situation qui semblait désespérée, cette victoire était venue inonder de joie le grand cœur de la France.

Rapport adressé par M. Thiers aux représentants des puissances à la suite des négociations relatives à l'armistice.

Monsieur l'ambassadeur,

Je crois devoir aux quatre grandes puissances qui ont fait ou appuyé la proposition d'un armistice entre la France et la Prusse, un compte succinct mais fidèle de la négociation grave et délicate dont j'avais consenti à me charger.

Muni des sauf-conduits que S. M. l'empereur de Russie et le cabinet britannique avaient bien voulu demander pour moi à S. M. le roi de Prusse, j'ai quitté Tours le 28 octobre, et après avoir franchi la ligne qui séparait les deux armées, je me suis rendu à Orléans. Sans perdre de temps, j'ai

pris la route de Versailles, accompagné d'un officier bavarois que M. le
général baron de Tann avait eu l'obligeance de m'adjoindre pour lever les
difficultés que je pourrais rencontrer sur ma route.

Pendant ce difficile trajet, j'ai pu me convaincre par mes propres yeux,
et malheureusement dans une province française, de tout ce que la guerre
avait d'horrible. Obligé, faute de chevaux, de m'arrêter trois ou quatre
heures de la nuit à Arpajon, je suis arrivé à Versailles le dimanche matin,
30. Je n'y suis resté que quelques instants, étant bien convenu d'avance
avec M. le comte de Bismarck que mes entretiens avec lui ne commence-
raient qu'après avoir complété à Paris les pouvoirs nécessairement incomplets que j'avais reçus de la délégation de Tours.

Accompagné des officiers parlementaires qui devaient me faciliter le
passage des avant-postes, j'ai franchi la Seine au-dessous du pont de Sèvres, actuellement coupé, et je suis descendu à l'hôtel des affaires étrangères, pour rendre plus faciles et plus promptes mes communications avec
les membres du gouvernement. La nuit s'est passée en délibération; et, après
une résolution adoptée à l'unanimité, j'ai reçu les pouvoirs nécessaires pour
negocier et conclure l'armistice dont les puissances neutres avaient conçu
l'idée et pris l'initiative.

Toujours soucieux de ne pas perdre un temps dont chaque minute
était marquée par l'effusion du sang humain, j'ai repassé les avant-postes
le lundi soir 31 octobre, et le lendemain 1er novembre, midi, j'étais en
conférence avec M. le chancelier de la confédération du Nord.

L'objet de ma mission était parfaitement connu de M. le comte de Bismarck, qui avait reçu comme la France la proposition des puissances neutres. Après quelques réserves sur l'immixtion des neutres, réserves que
j'ai dû écouter sans les admettre, l'objet de notre mission a été parfaitement
précisé et établi entre M. le comte de Bismarck et moi. Il s'agissait de conclure un armistice qui fît cesser l'effusion du sang entre deux des nations
les plus civilisées du globe, et permît à la France de constituer, par des
élections librement faites, un gouvernement régulier avec lequel on pût
traiter valablement. Cet objet était d'autant mieux indiqué que plusieurs
fois la diplomatie prussienne avait prétendu que dans la situation des choses
en France, elle ne savait à qui s'adresser pour entamer des négociations.

A cette occasion, M. le comte de Bismarck m'a fait remarquer, sans du
reste y insister, qu'il y avait en ce moment à Cassel, et cherchant à se reformer, les restes d'un gouvernement qui jusqu'ici était le seul reconnu par
l'Europe; mais qu'il faisait cette observation uniquement pour préciser la
situation diplomatique, et nullement pour se mêler, à quelque degré que
ce fût du gouvernement intérieur de la France. J'ai répondu sur-le-champ
à M. de Bismarck que nous l'entendions bien ainsi; que du reste le gouvernement qui venait de précipiter la France dans l'abîme d'une guerre
follement résolue, ineptement conduite, avait pour toujours terminé à
Sedan sa funeste existence et serait pour la nation française un souvenir
de honte et de douleur. Sans contester ce que je disais, le comte de Bismarck a protesté de nouveau contre toute idée d'ingérence dans nos affaires
intérieures et a bien voulu ajouter que ma présence au quartier général
prussien et la réception que l'on m'y avait faite étaient une preuve de la sincérité de cette déclaration puisque, sans s'arrêter à ce qui se faisait à Cassel,
le chancelier de la confédération du Nord était tout prêt à traiter avec l'en-

voyé extraordinaire de la République française. Après ces observations préliminaires, nous avons fait une première revue sommaire des questions soulevées par la proposition des puissances neutres :

1° Le principe de l'armistice, ayant pour objet essentiel d'arrêter l'effusion du sang et de donner à la France les moyens de constituer un gouvernement fondé sur l'expression de la volonté de la nation ;

2° La durée de l'armistice, en raison des délais nécessaires pour la formation d'une Assemblée souveraine ;

3° La liberté des élections pleinement assurée dans les provinces maintenant occupées par les troupes prussiennes ;

4° La conduite des armées belligérantes pendant l'interruption des hostilités ;

5° Enfin le ravitaillement des forteresses assiégées, et spécialement de Paris, pendant l'armistice.

Sur ces cinq points, et spécialement sur le principe même de l'armistice, le comte de Bismarck ne m'a pas paru avoir des objections insurmontables, et à la fin de cette première conférence, qui a duré au moins quatre heures, je croyais que nous pourrions nous mettre d'accord sur tous les points, et conclure une convention qui serait le premier pas vers un arrangement pacifique, si vivement désiré dans les deux hémisphères.

Les conférences se sont succédé, et le plus souvent deux fois par jour, car je désirais ardemment arriver à un résultat qui pût mettre fin au bruit du canon que nous entendions constamment, et dont chaque éclat me faisait craindre de nouvelles dévastations et de nouveaux sacrifices de victimes humaines. Les objections faites et les solutions proposées sur les différents points mentionnés ci-dessus ont été, dans ces conférences, les suivantes :

En ce qui touche le principe de l'armistice, le comte de Bismarck a déclaré qu'il était aussi désireux que les puissances neutres pourraient l'être elles-mêmes de terminer ou du moins de suspendre les hostilités, et qu'il désirait la constitution en France d'un pouvoir avec lequel il pût contracter des engagements tout à la fois valables et durables. Il y avait, en conséquence, accord complet sur ce point essentiel, et toute discussion était superflue.

En ce qui touche la durée de l'armistice, j'ai demandé au chancelier de la confédération du Nord qu'elle fût fixée à vingt-cinq ou trente jours, vingt-cinq au moins. Douze jours au moins étaient nécessaires, lui ai-je dit, pour permettre aux électeurs de se consulter et de se mettre d'accord sur les choix à faire, un jour de plus pour voter, quatre ou cinq jours de plus pour donner aux candidats élus le temps, dans l'état actuel des routes, de s'assembler dans un lieu déterminé, et enfin huit ou dix jours pour une vérification sommaire des pouvoirs et la constitution de la future Assemblée nationale. Le comte de Bismarck ne contestait pas ces calculs ; il faisait seulement remarquer que plus courte serait la durée, moins il serait difficile de conclure l'armistice proposé ; il semblait toutefois incliner, comme moi-même, pour une durée de vingt-cinq jours.

Vint ensuite la grave question des élections. Le comte de Bismarck voulut bien m'assurer que, dans les districts occupés par l'armée prussienne, les élections seraient aussi libres qu'elles l'aient jamais été en France. Je le remerciai de cette assurance, qui me paraissait suffisante, si le comte de Bismarck, qui d'abord avait demandé qu'il n'y eût aucune exception à cette

liberté des élections, n'avait fait quelques réserves relatives à certaines por-
tions du territoire français le long de notre frontière, et qui, disait-il,
étaient allemandes d'origine et de langage. Je repris que l'armistice, si on
voulait le conduire rapidement, selon le désir général, ne devait préjuger
aucune des questions qui pouvaient être agitées à l'occasion d'un traité de
paix nettement déterminé ; que, pour ma part, je refusais en ce moment
d'entrer dans aucune discussion de ce genre, et qu'en agissant ainsi j'o-
béissais à mes instructions et à mes sentiments personnels.

Le comte de Bismarck répliqua que c'était aussi son opinion qu'aucune
de ces questions ne fût touchée, et il me proposa de ne rien insérer sur ce
sujet dans le traité d'armistice, de manière à ne rien préjuger sur ce point ;
que, quoiqu'il ne voulût permettre aucune agitation électorale dans les pr
vinces en question, il ne ferait aucune objection à ce qu'elles fussent repré-
sentées dans l'Assemblée nationale par des notables qui seraient désignés
comme nous le déciderions, sans aucune intervention de sa part, et qui
jouiraient d'une liberté d'opinion aussi complète que tous les autres représentants de France.

Cette question, la plus importante de toutes, étant en bonne voie de solution, nous avons procédé à l'examen de la conduite que devraient tenir les
armées belligérantes pendant la suspension des hostilités. Le comte devait
en référer aux généraux prussiens assemblés sous la présidence de S. M. le
roi ; et, tout bien considéré, voici ce qui nous a paru équitable des deux
côtés, et en conformité avec les usages adoptés dans tous les cas sem-
blables :

Les armées belligérantes resteraient dans les positions mêmes occupées
le jour de la signature de l'armistice ; une ligne réunissant tous les points
où elles se seraient arrêtées formerait la ligne de démarcation qu'elles ne
pourraient pas franchir, mais dans les limites de laquelle elles pourraient
se mouvoir, sans cependant engager aucun acte d'hostilité.

Nous étions, je puis le dire, d'accord sur les divers points de cette négociation difficile, quand la dernière question s'est présentée : à savoir le
ravitaillement des forteresses assiégées, et principalement de Paris.

Le comte de Bismarck n'avait soulevé aucune objection fondamentale à
ce sujet ; il semblait seulement contester l'importance des quantités réclamées aussi bien que la difficulté de les réunir et de les introduire dans
Paris (ce qui toutefois nous concernait seuls), et, en ce qui concerne les
quantités, je lui avais positivement déclaré qu'elles seraient l'objet d'une
discussion amiable et même de concessions importantes de notre part. Cette
fois encore, le chancelier de la confédération du Nord désira en référer
aux autorités militaires auxquelles plusieurs autres questions avaient déjà
été soumises, et nous convînmes de nous ajourner au jeudi 3 novembre
pour la solution définitive de ce point.

Le jeudi 3 novembre, le comte de Bismarck, que j'avais trouvé inquiet
et préoccupé, me demanda si j'avais reçu des nouvelles de Paris ; je lui
répondis que je n'en avais pas depuis lundi soir, jour de mon départ de
cette ville. Le comte de Bismarck était dans la même situation ; il me tendit
alors les rapports des avant-postes, qui parlaient d'une révolution à Paris,
et d'un nouveau gouvernement. Était-ce là ce Paris dont les nouvelles les
plus insignifiantes étaient naguère expédiées avec la rapidité de l'éclair et
répandues en quelques minutes dans le monde entier ? Pouvait-il avoir été

la scène d'une révolution dont pendant trois jours rien n'avait transpiré à ses propres portes ?

Profondément affligé par ce phénomène historique, je répliquai au comte de Bismarck que, le désordre eût-il été un moment triomphant à Paris, la tranquillité serait promptement rétablie grâce au profond amour de la population parisienne pour l'ordre, amour qui n'était égalé que par son patriotisme. Toutefois, mes pouvoirs n'étaient plus valables si ces rapports étaient bien fondés. Je fus ainsi obligé de suspendre mes négociations jusqu'à ce que les informations me fussent parvenues.

Ayant obtenu du comte de Bismarck les moyens de correspondre avec Paris, je pus, le même jour, jeudi, m'assurer de ce qui s'était passé le lundi, et apprendre que je ne m'étais pas trompé en affirmant que le triomphe du désordre n'avait pu être que momentané.

Le même soir, je me rendis chez le comte de Bismarck, et nous pûmes reprendre et continuer pendant une partie de la nuit la négociation qui avait été interrompue le matin. La question du ravitaillement de la capitale fut vivement débattue entre nous, et, pour ma part, j'ai maintenu fermement que toute demande relative aux quantités pourrait être modifiée après une discussion détaillée. Je pus bientôt m'apercevoir que ce n'était pas une question de détail, mais bien une question fondamentale qui avait été soulevée.

J'ai vainement insisté auprès du comte de Bismarck sur ce grand principe des armistices qui veut que chaque belligérant se trouve, au terme de la suspension des hostilités, dans la même situation qu'au commencement; ajoutant que de ce principe, fondé en justice et en raison, était dérivé cet usage du ravitaillement des forteresses assiégées et de leur approvisionnement, jour par jour, de la nourriture d'un jour : autrement, disais-je au comte de Bismarck, un armistice suffirait à amener la reddition de la plus forte forteresse du monde. Aucune réponse ne pouvait être faite, du moins le pensais-je, à cet exposé de principes et d'usages incontestés et incontestables.

Le chancelier de la confédération du Nord, parlant alors, non en son propre nom, mais au nom des autorités militaires, m'a déclaré que l'armistice était absolument contraire aux intérêts prussiens; que nous donner un mois de répit était nous accorder le temps d'organiser nos armées; qu'introduire dans Paris une certaine quantité de vivres, difficile à déterminer, était donner à cette ville le moyen de prolonger indéfiniment son existence : que de tels avantages ne pourraient nous être accordés sans des équivalents militaires (c'est l'expression même du comte de Bismarck).

Je me hâtai de répliquer que, sans doute, l'armistice pouvait nous apporter quelques avantages matériels, mais que le cabinet prussien devait l'avoir prévu, puisqu'il en avait admis le principe; que, toutefois, avoir calmé le sentiment national, avoir ainsi préparé la paix, en avoir rapproché le terme, avoir par-dessus tout montré une juste déférence aux vœux déclarés de l'Europe, constituait pour la Prusse des avantages tout à fait équivalents aux avantages matériels qu'elle pouvait nous concéder.

Je demandai ensuite au comte de Bismarck quels pouvaient être les équivalents militaires qu'il pouvait nous demander; mais le comte de Bismarck mettait une grande circonspection à ne pas les préciser : il les fit connaître à la fin, mais avec une certaine réserve.

« C'était, disait-il, une position militaire sous Paris. » Et, comme j'insistais davantage : « Un fort, ajouta-t-il, plus d'un peut-être. » J'arrêtai immédiatement le chancelier de la confédération du Nord.

« C'est Paris, lui dis-je, que vous nous demandez : car nous refuser le ravitaillement pendant l'armistice, c'est nous prendre un mois de notre résistance ; exiger de nous un ou plusieurs de nos forts, c'est nous demander nos remparts. C'est, en fait, demander Paris, puisque nous vous donnerions le moyen de l'affamer ou de le bombarder. En traitant avec nous d'un armistice, vous ne pouviez jamais supposer que la condition serait de vous abandonner Paris même, Paris notre force suprême, notre grande espérance, et pour vous la grosse difficulté, qu'après cinquante jours de siége vous n'avez encore pu surmonter. »

Arrivés à ce point, nous ne pouvions plus continuer.

Je fis remarquer à M. le comte de Bismarck qu'il était facile de s'apercevoir qu'à ce moment l'esprit militaire prévalait, dans les résolutions de la Prusse, sur l'esprit politique qui avait dernièrement conseillé la paix et tout ce qui pouvait y conduire ; je demandai alors au comte de Bismarck de faciliter encore une fois de plus mon voyage aux avant-postes, afin de me consulter sur la situation avec M. Jules Favre ; il y consentit avec cette courtoisie que j'ai toujours rencontrée en lui en ce qui concerne les relations personnelles.

En prenant congé de moi, le comte de Bismarck m'a chargé de déclarer au gouvernement français que, si le gouvernement avait le désir de faire les élections sans armistice, il permettrait qu'on les fît avec une parfaite liberté dans tous les lieux occupés par les armées prussiennes, et qu'il faciliterait toute communication entre Paris et Tours pour toutes choses qui auraient rapport aux élections.

J'ai conservé le souvenir de cette déclaration dans mon esprit. Le lendemain, 5 novembre, je me dirigeai vers les avant-postes français ; je les traversai afin de conférer avec M. Jules Favre dans une maison abandonnée ; je lui ai fait un exposé complet de toute la situation, tant au point de vue politique qu'au point de vue militaire, lui donnant jusqu'au lendemain pour m'envoyer la réponse officielle du gouvernement, et lui indiquant le moyen de me la faire parvenir à Versailles. Je la reçus le jour suivant, dimanche 6 novembre. On m'y ordonnait de rompre les négociations sur la question du ravitaillement, de quitter immédiatement le quartier général prussien, et de me rendre à Tours, si j'y consentais, à la disposition du gouvernement, en cas que mon intervention pût être utile dans les négociations futures.

Je communiquai cette résolution au comte de Bismarck, et je lui répétai que je ne pouvais abandonner ni la question des subsistances, ni aucune des défenses de Paris, et que je regrettais amèrement de n'avoir pu conclure un arrangement qui pourrait avoir été un premier pas pour la paix.

Tel est le compte rendu fidèle des négociations que j'adresse aux quatre puissances neutres qui ont eu la louable intention de désirer et de proposer une suspension d'armes qui nous aurait rapprochés du moment où toute l'Europe aurait respiré de nouveau, aurait repris les travaux de la civilisation, et aurait cessé de se laisser aller à un sommeil sans cesse troublé par la frayeur que quelque accident lamentable ne surgisse et n'étende la conflagration de la guerre sur tout le continent.

Il appartient maintenant aux puissances neutres de juger si une attention

suffisante a été donnée à leur conseil ; je suis sûr que ce n'est pas à nous
qu'on peut faire le reproche de ne l'avoir pas estimé aussi haut qu'il le
méritait. Après tout, nous les faisons juges des deux puissances belligérantes ; et, pour ma part, comme homme et comme Français, je les remercie
de l'appui qu'elles m'ont accordé dans mes efforts pour rendre à mon pays
les bienfaits de la paix, de la paix qu'il a perdue, non par sa faute, mais
par celle d'un gouvernement dont l'existence a été la seule erreur de la
France : car ç'a été une grande et irrémédiable erreur pour la France que
de s'être choisi un pareil gouvernement, et de lui avoir, sans contrôle,
confié ses destinées.

Recevez, monsieur l'ambassadeur, etc.

Signé : A. THIERS.

LIVRE DIXIÈME.

COULMIERS.

Le gouvernement commet une faute en s'enfermant dans Paris. — Envoi d'une délégation à Tours. — MM. Crémieux, Fourichon et Glais-Bizoin. — Fièvre de la France à leur arrivée. — Les partis s'agitent et demandent l'élection d'une Assemblée. — Symptômes de sécession à l'Ouest et dans le Midi. — Intrigues nouées autour du gouvernement : bonapartistes, orléanistes, légitimistes. — Conflits entre les autorités civiles et militaires ; menaces de guerre civile à Lyon. — Le général Mazure arrêté et emprisonné. — Démission de l'amiral Fourichon. — M. Crémieux, ministre de la guerre. Lassitude de la délégation. — Arrivée inopinée de M. Gambetta. — Etat militaire de la France au 10 octobre. — Orléans perdu par le général Lamotterouge. — Le général d'Aurelles de Paladines nommé commandant en chef de l'armée en Sologne. — Le général Cambriels évacue les Vosges et se retire à Besançon. — Corps en formation dans l'Ouest. — Proclamation de M. Gambetta aux départements. — Ajournement indéfini des élections. — La France debout. — Prodigieuse activité pour la réorganisation administrative et militaire. — Bureau des cartes ; bureau des reconnaissances ; création du corps auxiliaire du génie civil ; réorganisation de l'intendance et des ambulances. — Réorganisation militaire : formation des cadres ; création de l'armée auxiliaire ; comités départementaux de défense ; création de l'artillerie départementale ; camps régionaux ; commissions d'équipement et d'armement. Opérations militaires : le général d'Aurelles de Paladines remplace le général de Lamotterouge ; le camp de Salbris ; effectif du 15e corps ; formation du 16e corps à Blois. — Dépêche de Jules Favre annonçant une sortie du général Trochu, pour le 6 novembre. — Conseil de guerre à Salbris. Marche sur Orléans. — Bataille et victoire de Coulmiers. — Orléans évacué par les Bavarois. — Disposition militaire pour couvrir la ville. — Immense sensation produite par cet événement.

Quand la République avait été proclamée, le 4 septembre, toutes les pensées s'étaient concentrées sur Paris. Il sembla qu'on oubliait la province et que Paris seul fût appelé à soutenir le choc des armées allemandes et à sauver la France. Le gouvernement élu se composait exclusivement de députés parisiens. Obéissant à l'impulsion de son origine, il résolut de s'enfermer dans la grande ville, comme si le sort de la France eût été indissolublement lié à celui de sa capitale. Ce fut une grande erreur et une source abondante de difficultés ultérieures. Paris assiégé, réduit au rôle de place forte, et la plus importante des places fortes françaises, devenait une citadelle et devait passer sous le commandement d'un gouverneur militaire. C'était une imprudence de lier la fortune du pays à la sienne et de retenir dans ses murs le

ministre de la guerre, dont l'activité était si puissamment sollicitée par l'état de dénûment militaire de la province, et le ministre
des affaires étrangères, qui devait se tenir sans cesse en rapport
avec les puissances voisines. L'envoi d'une délégation gouvernementale à Tours ne remédia qu'imparfaitement à cette faute. Cette
délégation fut composée de MM. Crémieux, ministre de la justice,
qui réunit provisoirement tous les ministères entre ses mains,
assisté d'un personnel de choix détaché de chaque ministère et
envoyé de Paris pour reconstituer l'administration. Peu de jours
après, l'amiral Fourichon, commandant de l'escadre, était rappelé de la mer du Nord par le général Trochu et venait rejoindre
M. Crémieux, comme ministre de la marine et de la guerre.
M. Glais-Bizoin, ancien député de l'opposition, compléta la délégation ; M. Glais-Bizoin ne reçut aucun portefeuille ; il assistait de
ses conseils ses deux collègues, chargés de toutes les attributions
ministérielles, et s'occupait avec toute l'activité dont il était
capable de l'organisation de la défense. Les membres du gouvernement provincial s'étaient installés à Tours peu de jours avant
l'investissement de Paris.

La fièvre dévorait alors la France, accablée par des catastrophes
imprévues. L'armée allemande cernait Metz, assiégeait Strasbourg, enveloppait toutes les places fortes disséminées sur le
territoire compris entre le Rhin et la Seine, et s'approchait de
Paris, favorisée par un automne splendide. L'invasion s'étendait
de jour en jour et l'on pouvait prévoir le moment où, après avoir
investi la capitale, elle rayonnerait dans la direction de Chartres,
d'Orléans et de Châteaudun. Les mobiles de la province, au
nombre de cent mille, venaient de s'enfermer dans Paris, toujours
en vertu de cette erreur que Paris allait devenir le centre presque
unique de la résistance. La province se trouvait donc dépourvue
de soldats, surtout d'officiers et de matériel de guerre ; la délégation de Tours voyait se dresser devant elle une tâche immense,
bien propre par sa grandeur et par ses difficultés à épouvanter les
esprits les plus résolus. Pour comble de malheur, des symptômes
d'agitation naissaient dans l'Ouest et dans le Midi ; la ligue de
l'Ouest travaillait à s'affranchir du gouvernement central pour
organiser des forces armées locales, manifestant l'intention de
localiser la résistance. Quinze départements du Midi, obéissant
au même esprit de séparation, constituaient, de leur côté, une

ligue spéciale. Coups funestes portés au pouvoir central et à la
défense du pays, si une main énergique n'arrêtait à temps le
mouvement sécessionniste. A côté de ces esprits égarés par un
patriotisme imprudent, bouillonnaient les passions politiques des
partis : du parti renversé par la révolution du 4 septembre et
cherchant à se reconnaître pour ressaisir le pouvoir échappé de
ses mains coupables et débiles ; des partis monarchiques récla-
mant à grands cris l'élection d'une Assemblée nationale, dans
l'espoir de prendre la direction des affaires et d'avoir raison du
gouvernement républicain, improvisé dans la détresse de la patrie.
La délégation de Tours avait apporté de Paris un décret convoquant pour le 16 octobre les électeurs dans leurs comices, décret
dont l'investissement de Paris, l'insuccès de l'entrevue de Ferrières, l'invasion toujours plus menaçante allaient rendre l'exécution impossible, au grand déplaisir de la délégation. Les membres
du gouvernement, dès leur arrivée à Tours, avaient vu accourir
auprès d'eux tous les représentants des partis monarchiques ; ces
hommes, fondant plus d'espoir sur la délégation isolée en province que sur le gouvernement enfermé dans Paris, avaient, sans
perdre de temps, noué leurs intrigues : les bonapartistes s'effor-
çant, au moyen des conseils généraux encore debout, de reconstituer l'Empire brisé et excitant l'opinion par des manifestes ; les
orléanistes appelant leurs princes au milieu des armées en formation ; les légitimistes invitant le comte de Chambord à revendiquer
ses droits à la couronne de France. Ce n'étaient pas, d'ailleurs,
les seules difficultés suscitées par la politique aux membres de
la délégation. Les républicains ardents, spectateurs des intrigues
auxquelles participaient les fonctionnaires du régime déchu,
pressaient le gouvernement de se séparer de ces dangereux serviteurs. Le ministre de la justice révoqua les magistrats qui
avaient fait partie des commissions mixtes, lors du coup d'État
de décembre ; il frappa de la même peine une foule de juges de
paix dont la conduite pendant le plébiscite avait justement soulevé
la conscience publique. La délégation, fatiguée, presque effrayée
des orages qui grondaient autour d'elle, attendait avec impatience
l'ouverture du scrutin pour l'élection d'une Assemblée nationale.

Avant de déposer le lourd fardeau qui pesait sur leurs épaules,
les délégués songeaient à l'œuvre essentielle : à la défense du sol
de la patrie envahi par l'étranger. La France, malgré ses rapides

et prodigieux revers, possédait encore d'immenses ressources, et elle était animée d'un magnifique patriotisme qui la disposait à tous les sacrifices en hommes et en argent. Les hommes appelés sous les drapeaux par un décret de la délégation accouraient de toutes parts, mais il fallait les habiller, les équiper, les instruire, former des cadres, et les officiers manquaient ; l'artillerie, les fusils, les munitions, tout était à créer, et cela en présence de l'ennemi. Si l'on trouvait de vieux fusils à Avignon, dans le palais des papes, ou en Algérie, il fallait commencer par les transformer ; si les ports et les arsenaux pouvaient fournir des bouches à feu, les pièces manquaient d'attelages, de harnais et surtout de servants. Ces obstacles ne sont pas franchis aussi vite qu'on le voudrait, surtout lorsque les représentants de l'autorité militaire nourrissent la conviction que tous ces efforts sont une dépense superflue. Or, tel était à cette époque le sentiment dominant chez la plupart des généraux : depuis l'effondrement de la puissance militaire de la France à Sedan, ils ne croyaient plus à un retour de fortune ; toute l'activité qu'on pouvait déployer pour créer de nouvelles armées leur paraissait, noblement, sans doute, mais follement dépensée. Ce découragement, que la population civile ne partageait point, fut une source féconde de conflits entre l'autorité civile et l'autorité militaire. C'est ainsi qu'à Lyon surgit entre le préfet, M. Challemel-Lacour, et le général Mazure une querelle qui aurait peut-être déchaîné la guerre civile, si la délégation de Tours n'avait remis tous les pouvoirs entre les mains du préfet. Le conflit se termina par l'arrestation et l'emprisonnement du général qui, d'ailleurs, bientôt remis en liberté, se comporta devant l'ennemi comme un brave soldat. Cet incident amena la démission de l'amiral Fourichon. M. Crémieux remplit à sa place les fonctions de ministre de la guerre depuis le 3 octobre jusqu'à l'arrivée de M. Gambetta.

La délégation de Tours s'était mise à l'œuvre vers le milieu de septembre. Dans les premiers jours d'octobre, elle avait réuni sous le commandement du général de Lamotterouge une armée de trente-cinq mille hommes environ, premier noyau de l'armée de la Loire. L'ennemi ayant menacé Orléans, le 8 octobre, cette armée encore imparfaitement instruite fut appelée trop précipitamment de Bourges, où elle se formait : elle rencontra les Prussiens vers Arthenay, fut battue et obligée d'abandonner Orléans, après un combat acharné sous les murs de cette ville. Le général Lamotterouge fut relevé de son commandement et remplacé par le général d'Aurelles de Paladines, qui ramena ses troupes au fond de la Sologne. Dans l'Est, le général Cambriels, à la tête de vingt-cinq mille hommes, évacuait les Vosges et se retirait à Besançon ; il y avait, dans l'Ouest, des corps en formation comptant trente-cinq mille hommes, sans cavalerie ni artillerie, et s'appuyant par leur droite à l'armée de la Loire ; dans le Nord, quarante mille hommes environ, retirés sous les places fortes, se préparaient à la lutte sous le commandement du général Bourbaki. Si, à ce total, on ajoute quelques corps francs, ceux notamment de Lispowski et de Cathelineau, on aura sous les yeux le tableau complet des forces de la France au moment où M. Gambetta, parti de Paris en ballon, arriva inopinément à Tours. On aura rendu pleine et entière justice à la délégation, quand on aura rappelé qu'elle pressait les opérations de la commission d'armement présidée par M. Lecesne, commission chargée d'acheter des munitions et des armes sur toutes les places du monde. Les marchés conclus vers le 10 octobre s'élevaient a seize millions.

La France bouillonnait, s'agitait, mais ne sentait pas l'impulsion souveraine qui devait en quelque sorte l'élever au-dessus d'elle-même, raminer sa foi ébranlée alors que l'espérance lui semblait interdite, la faire croire à son génie quand son génie paraissait s'être voilé pour toujours. Le patriotisme et l'activité des membres de la délégation n'étaient point contestables ; mais ils n'avaient ni l'enthousiasme, ni la jeunesse, ni le pouvoir qu'il fallait pour précipiter tous les esprits vers un but unique : la guerre sans merci contre l'étranger. Ainsi que nous l'avons déjà dit, les passions politiques s'agitaient dans leur entourage et ils allaient peut-être s'abandonner à des suggestions perfides, lorsque M. Gambetta parut subitement. Cet événement inattendu, romanesque, fit sur la France une impression profonde.

M. Gambetta apportait aux départements un ardent appel aux armes[1] ; sa voix résonne du Rhin aux Pyrénées, de l'Océan aux Alpes comme celle de la patrie frémissante. Un décret ajourne les élections jusqu'après la cessation de la guerre. Comment pro-

---

[1] Voir ce document, page 171.

céder à la nomination d'une Assemblée, quand Paris était séparé du reste de la France, quand plus de vingt-cinq départements étaient envahis? Froidement accueilli néanmoins par les membres de la délégation, amèrement discuté et condamné par la presse monarchique, le décret d'ajournement fut approuvé par l'immense majorité du pays et il reçut sa pleine exécution.

Toute diversion à l'œuvre de la défense ne pouvait être que funeste, car il fallait dans le plus bref délai réorganiser le pays tant au point de vue administratif qu'au point de vue militaire. A la fois ministre de la guerre et de l'intérieur, M. Gambetta se mit immédiatement à l'œuvre, avec l'aide d'un ingénieur distingué, M. de Freycinet, qui prit le titre de délégué à la guerre. La France ne marchanda point, d'ailleurs, son concours et ses encouragements à l'homme qui ne désespérait point d'elle ; les partis eux-mêmes oublièrent un moment leurs rancunes pour se dévouer à la défense du territoire : les hommes de bonne volonté, ingénieurs, médecins, administrateurs des grandes compagnies. accouraient à Tours et offraient leurs services ; la France entière était debout et s'associait sans murmure au gouvernement qui voulait la sauver.

L'administration brusquement implantée de Paris à Tours se trouvait dans un état très-défectueux ; on n'avait emmené en province qu'un personnel numériquement insuffisant, par suite de la croyance où l'on était que la province jouerait dans la guerre un rôle secondaire : les services les plus divers avaient dû être concentrés dans les mains d'un seul homme, et la prompte expédition des affaires souffrait de cette insuffisance. On n'avait au siége de la délégation ni les documents administratifs, ni les dossiers de l'armée faisant connaître les antécédents des officiers auxquels on allait donner des commandements, ni les cartes indispensables pour la combinaison et l'exécution des plans de campagne. Les armées en formation n'étaient pas mieux partagées sous ce rapport que l'administration centrale. Un habile officier de marine put heureusement mettre un terme à l'anxiété causée par le manque de cartes, en reproduisant par la photographie une carte de l'état-major qu'on avait eu la bonne fortune de se procurer. Un bureau des cartes, rapidement installé, put fournir environ quinze mille cartes dans un espace de quatre mois. A côté de lui fonctionnait un bureau d'études topographique ajoutant aux

cartes les routes et chemins de fer tracés depuis le relevé de
l'état-major.

Le gouvernement impérial, aussi imprévoyant que présomptueux, n'avait jamais pratiqué l'espionnage, et cette incurie avait
coûté cher à la France. Il importait, au moment où l'ennemi se
répandait sur le territoire, de connaître exactement le chiffre de
ses forces, les lieux qu'il occupait et d'avoir au milieu de ses armées des émissaires sûrs avec lesquels on se tiendrait en communication. On créa dans ce but le service des reconnaissances,
dont les agents parcouraient les pays occupés et recueillaient des
informations précises auprès des maires, des employés du télégraphe, des cantonniers. Avec ces renseignements, le bureau des
reconnaissances rédigeait des rapports qui étaient adressés aux
chefs de corps.

A la création du bureau des cartes et du bureau des reconnaissances, vient se joindre l'installation d'un corps auxiliaire du génie,
appelé corps du génie civil, dont les membres, choisis parmi les
ingénieurs, les agents voyers, les conducteurs des ponts et chaus-
sées, rendirent au pays des services signalés. Comme toutes les
branches d'administration, le génie militaire ne possédait en province qu'un personnel insuffisant. En outre, les traditions bureau-
cratiques auxquelles il obéissait avaient paru présenter des inconvénients au point de vue de la célérité des travaux à construire,
des ouvrages à réparer, des routes à tracer ou à défoncer ; la délégation pensa que l'adjonction à ce corps d'ingénieurs civils et
d'hommes actifs, compétents, serait très-utile à la défense ; elle
ne se trompait point : la création du corps auxiliaire du génie
civil est une de ses meilleures inspirations, dont l'avenir profitera
sûrement.

L'intendance et les ambulances sont soumises, à leur tour, à
une réorganisation, d'ailleurs indispensable, vu l'état de leur personnel et de leur matériel. On sait tous les reproches très-mérités
dont l'intendance avait été accablée à l'ouverture de la campagne.
D'immenses approvisionnements étaient maintes fois tombés aux
mains de l'ennemi par suite d'une retraite précipitée qui ne laissait pas le temps nécessaire à l'évacuation des marchandises.
Instruite par l'expérience, l'intendance de Tours conçut l'idée ingénieuse de créer des *magasins mobiles* consistant en wagons
stationnés avec leurs approvisionnements sur une voie ferrée, et

pouvant, à la première alerte, être ramenés en arrière. Grâce à ce système, les Prussiens n'opérèrent plus les fructueuses captures du commencement de la guerre. Quant aux ambulances, réduites en matériel et en personnel au service d'un corps d'armée, elle purent promptement se réorganiser : les grandes villes fabriquèrent un matériel en peu de temps; chaque ambulance fut desservie par un médecin-major de 1re classe, trois aides-majors et un pharmacien.

Les obstacles accumulés devant le gouvernement au point de vue militaire étaient bien plus considérables qu'au point de vue administratif. Dans un grand pays comme la France on trouve toujours des ingénieurs éclairés et des administrateurs dont l'intelligence égale le zèle; il est plus malaisé d'improviser des officiers capables de reformer les cadres d'une grande armée, quand par l'investissement de deux villes comme Metz et Paris et par une catastrophe comme celle de Sedan, on s'est vu privé tout à coup de ce que la nation comptait de plus expérimenté dans l'art de la guerre. On prit tous les officiers restant dans les dépôts, on rappela ceux qui étaient en Afrique; une foule d'officiers en retraite demandèrent à reprendre du service; les officiers de marine sollicitèrent de l'emploi; mais ces ressources ne pouvaient suffire à l'instruction des recrues qui venaient sans cesse grossir les corps en formation. Les chefs de corps distribuèrent des grades aux sous-officiers, aux soldats les plus capables. Un décret du 13 octobre avait suspendu les lois ordinaires de l'avancement pendant la durée de la guerre. Il fut spécifié que ces avancements accordés sous le feu de la nécessité ne seraient valables après la guerre que s'ils avaient été justifiés par quelque action d'éclat ou par des services extraordinaires dûment constatés.

La création d'une armée auxiliaire à côté de l'armée régulière permit au gouvernement de conférer des grades à toute personne en état de les exercer avec intelligence. Les officiers ou chefs de corps de cette armée ne prenaient d'engagement que pour la durée de la campagne. Cette utile création permit à des hommes comme MM. Cathelineau et Lipowski, à des étrangers comme Bossack et Garibaldi, à d'intrépides officiers de marine comme MM. Jaurès, Jauréguiberry, Penhoat d'apporter un concours très-efficace à l'œuvre de la défense.

Pendant que l'armée régulière et l'armée auxiliaire tenaient la campagne au-devant de l'ennemi, et se portaient d'une région à l'autre, suivant les besoins de la stratégie, les comités départementaux préparaient la défense locale, soit en coupant les routes, soit en ramenant hors du cercle d'action de l'ennemi les denrées et approvisionnements dont il aurait pu s'emparer, soit en élevant des ouvrages sur les lieux où il devait faire passer ses colonnes. Ces comités étaient présidés par l'autorité militaire et composés avec les hommes du département qui, par leurs études spéciales, pouvaient le plus utilement concourir à la défense de la région. Tout département était déclaré en état de guerre aussitôt que les armées étrangères se trouvaient à cent kilomètres de ses limites et le comité central entrait immédiatement en fonctions. Cette innovation offrait entre autres avantages celui d'associer directement les départements à la défense du pays ; à ce point de vue, elle fut heureusement complétée par la création des batteries d'artillerie départementale qui contribua puissamment à développer l'esprit de résistance. En vertu du décret du 3 novembre, chaque département organisait, à ses frais, autant de batteries qu'il comptait de fois 100,000 âmes.

Les armées qui allaient entrer en campagne se composaient de quelques milliers de vieux soldats et de jeunes recrues mobiles levées depuis quelques semaines et encore imparfaitement instruites. Des camps régionaux créés en vertu d'un decret du 2 novembre préparaient des renforts prochains à ces premières troupes ; on y dirigeait incessamment les mobilisés appelés sous les drapeaux, et, après une instruction militaire forcément abrégée par les nécessités de la résistance, les camps déversaient les troupes sur le champ de bataille. Onze camps furent créés par le gouvernement de Tours et placés sous la direction d'un conseil administratif ; il y en avait quatre dans la région de l'Ouest : Saint-Omer, Cherbourg, La Rochelle, Conlie ; deux au Centre : Nevers, Clermont-Ferrand ; quatre dans la région Sud : Bordeaux, Toulouse, Montpellier, les Alpines, et en remontant vers l'Est, le camp de Sathonay, aux portes de Lyon.

Les commissions d'habillement et d'équipement instituées dans chaque chef-lieu de préfecture pouvurent avec toute la célérité possible aux immenses besoins créés par ces grandes levées d'hommes. La commission d'armement présidée par M. Lecesne achetait des fusils, des canons, des munitions sur tous les marchés du monde et se voyait sans cesse aux prises avec les plus redoutables difficultés. Nous n'en donnerons ici qu'un exemple : elle fut obligée de faire venir de Paris par ballon les capsules pour les cartouches des fusils chassepot, en attendant qu'une fulminaterie installée d'abord à Bourges, puis transportée à Toulouse, fût en état de pourvoir à la fourniture des armées [1].

L'historien qui raconte ces efforts gigantesques, et le lecteur qui en suit le récit ne doivent pas perdre de vue que l'admirable mouvement qui soulève la France sur elle-même s'accomplissait sous les yeux de l'étranger, qu'il fallait conduire les hommes au feu du jour au lendemain, que l'une des fatalités de cette guerre, liant le sort de la province à celui de Paris, obligeait ces armées inexpérimentées à marcher sur la capitale, et à s'exposer, pour la sauver, aux plus périlleuses aventures. Ajoutons que l'intermittence des communications empêchait tout concert stratégique entre l'armée de Paris et l'armée de la Loire, que ces deux armées étaient presque sûrement condamnées à manœuvrer sans l'ensemble dont dépendait le succès, et qu'enfin la délégation de Tours, dans la pensée que Paris serait réduit à la famine dans un délai maximum de trois mois à partir de l'investissement, se voyait condamnée à précipiter ses mouvements. Si l'on veut juger avec équité les événéments qui vont suivre, il importe d'avoir ces considérations présentes à l'esprit.

Après la perte d'Orléans par le général de Lamotterouge, on a vu le général d'Aurelles de Paladines prendre le commandement de l'armée de la Loire (15ᵉ corps) et se retirer en Sologne. L'ennemi poursuivit jusqu'à la Motte-Beuvron ces troupes démoralisées et l'on eut un instant la très-vive inquiétude de voir ses colonnes avancer jusqu'à Vierzon, d'où elles auraient pu menacer les arsenaux de Bourges et de Nevers et se rabattre sur Tours, siége du gouvernement. Cette crainte cessa bientôt ; les Allemands remontaient vers Orléans.

Le général d'Aurelles de Paladines, qui entre en scène à ce moment, faisait partie du cadre de réserve depuis le 15 janvier 1870 ; à la déclaration de guerre, il avait repris du service et avait été appelé au commandement supérieur régional de l'Ouest,

---

[1] Voir, pour tous les détails d'organisation administrative, l'ouvrage de M. de Freycinet : *La Guerre en province pendant le siége de Paris.*

dont le siége était au Mans. Nommé commandant en chef de l'armée de la Loire par un décret de M. Gambetta, en date du 11 octobre, il arrivait le 12 à la Ferté-Saint-Aubin, petit bourg situé au sud d'Orléans sur la route de Vierzon. Les troupes du 15e corps se trouvaient dans le plus triste état au point de vue disciplinaire : il les fit rétrograder sur la route de Vierzon jusqu'à Salbris, village bâti sur des collines qui dominent la rive gauche de la Sauldre et dont la situation se prêtait facilement à l'établissement d'un camp. Dominant de ces hauteurs la route et la voie ferrée de Vierzon et Orléans, on couvrait Nevers, Bourges et Tours. Le commandant en chef résolut de s'y fortifier et de refaire son armée : c'est une tâche dont il s'acquitta en très-peu de temps avec le plus grand honneur. La discipline très-relâchée se rétablit, grâce à la sollicitude du général pour ses soldats qu'il visitait fréquemment et chez lesquels il s'efforçait de réveiller les sentiments patriotiques par un noble et paternel langage ; quelques exécutions sommaires ordonnées par la cour martiale ne contribuèrent pas médiocrement à ramener le respect dû aux officiers et à faire disparaître la triste habitude du maraudage. Les troupes s'instruisaient au maniement des armes et aux manœuvres, elles apprenaient à se garder contre les surprises. Au bout de peu de temps, l'armée de la Loire avait changé d'allure et la France pouvait fonder sur elle de grandes espérances. Les chemins de fer amenaient sans cesse de nouveaux renforts au général d'Aurelles ; le 15e corps compta bientôt plus de 60,000 hommes munis d'une bonne artillerie. Pendant que deux divisions du corps occupèrent Salbris, une troisième placée sous les ordres du général Martin des Pallières gardait sur la droite la position d'Argent ; une brigade de cavalerie commandée par le général Michel reliait Argent à Salbris par Pierrefitte et poussait ses reconnaissances jusqu'à Gien, surveillant la rive de la Loire.

Après avoir mis Nevers et Bourges en sûreté, le gouvernement voulut couvrir Blois et Vendôme, jusqu'aux abords de la forêt de Marchenoir. Dans ce but, il forma le 16e corps dont le commandement fut confié au général Pourcet, récemment arrivé d'Afrique ; ce corps, qui ne tarda pas d'ailleurs à être réuni au commandement en chef du général d'Aurelles de Paladines, s'étendit dans la région comprise entre la lisière de la forêt de Marchenoir et Mer, sur la rive droite de la Loire ; il comptait environ 35,000 hommes. Il était couvert sur sa gauche par le corps de volontaires du colonel Lipowski, ces volontaires qui défendirent si brillamment Châteaudun ; il se reliait par la droite au camp de Salbris par le corps de volontaires du colonel Cathelineau qui, occupant le parc et les environs de Chambord, fouillait vigoureusement les bois jusqu'aux approches d'Orléans.

Les positions de Nevers, Bourges, Blois et Tours se trouvant assurées contre une pointe de l'ennemi, le moment était venu de prendre l'offensive. On avait atteint, au milieu de ces préparatifs, la seconde quinzaine d'octobre. Le 17, une dépêche de M. Jules Favre annonçait pour les premiers jours de novembre une grande sortie du général Trochu. Il fallait donc agir.

Dans un conseil de guerre réuni le 24 octobre au quartier général de Salbris entre les chefs de corps et le représentant du ministre de la guerre, M. de Freycinet, on décide à l'unanimité de marcher sur Orléans. Le général d'Aurelles de Paladines transmet aussitôt ses instructions aux chefs de corps placés sous ses ordres. Le plan arrêté en conseil de guerre consiste à se porter sur Orléans par l'ouest avec la majeure partie des troupes, qui partiront de Blois en suivant la rive droite de la Loire, pendant que la division Martin des Pallières, passant le fleuve à Gien, marchera sur Orléans par l'est en suivant la route qui s'allonge entre la Loire et la forêt, de manière à prendre à revers l'armée allemande, qui devait être attaquée de front à jour fixe (1ᵉʳ novembre) par le général en chef.

La division Martin des Pallières avait le trajet le plus long à parcourir, en passant par Gien pour se rabattre sur Orléans ; elle partit la première avec entrain et confiance. Les deux divisions du 15ᵉ corps qui devaient agir de concert avec le 16ᵉ sur la rive droite de la Loire furent transportées en chemin de fer, de Salbris à Blois, le 28 octobre ; elles devaient quitter Blois le lendemain et se porter en avant pour atteindre l'ennemi le 1ᵉʳ novembre. Malheureusement, le transport par chemin de fer occasionna des retards imprévus ; les corps se trouvèrent séparés de leurs bagages. Les agents du chemin de fer ne chargèrent pas le matériel avec tout l'ordre désirable ; des munitions d'artillerie de divers calibres se trouvèrent mélangées et l'on perdit un temps considérable à réparer ce désordre. En outre, le temps devint

tout à coup très-mauvais ; des pluies torrentielles détrempèrent
les routes à rendre impossibles les manœuvres de l'artillerie[1]. Le
général d'Aurelles de Paladines crut devoir retarder d'un jour
le départ de l'armée et informa le ministre de la guerre de ce
fâcheux contre-temps. La division Martin des Pallières fut immédiatement avertie de suspendre son mouvement. En attendant
de continuer la marche sur Orléans, le général en chef prit
position, la droite à Beaugency, la gauche et le centre en arrière
de la forêt de Marchenoir.

La délégation de Tours fut vivement contrariée de ce temps
d'arrêt, qu'elle croyait propre à compromettre le succès de la
tentative sur Orléans ; elle se demandait si le mauvais temps
était bien, en effet, la cause du retard de cette importante opération, lorsqu'elle apprit par le général Tripart, arrivé des avant-
postes, que le bruit de la capitulation de Metz avait été répandu
dans l'armée à la suite du passage de M. Thiers[2]. M. Thiers
venait, en effet, de traverser les pays occupés par les armées en
se rendant de Tours à Paris, où il allait porter la proposition
d'armistice des puissances neutres. La délégation pensa que cette
douloureuse nouvelle avait apporté de nouveaux sujets d'hésitation au général d'Aurelles de Paladines, hésitant par nature ;

---

[1] *La première armée de la Loire*, par le général d'Aurelles de Paladines, p. 59.

[2] Telle est la version donnée par M. de Freycinet dans son ouvrage, *La Guerre en
province*. Le général d'Aurelles de Paladines en donne une autre que voici :

« Un jeune officier allemand, appartenant à une grande famille, avait été tué quelques jours auparavant dans un engagement avec les troupes de la brigade de cavalerie
Tripart, et inhumé près de Mer. Le général qui commandait à Orléans, M. de Tann,
fit réclamer par un parlementaire la dépouille de cet officier au général Tripart ; celui-
ci, avec une courtoisie parfaite, donna des ordres pour faire procéder à l'exhumation, et
le corps fut remis à l'envoyé de M. de Tann.

« Le général allemand fit porter par un de ses aides de camp une lettre de remercîments au général Tripart. Dans cette lettre, il disait que, voulant donner au général
français une preuve de son estime, il l'informait qu'une dépêche télégraphique de Versailles venait de lui annoncer la capitulation de Metz ; que cette nouvelle était un secret
pour l'armée allemande et que l'armée française l'ignorait complétement.

« Un officier d'état-major avait été envoyé de Blois à Mer pour les besoins du service ; il y apprit cette fatale nouvelle et vint en rendre compte aussitôt au général en
chef. Le général Borel, son chef d'état-major et M. Jalaguier, délégué du ministre de la
guerre, étaient précisément réunis chez lui. Tous furent atterrés de cette nouvelle ; mais
pensant qu'elle pouvait être fausse et donnée dans le but de réagir sur le moral des
troupes, il fut recommandé expressément de ne pas la propager. M. Jalaguier partait
pour Tours ; il ne manqua pas, en arrivant, d'annoncer qu'il avait appris au quartier
général la capitulation de Metz » (p. 68).

D'après ce récit, M. Thiers n'aurait donc appris la nouvelle qu'à Orléans, où il vit
le général de Tann.

elle comprit avec une amère douleur, que tout retard de notre
côté donnait aux deux cent mille hommes du prince Frédéric-
Charles le temps d'accourir sur la Loire et de changer à notre
désavantage les conditions de la lutte. Désolante fatalité bien
propre à tuer l'espérance dans les cœurs les plus fermes! le
maréchal Bazaine capitulait au moment où les jeunes armées de
la République se levaient, inexpérimentées encore, mais pleines
d'ardeur, pour marcher contre l'ennemi. Ce n'était donc pas
assez pour ces recrues lancées sur la route de Paris, d'a-
voir à culbuter le corps d'armée du général de Tann à Orléans,
avant de se mesurer avec l'armée du prince royal de Prusse sous
les murs de Paris? Voici l'armée aguerrie du prince Frédéric-
Charles ; elle s'est mise en marche et dans quelques jours
elle fera son apparition sur les bords de la Loire. De tous les
coups dont la fortune s'était montrée si prodigue pour notre malheureuse patrie, celui-ci était le plus décisif. Un long frémissement de douleur agita la France ; il importait cependant de ne
pas laisser croire que tout était perdu désormais ; la délégation
de Tours flétrit en termes indignés la trahison de Bazaine, dont
elle eut bientôt les preuves :

« FRANÇAIS, disait sa proclamation, élevez vos âmes et vos résolutions
à la hauteur des effroyables périls qui fondent sur la patrie. Il dépend
encore de nous de lasser la mauvaise fortune et de montrer à l'univers ce
qu'est un grand peuple qui ne veut pas périr et dont le courage s'exalte au
sein même des catastrophes.

« Metz a capitulé. Un général sur qui la France comptait, même après le
Mexique, vient d'enlever à la patrie en danger plus de cent mille de ses défenseurs. Le général Bazaine a trahi. Il s'est fait l'agent de l'homme de
Sedan, le complice de l'envahisseur, et au mépris de l'honneur de l'armée
dont il avait la garde, il a livré, sans même essayer un suprême effort, cent
vingt mille combattants, vingt mille blessés, ses fusils, ses canons, ses drapeaux et la plus forte citadelle de la France, Metz, vierge jusqu'à lui des
souillures de l'étranger.

« Un tel crime est au-dessus même des châtiments de la justice. Et maintenant, Français, mesurez la profondeur de l'abîme où nous a précipités
l'Empire. Vingt ans la France a subi ce pouvoir corrupteur qui tarissait en
elle toutes les sources de la grandeur et de la vie.

« L'armée de la France, dépouillée de son caractère national, devenue
sans le savoir un instrument de règne et de servitude, est engloutie, malgré l'héroïsme de ses soldats, par la trahison des chefs, dans les désastres
de la patrie.

« En moins de deux mois, 220,000 hommes ont été livrés à l'ennemi; sinistre épilogue du coup de main militaire de décembre! Il est temps de

nous ressaisir, citoyens, et, sous l'égide de la République, que nous sommes bien décidés à ne laisser capituler ni au dedans ni au dehors, de puiser dans l'extrémité de nos malheurs le rajeunissement de notre moralité et de notre virilité politique et sociale.

« Oui, quelle que soit l'étendue du désastre, il ne nous trouve ni consternés ni hésitants. Nous sommes prêts aux derniers sacrifices, et, en face d'ennemis que tout favorise, nous jurons de ne jamais nous rendre. Tant qu'il restera un pouce du sol sacré sous nos semelles, nous tiendrons ferme le glorieux drapeau de la République française. Notre cause est celle de la justice et du droit. L'Europe le voit, l'Europe le sent; devant tant de malheurs immérités, spontanément, sans avoir reçu de nous ni invitation ni adhésion, elle s'est émue, elle s'agite. Pas d'illusions, ne nous laissons ni alanguir ni énerver, et prouvons par des actes que nous voulons, que nous pouvons tenir de nous-mêmes l'honneur, l'indépendance, l'intégrité, tout ce qui fait la patrie libre et fière !

Vive la France ! Vive la République, une, indivisible !

« *Les membres du gouvernement :*

« Crémieux, Glais-Bizoin, Gambetta [1]. »

Quelques jours s'écoulent pendant lesquels l'armée de la Loire reste dans ses campements. Les bruits d'armistice suspendaient l'action. M. Thiers était, en effet, au quartier général prussien à Versailles et conférait avec M. de Bismarck. Quoique le repos offrît beaucoup d'inconvénients, parce qu'il donnait au prince Charles le temps de se rapprocher, il fallait bien s'y résigner en attendant l'issue des négociations. Le 6 novembre, on apprit enfin que les propositions d'armistice étaient repoussées ; l'ordre de marche fut donné pour le lendemain. On avait perdu dix jours dans l'attente. Dans l'intervalle, le général Pourcet, dont la santé laissait beaucoup à désirer, avait été remplacé à la tête du 16e corps par le général Chanzy, qui avait pris possession de son commandement à Marchenoir.

---

[1] Des personnes qui connaissaient imparfaitement le triste drame de Metz ayant interprété cette proclamation comme une offense à l'armée, M. Gambetta en publia une seconde ainsi conçue :

« Soldats !

« Vous avez été trahis, mais non déshonorés ! Depuis trois mois, la fortune trompe votre héroïsme. Vous savez aujourd'hui à quels désastres l'ineptie et la trahison peuvent conduire les plus vaillantes armées.

« Débarrassés de chefs indignes de vous et de la France, êtes-vous

Le 7 novembre, après avoir fait parvenir ses instructions à tous les chefs de corps, le général en chef donna le signal du départ dans l'ordre suivant : Les deux divisions du 15ᵉ corps, directement commandées par le général d'Aurelles, s'avancent en suivant la rive droite du fleuve. Sur la gauche, le 16ᵉ corps, sous les ordres du général Chanzy, s'ébranle de Marchenoir dans la direction de Saint-Laurent-des-Bois, protégé sur sa gauche par la cavalerie du général Reyau, éclairée elle-même en avant de Châteaudun et de Chartres par les francs-tireurs du colonel Lipowski. Les

prêts, sous la conduite de chefs qui méritent votre confiance, à laver dans le sang des envahisseurs l'outrage infligé au vieux nom français ?

« En avant! vous ne lutterez plus pour l'intérêt ou les caprices d'un despote : vous combattrez pour le salut même de la patrie, pour vos foyers incendiés, pour vos familles outragées, pour la France, notre mère à tous, livrée aux fureurs d'un implacable ennemi. Guerre sainte et nationale, mission sublime, pour le succès de laquelle il faut, sans jamais regarder en arrière, nous sacrifier tous et tout entiers!

« D'indignes citoyens ont osé dire que l'armée avait été rendue solidaire de l'infamie de son chef. Honte à ces calomniateurs, qui, fidèles au système des Bonapartes, cherchent à séparer l'armée du peuple, les soldats de la République!

« Non! non! j'ai flétri, comme je le devais, la trahison de Sedan et le crime de Metz, et je vous appelle à venger votre propre honneur qui est celui de la France!

« Vos frères d'armes de l'armée du Rhin ont déjà protesté contre ce lâche attentat, et retiré avec horreur leur main de cette capitulation maudite.

« A vous de relever le drapeau de la France, qui, dans l'espace de quatorze siècles, n'a jamais subi pareille flétrissure!

« Le dernier Bonaparte et ses séides pouvaient seuls amonceler sur nous tant de honte en si peu de jours! Vous nous ramènerez la victoire ; mais sachez la mériter par la pratique des vertus républicaines, le respect de la discipline, l'austérité de la vie, le mépris de la mort. Ayez toujours présente l'image de la patrie en péril; n'oubliez jamais que faiblir devant l'ennemi à l'heure où nous sommes, c'est commettre un parricide et en mériter le châtiment.

« Mais le temps des défaillances est passé, c'est fini des trahisons! Les destinées du pays vous sont confiées, car vous êtes la jeunesse française, l'espoir armé de la patrie : vous vaincrez! et après avoir rendu à la France son rang dans le monde, vous resterez les citoyens d'une République paisible, libre et respectée.

« Vive la France !

« Vive la République !

« *Le membre du gouvernement, ministre*
de l'intérieur et de la guerre,

« Léon GAMBETTA.

volontaires de Cathelineau avançaient par la rive gauche du
fleuve, à travers les bois qui couvrent Orléans ; à l'extrême
droite, la division Martin des Pallières passe la Loire à Gien
pour prendre l'ennemi à revers.

L'avant-garde du général Chanzy rencontre aux environs de
Saint-Laurent-des-Bois une colonne ennemie forte de deux bat-
taillons d'infanterie et de deux mille cavaliers ; ces troupes, venant de Baccon pour reconnaître les positions de l'armée française, ouvrent le feu de dix pièces d'artillerie sur le village de
Saint-Laurent. Le 3e bataillon de chasseurs à pied et les mobiles
de Loir-et-Cher se portent résolûment en avant et, pendant deux
heures, donnant au canon le temps d'arriver, soutiennent un
feu violent d'artillerie et de mousqueterie dans une plaine découverte. Au bruit du canon, le général Abdelal accourt avec un
régiment de dragons ; une batterie de 4 et des mitrailleuses
entrent en ligne à leur tour ; l'infanterie se sentant soutenue se
précipite alors sur les Bavarois, qui se retirent dans le village
de Vallière, d'où les dragons du général Abdelal les débus-
quent vivement, faisant prisonnière toute une compagnie bavaroise. Ce brillant combat avait duré cinq heures ; nos jeunes troupes avaient montré un sang-froid et une décision remarquables
et le général en chef conçut le meilleur espoir. Nous eûmes
dans cette rencontre 4 morts et 35 blessés ; parmi ces derniers le
commandant Lebrun, auquel revenait en grande partie l'honneur
de ce brillant début. De son côté, le général Chanzy avait gagné
la confiance de ses troupes ; le combat de Vallière fut salué par
l'armée comme un heureux présage : ses premiers pas étaient
marqués par un succès.

Dans la matinée du 9, le mouvement en avant se prononce dans
le plus grand ordre. L'objectif est une attaque sur Coulmiers
où l'ennemi s'est fortement retranché. Les villages de Charsonville, Epieds, Saint-Sigismond, défendus par des barricades
et solidement occupés par l'armée allemande, doivent être
emportés comme Coulmiers ; l'armée opérant un mouvement
tournant sur sa gauche occupera, le soir, d'après les instructions,
la route de Châteaudun à Orléans.

Vers neuf heures et demie, par un temps froid et sombre, les
troupes sont rangées en bataille sur deux lignes. Un silence imposant règne sur la plaine et dans les rangs ; officiers et soldats at-

tendent recueillis, mais avec confiance, le signal du combat. Le canon retentit tout à coup sur la droite, en avant de Baccon : c'est l'artillerie de la division Peytavin qui, des hauteurs de Champdry, ouvre le feu sur le bourg de Baccon, dont le clocher sert d'observatoire aux Prussiens. L'infanterie se porte en avant avec résolution, aborde le village par les passages que les boulets viennent d'ouvrir et engage avec les Prussiens une lutte acharnée, qui se termine par la fuite de l'ennemi. Baccon est à nous à dix heures. Le gros de la bataille est maintenant autour du château de la Renardière, dont le parc est crénelé et vigoureusement défendu par les Bavarois : nos braves soldats s'élancent de Baccon sur le château, franchissent les murs du parc, poussent, culbutent les Bavarois. Ceux-ci, ramenés par leurs officiers, essayent un retour offensif, mais le général en chef, qui suit de l'œil leurs mouvements, a fait avancer une batterie qui les arrête. L'intrépide général Peytavin profite de cet instant d'hésitation et, entraînant ses soldats enflammés de confiance, il enlève le château à la baïonnette.

Pendant que les troupes du 15ᵉ corps obtenaient ces brillants succès, la division Barry du 16ᵉ corps avait à soutenir une lutte opiniâtre devant Coulmiers fortement défendu ; plus loin, la brigade Deplanque attaquait Rosières, Saint-Sigismond et Gémigny, sans gagner du terrain. Le général Barry enlève une première fois les abords du village et les jardins ; les Allemands chassent nos soldats ; une seconde attaque, accueillie par une vigoureuse fusillade, jette une grande hésitation dans nos rangs ; le général Barry met alors pied à terre et, s'élançant à l'assaut aux cris de : *Vive la France ! En avant les mobiles !* imprime à ses troupes un élan irrésistible. L'ennemi se replie des jardins et du parc, laissant un grand nombre de prisonniers. A quatre heures Coulmiers est à nous.

A l'extrême gauche, l'amiral Jauréguiberry, exposé au feu d'une nombreuse artillerie, faisait des prodiges d'énergie pour maintenir ses troupes sur leurs positions. Il était parvenu à faire occuper le village de Champ par un bataillon du 37ᵉ ; un retour offensif de l'ennemi oblige ses troupes à évacuer la position. Enfin, après avoir essuyé le feu convergent des batteries allemandes, dont les unes tirent de Saint-Sigismond, les autres de

Coulmiers avant l'attaque du général Barry, l'énergique amiral reçoit vers cinq heures un renfort d'artillerie qui maîtrise le feu de l'ennemi. Il lance alors toutes ses troupes contre les villages de Champ et d'Ormeteau, et ces positions sont enlevées au pas de charge. De ce moment, l'ennemi, chassé de toutes ses positions, se trouve en pleine retraite. On le poursuivit, tant qu'il fit jour, du feu de l'artillerie; on aurait pu brillamment compléter cette victoire, si le général Reyau, pour avoir mal compris ou mal rempli ses instructions, n'avait annihilé l'action de la cavalerie. Après avoir perdu beaucoup d'hommes et de chevaux dans une attaque imprudente contre Saint-Sigismond, ce général s'était replié, sur la nouvelle qu'une colonne ennemie menaçait de le tourner sur sa gauche. On sut bientôt que cette colonne n'était autre que celle des francs-tireurs Lipowski. Cette déplorable méprise enleva à nos jeunes troupes une partie des avantages que faisait espérer le succès de la journée. Une autre circonstance fâcheuse pour nous facilita la retraite de l'armée allemande. La division des Pallières, qui devait prendre le général de Tann à revers, n'arriva qu'à la nuit au poste qui lui avait été assigné : c'était trop tard pour prendre part à la bataille et trop tard pour se jeter à la poursuite de l'ennemi. La faute n'en était pas à ce général, qui avait marché quatorze heures au canon, mais au général en chef qui lui avait donné rendez-vous pour le 10 ou le 11 novembre, et nullement pour le 9. En avançant de deux jours la date convenue, le général d'Aurelles de Paladines s'était volontairement privé du concours de 30,000 hommes, de 800 chevaux et de 44 pièces de canon; et s'il s'était fait battre, il aurait exposé ces 30,000 hommes isolés à une déroute certaine. La déroute eût été pour les Allemands si le général Martin des Pallières eût paru sur leurs derrières pendant la bataille. Cette déroute pouvait même se changer en désastre.

Quoi qu'il en soit, la journée du 9 novembre fut glorieuse et décisive. Orléans fut abandonné par l'armée bavaroise, qui n'eut pas le temps d'évacuer ses hôpitaux. Cathelineau entrait le soir même dans la ville, au milieu d'une population ivre de joie. La bataille de Coulmiers nous donna 2,500 prisonniers, sans compter les blessés, plusieurs pièces d'artillerie et un convoi de munitions et de bagages. De notre côté, nous avions 1,500 hommes tués ou blessés [1]. L'armée bavaroise abandonna toutes les positions qu'elle occupait autour d'Orléans et se retira par Arthenay dans la direction de Toury, où le duc de Mecklembourg vint, deux jours après, renforcer le général de Tann. Au quartier général de Versailles, l'émotion fut très-vive, mais on eut soin d'atténuer l'échec du général de Tann et de dissimuler les craintes qu'avait subitement réveillées la jeune armée de la Loire [2].

L'effet produit en France par cette victoire fut immense. C'était le premier succès de nos armes depuis l'ouverture de cette guerre féconde en désastres. Des généraux dont le nom était inconnu la veille venaient de se révéler par un coup d'éclat ; la reconnaissance publique se partageait entre le général d'Aurelles de Paladines, le patient organisateur de l'armée, le général Chanzy, qui avait montré dans le commandement du 16ᵉ corps de grandes qualités d'homme de guerre, l'amiral Jauréguiberry, dont la ténacité sous le feu était un sujet d'admiration, le général Borel, chef d'état-major de d'Aurelles de Paladines, et le général Barry, que nous avons vu conduire ses troupes à l'assaut de Coulmiers au cri de *Vive la France!* Le colonel Lipowski et le commandant Cathelineau avaient bravement fait leur devoir aussi. Cette jeune armée de la Loire, encore mal équipée et mal vêtue, était pleine d'entrain et de confiance ; il semblait qu'enfin la fortune se fût lassée de nous accabler. Le grand cœur de la France se gonflait d'espoir.

Le 12 novembre, M. Gambetta arrivait au quartier général à

[1] Voir à la fin du chapitre le rapport du général d'Aurelles de Paladines sur la bataille de Coulmiers.

[2] Dans un ouvrage riche de documents et d'informations sur le séjour des Prussiens à Versailles, nous lisons, à la date du 12 novembre :

« Des trains chargés de blessés allemands arrivaient sans cesse à la gare des Chantiers. Les conducteurs français des chevaux qui traînaient ces trains n'obtinrent pas, pendant plusieurs jours, la permission d'entrer en ville : on craignait sans doute qu'ils ne donnassent des détails sur ce qu'ils avaient vu; mais peu à peu, comme toujours, la vérité se répandit, mêlée, il est vrai, à beaucoup d'erreurs; il fut du moins certain que les Allemands avaient dû évacuer Orléans. Pour la première fois ils reculaient.

« L'attitude des officiers avait sensiblement changé. Ils ne caracolaient plus avec tant d'insolence sur les avenues. Les réjouissances nocturnes de l'hôtel des Réservoirs avaient cessé ; à 9 heures tous les princes étaient couchés. Dans la ville : on voyait de tous côtés des préparatifs de départ plus ou moins avoués. La plupart des malles d'officiers étaient prêtes et plusieurs d'entre eux firent leurs adieux à leurs hôtes. Chez le roi Guillaume et chez M. de Moltke les fourgons furent chargés, comme au 21 octobre, de l'argenterie et des archives. »

(*Versailles pendant l'occupation, recueil de documents pour servir à l'histoire de l'invasion allemande*, publié par E. Delerot.)

LA TROISIÈME RÉPUBLIQUE FRANÇAISE

L. GAMBETTA.

Villeneuve-d'Ingré et remerciait, au nom de la France, les braves soldats de Coulmiers :

SOLDATS DE L'ARMÉE DE LA LOIRE!

Votre courage et vos efforts nous ont enfin ramené la victoire, depuis trois mois déshabituée de nos drapeaux ; la France en deuil vous doit sa première consolation, son premier rayon d'espérance.

Je suis heureux de vous apporter, avec l'expression de la reconnaissance publique, les éloges et les récompenses que le gouvernement décerne à vos succès.

Sous la main de chefs vigilants, fidèles, dignes de vous, vous avez retrouvé la discipline et la force ; vous nous avez rendu Orléans, enlevé avec l'entrain de vieilles troupes depuis longtemps accoutumées à vaincre.

A la dernière et cruelle injure de la mauvaise fortune, vous avez montré que la France, loin d'être abattue par tant de revers inouïs jusqu'à présent dans l'histoire, entendait répondre par une générale et vigoureuse offensive.

Avant-garde du pays tout entier, vous êtes aujourd'hui sur le chemin de Paris ; n'oublions jamais que Paris nous attend et qu'il y va de notre honneur de l'arracher aux étreintes des barbares qui le menacent du pillage et de l'incendie.

Redoublez donc de confiance et d'ardeur ; vous connaissez maintenant nos ennemis ; jusqu'ici leur supériorité n'a tenu qu'au nombre de leurs canons ; comme soldats, ils ne vous égalent ni en courage ni en dévouement ; retrouvez cet élan, cette *furie française*, qui ont fait notre gloire dans le monde et qui doivent, aujourd'hui, nous aider à sauver la patrie.

Avec des soldats tels que vous, la République sortira triomphante des épreuves qu'elle traverse, car après avoir organisé la défense, elle est en mesure, à présent, d'assurer la revanche nationale.

Vive la France! vive la République, une et indivisible!

Léon GAMBETTA.

Un conseil de guerre fut tenu pour régler les opérations ultérieures. Il y avait deux partis à prendre : ou marcher sur Paris en profitant de l'élan des troupes et du désarroi de l'ennemi, ou se fortifier autour d'Orléans contre un retour offensif qui paraissait probable. Le général en chef se prononça pour le second parti. Il voyait de sérieux dangers dans la marche en avant : l'armée fatiguée avait besoin de repos ; son artillerie était incomplète ; si l'on marchait et si l'on achevait la déroute de de Tann, on se heurterait au corps du duc de Mecklembourg avant d'arriver sous les murs de Paris; et pendant ce temps les troupes du prince Frédéric-Charles, dont les premiers détachements venaient de paraître à Montargis, nous attaqueraient par le flanc droit. Ce serait, selon le général d'Aurelles, exposer l'armée de la Loire à une destruction certaine et encourir devant le pays une responsabilité qu'il repoussait, pour sa part. Faut-il donc compromettre par trop de précipitation ou par un amour-propre aveugle le fruit de la victoire de Coulmiers? Quant à lui, il refuse de s'associer à cette entreprise téméraire; il conseille de se fortifier autour d'Orléans, de compléter l'équipement et l'armement des troupes, et de reprendre l'offensive en temps opportun. Au surplus, le temps était devenu très-mauvais : la pluie et la neige défonçaient les routes; l'artillerie ne pouvait plus manœuvrer dans les terres détrempées; enfin la petite vérole avait fait invasion dans les bivouacs, transformés en bourbiers, et causait de sérieux ravages.

Les généraux Borel et Chanzy étaient d'une opinion tout opposée. On aurait dû, suivant eux, marcher contre l'armée bavaroise, achever sa défaite, et se jeter ensuite sur le corps du duc de Mecklembourg, dont Chartres était le point de ralliement. On se serait ensuite retourné contre les troupes de Frédéric-Charles qui allaient former vers Montargis une agglomération menaçante. Le général d'Aurelles de Paladines répondit qu'il était plus sûr d'attendre l'ennemi dans le camp retranché d'Orléans; que ces marches hardies contre les Bavarois et le duc de Mecklembourg exigeraient de son armée des efforts, une constance qu'on ne pouvait raisonnablement attendre de soldats peu instruits et mal vêtus; qu'un revers succédant à la victoire de Coulmiers porterait au moral des troupes un coup funeste et, qu'enfin, pendant qu'on irait chercher le duc de Mecklembourg, le prince Frédéric-Charles pressant sa marche nous placerait entre deux feux; ainsi nous aurions perdu Orléans et découvert aux incursions de l'ennemi Bourges, Nevers et Tours.

Le plan du général en chef était prudent et sage, et laissait le moins possible au hasard. Celui des généraux Borel et Chanzy était audacieux et ouvrait le champ aux vicissitudes de la guerre. Il ne fut pas adopté cependant, quoiqu'une longue expériences ait prouvé qu'à la guerre l'audace accomplit de plus grandes choses que la sagesse. Si, l'on doit regretter la prudence excessive du général d'Aurelles, on n'ose cependant pas blâmer le chef qui craint de perdre en un jour les fruits d'un mois d'efforts et de voir périr une armée formée par ses soins patients, à l'instant même où elle vient de ramener la victoire sous ses drapaux.

Les ordres du général en chef ayant prévalu, on commence les travaux du camp retranché qui doit couvrir Orléans et l'on distribue les troupes en avant de la ville. Le 15ᵉ corps (Martin des Pallières) protége la route de Paris à Orléans à la hauteur de Chevilly ; le 16ᵉ corps (Chanzy), échelonné à gauche sur la route de Châteaudun, occupe Saint-Peravy, Saint-Sigismond, Gemigny et Coulmiers. Les volontaires de Cathelineau quittent Orléans pour remonter dans la forêt, à la hauteur de Chilleurs et de Loury. Trois nouveaux corps (17ᵉ, 18ᵉ, 20ᵉ) formés en peu de jours viennent grossir l'armée de la Loire, dont l'effectif atteint bientôt deux cent mille hommes. Un 21ᵉ corps est en voie de formation au Mans. De son côté, le génie civil poussait avec vigueur les travaux de fortification autour d'Orléans. Des ouvriers et des outils furent requis dans cinq départements pour creuser les fossés, ouvrir les tranchées, dresser des palissades. Le camp retranché, armé de pièces de marine, put au bout de peu de temps défier toute attaque.

Tels étaient, après un mois d'une activité prodigieuse, les résultats obtenus : une victoire suivie de l'évacuation d'Orléans et la mise sur pied d'une armée d'environ deux cent mille hommes avec cinq cents bouches à feu. La force morale que la victoire de Coulmiers donnait à la France était immense. Le gouvernement donna des encouragements à la jeune armée en portant à l'ordre du jour les régiments qui s'étaient le plus distingués et en accordant des récompenses aux officiers et soldats dont la bravoure avait été particulièrement remarquée. Les régiments de la garde mobile de la Dordogne et de la Sarthe furent l'objet d'une mention spéciale pour leur belle conduite à l'assaut de Coulmiers.

Le mauvais temps et l'opinion du général en chef s'étaient opposés, comme nous l'avons dit, à la marche en avant immédiate. Orléans fut fortifié, l'équipement des troupes complété. Des renforts arrivèrent en même temps. Le ministre de la guerre s'était rendu à Besançon, où le général Michel avait remplacé dans son commandement le général Cambriels qu'une blessure à la tête, reçue à Sedan mettait dans l'impossibilité de diriger l'armée de l'Est. Des considérations supérieures firent bientôt passer le commandement dans les mains du général Crouzat, qui se vit au bout de peu de temps à la tête de cinquante mille hommes. L'Est, gardé par Garibaldi, alors à Autun, ne se trouvait pas sérieusement menacé. Il fut décidé que le corps d'armée du général Crouzat serait amené par les voies rapides sur les bords de la Loire, où l'on s'attendait à d'importants événements. Le déplacement s'opéra sans éveiller l'attention de l'ennemi. Le Midi de la France et Lyon se trouvaient découverts, à la vérité, mais on n'avait pas cru pouvoir faire autrement. Les cinquante mille hommes du général Crouzat furent donc transportés à Gien dans l'espace de trois jours et formèrent le 21e corps.

Pendant ce temps, l'armée du prince Frédéric-Charles arrivait par détachements de 5 à 6,000 hommes à Montargis. Le gouvernement donna des instructions au général d'Aurelles de Paladines, instructions dont le but était de lancer des colonnes expéditionnaires contre les troupes allemandes en marche. On disait au général en chef : « Vous devez considérer Orléans comme une nouvelle base d'opérations. Il importe donc de ne pas s'y enfermer indéfiniment ; il faut, au contraire, envisager le camp retranché que vous y faites établir comme un refuge dans lequel vous rentrerez après des expéditions heureuses. » On ajoutait qu'il serait dangereux d'attendre patiemment à Orléans que des forces supérieures vinssent attaquer l'armée et on invitait le général en chef à examiner s'il ne serait pas sage de se porter à la rencontre des détachements partiels qui passaient au-devant du camp retranché, du côté de Pithiviers et de Montargis.

A ces invitations réitérées, le général d'Aurelles de Paladines répondit que le mauvais état des routes, et le danger qu'il y aurait à dégarnir les positions occupées s'opposaient aux expéditions proposées.

On atteignit, dans cette inaction, la seconde moitié de novembre. A cette date, les instances du ministre de la guerre deviennent plus pressantes. Le 19 novembre, M. de Freycinet écrit au nom du ministre : « Je vous engage à étudier avec vos généraux la meilleure direction à donner à cette force de 250,000 hommes [1] que vous allez avoir sous la main. Nous ne pouvons demeurer

---

[1] Dans cette évaluation était compris le corps dont la formation s'achevait au Mans.

éternellement à Orléans. Paris a faim et nous réclame. Étudiez donc la marche à suivre pour arriver à nous donner la main avec Trochu qui marcherait à notre rencontre avec 150,000 hommes, en même temps qu'une diversion serait tentée dans le Nord. De notre côté, nous étudions un plan ici; dès que vos idées seront un peu arrêtées sur cette grave affaire, prévenez-moi; nous nous réunirons à Tours ou à votre quartier général pour en disserter. »

Le général en chef répond : « Pour étudier un plan à suivre pour arriver à donner la main au général Trochu, il serait nécessaire que je fusse au courant de ce qui se passe à Paris et des intentions de cet officier général. »

Mais on était sans nouvelles de Paris et le concert préalable exigé par d'Aurelles de Paladines n'était pas possible. Le ministre de la guerre écrit de nouveau :

« Je vous prie de méditer de votre côté un projet d'opérations ayant pour suprême objectif Paris. Je ne peux accepter que cette préparation implique pour vous la connaissance préalable des projets du général Trochu. Nous sommes sans nouvelles; le hasard seul nous permet, d'une façon tout à fait intermittente, d'en obtenir; c'est comme une inconnue de plus dans notre problème, que nous devons être résolus à vaincre, comme bien d'autres.

« Pour cela, il suffit de supposer une simple chose, c'est que Paris connaît notre présence à Orléans, et que, dès lors, c'est dans l'arc de cercle dont Orléans est le point médian que les Parisiens seront fatalement amenés à agir.

« Je compte que vous voudrez prendre en considération les vues générales, mais sûres, d'après lesquelles nous devons opérer. »

A ces observations, le général en chef répond, le 23 novembre :

« Vous me demandez de méditer un projet d'opérations ayant Paris pour suprême objectif. La solution du problème n'est pas la moindre de mes préoccupations.

« Pour la résoudre, il faut la coopération et l'entente commune du gouvernement et de l'armée représentée par les chefs que vous avez investis de votre confiance. En ce qui me concerne, vous pouvez compter sur mon dévouement absolu. Dieu veuille mettre mes forces à la hauteur de mon dévouement ! »

Ne recevant aucun plan du général en chef, le ministère de la guerre conçut la pensée de porter l'armée en avant, dans la direction de Fontainebleau ; il fallait occuper Pithiviers et Beaune-la-Rolande pour être en mesure de donner la main à l'armée de Paris. C'est sur ces points que l'on projeta de diriger les 18ᵉ et 20ᵉ corps. Le succès de cette opération devait assurer un solide point d'appui à l'armée de la Loire avançant sur Paris ; elle avait aussi un autre but très-important : c'était d'arrêter les mouvements inquiétants que l'armée ennemie faisait dans la direction du Mans pour tourner l'armée de la Loire par la gauche. A cette date, en effet, les Allemands poussaient des pointes fréquentes vers Évreux, Dreux, Chartres et Châteaudun et menaçaient le département de la Sarthe. Le gouvernement pensait, non sans raison, que le but du prince Frédéric-Charles était d'attirer de ce côté une partie de l'armée de la Loire pour se jeter ensuite à travers son centre et la couper en deux. Nous n'avions alors au Mans qu'une poignée d'hommes que le brillant officier de marine Jaurès, promu depuis peu général, travaillait à reconstituer. Le résultat d'une diversion sur Pithiviers devait être d'obliger l'ennemi à ramener le gros de ses forces vers le nord-est et de dégager l'ouest.

Les 18ᵉ et 20ᵉ corps, stationnés à Nevers et à Gien, furent chargés d'opérer cette diversion avec l'appui de la division du général Martin des Pallières que nous avons laissée à Chevilly, en avant de la forêt d'Orléans. Le commandement du 18ᵉ corps venait d'être confié à un jeune colonel, chef de l'état-major, qui se montra digne de cet honneur. C'était le colonel Billot, plus tard général de division à titre provisoire. On avait d'abord désigné pour ce poste le général Bourbaki, alors à l'armée du Nord, mais il n'avait pu arriver en temps voulu.

Le général d'Aurelles de Paladines présenta diverses objections contre le plan arrêté au ministère. Ces objections n'étaient pas toutes sans fondement ; mais l'impérieuse nécessité était là, qui ordonnait d'aller en avant. Le délégué à la guerre écrivait au général en chef qu'il ne méconnaissait pas la portée des critiques que la marche sur Fontainebleau suggérait à sa vieille expérience ; mais, disait-il, j'y ferai cette simple réponse :

« Si vous m'apportiez un plan meilleur que le mien, ou même si vous m'apportiez un plan quelconque, je pourrais abandonner le mien et révoquer mes ordres. Mais depuis douze jours que vous êtes à Orléans, vous ne nous avez, malgré nos invitations réitérées, de M. Gambetta et de moi, proposé aucune espèce de plan, vous vous êtes borné à fortifier Orléans, selon nos indications, après avoir déclaré que la position n'y était pas tenable. Votre avis, sur ce point, je me plais à le reconnaître, paraît s'être grandement modifié puisque vous ne désirez plus abandonner vos lignes.

« Malheureusement ce désir, que je comprends, n'est pas réalisable. Des nécessités d'ordre supérieur nous obligent à faire *quelque chose* et par conséquent à sortir d'Orléans. Ainsi que M. Gambetta et moi vous l'avons expliqué, *Paris a faim et veut être secouru*[1]. Il ne dépend pas de nous de vous laisser passer l'hiver à Orléans. Je dis *passer l'hiver*, car il n'y a guère de chance que la saison devienne moins mauvaise, pendant trois ou quatre mois, qu'elle l'est en ce moment et que l'ennemi soit moins nombreux autour de vous. Or le nombre des Prussiens, d'un côté, et l'humidité du sol, d'un autre côté, sont les deux objections que vous mettez en avant. Elles subsisteront, je le répète, beaucoup plus longtemps que Paris n'aura de vivres pour se nourrir. Il faut donc sortir de l'immobilité dans laquelle le salut suprême de la patrie nous condamne à ne pas rester...... Nous aurions déjà dû nous porter vers ces positions de Pithiviers et de Montargis qui vous inquiètent aujourd'hui si fort, et troubler par des pointes hardies l'éternel défilé que l'armée de Frédéric-Charles a fait au-dessus de nos têtes. »

Les opérations commencèrent le 24 novembre. Le général Martin des Pallières avait ordre de se mettre entre Chilleurs-aux-Bois et Loury. Quant aux 18e et 20e corps, chargés de l'action principale, ils abordèrent après deux jours de marche Boismorand et Bellegarde, sans avoir aperçu de soldats allemands. L'ennemi avait en effet évacué Montargis à l'approche de nos troupes et s'était retiré vers Beaune-la-Rolande et Pithiviers. Le 28, le général Crouzat déloge les Allemands du village de Cotelles et ne se retire de cette position qu'après avoir essuyé un retour offensif du prince Frédéric-Charles, qui est venu commander en personne.

---

[1] L'opinion répandue en province assignait le 15 décembre comme limite dernière de la résistance de Paris. M. Jules Favre avait écrit à Tours, le 26 novembre. « Nous « ne dépasserons pas cette date, si nous pouvons l'atteindre. » Il fallait donc agir promptement.

Toutefois, le prince Charles, se voyant sérieusement menacé, évacue pendant la nuit Beaune-la-Rolande, après avoir incendié les maisons qui pouvaient le mieux défendre le village. L'évacuation de Beaune-la-Rolande n'était pas d'ailleurs le seul résultat important de la journée ; des engagements heureux avaient eu lieu à Ladon, Maizières et Juranville. Ces avantages signalés, dus à l'initiative hardie du colonel Billot, valurent aux troupes du 18ᵉ corps un ordre du jour du gouvernement et au jeune commandant le titre de général de brigade à titre définitif. L'objet que le gouvernement avait poursuivi se trouvait atteint. L'ennemi cessa brusquement ses incursions dans les régions de l'Ouest pour se concentrer sur les points menacés par suite des derniers engagements. De nouvelles instructions furent aussitôt données aux généraux Crouzat et Billot. On leur écrivit de Tours, 29 novembre :

« Nous sommes très-satisfaits de votre vigoureuse pointe sur Maizières, Juranville, Beaune-la-Rolande, qui a pleinement atteint notre but en arrêtant le mouvement tournant de l'ennemi sur le Mans et Vendôme et rappelant ses forces sur son centre... Vous prendrez les positions suivantes :

« Crouzat s'établira entre Chambon, Moulin-de-Bezault, Bois-commun, Nibelle, s'appuyant ainsi sur les magnifiques positions de la lisière de la forêt. Billot s'établira vers Bellegarde et Ladon, donnant la main à Crouzat. Le poste de Montargis conserverait sa position et, en cas de menace sérieuse, rejoindrait le 18ᵉ corps. Vous avez par-dessus tout et comme premier soin à vous retrancher dans vos positions. Requérez hommes et choses pour vos travaux. »

Telle était la situation de l'armée de la Loire au 29 novembre : Orléans fortement occupé ; les positions dans la direction de Pithiviers entre nos mains ; une armée confiante en elle-même à la suite de la victoire de Coulmiers et des engagements heureux que l'on vient de raconter en peu de mots. Cette armée n'attendait plus, comme le gouvernement, qu'un signal de Paris pour marcher en avant et se porter sur Fontainebleau à la rencontre du général Trochu. Ce signal, le général Trochu l'avait donné de Paris quelques jours auparavant par un ballon parti le 24 novem-

HISTOIRE DE LA TROISIÈME RÉPUBLIQUE FRANÇAISE (1870-187

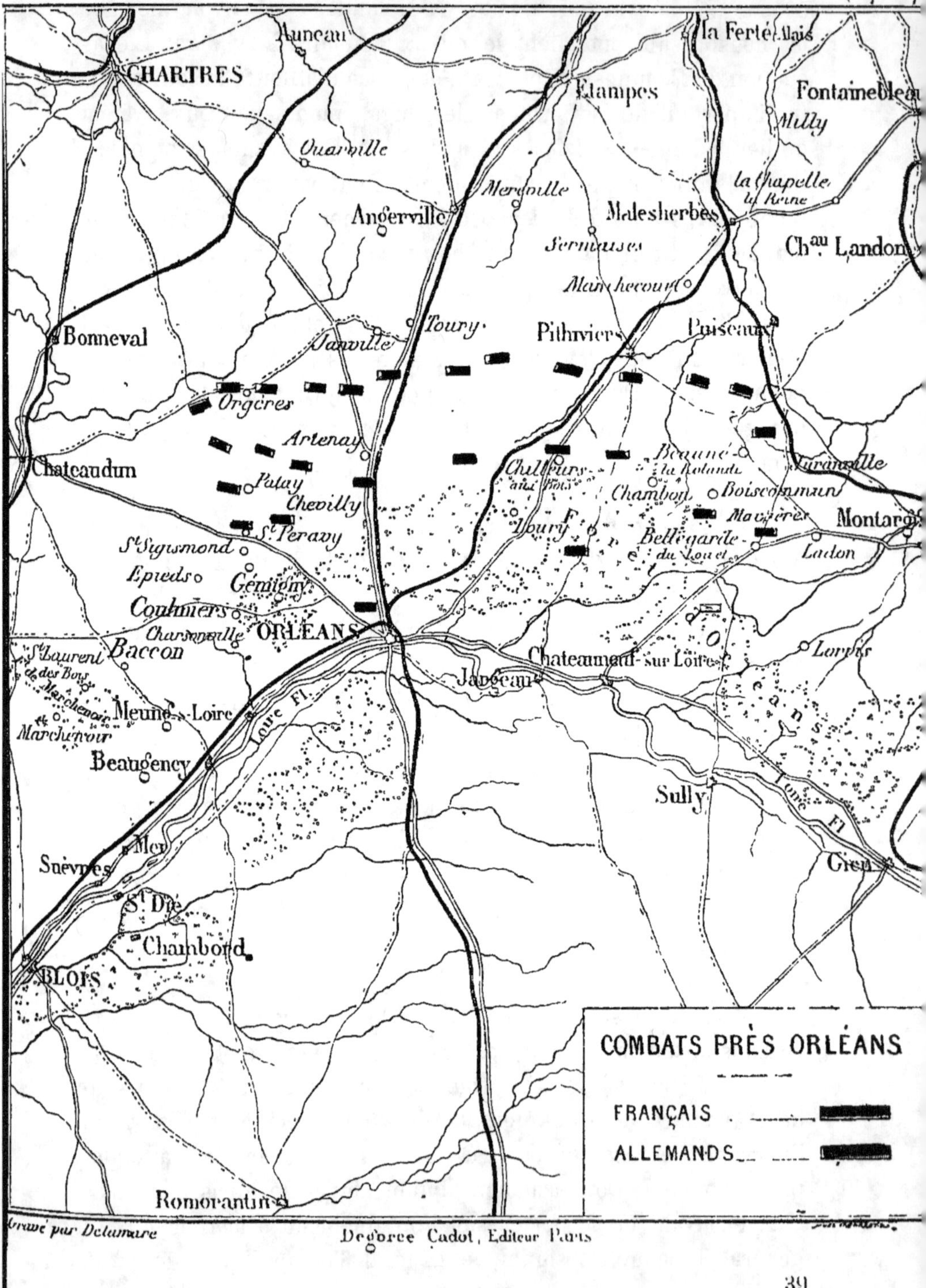

Gravé par Delamare   Degorce Cadot, Éditeur Paris

bre. C'est ce ballon qui fut emporté par une tempete au fond de la Norwége ! La dépèche n'arriva à Tours que le 30 novembre, *six jours après !* Le général Trochu disait : « Les nouvelles reçues de l'armée de la Loire m'ont naturellement décidé a sortir par le sud et à aller au-devant d'elle coûte que coûte ; c'est lundi (28 novembre) que j'aurai fini mes préparatifs, poussés de jour et de nuit. Mardi 29, l'armée extérieure commandée par le général Ducrot, le plus énergique de nous, abordera les positions fortifiées de l'ennemi et, s'il les enlève, poussera vers la Loire, probablement dans la direction de Gien. »

A l'heure où cette dépeche, qu'on avait eu le tort d'expédier par un seul ballon, arrivait à Tours, les opérations de l'armée de Paris étaient commencées. Il n'y avait pas une minute à perdre. Il fut décidé que l'armée de la Loire se mettrait en marche immédiatement à la rencontre du general Ducrot. Nous devons suspendre un moment le recit des opérations de l'armée de la Loire pour tourner nos regards vers Paris.

*Rapport du général d'Aurelles de Paladine
sur la bataille de Coulmiers.*

« L'ordre de marche pour la journée du lendemain (le 9, jour de la bataille) portait qu'une partie des troupes du général Martineau irait prendre position entre le Bardou, à droite, et le château de la Touanne à gauche ; que le géneral Peitavin s'emparerait successivement de Baccon, de la Renardière et du Grand-Lus pour donner ensuite la main à la droite du général de Chanzy, en vue d'attaquer le village de Coulmiers, où, d'apres nos renseignements, l'ennemi s'était fortement retranché.

« Ma reserve d'artillerie et le général Daries avec ses bataillons de réserve devaient soutenir le mouvement.

« Le général de Chanzy devait executer par Charsonville, Epieds et Gemigny un mouvement tournant appuye sur la gauche par la cavalerie du général Reyau, lequel avait pour instructions de chercher à déborder autant que possible l'ennemi par sa droite. Les francs-tireurs de Paris, sous les ordres du lieutenant-colonel Lipowski, avaient l'ordre d'appuyer, sur la gauche, le mouvement de la cavalerie.

« Le 9, des huit heures du matin, toutes les troupes se mirent en mouvement, après avoir mangé la soupe.

« La portion des troupes du général Martineau désignée pour agir sur la droite effectua son mouvement sans rencontrer l'ennemi.

« Une moitié des forces commandées par le général Peitavin, soutenue elle-même par la réserve d'artillerie, enleva d'abord le village de Baccon et se dirigea ensuite sur le village de la Rivière et le château de la Renardière, ou l'ennemi était fortement établi dans toutes les maisons du village et dans le parc. Cette position, vivement attaquée par trois bataillons : le 6e bataillon de chasseurs de marche, un bataillon du 16e de ligne et un du 33e de marche, fut enlevée, malgré tous les efforts de l'ennemi pour s'y maintenir. Dans cette attaque, dirigée par le général Peitavin en personne, qui ne pouvait être soutenue que très-difficilement par l'artillerie parce que nos tirailleurs occupaient une partie du village, les troupes déployèrent une vigueur remarquable.

« La seconde partie des troupes du général Peitavin se portait en avant tandis que la position de la Renardiere était enlevée, occupait le château du Grand-Lus sans trouver de résistance, et faisait appuyer sa gauche vers le village de Coulmiers.

« Sur la gauche, les troupes du général Barry marchaient par Champdry et Villarceau qui était le centre de la ligne ennemie et qui était très-fortement occupé. Arrêtées dans leur marche par l'artillerie prussienne, elles ne purent arriver que vers deux heures et demie a Coulmiers, devant lequel se trouvaient déjà les tirailleurs du général Peitavin.

« Ces tirailleurs, auxquels se joignirent les tirailleurs du général Barry, se jetèrent au pas de course, aux cris de Vive la France ! dans les jardins et les bois qui sont au sud de Coulmiers, y pénétrèrent malgré la résistance furieuse de l'ennemi, mais ne purent se rendre maîtres du village. L'ennemi, qui s'y était retranché et qui avait accumulé sur ce point une grande partie de ses forces et de son artillerie, faisait les plus grands efforts pour s'y maintenir afin de protéger la retraite des troupes de sa gauche, qui se trouvaient d'autant plus compromises que notre mouvement en avant s'accentuait davantage.

« Pour faire cesser cette résistance, le général en chef appela le général Darics et la reserve d'artillerie. Cette derniere s'établit en batterie à la hauteur du Grand-Lus, et, après un feu des plus violents de plus d'une demi-heure, finit par réduire au silence les batteries de l'ennemi. En ce moment les tirailleurs, soutenus par quelques bataillons du general Barry conduits par le général en personne, reprirent leur marche en avant et pénétrèrent dans le village, d'ou ils chassèrent l'ennemi vers quatre heures du soir.

« Dans cette attaque les troupes du général Barry, 7e bataillon de chasseurs de marche, 31e régiment d'infanterie de marche et le 22e régiment de mobiles (Dordogne) montrèrent beaucoup de vigueur et d'entrain.

« A gauche du général Barry, une partie des troupes du contre-amiral Jauréguiberry, éclairées sur leur gauche par les francs-tireurs du commandant Lienard, traversèrent Charsonville et Epieds et arrivèrent devant Cheminiers, où elles furent assaillies par une grele d'obus. Elles mirent leurs batteries en position ; leurs tirailleurs continuèrent leur marche en ouvrant un feu de mousqueterie. La lutte que soutinrent ces troupes fut d'autant plus sérieuse qu'elles furent longtemps exposées non-seulement aux feux partant de Saint-Sigismond et de Gérigny qui étaient devant elles, mais encore a ceux de Coulmiers et de Rosieres qui n'attiraient pas encore l'attention du général Barry. Il était à peu près deux heures et demie. A ce moment, le général Reyau fit prévenir le général de Chanzy que sa cavalerie avait éprouvé une résistance sérieuse, que son artillerie avait fait de grandes pertes en hommes et en chevaux, qu'elle n'avait plus de munitions et qu'il était dans l'obligation de se retirer. Pour éviter un mouvement tournant que l'ennemi aurait pu tenter par suite de cette retraite, le général de Chanzy, qui dans cette journée a montré du coup d'œil et de la résolution, porta sa réserve en avant dans la direction de Saint-Sigismond, en la faisant soutenir par le reste de son artillerie de réserve.

« Le contre-amiral Jauréguiberry était parvenu à faire occuper le village de Champ par un bataillon du 37e ; mais à peine arrivé, attaqué par de l'artillerie et des colonnes d'infanterie qui entraient en ligne, ce bataillon dut abandonner le village. L'énergique volonté de l'amiral parvint cependant à nous maintenir dans nos positions jusqu'à quatre heures et demie, ou l'arrivée d'une batterie de 12 réussit à maîtriser l'artillerie ennemie.

« Pendant ce laps de temps, le 37e de marche et le 33e de mobiles ont été grandement éprouvés.

« A cinq heures, toutes les troupes de l'amiral Jauréguiberry se portèrent à la fois en avant et s'emparèrent, au pas de charge, des villages de Champ et d'Ormeteau.

« Après la prise de ces villages, dont le dernier avait été soigneusement crenelé et admirablement disposé pour la défense, l'ennemi, en pleine retraite, fut poursuivi, tant qu'il fit clair, par le feu de notre artillerie.

« En résumé, dans la journée du 9, nous avons enlevé toutes les positions de l'ennemi, qui, d'après l'aveu d'officiers bavarois faits prisonniers, doit avoir subi des pertes considerables. Nous avons eu à lutter contre le 1er corps d'armée bavarois assisté de cavalerie et d'artillerie prussiennes.

« Cette journée eut pour résultat d'obliger l'ennemi à évacuer non-seulement toutes les positions retranchées qu'il occupait derrière la Mauve et dans les environs d'Orléans, mais encore d'abandonner en toute hâte cette ville, pour battre en retraite sur Artenay, par Saint-Péravy et Patay, en laissant entre nos mains plus de 2,000 prisonniers sans compter tous les blessés.

« La pluie et la neige, qui étaient tombées toute la nuit et dans la journée du lendemain et qui avaient détrempé les terres, rendirent impossible une poursuite qui eut pu nous donner de plus grands résultats. Malgré ces difficultés, une reconnaissance poussée jusqu'à Saint-Péravy s'empara de deux pièces d'artillerie, d'un convoi de munitions et d'une centaine de prisonniers, dont cinq officiers.

« Le général des Pallieres, dont la marche sur Orleans avait été calculée sur une plus longue résistance de l'ennemi, marcha, pendant quatorze heures, dans la journée du 9, dans la direction du canon, et, malgré tous ses efforts, ses têtes de colonne ne purent arriver à la nuit que jusqu'à Chevilly.

« Nos troupes d'infanterie de ligne et nos mobiles, qui voyaient le feu pour la première fois, ont été admirables d'entrain, d'aplomb et de solidité.

« L'artillerie mérite de grands éloges, car, malgré des pertes sensibles, elle a dirigé son feu et manœuvré, sous une grêle de projectiles, avec une précision et une habileté remarquables.

« Nos pertes, dans cette journée, ont été d'environ 1,500 hommes tués ou blessés.

« Le colonel de Foulonge, du 31e de marche, a été tué.

« Le général de division Ressayre, commandant la cavalerie du 16e corps, a été blessé par un éclat d'obus.

« Je ne saurais trop vous dire, Monsieur le Ministre, combien j'ai eu à me louer de la vigueur que l'armée tout entière a montrée dans cette journée. Il serait trop long de citer tous les actes de courage et de devouement qui me sont signalés. J'ai l'honneur de recommander à votre sollicitude les demandes de récompenses que je vous adresse, et qui sont justifiées par des faits d'armes accomplis dans cette circonstance. »

LIVRE ONZIÈME.

SIÉGE DE PARIS

BATAILLE DE CHAMPIGNY.

(30 NOVFMBRE. — 2 DÉCEMBRE.)

Apogée du siége de Paris. — Nécessité d'opérations importantes. — Exaspération de l'opinion publique ; mortalité ; symptômes d'indiscipline. Les vivres s'épuisent. Date extrême assignée par le gouvernement lui-même aux subsistances. — Dépêches de M. Jules Favre a M. Gambetta a ce sujet. — Création d'un comité de subsistances. Mode de distribution des vivres par le ministère du commerce aux municipalités parisiennes. — Distribution des farines par la mairie centrale, dirigée par M. Jules Ferry. — Rationnement de la viande. Prix des denrées au milieu de novembre. — Les classes pauvres ne sont pas celles qui souffrent le plus. — Admirable résignation de la population parisienne. — Les « queues » devant les boucheries et les boulangeries. — Etat moral de Paris : les clubs excentriques ; ils sont sans influence sur la majeure partie de la population. — Fragments des discours qui y étaient prononcés. — Préparatifs du général Trochu. — Travaux de contre-approche en avant des forts, dans la presqu'île de Gennevilliers, au Moulin-Saquet, à Villejuif. — Proclamation du 28 novembre. — Ordre du jour mémorable du général Ducrot. — Appel du gouvernement. — But des opérations qui vont commencer. — Diversions destinées à tromper l'ennemi sur la marche de l'armée — Retard de vingt-quatre heures ; les ponts jetés sur la Marne sont trop courts. — On oublie de prévenir le général Vinoy de ce contre-temps. — Vinoy attaque l'Hay suivant ses instructions ; l'amiral Pothuau enlève la Gare-aux-Bœufs de Choisy-le-Roi. — Dépêches tardives du général Trochu pour contremander ces opérations. — Amertume légitime du général Vinoy. — Passage de la Marne dans la nuit du 29 au 30 novembre. — Prise de Champigny et de Bry-sur-Marne. — Diversion de la division Susbielle sur Mesly et Montmesly. — La Gare-aux-Bœufs est reprise ; l'explosion. — Confiance de l'armée le soir du 30 novembre. — Repos du 1er décembre ; l'ennemi concentre ses forces. Attaque du 2 décembre. Lutte acharnée à Champigny et à Bry. L'artillerie rétablit le combat. A quatre heures, l'ennemi est repoussé Rapport du général Trochu. L'armée repasse la Marne le 3 décembre. — Immense déception de Paris. — Nouvelles de l'armée de la Loire.

On touche, au mois de novembre, à l'apogée du siége. Le général Trochu s'est enfin résolu à tenter de percer les lignes ennemies. Il était temps. Paris était assiégé depuis soixante-dix jours environ et aucune tentative digne de ce nom n'avait signalé cette longue période. On ne peut considérer comme de sérieuses sorties les combats livrés en septembre à Chevilly et à Bagneux, et pas davantage le combat livré en octobre à la Malmaison par le général Ducrot. Ces engagements formaient les soldats et les preparaient à des luttes plus sérieuses, mais ils ne décelaient, de la part du gouverneur, ni un plan arreté, ni une idée fixe. On eût été bien en peine de savoir si le général Trochu projetait de traverser les lignes ennemies ; encore moins pouvait-on pressentir, d'après ces opérations, s'il voulait passer par le nord ou par le sud, par l'ouest ou par l'est. A ceux que cette inaction alarmait, le général avait toujours repondu : que son armée n'était pas prète, qu'elle n'avait pas d'artillerie, qu'une place assiégée, fût-ce Paris avec sa nombreuse armée, est incapable de se sauver sans le secours d'une armée extérieure. Ces légitimes excuses n'existaient plus ou n'avaient plus la meme force vers le milieu de novembre : l'armée de Paris s'était exercée et avait montré beaucoup de bravoure toutes les fois qu'on l'avait conduite au feu ; la garde nationale elle-meme, cette garde nationale si suspecte aux hommes spéciaux, venait de faire de brillants debuts en chassant les Prussiens de Bondy; l'industrie parisienne avait fabriqué avec une singulière promptitude environ quatre cents bouches à feu ; enfin, l'armee de la Loire, victorieuse à Coulmiers, allait s'élancer de Montargis vers Fontainebleau pour donner la main au général Trochu. Le moment supreme etait donc arrivé; persister dans l'inaction après le rejet de l'armistice, après Coulmiers, c'eût été justifier l'insurrection du 31 octobre et courir audevant d'un soulèvement plus terrible encore. Ni le général Trochu, ni les autres membres du gouvernement ne se faisaient la moindre illusion à cet égard. La creation des compagnies de guerre de la garde nationale, la division des forces de Paris en trois armees, les ordres donnés pour la construction de nouveaux ouvrages en avant des forts, ne laissèrent plus de doutes sur les projets du gouverneur de Paris.

A ces considérations s'en ajoutent d'autres non moins puissantes qui ne permettent plus au general Trochu de retarder sa grande sortie : la mortalité provenant de la mauvaise nourriture, du manque de bois, de charbon et de lait prend un caractère alarmant ; les enfants et les vieillards succombent en grand nombre par suite des privations du siege; le chiffre des morts s'était élevé à 2,000 par semaine vers le milieu de novembre, et l'on pouvait prévoir, sans etre pessimiste, que ce chiffre augmenterait encore, puisque la situation, au lieu de s'améliorer, empirait au contraire.

Vers le même temps, de graves symptômes d'indiscipline se produisent aux avant-postes de Saint-Denis. Des soldats, oublieux de tous leurs devoirs, s'approchent des sentinelles prussiennes pour s'entretenir, boire et fumer avec elles. On pense bien que si les Prussiens favorisaient ce commerce criminel, c'est qu'ils en avaient fait une forme de l'espionnage. Le général Trochu rappela au devoir les militaires qui le violaient si effrontément : peut-être eût-il mieux valu les punir avec sévérité ; en tous cas, il devenait urgent d'arracher à l'oisiveté des hommes exposés à de telles défaillances.

Enfin, une autre raison et la plus pressante de toutes, commande au général Trochu d'agir promptement, s'il ne veut faire de la résistance de Paris un immense et abominable mensonge : les vivres s'épuisent et l'on approche du jour où cette cité de deux millions d'habitants se trouvera sans pain et sans viande. D'après les évaluations officielles, Paris était approvisionné de manière à tenir jusqu'au milieu de décembre. L'événement montra dans la suite qu'en calculant ainsi le gouvernement s'était trompé, mais telle était bien alors la conviction répandue : Paris tiendrait jusqu'au milieu de décembre et pas au delà. C'est ce que M. Jules Favre ne cesse d'annoncer à la délégation de Tours afin que celle-ci soit en mesure d'accourir en temps opportun au secours de Paris. M. Jules Favre écrit le 16 novembre à M. Gambetta :

« Nous avons à manger, mal, mais à manger jusqu'en janvier ; mais en calculant le délai nécessaire au ravitaillement, prenez le 15 décembre comme limite extrême de notre résistance. »

Le 23 novembre : « Nous allons agir énergiquement, mais la limite extrême de nos subsistances est du 15 au 20 décembre ; il faut quinze jours au moins pour ravitailler Paris. Il faut donc lui laisser ce délai. Prenez cette limite pour base de vos calculs. Jusqu'ici l'esprit est bon, malgré les attaques violentes des clubs, mais plus nous irons, plus les difficultés s'accroîtront. »

Le 24 novembre : « Le général vous donnera certainement ses

intructions militaires, je ne puis usurper son domaine. Il me semble cependant qu'une concentration puissante de forces doit être opérée par vous avec le plus de rapidité possible. Nous touchons à la crise suprême. Quelle que soit notre abnégation, nous ne pouvons échapper à la nécessité de manger, et, comme je vous l'ai écrit, notre limite est au 15 décembre. A ce moment-là, nous aurons encore devant nous un stock de riz, six jours environ, c'est-à-dire ce qui est nécessaire d'une manière absolue pour se ravitailler. Il faut d'ici là être débloqués. Nous allons y travailler vigoureusement. D'ici quelques jours nous agirons. Tout se prépare dans ce but. »

Pour atteindre sans trouble cette date du 15 décembre, le gouvernement avait rationné la viande de boucherie. Il avait fixé à 30 grammes par tête et par jour, soit 90 grammes tous les trois jours, la distribution faite à chaque famille. Des cartes délivrées aux familles par l'administration devaient être présentées aux bouchers qui s'assuraient par l'apposition d'une marque que chacune n'avait que sa portion réglementaire. Un comité de subsistances assistait le ministre du commerce et réglait le rationnement : le ministre fournissait les états de l'approvisionnement, le comité s'occupait du mode de distribution, aplanissait les difficultés, servait, en un mot, au ministre de contrôleur et de conseil dirigeant. Il avait pour président M. Jules Simon et comptait parmi ses membres MM. Picard, E. Arago, Sauvage, Cornu, directeur du Mont-de-Piété, Clamageran, Cernuschi, et plusieurs médecins, entre autres M. Broca. Pour éviter les effets de la spéculation, le gouvernement avait dû réquisitionner toutes les denrées pour son compte et concentrer dans les mairies la plus grande partie des ressources de l'alimentation parisienne. Les municipalités recevaient du ministre du commerce la part proportionnelle au nombre d'habitants qu'elles comptaient dans leur département ; chacune d'elles distribuait ensuite à ses administrés comme bon lui semblait et suivant le mode qu'elle jugeait le meilleur. Certains arrondissements, administrés avec intelligence et méthode, trouvèrent dès le début le moyen d'éviter les « queues » devant la boutique des bouchers. Ce moyen consistait à indiquer sur chaque carte le jour et l'heure de la distribution dans telle rue et telle boucherie ; dans un grand nombre de municipalités, cette solution si simple ne fut pas adoptée ou ne put pas l'être, et il en résulta de graves inconvénients au point de vue de la santé publique. La mairie centrale, qui avait passé des mains de M. Etienne Arago aux mains de M. Jules Ferry, était plus spécialement chargée de la distribution des farines, tandis que le ministère du commerce distribuait la viande de bœuf, en très-petite quantité, et la viande de cheval. Les farines réquisitionnées au début du siége avaient donné un total de 108,000 quintaux ; la consommation de Paris en temps normal est de 7,000 quintaux : l'administration dut réduire ce chiffre à 6,368 quintaux par jour, en sorte que Paris fut rationné pour le pain, sans le savoir, du commencement à la fin du siége. Toutefois cette réduction n'aurait pas suffi pour une résistance de plus de quatre mois, si d'autres ressources n'avaient été introduites dans la cité entre le 4 septembre et l'investissement : les cultivateurs de la banlieue, auquels Paris offrit généreusement l'hospitalité, lui avaient apporté, en retour, une grande quantité de blé, d'avoine, d'orge, de seigle, représentant environ 280,000 quintaux de farine propre à faire du pain. Là fut le secret de la prolongation de la défense. Des moulins étaient établis dans toutes les gares pour moudre le blé au fur et à mesure des besoins de l'alimentation.

La viande de mouton et de bœuf était devenue très-rare, et partant très-chère; les classes pauvres ne pouvaient pas même acheter de la viande de cheval, dont le prix, au milieu de novembre, était de 2 fr. 50 le kilogramme. On ouvrit pour les nécessiteux des cantines municipales, où l'on achetait pour une somme insignifiante du bouillon, de la viande cuite et du pain. Grâce à ces utiles établissements, le pauvre fut à l'abri de la famine. Le garde national recevait d'ailleurs une paye de 1 fr. 50 par jour, était habillé, chaussé et ne payait pas de loyer; sa femme, à dater du 28 novembre, reçut, en outre, un subside supplémentaire de 75 centimes. Si l'on ajoute à cela les bons de pain et de viande répandus à profusion dans les quartiers populeux, et les bons à prix réduits pour les cantines municipales, on reconnaît que les classes nécessiteuses durent moins souffrir que l'employé, le petit rentier, l'artisan aisé qui se trouvaient sans emploi, sans rentes, sans travail, avec une famille à leur charge. Paris possédait en abondance, il est vrai, le vin, le café, le riz et le chocolat; mais les pommes de terre, le bois et le charbon, manquaient. On payait de 30 à 40 centimes le kilogramme de charbon de bois [1].

On vit alors un spectacle dont le souvenir ne doit pas s'effacer de la mémoire de la France. Pendant que les hommes, les chefs de famille montaient la garde aux remparts, veillaient aux avant-postes, les femmes de Paris faisaient preuve d'un dévouement sans borne, elles souffraient les tortures d'un rigoureux hiver sans proférer un murmure, sans laisser échapper une plainte. Comme on l'a dit plus haut, toutes les municipalités n'avaient pas trouvé de prime abord la méthode la plus simple pour la distribution de la viande : tout le monde se présentant à la fois devant les boucheries, il en résultait un grand encombrement, des « queues » interminables, et dans la distribution une excessive lenteur. Les femmes se levaient avant le jour, descendaient dans la boue et la neige, bravant la bise et l'hiver pour obtenir la maigre nourriture qu'attendaient les enfants, les malades dans la maison sans feu. L'attente bien souvent durait de longues heures, mais quand on remportait chez soi les 90 grammes représentant la nourriture de trois jours, la joie effaçait le souvenir de ces peines cruelle. Celui qui eût osé parler de reddition et de capitulation à ces femmes, à ces vieillards blemis par le froid, contractant dans la neige le germe de redoutables maladies, celui-là eût vite compris que ce peuple s'oubliait lui-même; il voulait que Paris fût sauvé ; que lui importaient le froid, la neige, la boue, la viande de cheval, le manque de bois ? Les femmes de Paris avaient pris leur rôle au sérieux ; elles étaient entrées sans effort, sans ostentation dansla pure atmosphère du dévouement; elles s'y maintenaient sans murmure et sans pose. Pendant qu'elles attendent en grelottant un morceau de cheval, le général Trochu se prépare; on entendra dans quelques jours le canon de la délivrance : cet espoir soutient les femmes de Paris et entretient leur bonne humeur pendant les matinées glaciales de novembre.

Les clubs, qui étaient alors une partie de la vie de Paris, ne

---

[1] Voici un aperçu du prix des denrées vers le milieu de novembre :

Jambon fumé (le kilogr.), 16 fr. ; saucisson de Lyon (le kilogr.), 32 fr. ; viande de cheval (le kilogr.), 2 fr. 50 c.; viande d'âne ou de mulet, 6 fr.; une oie, 25 fr ; un poulet, 15 fr ; une paire de pigeons, 12 fr. ; une dinde, 55 fr. ; un lapin, 18 fr. ; une carpe, 20 fr.; une friture de goujons, 6 fr.; une douzaine d'œufs, 4 fr. 60 c.; un chou, 1 fr. 50 c.; un chou-fleur, 2 fr.; une botte de carottes, 2 fr. 25 c.; une livre de haricots, 3 fr. ; une livre de beurre frais, 45 fr.; une livre de beurre salé, 14 fr.

montraient point dans l'attente des événements la sublime patience dont les femmes donnaient l'exemple. Il s'y débite, comme toujours, une foule d'excentricités; les faiseurs de plans abondent, et il ne se passe pas de séance sans qu'un inventeur n'aborde la tribune pour dévoiler un infaillible moyen de sauver Paris. Dans quelques-unes de ces reunions domine la fantaisie; dans beaucoup, la haine contre le gouvernement et le ressentiment laissé par la tentative avortée du 31 octobre. Les auditeurs amenés là par le besoin d'échanger des idées, d'entendre l'avis des autres, et aussi par le désir de se chauffer à la chaleur des lampes, les auditeurs applaudissent les uns, sifflent les autres, votent en riant les propositions les plus étranges, et se retirent sans que l'ordre soit troublé le moins du monde. Une saillie jetée à propos à un orateur emporté ramène le bon sens dans le club au moment où on y pense le moins. Les clubs les plus connus étaient ceux de la *Porte-Saint-Martin* et des *Folies-Bergères*, relativement mo***léré s*** ; les clubs de la *salle Favié*, de la *Marseillaise*, de la *Patrie en danger*, à Belleville, très-chauds, très-révolutionnaires, ouverts à toutes les utopies, à toutes les excitations haineuses; les clubs de la rue *d'Assas*, de *l'École-de-Médecine* et des *Montagnards*, également très-agressifs contre le gouvernement. L'image de ces temps de fièvre est fidèlement reproduite dans quelques-uns de ces discours turbulents qui méritent d'être cités en partie comme sujet d'étude pour le moraliste. C'est un orateur du club *Favié* qui a la parole :

« On a parlé, dit-il, de l'alliance de la Russie et d'une armée de 400,000 Russes. C'est une nouvelle illusion de Trochu. (Rires.) Les Russes sont les sujets du tzar et les alliés du despostime prussien. Ils ont formé le projet de se partager l'Europe pour obéir aux clauses du testament de Pierre le Grand et de Frédéric : le tzar aurait la Turquie et Guillaume prendrait la France, qui a été avachie par l'Empire. Cela inquiète beaucoup l'Angleterre à cause de Constantinople. Mais ce n'est pas l'Angleterre qui nous sauvera, et Trochu ne nous sauvera pas davantage, il est trop mystique; et la preuve, c'est qu'il vient encore d'écrire un petit livre sur l'archange saint Michel. (Marques de surprise. Applaudissements et rires.)

« Savez-vous, citoyens, qui vous sauvera? C'est Garibaldi et la

République universelle. Je viens d'apprendre que Garibaldi n'est plus dans les Vosges ; il est passé en Allemagne où l'Internationale l'attendait pour proclamer la République.» (Applaudissements et rires.)

L'orateur se tournant vers les femmes : « Voulez-vous, citoyennes, avoir des pommes de terre ? (De toutes parts : Oui ! oui !) Eh bien, cela ne vous coûtera qu'un sou. » (Marques de désappointement. Une voix : C'est un farceur !)

L'orateur assure qu'il n'est pas un farceur ; avec ce sou, il fera, dit-il, imprimer des affiches convoquant les gardes nationaux à se rendre à l'Hôtel-de-Ville pour demander, au besoin pour exiger le rationnement des pommes de terre à 2 francs le boisseau.

Un second orateur réfute une opinion professée dans une séance précédente : à savoir, qu'il faut laver son linge sale après le départ des Prussiens. « Il faut, dit-il, le laver avant. » On ne paraît pas bien comprendre ce qu'il veut dire ; il s'explique : le linge sale, c'est la réaction, dont le gouvernement de l'Hôtel-de-Ville est le très-humble serviteur. Il faut se débarrasser de la réaction. (Applaudissements.) Il faut enfin faire la Révolution. (Bruyantes acclamations.) L'orateur se félicite de ce que le 31 octobre n'ait pas donné la victoire définitive à l'insurrection. (Marques d'étonnement, murmures.) Il reprend aussitôt : « Nous étions trop doux alors et trop confiants ; nous n'aurions pas fait ce qu'il fallait. Nous le ferons aujourd'hui. Ce qu'il nous faut, c'est un 93. Eh bien ! 93 reviendra, et, soyez-en sûrs, citoyens, nous retrouverons des Robespierre et des Marat. » (Applaudissements.)

Survient un troisième personnage, porteur d'une sentence capitale contre Bazaine et ses complices : il en donne lecture, et charge l'auditoire de l'exécution de l'arrêt. Puis il aborde la question sociale et religieuse. Le moment est venu, dit-il, de remplacer la théologie et la métaphysique par la géologie et la sociologie. Les auditeurs ne prêtent à cette savante dissertation qu'une attention peu soutenue : l'orateur s'en aperçoit, et termine son discours par une autre sentence capitale : « Je ne crains pas la foudre, s'écrie-t-il avec un geste tragique : je hais le Dieu, le misérable Dieu des prêtres, et je voudrais comme les Titans, escalader le ciel pour aller le poignarder. » Une voix: Faudrait un ballon !

L'auditoire éclate de rire : l'orateur décontenancé se calme, et chacun rentre paisiblement dans sa demeure. Quant au dehors, ces déclamations retentissantes y trouvent peu d'écho. Les hommes du 31 octobre s'agitaient dans le vide ou se faisaient oublier ; en somme, l'esprit public était bon, l'espoir toujours tenace ; mais si ce peuple souffrant, fiévreux, agité, confiant encore, supporte ces dures privations sans murmure, c'est qu'il espère que le gouverneur ne néglige rien pour les faire finir.

L'organisation des bataillons de guerre de la garde nationale était conduite avec la plus grande célérité, comme si le général Trochu voulait réparer le temps qu'il avait perdu en décrétant cette mesure seulement après cinquante jours de siége. A l'intérieur, des travaux de contre-approche sont entrepris en avant des forts, sur divers points de la vaste circonférence de Paris. Afin de laisser l'ennemi dans une complète incertitude sur le point par où l'on se propose de percer les lignes, on multiplie ces travaux : on élève des batteries dans la presqu'ile de Gennevilliers, en face du pont de Bezons ; et ces ouvrages sont assez considérables pour laisser croire à l'ennemi qu'on l'attaquera de ce côté. En même temps, et pour éveiller son attention, en avant de Créteil, au Moulin-Saquet et aux abords de Villejuif, on creuse des tranchées, et l'on semble méditer une attaque contre Choisy-le-Roi. Du côté de l'est, on ouvre des tranchées entre Bobigny et Bondy, parallèlement au canal. Les Prussiens nous regardaient faire sans manifester d'inquiétude. Si, dans ce mouvement qui reculait nos lignes, il pressentaient un danger pour leurs avant-postes, ils les retiraient et se concentraient en arrière : ils savaient bien qu'il nous faudrait les attaquer dans leurs positions retranchées, et ils nous y attendaient de pied ferme.

Le suprème jour est enfin arrivé. Le 28 novembre, au moment d'aller se mettre à la tête de l'armée parisienne, le général Trochu publie la proclamation suivante :

« Citoyens de Paris.

« Soldats de la garde nationale et de l'armée,

« La politique d'envahissement et de conquête entend achever son œuvre. Elle introduit en Europe et prétend fonder en France le droit de la force.

« L'Europe peut subir cet outrage en silence, mais la France veut combattre, et nos frères nous appellent au dehors pour la lutte suprême.

« Après tant de sang versé, le sang va couler de nouveau. Que la responsabilité en retombe sur ceux dont la détestable ambition foule aux pieds les lois de la civilisation moderne et de la justice. Mettons notre confiance en Dieu, marchons en avant pour la patrie ! »

Le général Ducrot adresse aux soldats de la 2ᵉ armée, dont il a le commandement, ce chaleureux et célèbre appel :

« Soldats de la 2ᵉ armée de Paris !

« Le moment est venu de rompre le cercle de fer qui nous enserre depuis trop longtemps et menace de nous étouffer dans une lente et douloureuse agonie ! A vous est dévolu l'honneur de tenter cette grande entreprise : vous vous en montrerez dignes, j'en ai la certitude.

« Sans doute, nos débuts seront difficiles ; nous aurons à surmonter de sérieux obstacles ; il faut les envisager avec calme et résolution, sans exagération comme sans faiblesse.

« La vérité, la voici : dès nos premiers pas, touchant nos avant-postes, nous trouverons d'implacables ennemis, rendus audacieux et confiants par de trop nombreux succès. Il y aura donc là à faire un vigoureux effort, mais il n'est pas au-dessus de vos forces : pour préparer votre action, la prévoyance de celui qui nous commande en chef a accumulé plus de 400 bouches à feu, dont deux tiers au moins du plus gros calibre; aucun obstacle matériel ne saurait y résister, et, pour vous élancer dans cette trouée, vous serez plus de 150,000, tous bien armés, bien équipés, abondamment pourvus de munitions, et, j'en ai l'espoir, tous animés d'une ardeur irrésistible.

« Vainqueurs dans cette première période de la lutte, votre succès est assuré, car l'ennemi a envoyé sur les bords de la Loire ses plus nombreux et meilleurs soldats ; les efforts héroïques et heureux de nos frères les y retiennent.

« Courage donc et confiance ! Songez que, dans cette lutte suprême, nous combattrons pour notre honneur, pour notre liberté, pour le salut de notre chère et malheureuse patrie, et, si ce mobile n'est pas suffisant pour enflammer vos cœurs, pensez à vos champs dévastés, à vos familles ruinées, à vos sœurs, à vos femmes, à vos mères désolées !

« Puisse cette pensée vous faire partager la soif de vengeance, la sourde rage qui m'anime et vous inspirer le mépris du danger.

« Pour moi, j'y suis bien résolu, j'en fais le serment devant vous, devant la nation tout entière : je ne rentrerai dans Paris que *mort ou victorieux*; vous pourrez me voir tomber, mais vous ne me verrez pas reculer. Alors, ne vous arrêtez pas, mais vengez-moi!

« En avant donc ! en avant, et que Dieu nous protége ! »

Le gouvernement s'adressait, à son tour, a la population en ces termes :

« Citoyens,

« L'effort que réclamaient l'honneur et le salut de la France est engagé.

« Vous l'attendiez avec une patriotique impatience que vos chefs militaires avaient peine à modérer. Décidés comme vous à débusquer l'ennemi des lignes où il se retranche et à courir au-devant de vos frères des départements, ils avaient le devoir de préparer de puissants moyens d'attaque. Ils les ont réunis ; maintenant, ils combattent ; nos cœurs sont avec eux. Tous, nous sommes prêts à les suivre, et, comme eux, à verser notre sang pour la délivrance de la patrie.

« A cette heure suprême où ils exposent noblement leur vie, nous leur devons le concours de notre constance et de notre vertu civique. Quelle que soit la violence des émotions qui nous agitent, ayons le courage de demeurer calmes. Quiconque fomenterait le moindre trouble dans la cité trahirait la cause de ses défenseurs et servirait celle dé la Prusse. De même que l'armée ne peut vaincre que par la discipline, nous ne pouvons résister que par l'union et l'ordre.

« Nous comptons sur le succès, nous ne nous laisserions abattre par aucun revers.

« Cherchons surtout notre force dans l'inébranlable résolution d'étouffer, comme un germe de mort honteuse, tout ferment de discorde civile.

« Vive la France ! Vive la République ! »

Un long frémissement d'espoir agita Paris, l'heure était solennelle ; les adversaires du gouvernement avaient suspendu leurs attaques; pour la première fois, depuis la Révolution de septembre, tous les cœurs battaient à l'unisson.

On devait franchir la Marne, s'emparer des hauteurs qui la dominent et s'élancer sur la route de Fontainebleau, à la rencontre de l'armée de la Loire. On se souvient de la dépêche du général Trochu à la délégation de Tours : « Les nouvelles reçues de l'armée de la Loire m'ont naturellement décidé, disait-il, à sortir par le sud et à aller au-devant d'elle ; coûte que coûte, c'est lundi 28 novembre que j'aurai fini mes préparatifs, poussés de jour et de nuit. Mardi 29, l'armée extérieure, commandée par le général Ducrot, le plus énergique de nous, abordera les positions fortifiées de l'ennemi, et, s'il les enlève, poussera vers la Loire, probablement dans la direction de Gien. »

Deux diversions furent opérées pour occuper l'attention de l'ennemi, pendant qu'on franchirait la Marne. Dès le 28 novembre au soir, les opérations commencent. A l'ouest, dans la presqu'île de Gennevilliers, de nombreuses batteries de mortiers couvrent d'obus les positions de l'ennemi vers Argenteuil et Bezons ; des gabionnages et des tranchées-abris sont installés dans l'île de Marante et sur le chemin de fer de Rouen. A la vivacité du feu dirigé sur ce point, l'armée assiégeante peut croire qu'une attaque générale est imminente. A l'est, le plateau d'Avron, qui domine le cours de la Marne, est occupé à la nuit par les marins de l'amiral Saisset ; cette admirable position est immédiatement armée de pièces à longue portée menaçant au loin les convois ennemis sur les routes de Gagny à Chelles et à Gournay ; au sud, la 3ᵉ armée sous les ordres du général Vinoy reçoit l'ordre de se mettre en marche le 29 de grand matin, et de s'emparer de Thiais, L'Hay et Choisy-le-Roi, pendant que la 2ᵉ armée franchira la Marne à Joinville-le-Pont pour enlever Champigny. La Marne devait être passée par la 2ᵉ armée dans la nuit du 28 au 29. Malheureusement, comme toujours, un contre-temps on ne peut plus funeste empêche ce projet de se réaliser ; les ponts qui devaient être jetés sur le fleuve étaient trop courts et l'on fut obligé de renvoyer l'attaque au lendemain. Les vingt-quatre heures que nous perdions par suite de cette fâcheuse circonstance donnaient à l'ennemi le temps de se préparer à nous recevoir. Il était informé de nos projets, il avait la certitude d'être attaqué le lendemain en avant de Joinville-le-Pont, puisqu'il avait vu nos troupes se masser dans le champ de manœuvres de Vincennes, et qu'en outre, il avait entendu toute la nuit le bruit de l'artillerie défilant sur les routes ; il eut donc le temps d'appeler des renforts.

Le gouvernement était réuni au Louvre, lorsqu'il reçut cette fâcheuse nouvelle, qu'il devait faussement attribuer à une crue subite de la Marne pour calmer l'émotion de Paris. Il se demanda s'il n'y avait pas quelque témérité à persévérer dans le plan adopté, du moment que l'ennemi était prévenu de l'attaque du lendemain ; on avait, paraît-il, proposé au général Trochu de ramener brusquement les troupes vers l'ouest et d'attaquer du côté de Versailles ; on supposait, en effet, que l'ennemi avait concentré ses forces sur les hauteurs de Champigny. Le gouverneur de Paris repoussa ce projet et persévéra dans son dessein d'attaquer par Champigny, malgré les vingt-quatre heures de retard.

Dans la confusion où ce contre-temps sur la Marne jette les esprits, on oublie d'informer le général Vinoy du retard forcé des opérations. Quelque surprenant qu'il paraisse, ce fait est d'une exactitude absolue. Donc, le 29 de grand matin, le commandant de la 2ᵉ armée se met en marche pour exécuter les ordres qu'il a reçus. Ses instructions portent qu'il doit attaquer au point du jour la Gare aux-Bœufs de Choisy-le-Roi et le village de l'Hay, et qu'après avoir enlevé ces positions, les troupes s'y mettront en état de défense en élevant des barricades et des ouvrages en terre. A l'heure dite, les 109ᵉ et 110ᵉ de ligne, soutenus par les mobiles du Finistère, se jettent sur l'Hay ; le cimetière et les premières maisons sont emportés. A neuf heures, tout le village est à nous ; le général Vinoy télégraphie au gouverneur de Paris : « Nous sommes dans l'Hay, quoique vigoureusement défendu. Le génie n'a pas envoyé les outils que j'avais demandés. Il sera peut-être difficile de s'y maintenir, les réserves ennemies arrivent. » Dans le même temps, l'amiral Pothuau, commandant le fort de Bicêtre, marchait sur Choisy avec ses fusiliers marins et les 106ᵉ et 116ᵉ bataillons de la garde nationale, commandés par MM. Ibos et Langlois. Ces troupes chassaient les Prussiens de la Gare-aux-Bœufs.

Dans l'Hay, le général Vinoy se voit de plus en plus menacé et commence à être fort inquiet. Il est très-étonné de ne pas entendre sur sa gauche le canon du général Ducrot et ne comprend rien au silence qui règne sur les bords de la Marne. Pendant qu'il se livre à toutes sortes de conjectures sur ce fait inexplicable, pendant qu'il fait de grands efforts pour se maintenir dans le village et que ces efforts lui causent des pertes très-sensibles, une dépêche datée de Paris, 7 h. 30 m., lui est remise. C'est donc à sept heures et demie du matin, plus de deux heures après que les troupes étaient engagées, que le général Trochu avait songé à prévenir le général Vinoy : « Prévenez, disait-il, Vinoy, La Roncière, Beaufort, Liniers que la grande opération est ajournée par suite de la crue de la Marne et de la rupture du barrage. La suite de leurs opérations doit se mesurer sur cet *inci-dent...* Je pense, écrivait encore le général Trochu à Vinoy, qu'il y a lieu de vous maintenir sur vos positions jusqu'à ce que le mouvement se dessine. Il serait trop regrettable d'avoir fait en pure perte les efforts qui vous ont conduit à l'Hay. » Le général Vinoy fit immédiatement replier ses troupes sous la protection de l'artillerie des Hautes-Bruyères. « Comment ! s'écrie-t-il avec une profonde amertume, depuis le matin, avec un effectif insuffisant, avec des moyens matériels d'artillerie et de génie incomplets, le chef de la 3e armée s'épuisait à soutenir une lutte inégale et meurtrière pour attirer sur lui les efforts de l'ennemi et favoriser ainsi la grande opération entreprise sur un autre point ! Maintenant il apprenait que tous ses efforts étaient inutiles, que les pertes qu'il avait faites et le sang qui avait été répandu demeuraient sans résultat ! Cette bataille, au succès de laquelle il s'était efforcé de contribuer, en exposant encore plus que de coutume les troupes qu'il commandait, on l'informait qu'elle était différée et on n'avait pas songé à le prevenir d'ajourner son attaque ! La lutte avait duré trop longtemps et nos pertes étaient déjà trop sanglantes pour un résultat aussi négatif [1]. »

L'oubli du général Trochu avait coûté 30 officiers et 983 soldats à la 3e armée. Les troupes, qui s'étaient si bien battues dans la journée du 29, furent profondément affectées d'avoir soutenu une lutte inutile, quoique très-acharnée ; elles avaient besoin de repos, on ne pouvait plus compter sur leur concours pour la grande bataille du lendemain. On voit ici les conséquences qu'une seule faute peut amener à la guerre. Pour n'avoir pas eu des équipages de ponts prêts à l'heure marquée, on donnait à l'ennemi le temps de se préparer au combat ; pour avoir oublié de prévenir de ce contre-temps le général Vinoy, on se privait du concert indispensable au succès de l'entreprise ; on annihilait la 3e armée au moment où on aurait eu le plus besoin de son concours ; on perdait enfin vingt-quatre heures, et de ce retard pouvaient découler à la fois l'échec de l'armée de Paris et la perte de l'armée de la Loire.

Le passage de la Marne s'effectua sans obstacle, le 30 novembre au point du jour, en avant de Joinville et de Nogent. Les deux premiers corps de la 2e armée, conduits par les généraux Blanchard et Renault, passent les premiers, précédés de leur artillerie qui prend rapidement position à une petite distance de la rivière ; les tirailleurs se répandent dans la plaine qui s'étend en avant de la ferme du Tremblay, et ouvrent une vive fusillade contre les

[1] *Le siége de Paris, opérations du 13e corps et de la 3e armée,* par le général Vinoy, page 259.

avant-postes prussiens retranchés sur le bord de la route de Champigny, dans les maisons, aux abords des bois du Plant, de l'Huilier et du Bouquet. Des batteries de position établies sur la rive droite de la Marne à Nogent, au Perreux, à Joinville et dans la presqu'île Saint-Maur balayent le terrain devant les troupes qui se déploient et avancent. A dix heures, toute l'armée du général Ducrot a passé la rivière ; les Prussiens, chassés du bois du Plant, se replient sur Champigny ; ils en sont bientôt délogés par les obus de la Faisanderie et des canons placés dans la boucle de la Marne. A onze heures, le village est à nous tout entier et l'ennemi gagne le plateau où il est poursuivi par le feu de l'artillerie qui couvre les pentes de ses morts. L'attaque a pleinement réussi de ce côté ; nos troupes se mettent en devoir de se retrancher dans le village contre un retour offensif, qui paraît imminent. Sur la gauche, le point important à prendre était Villiers, gros bourg situé sur la hauteur, dont les abords sont défendus par des jardins crénelés et de nombreuses batteries balayant tous les chemins qui de Bry-sur-Marne montent vers Villiers. De ce côté, la division Bellemare, après s'être attardée à passer la rivière, se jette sur les Prussiens embusqués dans les maisons, derrière les murs. Les zouaves, dignes cette fois de leur vieille réputation, les mobiles de la Seine, les 123e, 124e et 125e régiments de ligne attaquent l'ennemi à la baïonnette et, après une lutte sanglante de maison en maison, l'obligent à se réfugier dans la direction de Villiers.

Les crêtes de Villiers étaient à nous, comme celles de Champigny. Mais le village restait encore aux Prussiens. Dans l'après-midi, des colonnes d'infanterie allemande descendent des hauteurs pour nous chasser des positions que nous avons conquises et prononcent une vigoureuse attaque à laquelle concourent puissamment des batteries établies à Chennevières et à Cœuilly. Nos troupes, un moment ébranlées, subissent des pertes sensibles devant Champigny. Du côté de Villiers, on se bat encore une fois corps à corps dans les maisons de Bry-sur-Marne, et nos troupes accablées vont être refoulées malgré l'artillerie qui, du bas de la côte de Villiers, foudroie les colonnes allemandes, lorsque la division d'Exea, qui a franchi la Marne au-dessous de Nogent, vient décider de la victoire et repousser les Prussiens. Vers Champigny l'artillerie habilement conduite par les généraux Frebault et Boissonnet avait arrêté la marche offensive de l'ennemi. A la nuit tombante, nous restions maitres des crêtes ; la journée avait été sanglante mais glorieuse ; l'armée était remplie de confiance.

Pendant ces opérations, à l'extrème droite la division Susbielle soutenue par des bataillons de la garde nationale s'était portée en avant de Créteil et avait enlevé Mesly et Montmesly. Mais elle fut bientôt menacée par des colonnes prussiennes qui venaient de Choisy-le-Roi pour la tourner. Le chef de la 3ᵉ armée, général Vinoy, voyant le danger de ce mouvement résolut d'arrêter ces colonnes en faisant une démonstration sur Choisy. En conséquence, il prescrit à la division Pothuau de s'emparer, comme elle l'avait fait la veille, de la Gare-aux-Bœufs, pendant que la brigade Blaise va se déployer pour attaquer Thiais. La Gare-aux Bœufs est enlevée ; l'infanterie de marine, toujours pleine d'élan, pénètre jusque dans Choisy. Ce mouvement hardi ayant suffi pour dégager la division Susbielle, le commandant en chef fait sonner la retraite. Quant à la Gare-aux-Bœufs, après l'avoir gardée jusqu'au soir, on juge prudent de l'évacuer aussitôt la nuit venue ; on eut lieu de s'en féliciter : vers minuit l'ennemi, croyant la gare toujours occupée par nos troupes, met le feu aux fougasses qu'il avait préparées pour la faire sauter ; il ne restait le lendemain de cette vaste construction que des murs calcinés et des poutres noircies.

Le même jour, au nord, dans la plaine d'Aubervilliers, l'amiral la Roncière avait occupé Drancy et la ferme de Groslay, puis, traversant Saint-Denis, il s'était emparé d'Épinay, en faisant plus de soixante prisonniers.

Telles furent, dans leur ensemble, les opérations militaires du 30 novembre. « Cette journée, disait le *Journal officiel*, consacre, en relevant notre honneur militaire, le glorieux effort de la ville de Paris. Elle peut, si celle de demain lui ressemble, sauver Paris et la France. Notre jeune armée, formée en moins de deux mois, a montré ce que peuvent les soldats d'un pays libre. Cernée par un ennemi retranché derrière de formidables défenses, elle l'a abordé avec le sang-froid et l'intrépidité des plus vieilles troupes. Elle a combattu douze heures sous un feu meurtrier et conquis pied à pied les positions sur lesquelles elle couche. Ses chefs ont été dignes de la commander et de la soutenir dans cette grande épreuve. Nous ne pouvons encore nommer tous les braves qui l'ont électrisée par leur conduite. Le gouverneur a cité le général Ducrot, et c'était justice; il devait s'oublier lui-même : ceux qui l'ont vu donner l'exemple au milieu de l'action lui rendent le témoignage qu'il ne pouvait se décerner. Le général Renault, commandant en chef le 2ᵉ corps, toujours le premier au danger, a été rapporté du champ de bataille grièvement blessé. Le général Ladreit de la Charrière a été aussi grièvement atteint. Un grand nombre d'officiers sont glorieusement tombés. Aujourd'hui nous ne pouvons sortir de la réserve à laquelle nous oblige la continuation de la lutte. Quelle qu'en soit l'issue, notre armée a bien mérité de la patrie. »

Cette note respire un visible découragement; mais elle échappa par ce côté à la population parisienne, tout entière à la joie; nul, d'ailleurs, ne doutait que l'armée ne dût, après quelques heures de repos, continuer son mouvement, achever son succès. La joie était intense, l'espérance illimitée. On croyait toucher à la délivrance.

La journée du 1ᵉʳ décembre fut, d'un accord tacite, consacrée à relever les blessés et ensevelir les morts. Les pertes, dans les deux camps, avaient été fort sensibles ; certains officiers allemands prétendaient qu'ils n'avaient pas vu, depuis Gravelotte, une bataille aussi meurtrière. Des régiments avaient été couchés par les mitrailleuses sur le plateau de Bry, et nous-mêmes, en avant de Champigny, nous avions perdu beaucoup de monde. Le 1ᵉʳ décembre fut donc un jour de repos, nécessaire peut-être, mais funeste à coup sûr, car il était bien certain que si l'ennemi ne nous attaquait pas dans les positions que nous occupions et qui étaient très-faibles, c'est qu'il manquait d'hommes et de munitions. En effet, pendant toute la journée des convois d'artillerie et des colonnes d'infanterie passèrent le pont de Villeneuve-Saint-George, venant de Versailles. On pouvait prévoir pour le lendemain une attaque furieuse. Un froid extraordinaire succéda subitement à la température douce de la journée; nos troupes durent passer la nuit dans les tranchées, sur la terre gelée, sans allumer de feux, et comme elle étaient parties de Paris sans prendre de couvertures, elles endurèrent pendant toute cette nuit des souffrances inouïes qui devaient affecter leur moral et les préparer mal au combat.

Le 2 décembre, à l'aube, par un temps froid et clair, les Alle-

mands se ruent sur Champigny en masses profondes. On venait
d'envoyer de ce côté des ouvriers civils pour ouvrir des tranchées
et on ne les avait point armés ; aux premiers coups de feu, ils
fuient en désordre à travers la grande rue du village et sèment la
panique sur leur passage. Les Prussiens pénètrent dans Champigny au pas de course. Les troupes surprises par l'impétuosité
de l'attaque se jettent sur leurs armes ; mais serrées de près, elles
reculent jusqu'à l'entrée du village, où leurs officiers parviennent
enfin à les rallier. Quelques batteries rapidement établies sur ce
point arrètent enfin l'élan des Prussiens, pendant que les forts et
les redoutes de la rive droite de la Marne font pleuvoir les obus
sur le haut de Champigny et sur le plateau de Cœuilly, où des
batteries allemandes se sont avancées pour appuyer les colonnes
d'attaque. Tandis que les Prussiens s'arrètent, nos troupes ont le
temps de se reconnaître et de se préparer à reprendre l'offensive.

Sur notre gauche, vers Bry, les Prussiens avaient débordé nos
lignes avec la même impétuosité qu'à Champigny ; une lutte
meurtrière s'était engagée encore une fois dans les rues de ce
village ensanglanté par le combat du 30 novembre. La bataille reste longtemps indécise ; mais enfin, l'effort de l'ennemi
est contenu ; les troupes qu'il voulait précipiter dans la Marne
reprennent le dessus ; le général Trochu et le général Ducrot, passant au galop sur le front de l'armée, de Bry à Champigny, rani-
ment tous les courages ; l'artillerie , admirablement commandée,
rétablit le combat et regagne insensiblement le terrain perdu ; vers
une heure la lutte est terminée sur la gauche, et nos canons ne
tirent plus que sur des troupes qui se retirent vers Villiers ; sur la
droite, les Allemands se voyant débusqués de Champigny amènent
sur les hauteurs de Chennevières une nouvelle batterie qui prend
les nôtres en écharpe : elle est en peu de temps réduite au silence ;
la bataille est finie, la victoire est à nous, nous réoccupons Champigny. Vers cinq heures, le général Trochu écrit du fort de Nogent : « Cette seconde bataille est beaucoup plus décisive que la
précédente. L'ennemi nous a attaqués au réveil avec des réserves
et des troupes fraiches. Nous ne pouvions lui offrir que les adversaires de l'avant-veille, fatigués, avec un matériel incomplet, et
glacés par des nuits d'hiver qu'ils ont passées sans couvertures,
car, pour les alléger, nous avions dû les laisser à Paris. Mais
l'étonnante ardeur des troupes a suppléé à tout.

« Nous avons combattu trois heures pour conserver nos positions, cinq heures pour enlever celles de l'ennemi, où nous couchons. Voilà le bilan de cette belle et dure journée. Beaucoup ne reverront pas leurs foyers, mais ces morts regrettés ont fait à la jeune République de 1870 une page glorieuse dans l'histoire militaire du pays. »

Nos pertes étaient considérables. Le rapport officiel les évalue à 1,008 tués et 5,024 blessés, sur lesquels 712 officiers tués et 342 blessés.

Dans l'une et l'autre de ces journées, officiers et soldats s'étaient bravement conduits. Le 30 novembre, le général Ducrot voyant les lignes plier se jette en avant de ses troupes, l'épée à la main, et les ramène au combat par son exemple. Le 2 décembre au matin le général Trochu enlève à son tour les soldats qui faiblissent, et que l'ennemi menace de rejeter dans la Marne. Le général Renault, glorieux vétéran de l'armée d'Afrique, est frappé à mort devant Chennevières. Le général Ladreit de la Charrière tombe à Montmesly. Le brillant capitaine de fregate Desprez trouve la mort dans Choisy-le-Roy ; Franchetti, le jeune et brillant commandant des éclaireurs à cheval, est mortellement blessé sur les pentes de Bry-sur-Marne. On comptait encore parmi les morts de ces deux mémorables journées, le colonel Prévault ; le comte de Néverlée, officier d'ordonnance du général Ducrot ; le colonel Mandat de Grancey, tué d'une balle dans le ventre, à Villiers ; le baron Saillard, ancien ministre plénipotentiaire, trois fois blessé à l'attaque d'Épinay. Les victimes obscures jonchaient les pentes, éclairées par un triste soleil d'hiver.

En ce moment, le soir du 2 décembre, on ne comptait pas les morts : on se préoccupait du résultat de la bataille. Dans Paris la fièvre était ardente ; la population s'était précipitée au bruit du canon vers les portes de Charenton, Vincennes, Saint-Mandé, sur les hauteurs du Père-Lachaise, sur tous les points élevés d'où le regard peut s'étendre au loin. On interroge avec une profonde anxiété les allants et venants, les officiers d'ordonnance qui passent à cheval, les blessés qu'on ramène dans les voitures d'ambulance ; on commente avec ardeur la dépêche du général Trochu qui dit que cette seconde journée est plus décisive que la première, et l'on en conclut fort naturellement que l'armée touche au terme de ses rudes efforts.

C'était, hélas! une grande erreur. Nous avions repris Champigny après en avoir été chassés, nous avions refoulé l'ennemi de Bry-sur-Marne après avoir été menacés par lui d'etre jetés à la rivière, notre artillerie, grâce à l'habileté du général Frébault, avait remporté un avantage très-marqué sur l'artillerie allemande et nous avait valu la victoire, mais nous n'avions emporté ni Villiers, ni Cœuilly, clefs des positions ennemies. Pour s'en emparer, il faut livrer une troisième bataille, d'autant plus incertaine que nos jeunes troupes sont fatiguées par le combat, très-éprouvées par le froid, et que l'ennemi amène toujours de nouveaux renforts devant nous. On en était donc dans la soirée du 2 décembre au même point que le 30 novembre à la fin du jour.

Il y avait deux partis à prendre : ou recommencer la bataille le 3 décembre, et en cas de succès s'éloigner résolûment des bords de la Marne au-devant de l'armée de la Loire, ou repasser la Marne et rentrer dans Paris. C'est le second parti qui fut adopté par les généraux Trochu et Ducrot.

Le général Vinoy, commandant en chef de la 3e armée, avait conçu un autre plan, qu'il fit soumettre dans la soirée du 2 décembre au gouverneur de Paris. Quelques mots suffiront pour le faire connaître.

Le général Vinoy raisonnait ainsi : L'offensive aussi vive qu'imprévue que l'ennemi vient d'avoir à subir l'a obligé à concentrer toutes les forces qu'il a pu enlever à ses lignes d'investissement. Les observatoires des forts et notamment celui de Villejuif ont signalé à diverses reprises la force et le nombre des renforts dirigés pendant ces deux jours sur le champ de bataille de Champigny. Le succès obtenu jusqu'alors par nos troupes est demeuré incomplet et indécis ; il nous faudrait reprendre la lutte dans des conditions évidemment plus désavantageuses et avec des chances de réussite bien diminuées. Cela étant, ne pourrait-on pas profiter de l'affaiblissement des lignes allemandes pour diriger une attaque inattendue et rapide contre Versailles, lieu de résidence du roi et quartier général des assiégeants ? L'occasion lui paraissait excellente. Le général de Beaufort, qui venait de parcourir les hauteurs situées à l'ouest du Mont-Valérien, n'avait rencontré qu'un très-petit nombre d'ennemis. Le moment ne serait-il donc pas bien choisi pour faire repasser la Marne à la 2e armée, en laissant une seule division sous le canon des forts pour maintenir et tromper l'ennemi ? On dirigerait toutes les troupes disponibles, très-rapidement, par la Seine, les quais, les-boulevards, la rue de Rivoli ; et ces troupes attaqueraient les points dégarnis par les Prussiens. Ceux-ci se hâteraient sans doute de revenir, mais ils auraient un long détour à faire, ne pouvant passer la Seine qu'a Villeneuve-Saint-Georges, et notre armée aurait sur eux une avance décisive. La trouée serait peut-etre faite avant l'arrivée de ces renforts. Toujours est-il que si ce plan n'assurait pas la levée du siége, du moins il devait jeter une grande perturbation dans les lignes d'investissement et exalter par un succès possible le moral de l'armée de Paris.

Le gouverneur ne crut pas devoir souscrire au projet du général Vinoy. L'audace, on le sait, n'était pas sa qualité dominante. Il pouvait, d'ailleurs, répondre que son armée était trop fatiguée pour traverser Paris pendant la nuit et recommencer à se battre le lendemain ; qu'en s'éloignant des bords de la Marne il tournait le dos à l'armée de la Loire à laquelle il avait donné rendez-vous ; que si ses troupes étaient encore capables de se battre, il les lancerait sur les positions de Villiers et de Cœuilly plutôt que de les conduire sur un terrain entièrement nouveau. Le général Trochu avait livré deux batailles en trois jours. Avait-il bien véritablement l'intention de se frayer un passage à travers les lignes d'investissement ? On hésite à l'affirmer. On était allé au combat parce qu'on y était forcé par les nécessités politiques, parce qu'on ne pouvait pas honorablement demeurer immobile après Coulmiers, mais on n'espérait guère faire une trouée et on y comptait si peu qu'on donnait l'ordre aux soldats de laisser leurs couvertures à Paris. La pensee intime des généraux Trochu et Ducrot parait avoir été, dans cette circonstance, d'affirmer à l'ennemi la vigueur de l'armée parisienne, afin de pouvoir traiter plus avantageusement avec lui après la bataille. Mais sur quoi se fondait cet espoir, après le refus d'armistice du 6 novembre ? On serait fort embarrassé de le dire.

Le 3 décembre, l'armée repasse la Marne sous les yeux des Allemands immobiles et se concentre dans le bois de Vincennes, en proie au plus violent sentiment de désespoir. Les soldats, quoique très-fatigués, se refusaient à croire que tout fût fini : ils ne comprenaient pas qu'on leur eût fait abandonner ces positions arrosees de leur sang et qu'une retraite fût le couronnement d'une victoire.

Le général Ducrot essaya d'apaiser les esprits par un ordre du jour :

« Soldats, disait-il, après deux journées de glorieux combats, je vous ai fait repasser la Marne, parce que j'étais convaincu que de nouveaux efforts dans une direction où l'ennemi avait eu le temps de concentrer toutes ses forces et de préparer de nouveaux moyens d'action seraient stériles.

« En nous obstinant dans cette voie, je sacrifiais inutilement des milliers de braves, et loin de servir l'œuvre de la délivrance, je la compromettais sérieusement ; je pouvais même vous conduire à un désastre irréparable.

« Mais vous l'avez compris, la lutte n'est suspendue que pour un instant ; nous allons la reprendre avec résolution. Soyez donc prêts : complétez en toute hâte vos munitions, vos vivres, et surtout élevez vos cœurs à la hauteur des sacrifices qu'exige la sainte cause pour laquelle nous ne devons pas hésiter à donner notre vie. »

Le général Trochu écrivait, de son côté, que l'armée, réunie à l'abri de toute atteinte, puisait de nouvelles forces dans un court repos, repos qu'elle était en droit d'attendre de ses chefs après de si rudes combats ; qu'il y avait des cadres à remplacer, et qu'on procédait avec la plus grande activité au remaniement de certaines parties de son organisation.

Cette retraite inattendue plongea Paris dans un étonnement douloureux ; on n'y voulait pas croire ; et lorsqu'il ne fut plus possible d'en douter, la colère chez les uns, le découragement chez les autres, ne connurent plus de bornes. On lisait encore sur les murs la proclamation du général Ducrot, jurant qu'il ne rentrerait dans Paris que mort ou victorieux ; il n'était ni mort ni vainqueur, et il battait en retraite cependant ; il est vrai qu'il n'avait pas ménagé sa vie et qu'il avait bravement chargé l'ennemi à la tête de ses troupes, mais on ne voulait pas alors le savoir, et le général qui revenait après avoir déçu de si belles espérances n'était qu'un fanfaron. Ce n'est pas tout ; on battait en retraite après cette seconde bataille du 2 décembre « beaucoup plus décisive que la précédente, » au dire du général Trochu. Comment Paris n'aurait-il pas été consterné ? Ce grand effort sur lequel on avait bâti l'espoir de la délivrance était donc avorté ! Sans s'arrêter aux considérations militaires, Paris comprit que si l'armée reculait après une victoire, laissant l'armée de la Loire exposée à la ruine, il n'y avait plus rien à espérer de l'avenir. Chacun alors s'appesantit sur les fautes commises : sur le passage de la Marne manqué dans la nuit du 29 novembre, sur l'impardonnable négligence en vertu de laquelle le corps de Vinoy s'était trouvé engagé vingt-quatre heures trop tôt. Ce sera donc toujours la même chose ? disait-on. Un voile de deuil s'étendit sur la grande cité, qui était quelques jours auparavant enflammée de confiance. Pour la première fois, elle entrevoyait distinctement le fond de l'abîme. Le général Ducrot annonçait à ses troupes qu'elles allaient se reposer seulement quelques jours et qu'ensuite elles iraient à de nouveaux combats : les soldats secouaient la tête et doutaient ; la population lacérait ces proclamations pompeuses qu'elle accusait d'avoir surpris sa bonne foi ; le général était intimement convaincu qu'une plus longue résistance était une folie.

La fermentation des esprits était considérable ; quelques membres du gouvernement en conçurent de vives alarmes. Que pouvaient-ils répondre, en effet, à ceux qui accusaient hautement le général Trochu d'exposer l'armée de la Loire à périr sous les coups de l'ennemi ? Dans la matinée du 4 novembre, le général Leflô, ministre de la guerre, et M. Jules Favre se rendent au château de Vincennes, où se trouvent les généraux Trochu et Ducrot ; il les entretiennent des dangers qui menacent l'armée de province. Est-il possible de l'abandonner ? Le général Ducrot répond très-nettement qu'il est temps de solliciter de l'ennemi une paix honorable. « Les troupes sont, dit-il, brisées de fatigue, épuisées au moral comme au physique, incapables de soutenir une nouvelle lutte. Il s'afflige de voir les membres du gouvernement conserver des illusions qu'il estime dangereuses ; il ne croit pas aux armées de province ; quels que puissent être le zèle des chefs et la bravoure personnelle des soldats de la Loire, ces armées ne constituent que des rassemblements dont on ne peut rien attendre contre un ennemi discipliné, savamment commandé. C'est la lutte contre l'impossible. On objecte que Paris ne veut pas entendre parler de paix ; mais on se trompe sur le sentiment qui anime la majorité de la cité ; la majorité désire la paix, c'est une minorité bruyante qui s'y oppose. »

Telles furent, en résumé, les considérations développées par le général Ducrot. Elles ne tenaient, comme on voit, aucun compte des véritables sentiments de Paris ; elles étaient souverainement injustes, non-seulement pour ces armées de province qui avaient triomphé de l'armée bavaroise à Coulmiers, mais encore pour cette armée parisienne que le général avait commandée à Champigny. Mais en admettant qu'elles fussent d'une exactitude incontestable, comment demander la paix ; à quelles conditions l'accepter? Fallait-il, avant d'avoir épuisé les moyens de résistance, consentir à l'abandon d'une partie du territoire? Le général Trochu repoussa ces ouvertures irréfléchies, tout en partageant l'avis de son compagnon d'armes sur la qualité des troupes de Paris et de la province. « Il ne se faisait pas plus d'illusion que le général Ducrot; il n'avait pas plus que lui l'intention de céder à la pression de Paris ; mais il était le commandant en chef d'une place assiégée, il ne se rendrait que lorsqu'il aurait épuisé tous les moyens de résistance ; il avait d'autant plus le droit de parler ainsi qu'il avait toujours considéré la défense de Paris comme une héroïque folie, mais comme une folie à laquelle on ne pouvait échapper sans honte. Il avait peu de confiance dans les armées de province ; il était même particulièrement inquiet du mouvement en avant de celle de la Loire. Néanmoins, il ne lui était pas permis de négliger la chance de salut que lui offrait cette agglomération de deux cent mille hommes commandés par des officiers tels que Bourbaki et d'Aurelles. Il devait donc tenir, et il tiendrait [1]. »

Tel fut l'entretien de Vincennes, dans sa résignation mélancolique. Paris était loin alors de se douter du profond découragement de ses chefs militaires. Quoique abattue par la retraite inattendue du général Ducrot et agitée par de sombres pressentiments, la grande ville n'avait pas renoncé à toute espérance : elle n'était pas

---

[1] Ce discours, empreint d'une si remarquable résignation, est rapporté par M. Jules Favre, présent à l'entretien (*Gouvernement de la défense nationale.* vol. II, p. 163). Voilà donc où en étaient les chefs militaires de Paris au commencement de décembre, quand la ville pouvait tenir deux mois encore. Le général Trochu consentait a « tenir compte » des deux cent mille hommes de la Loire, mais il attendait que cette armée vînt le délivrer. C'est lui qui l'appelait sous Paris avant le 15 décembre et qui, néanmoins, se montrait inquiet « de son mouvement en avant! » Les généraux d'Aurelles, Chanzy, Faidherbe et Bourbaki dissertaient moins savamment que M. le général Trochu, mais ils avaient plus de confiance dans la valeur de leurs troupes et dans les destinées de la France. Pendant que ce triste conciliabule avait lieu a Vincennes, l'armée de la Loire marchait résolûment en avant.

plus lasse d'espérer que de souffrir du froid et de la disette gran-
dissante. Le général Trochu lui avait dit que l'armée, après avoir
goûté quelques jours de repos, reprendrait le cours de ses opérations ; elle le crut et elle puisa dans cette conviction la force d'étouffer ses murmures. Cependant une vive anxiété régnait dans les
esprits. Quel était le sort de cette armée de la Loire à laquelle on
devait donner la main et qu'on venait d'abandonner ? Quelle
influence exercerait sur sa destinée notre infructueuse tentative
de Champigny ? Graves questions que chacun se posait dans une
fiévreuse attente. Le 6 décembre, un parlementaire prussien se
présente aux avant-postes, porteur d'une lettre du comte de Moltke
au général Trochu. Le chef d'état-major de l'armée allemande
écrivait au gouverneur de Paris :

« Il pourrait être utile d'informer Votre Excellence que l'armée
de la Loire a été défaite hier près d'Orléans et que cette ville est
réoccupée par les armées allemandes.

« Si toutefois Votre Excellence jugera à propos de s'en convaincre par un de ses officiers, je ne manquerai pas de le munir
d'un sauf-conduit pour aller et venir.

« Agréez, mon général, l'expression de la haute considération
avec laquelle j'ai l'honneur d'être votre très-humble et très-obéissant serviteur,

« Le chef d'état-major,

« Comte de Moltke. »

Le général Trochu répondit qu'il ne jugeait par à propos de
faire vérifier la nouvelle qu'on lui annonçait. Le gouvernement
s'empressa de mettre Paris en garde contre une communication
qui paraissait recouvrir un piége. « Cette nouvelle, qui nous vient
de l'ennemi, en la supposant exacte, ne nous ôte pas, disait-il, le
droit de compter sur le grand mouvement de la France accourant
à notre secours. Elle ne change rien ni à nos résolutions ni à nos
devoirs. Un seul mot les résume : Combattre ! Vive la France !
Vive la République ! » D'autres dépêches notoirement apocryphes,
rapportées par des pigeons volés par les Prussiens, vinrent justifier les soupçons éveillés par la lettre du comte de Moltke.
Celui-ci cependant n'avait pas menti. De graves événements, que
nous allons raconter, s'étaient passés dans les environs d'Orléans.

LIVRE DOUZIÈME.

OPÉRATIONS DE L'ARMÉE DE LA LOIRE.

(DÉCEMBRE.)

Situation de l'armée de la Loire au 30 novembre. — Conseil de guerre à Saint-Jean-de-la-Ruelle. — Plan adopté pour la marche de l'armée sur Fontainebleau. — Bataille de Villepion, 1er décembre.   Mise à l'ordre du jour de l'amiral Jaureguiberry. — Le général Chanzy est nommé grand officier de la Légion d'honneur. — Première nouvelle de la sortie du général Ducrot. — Ordre du jour de d'Aurelles de Paladines. — Immense enthousiasme. Proclamation de M. Gambetta. — Journée du 2 décembre : bataille de Loigny, lutte acharnée autour du château de Goury. — Charge intrépide du général de Sonis. La bataille est perdue. — Combat de Poupry : l'avantage reste à la division Peytavin. — Immobilité des 18e et 20e corps, trop isolés du théâtre de l'action. Fatigue et démoralisation des troupes. — Le général d'Aurelles ordonne la retraite. Abandon définitif de la marche sur Fontainebleau. — Manœuvre du prince Frédéric-Charles. — Combat d'Arthenay. — Combat de Chilleurs-aux-Bois. — D'Aurelles de Paladines se résout à évacuer Orléans. — Stupéfaction à Tours. D'Aurelles revient sur sa décision. — Évacuation d'Orléans. A qui faut-il attribuer la défaite? —Le général d'Aurelles est privé de son commandement.— Deux armées de la Loire, l'une commandée par Bourbaki, l'autre par Chanzy. *La deuxième armée de la Loire* : Chanzy dans la vallée de la Loire. Combats de Josnes et de Beaugency. — Irritation du duc de Mecklembourg. — Perte de Beaugency amenée par le départ du général Camó. — Ténacité du général Chanzy. — Inquiétudes des Allemands devant cette résistance inattendue. — La rive gauche de la Loire menacée ; les Prussiens s'emparent du parc de Chambord. — Chanzy presse Bourbaki d'opérer une diversion sur Blois ; réponse de Bourbaki. — Retraite sur Vendôme. — Difficulté de la retraite. Position stratégique de Vendôme. Combat de Fréteval. — Ordre du jour de Chanzy. Bataille de Vendôme. Retraite de la 2e armée sur le Mans.

Reportons-nous à la situation de l'armée de la Loire au 30 novembre, jour où l'on reçut à Tours la dépêche du général Trochu annonçant la grande sortie du général Ducrot par la Marne. Cette armée à la suite de la victoire de Coulmiers s'est retranchée dans le camp fortifié d'Orléans. Elle couvre cette ville en s'étendant par sa droite (Billot et Crouzat) jusque vers Beaune-la-Rolande et Montargis ; au centre (Martin des Pallières), elle garde, en avant de la forêt, l'espace compris entre la route de Paris et le chemin de fer ; sur la gauche, le 16e corps (Chanzy)

s'étend de la route de Châteaudun jusqu'aux bords de la Conie.
A l'arrivée de la dépêche du général Trochu, un conseil de guerre
est convoqué. Les généraux d'Aurelles, Chanzy et Borel regret-
tent vivement d'etre obligés de marcher en avant sans avoir le
temps de s'y préparer : ils ne se dissimulent pas les inconvénients, les dangers meme d'un mouvement si précipité. Mais il
n'y a pas à hesiter, le temps presse On est au 30 novembre et
l'armée de Paris a dû s'ébranler le 29. En conséquence toutes les
dispositions sont arretées séance tenante.

Cent soixante mille hommes forment l'armée expéditionnaire.
Le 16ᵉ corps (Chanzy), qui forme l'aile gauche, doit traverser la
route de Paris entre Artenay et Toury pour attaquer Pithiviers
par l'ouest ; la 1ʳᵉ division du 15ᵉ corps (des Pallières), actuellement à Chilleurs, avancera contre Pithiviers par le sud ; les
18ᵉ et 20ᵉ corps marcheront sur le meme point par Beaune-la-
Rolande et Beaumont. Maîtresses de Pithiviers, toutes ces troupes
doivent se diriger par Malesherbes et Nemours vers la foret de
Fontainebleau, où elles donneront la main à l'armée de Paris.
Elles seront suivies dans leur marche par des convois considérables d'approvisionnements.

Le 1ᵉʳ décembre, à six heures, le mouvement commence. Le général Chanzy quitte Saint-Péravy pour porter son quartier général à Patay. La cavalerie du général Michel éclaire à gauche la
marche de l'armée. Le temps est beau, le froid a durci la neige,
les troupes avancent avec entrain. Arrivé à Patay, le général
Chanzy apprend que l'ennemi occupe en forces Guillonville et
Gommiers ; il donne l'ordre à la division du brave Jauréguiberry
d'enlever ces positions, pendant que la cavalerie essaye de tourner les Allemands par leur droite. Gommiers est enlevé, et l'ennemi, après avoir évacué Guillonville, se concentre à Faverolles
et Villepion. Une démonstration hardie du général Michel déter-
mine la retraite de la batterie établie dans les jardins de Villepion. Alors Villepion est attaqué de face par les chasseurs à pied
et un bataillon du 39ᵉ de ligne. Ces troupes rencontrent une résistance opiniâtre et prolongée. Cependant le jour baisse ; l'amiral
Jauréguiberry, voulant en finir, se met à la tete de ses soldats et se
jette au pas de course sur le parc, où résiste toujours l'infanterie
allemande. Le parc est emporté d'assaut ; les Allemands laissent
des prisonniers entre nos mains et abandonnent leurs ambulan-

ces pleines de blessés. A droite, nos troupes emportaient Faverolles à la baïonnette ; à gauche, Nonneville était à nous à la suite
d'une lutte acharnée. L'amiral Jauréguiberry établit son quartier
général dans le château de Villepion. La journée avait été glorieuse : les troupes avaient sur tous les points abordé l'ennemi
avec un élan remarquable ; l'artillerie s'était distinguée par sa
précision et son audace. Le combat de Villepion avait mis en déroute environ vingt mille Bavarois. L'amiral Jauréguiberry et
sa division, à qui revenait l'honneur de la journée, furent mis
à l'ordre du jour de l'armée. Le général Chanzy, commandant le
16ᵉ corps, fut nommé grand officier de la Légion d'honneur. L'armée pleine d'ardeur croyait dans la victoire.

Ce 1ᵉʳ décembre, un ballon parti de Paris et tombé à Belle-
Isle-en-Mer fit connaître à la délégation de Tours la première
bataille de Champigny et la victoire du général Ducrot. Ces
heureuses nouvelles furent aussitôt portées à la connaissance des
troupes, dont elles devaient redoubler la confiance. Le général
d'Aurelles de Paladines les annonça en ces termes :

« *Officiers, sous-officiers et soldats de l'armée de la Loire,*

« Paris, par un sublime effort de courage et de patriotisme, a
rompu les lignes prussiennes.

« Le général Ducrot, à la tête de son armée, marche vers
nous.

« Marchons vers lui avec l'élan dont l'armée de Paris nous
donne l'exemple. .

« Je fais appel aux sentiments de tous les généraux comme
des soldats.

« Nous pouvons sauver la France.

« Vous avez devant vous cette armée prussienne que vous
venez de vaincre sous Orléans ; vous la vaincrez encore.

« Marchons donc avec résolution et confiance en avant, sans
calculer le danger. Dieu protège la France.

« Quartier général de Saint-Jean, le 1ᵉʳ décembre 1870 »

Ainsi notre aile gauche avait culbuté les Bavarois à Villepion
et s'apprêtait à poursuivre sa marche sur Pithiviers. A l'aile

droite vers Beaune-la-Rolande, le 18ᵉ corps avait refoulé devant lui des colonnes ennemies. L'espoir dans le succès de la campagne était illimité. M. Gambetta se faisait l'écho de cette confiance universelle dans la proclamation suivante :

« Le génie de la France, un moment voilé, reparaît.

« Grâce aux efforts du pays tout entier, la victoire nous revient, et comme pour nous faire oublier la longue série de nos infortunes, elle nous favorise sur presque tous les points.

« En effet, notre armée de la Loire a déconcerté, depuis trois semaines, tous les plans des Prussiens et repoussé toutes leurs attaques. Leur tactique a été impuissante sur la solidité de nos troupes, à l'aile droite comme à l'aile gauche.

« Etrépagny a été enlevé aux Prussiens et Amiens évacué à la suite de la bataille de Paris.

« Nos troupes d'Orléans sont vigoureusement lancées en avant. Nos deux grandes armées marchent à la rencontre l'une de l'autre. Dans leurs rangs, chaque officier, chaque soldat sait qu'il tient dans ses mains le sort même de la patrie ; cela seul les rend invincibles. Qui donc douterait désormais de l'issue finale de cette lutte gigantesque ?

« Les Prussiens peuvent mesurer aujourd'hui la différence qui existe entre un despote qui se bat pour satisfaire ses caprices et un peuple armé qui ne veut pas périr. Ce sera l'éternel honneur de la République d'avoir rendu à la France le sentiment d'elle-même, et l'ayant trouvée abaissée, désarmée, trahie, occupée par l'étranger, de lui avoir ramené l'honneur, la discipline, les armes, la victoire.

« L'envahisseur est maintenant sur la route où l'attend le feu de nos populations soulevées.

« Voilà, citoyens, ce que peut une grande nation qui veut garder intacte la gloire de son passé, qui ne verse son sang et celui de l'ennemi que pour le triomphe du droit et de la justice dans le monde. La France et l'univers n'oublieront jamais que c'est Paris qui le premier a donné cet exemple, enseigné cette politique et fondé ainsi sa suprématie morale en restant fidèle à l'héroïque esprit de la Révolution.

« Vive Paris ! Vive la France ! Vive la République une et indivisible ! »

La nuit du 1er au 2 décembre fut calme ; de grands feux de bivouac, qu'on distinguait dans toute la plaine en avant de nos lignes, indiquaient la présence de forces ennemies considérables entre Orgères et Baigneaux. L'armée de la Loire ne souffrit pas moins que l'armée de Paris, sur les bords de la Marne, du froid intense de cette nuit.

Des reconnaissances de cavalerie poussées de grand matin signalèrent la présence de grandes forces ennemies dans la direction d'Orgères, vers la Maladerie, Villeprévôt et le château de Goury. C'étaient les troupes du duc de Mecklembourg, comptant environ soixante mille hommes. Le plan de l'ennemi consistait à tourner notre gauche avec sa cavalerie, pendant que les Bavarois recevraient notre choc vers la Maladerie et Thanon, et la lutte une fois engagée au centre, à jeter le gros de l'armée allemande sur notre flanc droit vers Poupry et Arthenay, pour couper l'armée de la Loire en deux et séparer le général Chanzy du général d'Aurelles. Telle était la manœuvre préparée par le prince Frédéric-Charles ; pour en assurer le succès, il avait rappelé toutes les forces allemandes disséminées vers l'ouest et les avait concentrées non loin de Janville. A neuf heures, la division Barry engage la lutte à Loigny : les Bavarois culbutés se rejettent sur le château de Goury ; nos troupes, enflammées par ce premier succès, les poursuivent sans donner le temps à l'artillerie de leur frayer un passage à travers les murs du château. Un feu de mousqueterie très-nourri, auquel se mêlent des décharges de mitrailleuses, fait de grands ravages dans les rangs des Bavarois, qui déjà faiblissent et reculent, lorsque la 2e brigade de la 17e division bavaroise pénètre dans le parc au pas de course et parvient à se retrancher derrière les murs et les maisons. La 2e division Barry s'arrête et rétrograde sur Loigny, laissant à découvert la 3e division qui vient de s'emparer de Neuvilliers, en avant de Lumeau. Cette dernière, exposée alors aux feux directs des batteries de Lumeau et aux feux d'écharpe de celles de Goury, court les plus grands périls ; elle se maintient cependant. Vers dix heures, le 3e bataillon de chasseurs à pied et le 39e de marche de la brigade Bourdillon reprennent le parc du château de Goury. Le 75° de mobiles se déploie à son tour et attaque le château, sans pouvoir l'enlever. Sur la droite, la 3° division, qui s'était avancée contre Lumeau, était aussi repoussée, mais sans éprouver de pertes sérieuses.

Tout le 16° corps se trouvait engagé sans avancer ; l'ennemi, un instant ébranlé, voit des renforts arriver, reprend son assurance et attend un signal pour s'élancer de ses positions. Tout à coup, il change son ordre de bataille et se porte en masse sur notre gauche, qu'il veut tourner. La brigade Deplanque voit le danger et exécute un changement de front à gauche ; la cavalerie allemande s'avance pour la rompre ; un feu violent de mitrailleuses la force à reculer en désordre sur Orgères. Néanmoins, la situation devient pour nous de plus en plus critique : la droite est désorganisée ; le centre très-maltraité faiblit ; la gauche supporte encore avec bravoure l'effort principal de l'ennemi, mais ses forces s'épuisent ; enfin, l'amiral Jauréguiberry, voyant arriver de nouvelles batteries par la route de Chartres, ramène ses troupes autour de Villepion. D'autres renforts accouraient au secours des Bavarois du côté de Loigny. Nous étions en présence d'une armée très-supérieure en nombre à la nôtre.

La nuit approchait, quand le général de Sonis, accouru à marches forcées, paraît sur le champ de bataille avec une partie du 17° corps, les zouaves pontificaux et quelques batteries. Avec l'intrépidité chevaleresque qui le caractérise, il se précipite sur Loigny à la tête des zouaves pontificaux ; déjà il a dépassé le village, d'où l'ennemi s'est enfui, lorsqu'il tombe, la cuisse fracassée par un obus. Le colonel de Charette tombe à ses côtés, grièvement blessé ; les troupes, démoralisées par ce triste événement, reculent à la faveur de la nuit. Loigny est évacué ; l'amiral Jauréguiberry se retire à son tour du champ de bataille où il a montré depuis le matin les grandes qualités qui le distinguent. La bataille de Loigny était perdue pour nous. A la nuit, le 16° corps occupe encore les positions suivantes : la 1°° division est à Villepion, Faverolles et Terminiers ; la 2° à Gommiers ; la 3° s'était repliée sur Huêtre. Nos pertes en hommes et en chevaux étaient considérables ; nous avions combattu, douze heures durant, toute l'armée du duc de Mecklembourg, pourvue de plus de 150 pièces d'artillerie. C'en était fait du plan d'opérations arrêté à Saint-Jean et de la marche sur Fontainebleau.

Les généraux du 17e corps se réunissent dans la nuit à Terminiers et déclarent au commandant que leurs troupes sont à bout de
forces et qu'il ne faut plus compter sur elles. Le général Chanzy
avait fait demander des ordres au commandant en chef ; il les
reçoit à une heure avancée de la nuit. Le général d'Aurelles
ordonne à l'armée de se retirer sur Orléans ; il prescrit aux 16e et
17e corps d'aller reprendre leurs anciennes positions autour de la
ville. Le général Chanzy passe la nuit dans les environs de Patay.
Il écrit au commandant en chef : « Je redoute une attaque pour
cette nuit ou demain matin. Il est indispensable que dès le point
du jour le 15e corps se mette en mouvement de ce côté, de façon
à faire entendre son canon sur les derrières de l'ennemi, qui
cherche à me tourner sur ma gauche et peut-être sur ma droite.
J'attends vos instructions à Terminiers avant le jour. »

Tel fut le triste résultat de la journée du 2 décembre : sur la
gauche, nous étions repoussés de Loigny ; au centre, le 15e corps
avait soutenu un combat très-sanglant à Poupry ; sur ce point, la
3e division du 15e corps, commandée par l'intrépide général Peytavin, accomplit des prodiges de valeur contre des forces doubles
des siennes. Elle comptait à la nuit 500 hommes hors de combat ;
mais la supériorité qu'elle avait conservée à Poupry devait être
stérile. Quant aux 18e et 20e corps, formant l'extrême aile droite,
ils avaient été retenus trop loin du théâtre de la guerre pour prêter
aux corps engagés un appui effectif. Ces deux corps se trouvaient
en ce moment placés sous les ordres directs du ministre de la
guerre. Ils passèrent sous les ordres du général d'Aurelles, le
2 décembre ; « trop tard, » écrit d'Aurelles.

Dans la nuit du 2 décembre, le général d'Aurelles avait ramené
son quartier général à Arthenay. Les troupes étaient fatiguées et
démoralisées. La neige tombait épaisse et rendait les communications difficiles. Le général Chanzy écrivait : « Beaucoup de
troupes ont quitté le champ de bataille en désordre. » Il écrit encore le 3 décembre : « Les généraux du 17e corps (de Sonis) sortent d'ici ; ils déclarent que leurs troupes sont dans des conditions
telles qu'il leur est impossible de faire un mouvement demain.
Beaucoup d'hommes sans souliers, pas de distributions faites, tous
très-fatigués. » Le commandement du 17e corps venait d'être
confié au général Guépratte, en l'absence du général de Sonis,
blessé et disparu.

Pendant que le commandant en chef donne l'ordre de la retraite, le prince Frédéric-Charles dégarnit promptement de ses troupes la ligne de Pithiviers-Montargis pour se jeter sur Arthenay, au centre de l'armée française et la couper en deux.

Dans les deux jours de combats que l'on vient de traverser, l'armée de la Loire n'avait eu devant elle que le duc de Mecklembourg. Le prince Frédéric-Charles, à Pithiviers, avait gardé une attitude expectante, tourné tantôt vers Paris, tantôt vers Orléans, non moins attentif aux mouvements de Ducrot qu'à ceux de d'Aurelles de Paladines ; il était prêt à se porter du côté où le danger lui semblerait plus pressant. Le 2 décembre, lorsqu'il reçoit de Versailles la nouvelle que la tentative de Ducrot a échoué, il se décide à marcher sur Orléans ; l'armée de Paris ne lui inspire plus aucune crainte : si elle n'a pas réussi dans une première bataille, où tous les avantages étaient de son côté, elle échouera sûrement dans une seconde, car l'assiégeant a eu le temps d'appeler des renforts ; il peut opposer des troupes fraîches aux troupes fatiguées de Ducrot : toutes les chances maintenant sont pour lui ; Frédéric-Charles peut donc, négligeant l'armée de Paris, sortir de ses cantonnements, se joindre au duc de Mecklembourg et, avec lui, accabler l'armée de la Loire battue à Loigny et à Poupry. Il quitte brusquement Pithiviers et s'avance vers Arthenay, méditant de rejeter l'aile droite de l'armée française vers Gien, l'aile gauche vers Beaugency, de culbuter le centre, et de prendre Orléans. Il a sous ses ordres le 3ᵉ, le 9ᵉ et le 10ᵉ corps prussiens. Les deux premiers marchent sur Orléans ; le 10ᵉ se constitue en réserve, et à Toury une division de cavalerie relie entre elles les troupes de Frédéric-Charles et celles du duc de Mecklembourg, qui sont massées à l'ouest de la route de Paris. Le mouvement commença dans la journée du 2 décembre, par un temps sec et froid, favorable à la marche [1].

---

1 Frédéric-Charles venait de publier (1ᵉʳ décembre) cette proclamation sauvage

« Soldats ,

« Déployez toute votre activité ; marchons *pour partager cette terre impie.*

« Il faut *exterminer* cette BANDE DE BRIGANDS qu'on appelle l'armée française.

« Le monde ne peut rester en repos TANT QU'IL EXISTERA UN PEUPLE FRANÇAIS.

« Qu'on les divise en petites parties, ils se déchireront entre eux, mais l'Europe sera tranquille pour des siècles.

« Soldats ! vous qui avez du cœur, le moment est venu de vaincre ou de mourir.

« FRÉDÉRIC-CHARLES. »

Le général d'Aurelles, après avoir fait filer les bagages de
grand matin, partit d'Arthenay vers neuf heures, laissant à la
division Martineau le soin de protéger la retraite. Cette division,
fortement établie derrière les barricades d'Arthenay, supporte
jusqu'à six heures une violente canonnade ; l'ennemi fait approcher des masses d'infanterie pour attaquer ce village, qu'aucun
accident de terrain ne protége ; le général Martineau se retire
sur Chevilly, où il oppose de nouveau une résistance énergique,
malgré la pluie d'obus que les batteries allemandes lancent sur
ses troupes ; notre artillerie et nos mitrailleuses, dirigées
par le colonel Chappe, font subir aux Allemands, qui avancent
toujours, des pertes sensibles. Sur ce point, le combat dure
jusqu'à la nuit close, grâce à l'appui que la division Peytavin
prête au général Martineau. A la nuit, la division Martineau reçoit l'ordre de rétrograder jusqu'à Cercottes ; la division Peytavin
à Gidy. Huit pièces de marine abandonnées dans Chevilly furent prises par les Allemands. Frédéric-Charles coucha dans
Chevilly ; les troupes du duc de Mecklembourg passèrent la nuit
entre Chevilly et Huètre. D'Aurelles de Paladines était à Saran,
un peu en avant d'Orléans, recevant de tous les côtés de mauvaises nouvelles et en proie aux plus vives inquiétudes. Il se demandait s'il pourrait tenir dans Orléans ou s'il abandonnerait
cette ville aux Prussiens.

Nous n'avions pas été plus heureux sur notre droite que sur
notre gauche. On n'a pas oublié que la division Martin des Pallières
se trouvait dans le village de Chilleurs-aux-Bois, sur la route
d'Orléans à Pithiviers, un peu en avant de la forêt. Le général
Martin de Pallières se disposait à battre en retraite sur Chevilly,
selon les instructions qu'il avait reçues, lorsque le 3ᵉ corps prussien commença l'attaque de Chilleurs avec douze batteries et de
grandes masses d'infanterie. Martin de Pallières n'avait sous la
main que six batteries et onze bataillons d'infanterie. La lutte
s'engage par une canonnade furieuse : plusieurs caissons sautent,
la plupart de nos pièces sont démontées ; l'infanterie, embusquée
dans Santau, à quelque distance de Chilleurs, fait bonne contenance, mais cette résistance à des forces très-supérieures ne
pouvait se prolonger longtemps ; le village, bombardé, était en
flammes ; la retraite fut ordonnée. Elle se fit malheureusement
en désordre, chaque régiment agissant pour son compte. Les uns

coururent en hâte vers Orléans, d'autres, mal dirigés, s'égarèrent en route; une brigade laissa plusieurs pièces d'artillerie embourbées dans la forêt; deux bataillons du 38ᵉ de ligne furent oubliés à l'entrée de la forêt, avec deux batteries de montagne. Toutes les routes d'Orléans étaient couvertes de fuyards.

Le commandant en chef résolut d'évacuer Orléans. Il écrivit au ministre de la guerre : « Après une lutte de trois jours où tous les corps ont été plus ou moins éprouvés et désorganisés, il n'y a plus lieu de faire de plan de campagne. Je dois même vous déclarer que je regarde la défense d'Orléans comme impossible. Quelque pénible que soit une pareille déclaration, c'est un devoir pour moi de la porter à votre connaissance, parce qu'elle peut épargner un grand désastre. » D'Aurelles de Paladines ajoute que si l'on avait du temps devant soi pour se réorganiser, on pourrait essayer de tenir encore, mais l'ennemi le presse, les troupes sont démoralisées ; si on les force à se battre, elles ne tiendront pas. Un seul parti reste : la retraite. Les 16 et 17ᵉ corps se retireront à Beaugency et à Blois, le 18ᵉ et le 20ᵉ à Gien, le 15ᵉ passera la Loire à Orléans pour aller en Sologne.

On ne se doutait pas encore à Tours de la gravité des événements qui s'étaient accomplis et du désarroi de l'armée. Grande fut la stupéfaction du gouvernement à la lecture de la dépêche. M. de Freycinet répond au nom du ministre :

« Votre dépêche de cette nuit me cause une douloureuse stupéfaction. Je n'aperçois dans les faits qu'elle résume rien qui soit de nature à motiver la résolution désespérée par laquelle vous terminez. Jusqu'ici vous avez été mal engagé et vous vous êtes fait battre en détail ; mais vous avez encore 200,000 hommes en état de combattre si leurs chefs savent par leur exemple et par la fermeté de leur attitude grandir leur courage et leur patriotisme. » Le délégué à la guerre poursuivait en représentant au général d'Aurelles que l'abandon d'Orléans serait au point de vue de l'effet produit sur l'opinion, aussi bien qu'au point de vue militaire, un immense désastre ; que ce n'était pas au moment où l'armée de Ducrot venait à nous qu'il fallait se retirer en Sologne (l'armée de Ducrot avait déjà repassé la Marne, mais la nouvelle n'en était pas arrivée à Tours) ; que l'heure d'une telle extrémité n'avait pas encore sonné ; que, pour le moment, ce qu'il y avait de plus pressé à faire c'était de resserrer les corps trop disséminés.

Malheureusement il n'était plus temps : l'extrême dissémination de l'armée de la Loire avait causé sa perte ; le désordre était trop grand, la démoralisation trop profonde pour que le mal pût être réparé immédiatement.

D'Aurelles de Paladines s'empresse de dissiper les illusions du ministre de la guerre : « Je suis, écrit-il, sur les lieux et mieux en état que vous de juger la situation. C'est avec une douleur non moins grande que la vôtre que je me suis déterminé à prendre cette résolution extrême. L'ennemi a franchi tous les obstacles jusqu'à Cercottes ; il est, en outre, maître de tous les débouchés de la forêt : la position d'Orléans n'est donc plus ce qu'elle était autrefois. Aujourd'hui qu'elle est entourée et qu'elle a perdu l'appui de la forêt, elle n'est plus défendable avec des troupes éprouvées par trois jours de fatigues et de combats, et démoralisées par les pertes considérables qu'elles ont faites.

« D'un autre côté, les forces de l'ennemi dépassent toutes mes prévisions et les appréciations que vous m'avez données. Le temps presse et ne permet plus de faire la concentration dont vous parlez. La résistance ne peut s'organiser d'une manière efficace. Malgré les efforts que l'on pourrait tenter encore, Orléans tombera fatalement ce soir ou demain entre les mains de l'ennemi. Ce sera un grand malheur ; mais le seul moyen d'éviter une catastrophe plus grande encore, c'est d'avoir le courage de savoir faire un sacrifice lorsqu'il en est encore temps. L'armée de la Loire peut rendre de grands services à la défense nationale, mais à la condition de la concentrer sur des points où elle ait le temps de se réorganiser. Chercher à la concentrer à Orléans, c'est l'exposer à être détruite sans résultats. Je crois donc devoir maintenir les ordres qui ont été donnés.

« Quant aux ordres qui ont été donnés par vous à Bourbaki (il commandait depuis peu les 18ᵉ et 20ᵉ corps), il ne m'appartient pas de les changer. Je vous laisse le soin de les confirmer ou de les retirer. Je dois seulement vous faire observer que ce mouvement vers Orléans, devant l'ennemi maître de la forêt, peut être d'autant plus dangereux que le général Bourbaki ne peut passer la Loire qu'à Orléans et à Gien. »

D'Aurelles quitte alors Saran pour Orléans, où le général Martin des Pallières vient de faire son entrée après une pénible retraite à travers la forêt. La division des Pallières, la plus forte de l'armée,

inspirait une grande confiance au commandant en chef ; en la rencontrant, quoique très-éprouvée, dans Orléans, il croit qu'il peut
avec elle arrêter l'ennemi. Il télégraphie aussitôt à Tours :

« Orléans, 4 décembre, 11 heures 55 du matin.

« Je change dispositions : dirige sur Orléans 16ᵉ et 17ᵉ corps,
appelle 18ᵉ et 20ᵉ, organise résistance, suis à Orléans à la place. »

Le ministre de la guerre s'empresse de lui témoigner la joie
que cette dernière dépêche lui a causée : « J'ai, écrit-il, la foi entière que vous pouvez résister efficacement derrière vos batteries
de marine. Un moment de panique parmi vos troupes a produit
tout le mal ; mais la vérité est que vous pouvez concentrer en
quarante-huit heures plus de 200,000 hommes dans votre main,
sans compter 60,000 hommes que je réunis à Marchenoir et à
Beaugency pour appuyer votre gauche et empêcher qu'elle ne
soit tournée. Je ferai avancer cette nouvelle armée vers vous dès
que vous le jugerez utile.

« Quant à votre droite, il me paraît certain qu'elle sera couverte
par la seule approche des 18ᵉ et 20ᵉ corps auxquels j'avais déjà
donné ordre de se rabattre vers vous. »

D'Aurelles s'était trompé ; les troupes du 15ᵉ corps ne lui offraient pas l'appui qu'il en avait espéré : les soldats s'étaient, dit-il,
répandus dans les cabarets, les officiers les avaient perdus de vue,
ils n'avaient plus d'autorité sur eux. Le désordre était complet,
profondément affligeant. Les officiers supérieurs désespéraient d'y
remédier : beaucoup d'entre eux, d'ailleurs, refusaient de répondre à l'appel que le commandant en chef leur adressait au nom du
patriotisme et de l'honneur.

Sur ces entrefaites, un aide de camp du général d'Aurelles que
celui-ci avait chargé d'une mission pour le général Chanzy revient
à Orléans et annonce que les communications sont coupées. Les
Prussiens sont déjà parvenus jusqu'aux Ormes. La concentration
espérée ne pouvait plus s'opérer ; les uhlans couraient le pays
dans tous les sens. M. Gambetta, qui voulait s'entretenir avec le
commandant en chef, fut obligé de rétrograder sur Tours. D'Aurelles de Paladines, ne conservant plus d'espoir, écrit à 5 heures
du soir au ministre de la guerre :

« J'avais espéré jusqu'au dernier moment pouvoir me dispenser d'évacuer la ville d'Orléans. Tous mes efforts ont été impuissants. Cette nuit la ville sera évacuée. »

L'artillerie fut dirigée sur la Ferté-Saint-Aubin ; pendant que d'Aurelles passait la Loire pour aller à Vierzon, le général Martin des Pallières protégea la retraite en gardant, avec l'artillerie de marine du capitaine Ribourt, les faubourgs de la ville. Les marins évacuèrent la ville à dix heures du soir après avoir encloué leurs pièces et détruit leurs munitions de guerre. Un parlementaire prussien se présentait à dix heures et demie aux portes d'Orléans et sommait le général des Pallières d'évacuer la ville avant onze heures. Le préfet fit aussitôt passer des agents dans tous les lieux publics pour prévenir les militaires de sortir immédiatement s'ils ne voulaient pas être faits prisonniers. On a quelque honte à rappeler que des soldats et même des officiers restèrent dans les cabarets, malgré cet avertissement, préférant la captivité aux fatigues de la campagne. Ce triste fait dénote l'esprit d'une partie de l'armée au milieu de ce désastre.

A minuit, les Prussiens étaient dans Orléans.

L'armée de la Loire était coupée en trois tronçons. D'Aurelles ramenait à Salbris, avec Martin des Pallières, les débris du 15ᵉ corps. Le 18ᵉ et le 20ᵉ repassaient la Loire à Gien, et protégeaient leur retraite en faisant sauter les ponts. Ils allaient, sous le commandement de Bourbaki, couvrir Bourges et Nevers. Le 16ᵉ et le 17ᵉ corps, restés sur la rive droite de la Loire, se repliaient sur Beaugency, gardant pendant leur retraite une fière attitude, grâce à l'énergie du commandement du général Chanzy. Cinq ou six mille hommes du 15ᵉ corps avaient fui en désordre jusqu'à Vierzon, d'autres avaient pris la route de Blois. C'était une débandade.

Ainsi était tombé l'espoir qui avait fait tressaillir la France au lendemain de Coulmiers, quand cette jeune et vaillante armée s'élançait vers Paris. Le général d'Aurelles avait-il été heureusement inspiré de s'arrêter autour d'Orléans pendant trois semaines ? Il avait allégué la fatigue de ses troupes, l'état incomplet de leur équipement, l'insuffisance de leur instruction militaire, et ces considérations puissantes, à coup sûr, avaient immobilisé l'armée autour d'Orléans. Nos troupes s'instruisaient et se disciplinaient dans le camp retranché d'Orléans ; mais pendant ce temps le prince Frédéric-Charles amenait son armée à Pithiviers, et nous allions nous trouver en présence de cent mille Allemands de plus, lorsque le moment serait venu de prendre l'offensive. Cette heure sonne enfin ; le général Trochu annonce pour le 29 novembre la sortie de l'armée de Paris, et, par une de ces fatalités trop communes dans cette guerre désastreuse, cette importante dépêche ne parvient à Tours que le 30 novembre. L'armée de la Loire, prise à l'improviste, doit marcher immédiatement, sans prendre le temps de se préparer à l'attaque. Les généraux d'Aurelles, Borel, Chanzy hésitent, mais il y va du sort de l'armée de Paris, de la fortune de la France ; ils donnent le signal du départ. Dans leurs suppositions, l'armée de Ducrot doit déjà se trouver aux prises avec l'ennemi ; ils ne savent pas que le passage de la Marne a été retardé de vingt-quatre heures, parce que les ponts préparés sont trop courts. Pendant qu'ils livrent, le 1er décembre, les combats heureux de Villepion, à gauche, et de Beaune-la-Rolande, à droite, l'armée de Paris s'empare des crêtes de Villiers et de Champigny, sans percer toutefois la ligne d'investissement. Toute la journée du 2 décembre est, par une inspiration funeste, consacrée au repos. Le même jour, l'armée de la Loire, faisant un nouveau pas en avant, livre les combats sanglants de Loigny, tantôt avançant, tantôt reculant, et finissant enfin, après une journée meurtrière, par dessiner un mouvement de recul. L'ennemi a promptement aperçu les vicieuses dispositions de l'armée française, provenant de l'étendue démesurée de sa ligne de bataille, et il se dispose à en profiter après le combat. A gauche, le 16e corps est trop éloigné du centre ; à droite les 18e et 20e corps sont à une telle distance que, pendant trois jours de combat, ils ne peuvent porter aucun secours à d'Aurelles et à Chanzy. La situation est périlleuse : c'est alors que le prince Frédéric-Charles, qui s'était tenu immobile à Pithiviers, regardant du côté de Paris, parfaitement tranquille sur le compte du général Ducrot, juge le moment venu de frapper des coups décisifs. On sait le reste. Le 3 décembre, l'armée de la Loire recule vers Orléans; Ducrot repasse la Marne, et l'on est obligé de considérer sa retraite comme un heureux événement ; car si l'armée de Paris, fatiguée après deux jours de lutte, avait percé les lignes ennemies et fût arrivée à Fontainebleau, n'y rencontrant pas l'armée de province, prise entre les troupes qui l'auraient suivie de Paris et l'armée du

prince Frédéric-Charles accourue à sa rencontre, elle eût infail-
liblement péri. La face des choses eût été autre sans doute si le
général Ducrot, passant la Marne au jour indiqué, avait surpris
l'ennemi à Champigny, et s'était frayé un passage à travers ses
lignes ; tant il est vrai qu'à la guerre une faute peut avoir des
conséquences incalculables.

La reprise d'Orléans par les Prussiens fut un fécond sujet de
douleurs pour la France. Un abattement profond fit place à l'espérance. La délégation de Tours venait d'abandonner cette ville
menacée et de choisir pour sa résidence la ville de Bordeaux.
Elle, du moins, ne désespéra point de la fortune de la France, et
son activité redoubla pendant les sombres jours qui suivirent
les événements dont on vient de faire le récit. Le général d'Aurelles de Paladines fut relevé de son commandement le 6 décembre,
pendant qu'il s'occupait de réorganiser son armée à Salbris, dans
le camp où il avait formé l'armée de Coulmiers. Le général d'Aurelles avait rendu d'éminents services à son pays, il possédait
les qualité précieuses de l'organisateur, il savait inculquer à ses
troupes les principes de la discipline, et le gouvernement n'avait
pas ménagé ses hommages à ses talents ; mais il manquait d'initiative et d'audace ; il oubliait facilement peut-être que le temps
pressait, qu'on n'applique pas sous le coup de l'invasion les sages et
méthodiques préceptes des circonstances ordinaires ; sa prudence,
sa lenteur pouvaient, en un temps de fièvre ardente, etre considérées comme des défauts, voire même comme un danger ; il supportait, d'ailleurs, avec une visible impatience, les instructions qu'il recevait du ministère de la guerre, et il déclare lui-même qu'il était
bien résolu désormais à s'affranchir de toute ingérence dans la direction des opérations militaires[1]. Des conflits inévitables furent
donc écartés par la mesure qui priva le général d'Aurelles de son
commandement. Le vainqueur de Coulmiers rentra dans la vie
privée, le cœur gonflé d'amertume, trop disposé à se montrer
injuste envers les hommes à qui revient une large part dans la
victoire de Coulmiers et qui avaient plus de foi que lui dans les
destinées de la patrie.

Ici se termine l'histoire de la première armée de la Loire. De
cette armée on en fit deux. La *première armée*, formée des 15e,

____
[1] *La première armée de la Loire*, par le général d'Aurelles de Paladines, page 357.

18ᵉ et 20ᵉ corps, et placée sous les ordres du général Bourbaki, se concentra autour de Bourges. Elle fournit, un peu plus tard, les éléments de l'armée de l'Est.

La *deuxième armée*, aux ordres du général Chanzy, se composa des 16ᵉ et 17ᵉ corps, auxquels on adjoignit le 21ᵉ corps, commandé par l'amiral Jaurès. C'est cette seconde armée que nous allons suivre dans sa mémorable retraite sur le Mans.

Le général Chanzy était encore le 5 décembre aux environs de Beaugency, ralliant ses troupes, et résolu à attendre l'ennemi dans cette vallée de la Loire au Loir où se déroulent les plaines de la Beauce et du Blaisois. La forêt de Marchenoir coupe ces plaines et leur forme une barrière naturelle de Morée à Poisly, sur une longueur de 20 kilomètres. Entre la forêt et la Loire s'étend un espace de 11 kilomètres semé de fermes, de villages assez resserrés. C'est le passage naturel d'une armée qui, descendant d'Orléans, marcherait sur Tours, c'est la porte même de la Touraine. Le général Chanzy se dispose à la défendre et à couvrir ainsi le cours inférieur de la Loire. Il appuie sa gauche à la forêt de Marchenoir, sa droite à la Loire, à la hauteur de Beaugency, et il établit son quartier général à Josnes, au centre de ses positions. Déjà la division du 19ᵉ corps en formation, sous les ordres du général Camô, surveille le passage en aval de Beaugency; et le 21ᵉ corps, commandé par l'amiral Jaurès, occupe les défilés de la forêt. Dans ces positions, le commandant en chef de la 2ᵉ armée protège Tours, et il attend que l'armée de Bourbaki, reconstituée, puisse lui donner la main, si les opérations doivent être reprises vers le nord. Au-dessous de Beaugency, le général Maurandy est chargé de garder le parc de Chambord et le parc de Blois, où il est à craindre que l'ennemi, maître de la rive gauche du fleuve, ne tente de passer sur la rive droite pour tourner les positions de la 2ᵉ armée.

Trois jours s'étaient écoulés depuis la perte d'Orléans; Frédéric-Charles, installé dans la ville, ne savait plus s'il existait encore une armée française; il savait néanmoins où elle se trouvait, s'il y en avait une. Il faisait battre les environs d'Orléans par le 3ᵉ corps pour recueillir les traînards, les soldats dispersés qui étaient malheureusement en assez grand nombre; il ordonnait à une division de cavalerie de suivre la rive gauche de la Loire et de reconnaître le pays. Quant au duc de Mecklembourg, ses instructions portaient qu'il descendrait vers Tours par Beaugency et Blois, avec les Bavarois, deux divisions d'infanterie et deux divisions de cavalerie. Le duc croyait faire une promenade militaire ; il rencontra Chanzy dès ses premiers pas, et fut très-surpris de cette rencontre.

Tous les villages situés entre la Loire et la forêt de Marchenoir, Messons, Beaumont, Cravant, Poisly, Saint-Laurent-des-Bois, étaient occupés par les troupes de Chanzy. On se battit, dans la journée du 7, autour de ces diverses positions, depuis Meung jusqu'à Saint-Laurent-des-Bois. Les Allemands mirent en ligne 86 pièces d'artillerie, deux divisions bavaroises et plus de 2,000 cavaliers ; ils furent repoussés sur tous les points, laissant entre nos mains environ 200 prisonniers, et beaucoup de morts et de blessés dans la plaine. Les troupes du 16ᵉ corps, directement commandées par l'amiral Jauréguiberry, s'étaient fort distinguées dans cette affaire, selon leur habitude ; l'artillerie avait combattu avec avantage contre l'artillerie allemande. La deuxième armée de la Loire avait complétement oublié les fatigues des jours précédents. Le général Chanzy écrit, le soir, au ministre de la guerre : « Nous couchons sur nos positions de ce matin... Il se peut que nous soyons attaqués demain ; je compte que nous nous en tirerons comme aujourd'hui. »

Une attaque pour le lendemain était imminente. Le duc de Mecklembourg s'était retiré fort désappointé de la résistance opiniâtre qu'il avait rencontrée ; mais le général Chanzy l'attendait, après avoir donné à ses troupes les instructions les plus minutieuses. Le lendemain, à l'aube, l'ennemi est signalé en forces sur tout notre front. L'attaque générale commence à huit heures et se concentre autour de Villonceau. Sur la gauche, le village de Cravant, chaudement disputé, restait en notre pouvoir, grâce à une charge impétueuse de l'amiral Jaurès accouru de Marchenoir ; au centre, l'ennemi faisait de grands efforts autour de Villonceau dans l'espoir de percer nos lignes et de couper la 2ᵉ armée en deux tronçons. Ils échouèrent dans leur tentative. A droite, l'amiral Jauréguiberry se maintenait dans toutes ses positions au prix de grands sacrifices, mais en faisant éprouver à l'ennemi des pertes sensibles. Malheureusement des faits graves s'étaient passés à l'extrême droite et avaient compromis en partie les résultats de cette glorieuse journée. Le général Camô, sur un ordre du ministre de

la guerre et à l'insu du général Chanzy, avait évacué Beaugency.
Le commandant en chef télégraphiait au ministre de la guerre :

« Les communications télégraphiques étant interrompues depuis quelques heures avec Beaugency, je viens seulement d'apprendre que le général Camò, contrairement aux ordres formels
que je lui avais donnés et prétendant obéir à ceux que vous lui
auriez adressés directement par un capitaine du génie envoyé de
Tours, s'était retiré dans l'après-midi de Beaugency, qui a été occupé à la nuit par une troupe mecklembourgeoise se glissant le
long de la Loire. Je regrette vivement cet incident, qui a terni
le succès de la journée, et je donne l'ordre à l'amiral Jauréguiberry, commandant l'aile droite, de débusquer demain, au jour,
l'ennemi de la ville [1]. »

Nos pertes dans cette bataille avaient été considérables, de l'aveu
du commandant en chef. De son côté, l'ennemi avait beaucoup
souffert du feu de nos tirailleurs et de nos mitrailleuses ; le terrain
était couvert de ses morts et de ses blessés. « Toutes les fois, écrit
Chanzy, que nous étions à portée de mousqueterie des Allemands,
ils avaient été obligés de reculer devant la vigueur de nos fantassins
et la supériorité du chassepot. »

La perte de Beaugency obligeait le général Chanzy à reculer son
aile droite au ravin de Tavers, sur le bord de la Loire, et à recti-
fier sur le reste de la ligne la disposition de ses troupes. Ce
mouvement s'accomplit dans un ordre parfait. Vers trois heures
de l'après-midi (9 décembre) les Allemands-espérant, après l'affaire de Beaugency, surprendre notre aile droite en désarroi s'a-
vancent vers le vallon de Tavers, en longeant la chaussée du chemin de fer et la grande route d'Orléans à Blois. A douze cents pas
ils ouvrent le feu : mais à la première décharge, ils sont pris en
écharpe par nos mitrailleuses qui les déciment ; ils avancent néanmoins avec une grande bravoure et franchissent le ravin : des feux
d'ensemble les arrêtent ; ils démasquent alors plusieurs batteries :
elles sont réduites au silence par l'artillerie du général de Roque-
brune. La lutte continue et l'avantage nous reste. A la nuit tombante,

1 *La deuxième armée de la Loire*, par le général Chanzy, page 129. L'amiral
Jaureguiberry. annonçant à Chanzy l'arrivée des Prussiens à Beaugency, écrivait :
« Comment y sont-ils arrivés ? je l'ignore, car à six heures du soir ils n'y étaient
pas encore..... Je regrette, après l'heureuse issue du combat de la journée, d'avoir à
vous annoncer cette mauvaise nouvelle. » L'ouvrage de M. de Freycinet ne donne
aucune lumière sur ce fâcheux incident.

LE GÉNÉRAL CHANZY

les Allemands se retirent en désordre, complétement battus ; le champ de bataille était couvert de leurs morts et de leurs blessés. Nous avions été moins heureux au centre : de ce côté, nous avions perdu Origny. La perte de cette position offrait de grands dangers pour nous ; il fallait à tout prix l'arracher à l'ennemi. Le commandant en chef charge de ce soin le général Guepratte, qui se met en marche à quatre heures du matin. L'opération est couronnée d'un plein succès. Les Prussiens surpris par cette brusque attaque abandonnent le village en désordre et laissent entre nos mains plus de deux cents prisonniers.

Le général Chanzy s'efforçait de faire partager aux troupes la confiance qui l'animait. Il leur disait fièrement à la fin de cette troisième journée : « L'ennemi rassemblant toutes les forces dont il dispose a tenté vainement, pendant trois jours de suite, de nous culbuter ; ses efforts ont été vains. Ce succès prouve que nous pouvons lui résister et doit nous rendre la confiance. Il faut donc se préparer à un nouvel effort, s'il est nécessaire. » Les troupes étaient fatiguées ; depuis trois jours elles se battaient du matin au soir contre le duc de Mecklembourg, Frédéric-Charles et leurs armées aussi aguerries que nombreuses, et elles n'avaient pas perdu un pouce de terrain. La France et l'Europe commençaient à prêter une attention singulière à ce duel d'une jeune armée qui, sur des positions où le hasard l'avait inopinément jetée, tenait tête aux meilleures troupes de la Prusse. On était plein d'étonnement à l'endroit de ce général inconnu jusqu'alors qui se révélait tout à coup par des qualités si rares, qui déconcertait, par sa ténacité, le prince Frédéric-Charles en personne et laissait les esprits indécis sur l'issue de la lutte. Les sentiments répandus au près et au loin sur ces armées improvisées dont on se raillait si volontiers étaient en train de se modifier. On se demandait à Versailles ce qui se passait dans cette vallée de la Loire ; on s'étonnait que cette armée qu'on avait crue dispersée, presque anéantie, osât barrer le passage de la Touraine au prince Charles.

Le 10 décembre, on se battit encore. Un combat furieux et indécis se livra autour d'Origny. L'ennemi fut chassé du château du Coudray, de Villermain, de Chezière et tenta, pour reprendre ces positions perdues, des efforts inutiles. Il fut même contraint d'évacuer Auzouer-le-Marche. « Ce jour-là encore, si une diversion

sérieuse avait pu être faite sur l'autre rive de la Loire, écrit le
général Chanzy, nous eussions refoulé l'ennemi sur ses positions
autour d'Orléans ; l'ardeur des troupes était telle qu'à diverses
reprises, pendant l'action, le général en chef avait dû donner l'ordre aux divisions de ne pas se laisser entraîner trop loin, tout
mouvement de l'armée en dehors de ses positions étant imprudent
et inutile [1]. »

Chanzy aurait souhaité que la première armée, en voie de re-
constitution à Bourges avec Bourbaki, pût s'avancer par Vierzon
entre Romorantin et Blois et inquiéter les coureurs ennemis sur
la rive gauche de la Loire. Un danger réel le menaçait de ce côté.
Tandis qu'il s'épuisait dans des combats incessants, Frédéric-
Charles, piqué au vif, exaspéré par cette résistance insolite, faisait
venir des renforts de Chartres et de Châteaudun et méditait de le
tourner en passant la Loire en avant de Blois. Un corps de
20,000 hommes descend le long du fleuve par la rive gauche pour
s'emparer du pont de Blois, passer sur l'autre rive et prendre
l'armée française à revers ; elle entre dans le parc de Chambord
mal gardé par les francs-tireurs : le général Maurandy, arrivé
trop tard sur les lieux, se replie précipitamment sur Amboise et,
dans le désordre de la retraite, laisse à l'ennemi cinq bouches à
feu et un certain nombre de prisonniers. Restés maîtres du parc,
par suite de ce fâcheux événement, les Allemands se présentent
le 10 à la tête du pont de Blois. On a fait sauter devant eux une ar-
che du pont ; ils exigent qu'on la rétablisse immédiatement sous
peine de bombardement. Les autorités locales n'osaient ni ob-
tempérer à ces ordres, ni exposer la ville à l'incendie ; elles in-

---

[1] Les inquiétudes des Allemands étaient très-vives en ce moment, si nous en croyons
le témoignage d'un correspondant anglais qui suivait l'état-major prussien et qui se
considérait comme Allemand :

« Le fait est, écrivait-il, que les Français nous sont supérieurs en nombre, deux
contre un au moins, peut-être davantage, et qu'ils reçoivent continuellement des renforts. Ils ont, en outre, un choix de positions, et un général qui semble ne pas
ignorer quand il en possède une bonne et qui sait la tenir. Les combats des quatre
derniers jours ont probablement encouragé les Français, car ils ont été si longtemps
étrangers à la victoire qu'ils doivent reprendre espérance quand ils ne sont pas battus.
Ils ont maintenant combattu huit jours sur dix, et des troupes de nouvelle formation
qui peuvent accomplir cela contre des vétérans et ne pas être défaites le dixième jour
ont a tout droit d'espérer que la chance tourne en leur faveur.

« Les Allemands, de leur côté, commencent à être stupéfaits de cette persistance extraordinaire. Ils ont été si longtemps accoutumés à des succès étonnants, que c'est une
expérience nouvelle pour eux d'être tenus en échec quatre jours consécutifs par cette
armée de la Loire si méprisée, et d'être obligés d'appeler des renforts. »

clinaient cependant à laisser l'ennemi passer le fleuve, lorsque M. Gambetta, arrivé fort à propos, s'opposa énergiquement à cette détermination. Pour sauver quelques maisons de Blois, on exposait l'armée de Chanzy à une perte certaine. Il fut donc répondu au parlementaire prussien par un refus catégorique, et la ville de Blois en fut quitte pour quelques obus qui ne causèrent d'ailleurs que d'insignifiants ravages. Les Prussiens descendirent vers Amboise, comptant passer le fleuve sur ce point, en quoi ils se trompaient encore.

Menacé par la rive gauche, menacé par Beaugency où le prince Frédéric-Charles faisait ses préparatifs pour une attaque suprême, le général Chanzy voyait grandir le danger. Une diversion de la 1re armée pouvait le dégager. Il adresse à Bourbaki ce pressant appel : « Le mouvement qu'il est possible et indispensable de faire pour rétablir, coûte que coûte, notre situation est le suivant : marcher de Bourges sur Vierzon, pousser le gros de la première armée par Romorantin sur Blois, prendre position entre la Loire et le Cher pour intercepter les communications de l'ennemi entre Orléans et son armée engagée sur Tours de façon à couper cette dernière de sa base d'opérations. Si ce mouvement se fait, je me charge de tenir sur la rive droite de la Loire... » Le ministre de la guerre écrit, de son côté, à Bourbaki : « ..... Laissez à Bourges la partie de vos forces qui est incapable de marcher et, avec toute la partie valide, mettez-vous immédiatement en marche sur Blois, de manière à couper court à tout mouvement des Prussiens sur la rive gauche et à jeter dans le fleuve la colonne qui s'y trouve déjà engagée. Avertissez Chanzy de vos mouvements pour que lui-même se repliant sur Blois, s'il le juge opportun, puisse vous donner la main sur ce point. Mais il n'y a pas un instant à perdre. »

A ces instances répétées, le général Bourbaki répondit le 12 décembre : « Si vous voulez sauver l'armée (celle qu'il commandait), il faut la mettre en retraite. Si vous lui imposez une offensive qu'elle est incapable de soutenir, vous vous exposez à la perdre. Dans le cas où votre intention serait de prendre ce dernier parti, je suis si convaincu des conséquences pouvant en résulter que je vous prierais de confier cette tâche à un autre. »

En restant avec des troupes épuisées de fatigue dans cette vallée de la Loire où il venait de soutenir ces glorieux combats, le général Chanzy s'exposait aux plus grands périls. Menacé au nord par Frédéric-Charles, au sud par les vingt mille hommes qui cherchaient à passer la Loire pour le prendre à revers, se voyant seul, dégagé de tout souci par la translation du gouvernement à Bordeaux, il résolut, pour se dérober aux coups dont il était menacé, de se réfugier autour de Vendôme, derrière la ligne du Loir. De là, s'il y était contraint, il traverserait le Perche et s'abriterait au Mans, en arrière de la Sarthe.

Cette opération n'était pas sans dangers. Si l'ennemi était instruit de notre retraite, il pouvait, par le nord de la forêt de Marchenoir, nous devancer sur la route du Mans ou se jeter sur notre flanc droit pendant la marche de l'armée à travers ces plaines découvertes qui s'étendent au sud de la forêt de Marchenoir. Il importait donc de lui cacher notre départ et de tromper sa vigilance. Le général Chanzy envoie des francs-tireurs surveiller le pays en avant de Châteaudun. Il ordonne au général Barry, à Blois, de couvrir cette ville, d'opposer une résistance énergique à l'ennemi, s'il tentait le passage du fleuve, de se rabattre sur Amboise en cas de force majeure, et de faire couper sur ses derrières le chemin de fer de Vendôme et de Tours.

La retraite commença le 10 décembre par une pluie torrentielle qui transformait les routes en torrents boueux. Les hommes et les chevaux éprouvaient les plus grandes difficultés à marcher. Le commandant en chef établit son quartier général à Talcy : là il reçut un télégramme de Bourbaki : celui-ci annonçait qu'en dépit du mauvais état de ses troupes, il allait faire tous ses efforts pour descendre le Cher et se présenter devant Blois. Le général Chanzy répondit :

« Votre télégramme me parvient alors que mon mouvement de retraite sur Vendôme est commencé. Je suis obligé de le continuer, puisque vous n'arriveriez pas avant six jours à la hauteur de Blois. Je crois cependant indispensable que vous fassiez de suite une diversion qui aura du moins pour résultat d'inquiéter l'ennemi. Je compte être demain en position devant Vendôme, et me replier sur le Mans, si l'ennemi, qui peut passer la Loire d'un moment à l'autre, ne parvient pas à me précéder sur ma ligne de retraite. »

La 2ᵉ armée exécutait un mouvement très-hardi et très-périlleux.

Notre aile droite, quittant ses positions au bord de la Loire, marchait à travers une plaine découverte et plate où elle n'aurait pas trouvé de positions défensives, si elle avait été brusquement attaquée. Aussi le général Chanzy se montrait-il fort inquiet des démonstrations de l'ennemi aux environs de Blois. Il attendait avec impatience des nouvelles du général Barry. Il en reçut enfin à minuit. Le général Barry écrivait que, les Prussiens étant descendus jusqu'à Mer, il avait cru devoir évacuer Blois pour se retirer dans la direction de Saint-Amand. Chanzy fut très-contrarié de la détermination qui avait été prise sans ses ordres. En effet, si les Allemands s'apercevaient que nous avions abandonné Blois, ils pouvaient jeter sur notre armée en retraite des forces considérables et nous couper la route de Vendôme. Il ordonna donc au général Barry de se porter immédiatement sur Blois et de surveiller le passage du fleuve ; il envoya en même temps un officier dans cette ville pour savoir si les Prussiens y étaient entrés. Cet officier revint lui annoncer qu'ils n'avaient pas encore paru. Chanzy fut alors un peu rassuré. Le mouvement continua, malgré un temps affreux. Le lendemain 13 décembre, la 2ᵉ armée de la Loire était en sûreté derrière les lignes du Loir. Elle n'avait eu à soutenir dans sa marche que des combats sans importance. L'ennemi n'avait pas deviné la portée de son mouvement ; il ignora même au premier moment la direction qu'elle avait prise, à en juger par les questions dont il accabla les gens du pays. Quant il connut la route suivie par Chanzy, il se mit à sa poursuite.

La vallée du Loir, aux environs de Vendôme, est étroite, accidentée par des collines boisées et elle offre à une armée de bonnes positions défensives. La rivière traverse Vendôme : bâtie presque tout entière sur la rive gauche, la ville est difficile à défendre contre une attaque venant de Blois, parce qu'elle est dominée par un plateau qu'on ne peut pas efficacement garder des hauteurs de la rive droite. On est donc obligé d'occuper ce plateau et, en cas de retraite, une armée pour passer sur l'autre rive doit s'engager sur des rampes dangereuses et dans des rues étroites, avant de passer les ponts jetés sur les deux bras de la rivière. Des travaux de défense avaient été entrepris pour protéger Vendôme contre une attaque venant de Chartres : tout était à faire sur le côté faisant face à Blois. C'était, aux yeux du général Chanzy, le plus exposé. En s'arrêtant à Vendôme, le commandant en chef de l'armée de la Loire menaçait le flanc de l'ennemi sur le chemin d'Orléans à Tours ; il menaçait Chartres et se tenait à portée de la route de Paris qu'un jour peut-être il faudrait reprendre. Vendôme était, en outre, un point important à garder parce qu'il est le nœud des routes d'Angers à Châteaudun, de Blois au Mans par Saint-Calais, de Tours à Chartres par Château-Renault, Cloyes et Bonneval. Enfin, le chemin de fer qui relie Tours à Paris par Châteaudun et Dourdan passe par Vendôme. Après avoir fait placer ses troupes en avant de la ville, la gauche appuyée à la forêt de Fréteval, Chanzy écrit au ministre de la guerre : « Mon mouvement sur Vendôme s'est achevé aujourd'hui sans avoir été inquiété. Je donne l'ordre au général Barry, qui s'est replié prématurément sur Saint-Amand, d'y rester et d'y tenir. On dit l'ennemi peu en force à Chartres ; Dreux serait évacué ; personne à la Loupe et à Bretoncelle. Rien ne m'obligeant à hâter mon mouvement sur le Mans, je reste ici, persuadé que tout en s'y reposant, mon armée sera encore une menace qui peut rendre l'ennemi hésitant pour ses opérations au-dessous de Blois. Je le crois peu en force sur les deux rives. La démonstration sur Vierzon est de plus en plus nécessaire et facile. » Le général Bourbaki opéra la diversion qu'on lui demandait ; il s'avança par Vierzon jusqu'au delà de Romorantin, et cela suffit pour commander la prudence à l'ennemi sur la rive gauche de la Loire.

Le premier soin de Chanzy, dans ces positions nouvelles, fut de réorganiser les régiments, les batteries, le matériel, de rétablir la discipline qui s'était relâchée pendant la retraite et de compléter ses approvisionnements de toute sorte. Des traînards erraient dans la campagne et colportaient de ferme en ferme le récit de détresses imaginaires : la gendarmerie fut chargée de les ramener à leurs corps respectifs. Vendôme avait vu arriver dans ses murs des détachements de fuyards qui se cachaient : tous ces isolés durent rejoindre leurs régiments. Il ne resta dans la ville qu'un seul bataillon pour former la garnison ; des postes établis aux principales issues empêchaient les soldats d'entrer dans la ville, sauf pour les corvées régulières. Des patrouilles organisées à l'intérieur ramassaient les traînards. Un grand nombre de malades et de blessés avaient été amenés à Vendôme de Josnes et de Beaugency ; ils furent évacués, les uns sur Tours et les villes au delà de la Loire, les autres sur le Mans.

L'ennemi parut le 14 décembre à Fréteval, débouchant par les routes d'Oucques et de Morée. Les marins du général Jaurès gardaient le village; ils durent l'abandonner : les efforts de Jaurès pour le reprendre furent impuissants. Fréteval resta aux troupes du duc de Mecklembourg, mais nous gardions la gare. Le général Chanzy était informé pendant la journée que l'aile droite de l'ennemi, conduite par le duc de Mecklembourg, s'apprêtait à passer le Loir au-dessus de Vendôme, tandis que le prince Frédéric-Charles, venant de Blois, s'avançait directement contre lui [1]. La deuxième armée allait donc recommencer la lutte, sans avoir goûté le repos dont elle avait si grand besoin.

Devant ces nouvelles épreuves, le cœur des braves soldats de Josnes et de Beaugency pouvait faiblir. Le général Chanzy fit appel à leur courage, à leur amour pour la France :

« Soldats de la deuxième armée,

« Depuis quinze jours vous n'avez pas cessé de combattre. Vous avez lutté héroïquement contre la principale armée allemande, commandée par le prince Frédéric-Charles, et si chaque jour vous n'avez pas complétement battu l'ennemi, comme à Vallières, à Coulmiers, à Villepion, vous n'avez jamais subi de défaites, puisque chaque soir vous avez couché sur vos positions, disputées avec acharnement de l'aube à la nuit. Pendant cinq jours, la deuxième armée, appuyant sa droite à la Loire, sa gauche à la forêt de Marchenoir, s'est maintenue dans ses lignes en avant de Josnes, et les batailles des 7, 8 et 9 décembre ont été aussi glorieuses pour vous que funestes à l'ennemi qui, de l'aveu de ses prisonniers, a subi des pertes considérables, surtout en officiers de tous grades.

« Des considérations stratégiques vous ont ramenés sur les positions que vous occupez actuellement. Vous les conserverez, quels que soient les nouveaux efforts de l'ennemi, qui ne s'acharne à vous que parce qu'il comprend que vous êtes pour lui l'obstacle et la résistance.

« Ce que vous venez de faire, malgré des privations forcées, des fatigues incessantes

[1] Général Chanzy au ministre de la guerre, à Bourges et Bordeaux.

« Vendôme, 15 décembre 1870.

« Le grand-duc de Mecklembourg attaque depuis hier Fréteval et le cours supérieur du Loir, avec trois divisions d'infanterie et une nombreuse artillerie. Le 21e corps, soutenu par une partie du 17e, résiste à cette attaque, dont le but est de s'emparer, évidemment, de la grande route d'Orléans au Mans. Un autre corps ennemi marche en ce moment de Blois sur nos positions en avant de Vendôme. Château-Renault et Saint-Amand sont occupés par nous, pour couvrir le chemin de fer. L'effort de l'ennemi devant se porter tout entier sur la rive droite de la Loire, il est donc plus essentiel que jamais de prononcer rapidement et vigoureusement un mouvement sur la rive gauche, par les troupes de Bourges. J'insiste pour qu'à Tours on fasse bonne contenance et pour que vous donniez l'ordre au général Sol de se porter carrément en avant, dans la direction d'Amboise, avec toutes les forces dont il peut disposer et celles que vous pourrez lui adjoindre. »

le froid, la neige, la boue de vos bivouacs, vous le continuerez, puisqu'il s'agit de sauver la France, de venger votre pays envahi par des hordes de dévastateurs.

« Pour nos nouveaux efforts, il faut l'ordre, l'obéissance, la discipline; mon devoir est de l'exiger de tous : je n'y faillirai pas. La France compte sur votre patriotisme, et moi, qui ai l'honneur insigne de vous commander, je compte sur votre courage, votre dévouement et votre persévérance.

« Le général en chef,

« Signé: Chanzy. »

Il fallait d'abord empêcher le duc de Mecklembourg de passer la Loire à Fréteval, comme il en avait l'intention. Le 15 au matin, le général Jaurès enlève le village; le pont est coupé par une section du génie, sous une fusillade meurtrière. Cependant, le principal mouvement de l'ennemi n'était pas de ce côté. Vers deux heures, la cavalerie stationnée sur la route de Blois à Vendôme se replie en démasquant de fortes colonnes ennemies qui s'avancent sur la grande route. D'autres colonnes sont signalées au même instant du côté de Fréteval, vers Rocé et Villetrun. Sur la route de Blois, l'amiral Jauréguiberry oblige Frédéric-Charles à s'arrêter devant le feu de ses tirailleurs et de ses mitrailleuses; les Allemands, inclinant alors sur la gauche, essayent d'occuper la route de Tours et de déborder notre droite. Ce mouvement était prévu; ils sont arrêtés sur ce point comme sur la route de Blois et forcés de reculer, malgré le feu de six batteries qu'ils sont parvenus à mettre en ligne et qui, d'ailleurs, nous font beaucoup de mal. A la nuit tombante, l'attaque du côté de Blois est complétement repoussée. Loin de nous refouler dans Vendôme, Frédéric-Charles a reculé Nous avions été moins heureux sur notre gauche : nos troupes repoussées de l'importante position de Bel-Essort avaient dû se replier sur la rive droite, après avoir fait sauter le pont de Meslay. La perte de Bel-Essort inspirait des inquiétudes à Chanzy; la défense de Vendôme devenait, en effet, beaucoup plus difficile, cette hauteur étant aux mains de l'ennemi. L'éventualité de la retraite sur Le Mans se présente au général en chef. Les troupes sont épuisées de fatigue. Campées dans la boue et la neige, sans pouvoir, a cause du voisinage de l'ennemi, allumer les feux de bivouac, elles endurent de cruelles souffrances. S'il faut demain recommencer la lutte, elles sont incapables de la soutenir avec vigueur. Les chefs de corps expriment à ce sujet leurs craintes au commandant en chef, et l'amiral Jauréguiberry se joint à eux :

il ne croit plus qu'une résistance sérieuse soit possible ; la deuxième armée se bat depuis dix jours dans la boue et la neige ; elle est à bout de forces. Chanzy écrit au ministre de la guerre : « Nous résisterons demain, et si nous y sommes forcés, toutes les dispositions sont prises pour nous replier le mieux possible sur la rive droite du Loir, en faisant sauter tous les ponts maintenus en cas de retraite. Dans cette éventualité, il ne nous resterait qu'à nous diriger sur le Mans ; je ne le ferai qu'à la dernière extrémité, persuadé que notre meilleure chance est dans la résistance, et que tout mouvement de retraite peut être le signal d'un désastre qu'il faut éviter à tout prix. »

Vers le milieu de la nuit, les convois s'éloignaient de Vendôme sur la route du Mans ; à l'aube, les corps placés sur la rive gauche du Loir se retiraient lentement et passaient la rivière, protégés par un épais brouillard qui dissimulait leur retraite à l'ennemi. Quand le soleil eut dissipé la brume qui couvrait les bords du Loir, l'armée française était en sûreté : les Allemands s'aperçurent de sa disparition et se mirent en mouvement ; mais au moment où leurs colonnes parurent sur les crêtes de la rive, le bruit de plusieurs explosions leur annonça que les ponts venaient de sauter. Une dernière inquiétude restait au général en chef : un train considérable de munitions et d'approvisionnements se trouvait dans la gare de Vendôme. L'ennemi pouvait s'en emparer, si le convoi n'était lancé avant que la voie ferrée ne fût coupée entre Vendôme et Saint-Amand. Enfin, après une longue attente, on met à la tête de l'énorme convoi deux puissantes locomotives qui, lancées à toute vapeur devant les spectateurs inquiets, disparaissent à l'horizon dans la direction de Tours. Le précieux convoi était sauvé.

La deuxième armée de la Loire battait en retraite sur le Mans, à travers les régions accidentées du Perche ; elle arrivait le 20 décembre derrière les lignes de la Sarthe.

Avec la retraite sur le Mans finit la guerre dans le bassin de la Loire, où la fortune de la France avait semblé prendre, après Coulmiers, une face nouvelle. Les destinées de la patrie vont se jouer sur d'autres théâtres. Dans le nord, une armée peu nombreuse opère aux environs d'Amiens. Dans l'est, l'armée des Vosges, commandée par Garibaldi, est concentrée vers Dôle. La première armée de la Loire, que nous avons laissée à Bourges et à Nevers, s'apprête à partir pour les régions de l'est, où elle tentera de débloquer Belfort assiégé et de couper les communications de l'armée allemande. Dans Paris enfin, le général Trochu, quoique découragé, annonce qu'il prépare de nouveaux efforts contre les lignes d'investissement. Les ressources de la France ne sont pas épuisées, ni son courage. Toutefois la perte d'Orléans et la division de l'armée de la Loire en deux tronçons ont porté un coup funeste aux espérances qui, après Coulmiers, avaient été si vives. C'était un sentiment très-répandu que si nous avions dû triompher des Prussiens et délivrer Paris, ce résultat aurait été obtenu après la victoire de d'Aurelles de Paladines. Mais ce général avait laissé passer l'occasion favorable. Le temps perdu autour d'Orléans fut irréparable ; l'éparpillement des troupes à la bataille de Loigny fit le reste. Les juges les plus indulgents objectent, pour la justification de d'Aurelles de Paladines, l'inexpérience de son armée, son manque de discipline et d'instruction militaire, l'insuffisance de son équipement, et ils prétendent que c'était une chimère d'attendre la victoire de ces jeunes troupes. Ces soldats improvisés avaient pourtant battu les Bavarois à Coulmiers. Placés sous la main énergique du général Chanzy, ils accomplissent les mémorables faits d'armes de Josnes et de Beaugency. Huit jours durant, commençant la lutte à l'aube et ne la terminant qu'à la nuit close, ils disputent le terrain pied à pied au duc de Mecklembourg et à Frédéric-Charles en personne ; ils frappent la France d'admiration et l'Europe de surprise. Le quartier général de Versailles sent chanceler la fortune, dont il se croyait sûr. Que fût-il advenu, si le général Chanzy avait commandé l'armée de la Loire alors qu'elle était dans toute sa force ? Quoi qu'il en soit, les hommes qui imputent tous nos désastres au défaut d'organisation de nos armées oublient Josnes et Beaugency, et il faut leur rappeler sans cesse que le spectacle de ces luttes opiniâtres porte son enseignement : il est la réfutation de ceux qui prétendent dégager entièrement la responsabilité des chefs militaires et rejeter toutes les fautes commises sur l'insuffisance des soldats ; il est la condamnation de ceux qui, trop tôt résignés à la défaite, décourageaient l'esprit public en propageant leurs coupables doutes ; il est l'excuse et l'honneur des patriotes qui, même au sein des plus poignantes tristesses, surent rester fermes, persévérants et ne pas désespérer de la France.

LIVRE TREIZIÈME

OPÉRATIONS DANS LE NORD ET DANS L'EST.

(DU COMMENCEMENT DE LA GUERRE A LA FIN DE DÉCEMBRE.)

Les Prussiens dans le nord de la France. — Capitulation de Laon; explosion de la citadelle. — Belle résistance de Saint-Quentin; M. Anatole de La Forge. — Siège de Soissons. — Marche du général Manteuffel sur Amiens. — Formation de l'armée du Nord ; MM. Festelin et le colonel Favre. — Bourbaki prend le commandement de l'armée du Nord; il est rappelé a l'armée de la Loire. — Combat de Villers-Bretonneux. — Les Prussiens entrent dans Amiens. — Retraite de l'armée du Nord à Arras et à Lille. — Nomination du général Faidherbe au commandement de l'armée du Nord. — Les Prussiens en Normandie; combat de Buchy; entrée de Manteuffel à Rouen; le Havre est menacé. — Diversion du général Faidherbe. — Reprise de Ham par le général Lecointe. — Bataille de Pont-Noyelles. — L'armée du Nord derrière les lignes de la Scarpe.
Opérations dans l'Est. — Marche de Werder après la chute de Strasbourg. — Garibaldi commandant en chef de l'armée des Vosges. — Son arrivée à Dôle. — Proclamation à ses troupes. — Combats des bords de l'Oignon. — Escarmouches dans les faubourgs de Gray. — Mouvement du général de Beyer sur Dijon. — Exécutions barbares. — Résistance de Dijon. — Entrée des Prussiens le 31 octobre. — Garibaldi à Dôle. — Le général Cambriels est remplacé par le général Michel. — Garibaldi chargé de garder les défilés du Morvan. — Il établit son quartier-général à Autun. — Combats heureux à Châtillon-sur-Seine et à Auxon-sur-Aube. — Combat de Pasques. Tentative sur Dijon. — Attaque de Werder sur Autun. — Succès de Garibaldi. — Bataille de Nuits. — Troubles à Lyon à la suite de la bataille de Nuits. — Assassinat du commandant Arnaud. — Troubles à Marseille; la ligue du Midi. — Tableau de la France à la fin de l'année 1870.

La région du Nord voit arriver les Prussiens aussitôt après notre grand désastre de Sedan. Les armées qui marchent sur Paris s'avancent dans ces contrées sans rencontrer de résistance et font tomber les places fortes sur leur passage. Elles paraissent au commencement de septembre devant la citadelle de Laon. Le général Thérémin commandait la place. On le somme de se rendre; il écrit au ministre de la guerre : « L'armée du duc de Mecklembourg entoure Laon et somme la place de se rendre. Si la reddition n'est pas effectuée demain avant dix heures du matin, Laon subira le sort de Strasbourg. » « Agissez, répond le ministre, selon les nécessités de la situation. » La ville ouvre ses portes au duc de Mecklembourg : Les mobiles qui auraient pu la défendre avec la garde nationale, étaient, aux termes de la capitulation, laissés libres sur parole de ne pas servir contre l'Allemagne pendant la durée de la guerre. Le duc de Mecklembourg venait d'entrer dans la citadelle et il s'entretenait avec le général Théremin, quand une épouvantable secousse ébranle la citadelle ; c'est la poudrière qui a sauté. La caserne est détruite, une partie de la ville est renversée, les maisons s'écroulent avec un horrible fracas. Plus· de deux cents mobiles tués ou blessés sont ensevelis sous les décombres. Les Prussiens perdent une centaine d'hommes dans cette catastrophe. Le général Théremin est blessé mortellement à la tête ; quant au duc de Mecklembourg, il n'a reçu que de légères blessures. On crut, dans la stupeur du premier moment, que le général Théremin avait voulu faire sauter la citadelle pour ne point subir la honte d'une capitulation : rien n'était moins exact. Le général français avait engagé son honneur en acceptant la capitulation ; il respecta la parole donnée. Le feu avait été mis aux poudres par un garde d'artillerie, au désespoir de voir entrer l'ennemi dans ces murailles, et il n'avait point consulté son général sur l'acte tragique qu'il allait commettre. Cependant les Prussiens croyaient que l'explosion était l'œuvre du général ou du préfet : ils fusillaient les mobiles qui se sauvaient à travers les décombres, et le duc de Mecklembourg courait éperdu, jurant qu'il infligerait à la ville un châtiment exemplaire. On finit cependant par s'avouer que l'explosion avait fait beaucoup plus de victimes dans les rangs français que dans les rangs allemands, et qu'on s'y serait pris autrement, si la catastrophe eût été préparée par l'autorité militaire. Le général Théremin mourut de ses blessures.

Cet acte de désespoir d'un soldat obscur, nommé Henriot, fut dénoncé en Allemagne comme une trahison, exalté en France comme une sublime inspiration d'héroïsme. L'histoire lui restitue son véritable caractère.

Saint-Quentin voit à son tour apparaître les Prussiens au commencement d'octobre. L'intrépide préfet de l'Aisne, M. Anatole de La Forge, est dans les murs de la vaillante ville ; il enflamme par son exemple le patriotisme de ses habitants ; on fait sauter les ponts, on élève des barricades, on fortifie la gare. Aux premiers sons du tocsin, la garde nationale court à son poste, les boutiques se ferment ; bientôt la fusillade éclate à l'entrée des faubourgs. M. Anatole de La Forge, accouru aux premiers rangs, tombe blessé à la jambe ; les Prussiens ne s'attendaient pas à cette résistance de la part d'une ville ouverte ; ils reculèrent après deux heures de combat, laissant un grand nombre de morts et de blessés et promettant de revenir en force pour dompter cette ville qui osait leur résister. Le 21 octobre, ils revinrent, en effet ; ils étaient nombreux, pourvus d'une puissante artillerie et menaçaient de réduire la ville en cendres, si elle n'ouvrait pas immédiatement ses portes. Saint-Quentin, ne pouvant résister, se rendit et fut écrasé de réquisitions.

Après Saint-Quentin, Soissons, qui tient trente-sept jours, malgré le bombardement et l'incendie. Les faubourgs brûlaient, les obus pleuvaient des hauteurs qui dominent la ville ; la garnison ne voulait cependant pas se rendre, quoique la brèche fût ouverte. Le colonel de Noue, commandant la place, accepte la capitulation. Soissons contenait des vivres et des munitions en abondance : le colonel de Noue les livre à l'ennemi malgré les prescriptions militaires qui enjoignent aux commandants de place d'enclouer les canons, et de détruire les approvisionnements avant de se rendre. Soissons capitula le 16 novembre.

Quelques jours auparavant (9 novembre), Verdun avait ouvert ses portes après une longue et honorable résistance. Le général Guérin de Waldersbach, commandant la place, avait fait insérer dans le texte de la capitulation que le matériel de guerre, les munitions et les approvisionnements devaient faire retour à la France à la signature de la paix. Cette clause faisait honneur à ses sages intentions beaucoup plus qu'à sa prévoyance ; il en coûtait peu sans doute aux Allemands d'y souscrire, car ils se promettaient bien de ne pas l'observer.

Vers le milieu de novembre, presque toutes les places du Nord ont capitulé ; celles qui tiennent encore sont cernées par des détachements prussiens. Le général de Manteuffel s'avance dans la direction d'Amiens pour détruire l'armée française en formation dans ces parages.

Cette armée se composait alors d'environ 20,000 hommes réunis sous le commandement du général Bourbaki et qu'on avait équipés à grand'peine. Tout manquait à la fois dans les rrégions du Nord : hommes, chevaux, vêtements, matériel. M. Testelin, commissaire délégué du gouvernement pour les départements de l'Aisne, du Nord, de la Somme et du Pas-de-Calais, s'était dévoué à cette œuvre pressante avec toute l'ardeur dont il était capable. Les généraux auxquels il s'adressait répondaient qu'ils pouvaient tout au plus défendre les places ; encore étaient-elles mal armées. Il n'y avait à Lille qu'une seule batterie d'artillerie, et elle n'était pas en état de marcher. M. Testelin s'adressa au colonel Farre, directeur des fortifications à Lille, auquel il fit donner le titre de général de brigade. Quand le général Bourbaki vint prendre possession du commandement (22 octobre), l'armée du Nord comptait environ 20,000 hommes. Une foule d'officiers évadés de Metz étaient accourus et avaient aidé à la formation des cadres ; parmi eux les colonels Lecointe et Villenoisy, et le lieutenant-colonel Rittier, qui devaient jouer un rôle très-important dans la nouvelle armée. Le colonel Lecointe, promu général, ne tarda pas à prendre le commandement abandonné par le général Bourbaki. Celui-ci ne fit, en effet, que traverser l'armée du Nord, fort désenchanté d'ailleurs, peu confiant dans ces troupes improvisées, et suspect, en outre, aux populations à cause du voyage qu'il avait fait en Angleterre à sa sortie de Metz. Ceux qui suspectaient le patriotisme du général oubliaient qu'il était venu de son propre mouvement offrir son épée au gouvernement de la Défense nationale, et que rien ne l'obligeait à cette démarche. Quoi qu'il en soit, Bourbaki reçut un commandement dans l'armée de la Loire (18ᵉ corps) et laissa l'armée du Nord aux mains des généraux Farre et Lecointe. L'ennemi menaçait Amiens. Les troupes furent concentrées le 24 novembre : elles se composaient de trois brigades : la 1ʳᵉ, sous les ordres du général Lecointe, la 2ᵉ, sous les ordres du colonel Derroja, la 3ᵉ, sous les ordres du colonel du Bessol. Elles comprenaient, en outre, deux escadrons de dragons, deux escadrons de gendarmes, six batteries d'artillerie : en tout 17,500 hommes qui, joints aux 8,000 hommes de la garnison d'Amiens, sous les ordres du général Paulze d'Ivoy, formaient un effectif de 25,000 combattants.

A l'approche de Manteuffel; cette petite armée fut portée en avant d'Amiens menacé, et cantonnée dans les villages situés à l'est de la ville jusqu'à Corbie et Villers-Bretonneux. La Somme coule

presque horizontalement de Péronne à Amiens et forme par sa
rive droite une bonne ligne de défense qu'il était important de
garder pour rester maître de la voie ferrée d'Arras et de Douai.
Les ponts furent détruits et trois bataillons appelés de Lille et
d'Arras gardèrent la rivière. Par suite des dispositions prises,
les trois brigades se trouvaient placées dans les positions suivantes : la 1re était à Amiens, avec le général Lecointe ; la 2e.
sous les ordres du colonel Derroja, à Boves, sur le ruisseau de
l'Avre, et à Camons, sur la Somme ; la 3e, sous les ordres du colonel du Bessol, s'étendait de Corbie à Villers-Bretonneux, Cachy
et Gentelles.

Les Prussiens parurent le 24 sur la route de Noyon ; le colonel
du Bessol les fit charger à la baïonnette ; ils reculèrent, empor-
tant sept voitures de morts et de blessés. Le surlendemain, une
véritable bataille se livra autour de Villers-Bretonneux. La
journée commença bien ; le général Lecointe repoussa l'ennemi de
Gentelles ; le village de Cachy, très-vigoureusement attaqué, resta
en notre pouvoir grâce en l'héroïque résistance du 43e de ligne ;
mais sur la droite de Villers-Bretonneux, les gardes mobiles abandonnèrent leurs positions et entraînèrent les troupes de ligne dans
leur retraite. Au surplus, les munitions manquaient à l'artillerie.
Le général Farre fit retirer une partie de ses troupes à Corbie,
tandis que l'autre se rabattait sur Amiens. Une attaque des Prussiens contre Amiens était imminente. Les généraux ne crurent
pas leurs troupes capables de la soutenir avec succès ; l'évacuation de la ville fut décidée ; toutefois on laissa une garnison de
de 450 hommes dans la citadelle. L'armée se retira vers le nord
par la route de Doullens.

Les Prussiens se présentent aux portes de la citadelle et som-
ment le commandant Vogel de se rendre ; celui-ci répond qu'il
est prêt à se défendre. Deux nouvelles sommations n'ayant pas
produit plus d'effet que la première, les Prussiens ouvrirent de
l'intérieur de la ville une fusillade bien nourrie. Aux premiers
coups de feu, la garnison réduite par les désertions à 40 hommes
court à ses postes de combat et riposte à l'assaillant par un feu
d'artillerie et de mousqueterie. Le brave capitaine Vogel parcourait les remparts pour soutenir par son exemple le courage de ses
soldats, lorsque, percé d'une balle, il tomba et mourut. Le drapeau parlementaire était arboré le lendemain sur les instances de

quelques habitants de la ville, et la citadelle d'Amiens était remise aux Prussiens [1].

La bataille de Villers-Bretonneux (ou d'Amiens) avait coûté à l'armée du Nord 266 tués et 1,117 blessés. Un millier d'hommes étaient disparus; en outre, pendant la retraite sur Corbie, un grand nombre de mobiles avaient pris la fuite pour se retirer dans leurs foyers. Tous les corps furent dirigés sur leurs dépôts pour se réorganiser; les munitions avaient manqué pendant la bataille; le matériel d'artillerie était insuffisant. Les généraux redoublèrent d'activité pour rendre l'armée capable de reprendre l'offensive. Un nouveau chef allait en prendre le commandement : c'était le général Faidherbe qu'un décret du gouvernement rappelait de Constantine [2].

[1] Le général Faidherbe raconte le fait de la manière suivante .

« Vers minuit, et alors que personne ne s'y attendait, le médecin et le vicaire représentèrent au commandant et aux chefs de corps qu'une lutte plus longue était devenue impossible, le commandant de la citadelle ayant été tué et les artilleurs de la mobile, tous enfants d'Amiens, se trouvant dans la situation pénible d'être obligés, pour se défendre, de diriger leur feu sur leurs propres demeures. Un conseil de guerre fût réuni et il fut décidé d'entrer en pourparlers. »

(*Campagne de l'armée du Nord*, par le général de division Faidherbe, p. 28.)

[2] En prenant possession de son commandement, le général Faidherbe publia l'ordre du jour suivant :

« Officiers, sous-officiers et soldats,

« Appelé à commander le 22e corps d'armée, mon premier devoir est de remercier les administrateurs et les généraux qui ont su, en quelques semaines, improviser une armée qui s'est affirmée si honorablement les 24, 26 et 27 novembre sous Amiens.

« J'exprime surtout ma reconnaissance au général Farre qui vous commandait, et qui, par une habile retraite devant des forces doubles des siennes, vous a conservés pour le service du pays.

« Vous allez reprendre tout de suite les opérations avec des renforts considérables qui s'organisent chaque jour, et il dépendra de vous de forcer l'ennemi à vous céder de nouveau le terrain.

« Le ministre Gambetta a proclamé que, pour sauver la France, il vous demande trois choses : la discipline, l'austérité des mœurs, et le mépris de la mort.

« La discipline, je l'exigerai impitoyablement.

« Si tous ne peuvent atteindre à l'austérité des mœurs, j'exigerai du moins la dignité et spécialement la tempérance. Ceux qui sont aujourd'hui armés pour la délivrance du pays sont investis d'une mission trop sainte pour se permettre les moindres licences en public.

« Quant au mépris de la mort, je vous le demande au nom même de votre salut. Si vous ne voulez pas vous exposer à mourir glorieusement sur le champ de bataille, vous mourrez de misère, vous et vos familles, sous le joug impitoyable de l'étranger. Je n'ai pas besoin d'ajouter que les cours martiales feraient justice des lâches, car ils ne s'en trouvera pas parmi vous.

Le général de division commandant le 22e corps d'armée,

« L. FAIDHERBE.

« 5 décembre 1870. »

Pendant que le général Faidherbe reconstitue à Lille et à Arras l'armée dont il vient de prendre le commandement, le général Manteuffel envahit la Normandie et marche sur Rouen. Cette province riche et fertile tentait depuis longtemps l'avidité prussienne. Manteuffel se dirige sur Rouen à marches forcées avec 25,000 hommes et 50 pièces d'artillerie ; il s'avançait par trois routes dans la direction de Buchy où se trouvait un noyau de troupes françaises en formation sous les ordres du général Briand. Cette armée, peu solide encore, se composait de 15,000 mobiles, 2,000 marins, 1,200 éclaireurs du corps Mocquart, en tout un peu moins de 20,000 hommes, et 3 batteries d'artillerie. Un combat très-vif s'engagea autour de Buchy. Les marins et les éclaireurs firent bonne contenance ; mais les mobiles effrayés par les obus lâchent pied et se précipitent sur Rouen, où leurs récits désordonnés jettent l'épouvante. Une grande confusion paraît alors avoir régné dans les esprits ; les uns voulaient que Rouen se défendît, les autres taxaient cette résolution d'imprudence inutile. Les autorité municipales se montraient fort hésitantes ; le général Briand à qui incombait le devoir de la défense était lui-même très-perplexe, si bien que le temps s'écoula sans qu'on eût pris une détermination ; les Prussiens étaient aux portes de Rouen, ils y entrèrent sans tirer un coup de fusil. Le général Briand avait donné l'ordre à ses troupes de battre en retraite sur Honfleur et le Havre. Maîtres de Rouen, les Prussiens frappèrent la Normandie de contributions, mais ils ne pénétrèrent jamais au Havre qui, s'étant fortifié sous la direction de l'habile capitaine de vaisseau Mouchez, n'entendait pas se résigner à l'invasion comme Rouen.

Le général Manteuffel s'imaginait avoir anéanti l'armée du Nord à Villers-Bretonneux ; il restait en Normandie dans une sécurité complète, cherchant à s'emparer du Havre, port très-avantageux à l'armée allemande pour se ravitailler, lorsque Faidherbe se mit en campagne. Son but en opérant une diversion était d'obliger Manteuffel à revenir sur ses pas, à dégager le Havre et peutêtre Rouen. Le 8 décembre, Faidherbe se met en mouvement ; son armée compte maintenant trois divisions de deux brigades chacune, formant un effectif de 30,000 hommes. La 1re division est commandée par le général Lecointe, la 2e, par le général Paulze-d'Ivoy, la 3e, par l'amiral Moulac. Chacune d'elles est pourvue de trois batteries ; il y a en outre deux batteries de réserve. En quittant le grand quartier général de Lille, le commandant en chef avait laissé aux colonels Villenoisy et Rittier le soin d'achever l'organisation déjà commencée des bataillons, des escadrons et des batteries, et de les lui envoyer aussitôt qu'ils seraient en état de tenir la campagne.

Le général Lecointe, à la tête de la 1re division, s'était dirigé vers Saint-Quentin; à son approche, l'ennemi se retire sur La Fère. Le général français poursuit sa marche, arrive à Ham vers la fin du jour, et envoie trois colonnes d'un bataillon vers le fort occupé par les Prussiens. Ce détachement somme la garnison allemande de se rendre; sur son refus, on tire quelques coups de canon contre les tours du château. Les Prussiens, vers le milieu de la nuit, demandent à capituler; ils étaient au nombre de 210, dont 11 officiers. Le général Lecointe enhardi par le succès s'avança jusque sous les murs de La Fère : mais désespérant d'enlever cette place de vive force, il se rabattit sur Amiens. Ce même jour, un petit détachement commandé par le chef de bataillon Tramon enlevait brillamment un convoi ennemi dans le village de Vouel et ramenait plus de cent prisonniers.

Les Allemands furent surpris de voir reparaître cette armée du Nord qu'ils croyaient anéantie. Manteuffel revint aussitôt de Normandie; le général Faidherbe avait donc atteint son but. Il fallait maintenant se préparer à soutenir le choc de l'armée allemande dont la concentration était annoncée au sud d'Amiens, dans les environs de Breteuil et de Montdidier.

Faidherbe s'établit sur la rive droite de la Somme, sur une série de hauteurs qui dominent la rive gauche. Couvert au sud par le cours de la rivière qui forme sur ce point de vastes marécages, l'armée avait devant elle les villages semés dans la vallée de la Halluc : ces villages son Daours, Bussy, Querrieux, Pont-Noyelles, Ravelincourt et Contay. Elle faisait face à la citadelle d'Amiens toujours occupée par l'ennemi et surveillait la route qu'il devait suivre pour aborder nos lignes. Le général Faidherbe venait d'appeler du renfort de Lille; il avait sous la main 4 divisions complètes et 78 bouches à feu.

Le 20 décembre, une reconnaissance ennemie de 2,000 hommes environ pousse jusqu'au village de Querrieux au centre de nos lignes. Deux bataillons (le 18e chasseurs à pied et le 35e), sans donner à l'artillerie le temps d'avancer, se jettent sur les

Allemands et les refoulent vers Amiens. Cette escarmouche préludait à une action générale. L'attaque sérieuse commença le 23. Au jour naissant, de fortes colonnes prussiennes sortant d'Amiens marchent vers nous par différents chemins; la fusillade s'engagea sur toute la longueur de la Hallue, depuis Daours, à gauche, jusqu'à Contay, à l'extrême droite. 80 pièces de canon avaient été placées par les Prussiens sur les bords du ruisseau; notre artillerie était moins nombreuse sur la rive opposée, mais elle fit bonne contenance. Au centre, les mobiles de la Marne et de la Somme chassaient les Prussiens de Pont-Noyelles incendié; sur l'extrême gauche, les marins de l'amiral Moulac repoussaient les Prussiens de Daours, mais ceux-ci, profitant de l'obscurité de la nuit, purent par surprise revenir dans le village en y faisant prisonniers quelques-uns des nôtres.

La bataille de Pont-Noyelles n'en fut pas moins un succès pour l'armée du Nord [1]. Nos troupes couchèrent sur leurs positions

[1] Voici sur ce combat le rapport du général Faidherbe :

« L'armée avait pris depuis deux jours ses cantonnements à Corbie et dans les villages espacés le long de la rive gauche d'un petit ruisseau appelé la Hallue, qui se jette dans la Somme à Daours. Elle avait choisi pour champ de bataille les hauteurs qui en bordent la rive gauche, laissant le soin de traverser le vallon à l'ennemi, qui, venant d'Amiens, devait l'aborder en débouchant par la rive droite.

« Le général Faidherbe avait prescrit aux troupes de n'opposer qu'une légère résistance dans les villages, avec quelques tirailleurs, et de se porter de suite sur les positions dominantes en arrière. Cet ordre fut exécuté ponctuellement, et vers onze heures, les deux armées étaient en présence, séparées par une vallée étroite, mais marécageuse, et se cantonnaient par-dessus les maisons en déployant de chaque côté de 70 à 80 bouches à feu. Les tirailleurs ennemis ayant pénétré dans les villages échangeaient aussi des coups de fusil avec les nôtres.

« Vers trois heures et demie, le feu de l'artillerie se trouvant ralenti de part et d'autre, ordre fut donné sur toute la ligne à notre infanterie de courir sus à l'ennemi, pour le repousser des villages dans les positions en arrière. Cet ordre fut exécuté avec beaucoup de vigueur et d'entrain. A l'extrême gauche, la division Moulac enleva Daours et Vecquemont, la division du Bessol prit ceux de Pont-Noyelles et Querrieux. La division Robin, des mobilisés du Nord, entra dans le village de Béhancourt. Enfin la division Derroja, à la droite, se chargea des villages de Bavelincourt et Prehancourt, poursuivant l'ennemi bien au delà.

« A cinq heures, le succès était complet partout; mais la nuit était venue, on ne distinguait plus les amis des ennemis, et les Prussiens profitèrent de cette circonstance et de l'indécision qui en resulta pour rentrer sans lutte à Daours, à Querrieux et à Béhancourt. Nos troupes, ayant repris toutes leurs positions de la veille, y passèrent la nuit et y restèrent encore le lendemain jusqu'à deux heures de l'apres-midi, pour voir si l'ennemi essayerait de recommencer la lutte, ce qu'il ne fit pas. Quelques coups de fusil furent seulement échangés de loin. Apres avoir ainsi constaté sa victoire, l'armée alla prendre ses cantonnements entre Corbie et Albert.

« Nos jeunes troupes ont beaucoup souffert de la rigueur de la saison et des privations inevitables dans de telles circonstances. Le pain qu'on leur a distribué était gelé, et par suite non mangeable. Les pertes peuvent être évaluées par aperçu à par une nuit glaciale qui les soumit à de vives souffrances ; la température était descendue à 8 degrés au-dessous de zéro, et nos soldats bivouaquaient sur les collines sans pouvoir faire du feu, faute de bois, et n'ayant que du pain gelé pour tout aliment. Cependant les munitions étaient complétées avec la réserve et l'armée était prête, au jour naissant, à recommencer la lutte. Mais l'ennemi ne renouvela pas son attaque. Le général Faidherbe avait suffisamment affirmé sa victoire par sa contenance ; la température ne cessant pas d'être rigoureuse, il ne jugea point prudent de laisser son armée passer encore une nuit sur ses positions et il lui ordonna de rentrer dans les cantonnements. L'ennemi n'inquiéta point sa retraite opérée en plein jour. Nos pertes à la bataille de Pont-Noyelles s'étaient élevées à 141 tués, dont 5 officiers, et 905 blessés dont 45 officiers. Un millier d'hommes appartenant à la garde mobile avaient disparu pour rentrer dans leurs foyers. Ils revinrent, il est vrai, reprendre leur poste ; et le général en chef dut faire quelques exemples pour éviter le retour de ces désordres.

Satisfait d'avoir dégagé le Havre par la bataille de Pont-Noyelles, Faidherbe pensa qu'il serait imprudent d'attendre une attaque de l'ennemi, qui venait de recevoir des renforts. Ses troupes avaient besoin de repos ; il les ramena entre Arras et Douai derrière la Scarpe, la droite appuyée à Arras, la gauche à Douai. L'ennemi ne le poursuivit pas.

Telle était la situation de l'armée du Nord au 31 décembre 1870, pendant que 'a deuxième armée de la Loire venait d'arriver au Mans. Avant de voir Faidherbe sortir de ses cantonnements et engager de nouveaux combats, nous devons tourner nos regards vers la région de l'est et retracer les événements qui s'y sont accomplis jusqu'à la fin décembre.

200 hommes tués et à 1,000 ou 1,200 blessés, la plupart légèrement. Nous ne connaissons pas celles de l'ennemi, que notre artillerie, parfaitement servie, et le feu très-vi de nos artilleurs a dû fortement éprouver. Des prisonniers et des blessés sont restés entre nos mains. Quelques jours de repos dans de bons cantonnements vont être accordés à l'armée du Nord.

« *Le général de division commandant l'armée du Nord.* »

FAIDHERBE

Dès que Strasbourg eut succombé, le général de Werder franchit les Vosges et se répandit à travers le pays compris entre le plateau de Langres au nord et les vignobles de Bourgogne au sud. Sa marche est signalée par des combats presque quotidiens entre le cours de la Saône et la rivière de l'Oignon. Quelques francs-tireurs, des gardes mobiles, des troupes de ligne, en petit nombre, sous les ordres du général Cambriels, défendaient les défilés des montagnes, et, dans leurs embuscades, tuaient beaucoup de monde aux Prussiens. Ceux-ci se vengeaient en fusillant sans pitié tout paysan suspect. De Werder attachait une grande importance à occuper cette partie de la France : sa possession assurait les communications de l'Allemagne avec les armées qui assiégeaient Paris. A la tête du 14e corps, qui avait été constitué aussitôt après la chute de Strasbourg, Werder avait reçu l'ordre de disperser les soldats français qui se réunissaient entre Besançon et Dijon. Le général-major Degenfeld est envoyé en avant pour éclairer la marche du 14e corps : il rencontre d'abord les Français à Champenay, puis à Raon-l'Étape ; il marche sur Épinal, lorsque des troupes françaises venues de Rambervilliers fondent sur son flanc droit. Les Allemands s'arrêtent près d'Épinal et engagent un combat qui ne dure pas moins de sept heures. Ce jour-là, l'ennemi ne put pas arriver jusqu'à Saint-Dié, il perdit environ 400 hommes dans cette rencontre ; nous autant, plus environ 500 prisonniers. Le 12 octobre, de Werder apprend que les Français s'étaient retirés sur Vesoul, il se dirige aussitôt sur cette ville.

Les choses en étaient là, lorsque Garibaldi, accouru de Caprera au secours de la France, prenait le commandement des corps francs des Vosges et arrivait à Dôle. L'illustre patriote italien n'avait pas marchandé, comme son pays, ses services à la République française. Un de ses anciens compagnons d'armes de l'expédition des Deux-Siciles, M. Bordone, était allé le trouver à Caprera où deux canonnières italiens le gardaient à vue. Il montre à M. Bordone la canne sur laquelle il s'appuie : « Vous le voyez, dit-il, ce que vos amis appellent une vaillante épée n'est plus maintenant qu'un bâton ; mais, tel que je suis, je me mets tout entier au service de la République française [1]. »

---

[1] *Garibaldi et l'armée des Vosges*, par le général Bordone.

Il déjoue la surveillance de ses gardiens, débarque à Marseille, arrive à Tours en même temps que M. Gambetta. Quelques jours après, il était à Dôle explorant les routes et les bois où il devait, avec ses deux fils, livrer d'importants combats aux troupes allemandes. Tous les corps francs répandus dans le pays passèrent sous son commandement et formèrent l'armée des Vosges [1].

[1] Il leur adressa la proclamation suivante, qui dépeint l'homme tout entier avec son cœur généreux et ses opinions sur la fraternité des peuples, dont cette guerre nous a appris à douter :

« Volontaires de l'armée des Vosges,

« Le noyau des forces cosmopolites que la République française réunit en ce moment, formé d'hommes choisis dans l'élite des nations, représente l'avenir de l'humanité, et sur la bannière de ce noble groupe vous pouvez lire la devise d'un peuple libre, qui sera bientôt le mot d'ordre de la famille humaine : « Tous pour un, un pour tous! »

« L'égoïsme gouverne le monde, et l'autocratie combat certainement dans la République française le germe des droits de l'homme, qu'elle abhorre : génie du mal, elle fait tous les efforts pour se maintenir.

« Et le peuple ? Les républiques modernes, comme l'ancienne Carthage, nagent dans l'or et le sybaritisme, tandis que les despotes se donnent la main dans les ténèbres qui sont leur vie, et profitent des malheurs d'un peuple fier.

» La Suisse, se croyant faible, baisse la tête et couvre du saint drapeau de Guillaume Tell ses caisses et ses banques.

« Grant, qui d'un signe de sa main aurait pu renvoyer à Madrid les soldats de Prim, laisse tranquillement massacrer et détruire une population entière qui appartient à la grande famille de Washington, et ne permet à la grande République qu'une parole sympathique pour les braves fils de Lafayette !

« Et toi, noble et classique terre du proscrit, qui la première as proclamé l'émancipation des races, et qui maintenant jouis du triomphe de ta courageuse initiative, laisseras tu seule, dans sa lutte gigantesque, cette nation sœur qui comme toi marche et marchera à la tête du progrès de l'humanité ?

« Dans la lutte héroïque que soutient la France, on ne retrouve plus que les débris d'une armée d'hommes vaillants que le plus stupide des tyrans a conduits à un désastre.

« Mais la nation est là. Levée comme un seul homme, elle forcera bientôt le vieil autocrate à se repentir de sa détermination de continuer cette boucherie humaine.

« Quelle noble mission est donc la nôtre, fils de la liberté, élite de tous les peuples ! Oh ! non, je ne voudrais pas changer pour une couronne mon titre de volontaire de la République !

« Apôtres de la paix et de la fraternité des peuples, nous sommes forcés de combattre, et nous combattrons avec la conscience fière de notre droit, consacrant les paroles de l'illustre Chénier :

> Les Républicains sont des hommes,
> Les esclaves sont des enfants.

« De votre courage je ne doute pas. Tout ce que je vous demande, c'est du sang-froid et de la discipline, indispensables dans la guerre.

« G. GARIBALDI. »

De Werder avait divisé ses troupes en trois colonnes pour marcher de Vesoul sur Besançon. Le 22 octobre, il arrivait sur les bords de l'Oignon avec l'intention de traverser ce cours d'eau, qui se trouvait en ce moment gonflé par les pluies et dont les passages étaient gardés par des francs-tireurs. L'aile droite, commandée par le prince Guillaume, reçut l'ordre de traverser la rivière au Pin, pendant que la colonne du centre, conduite par le général de Degenfeld, livrait un combat à Étuz, fortement occupé. Le prince Guillaume devait remonter la rive gauche de l'Oignon et nous prendre à revers. Il n'avait pas achevé son mouvement tournant que nos troupes étaient successivement chassées d'Étuz et de Cussey. A partir de ce moment, les passages de l'Oignon étaient libres. Une dernière résistance eut lieu à Auxon-le-Dessus et à Châtillon-le-Sec. Nos troupes n'étaient malheureusement pas assez nombreuses pour arrêter l'ennemi. A la suite de ces divers engagements, Werder touchait aux portes de Besançon ; mais il ne se crut pas en état de s'emparer de cette place et revint sur ses pas pour remonter vers Gray, tête de ligne du chemin de fer importante à occuper. C'était là, d'ailleurs, que Garibaldi concentrait l'armée des Vosges. Maître de Gray, le général prussien se proposait de pousser jusqu'à Dijon. Après quelques combats partiels livrés dans les faubourgs, Gray tomba, le 27 octobre, au pouvoir des Prussiens, et déjà Werder avait donné l'ordre de marche sur Dijon, lorsqu'on lui manda du quartier général de ne pas bouger, car il devait protéger la marche de Frédéric-Charles qui, venant de Metz à travers la Champagne, se dirigeait vers les bords de la Loire. Le général de Beyer fut chargé d'opérer le mouvement sur Dijon. De Gray à Dijon, on traverse des pays accidentés, coupés de bois très-propres aux embuscades et aux surprises et dont les populations sont très-patriotes. Leur résistance exaspéra les soldats de Beyer, qui, sur toute leur route, se livrèrent à d'atroces exécutions. Des paysans, enlevés à leurs travaux paisibles, furent fusillés sans jugement. Les bombardeurs de Strasbourg trouvèrent le moyen d'accroître leur renom de férocité dans leur passage à travers la Bourgogne.

Dijon n'avait dans ses murs qu'une poignée de francs-tireurs et de gardes mobiles. Le colonel Fauconnet, qui les commandait, fit occuper les vignes entourées de murs qui s'étendent à l'entrée de la ville. Quand les Badois parurent, une fusillade meurtrière les accueillait, un violent combat ne tardait pas à s'engager dans le faubourg Saint-Apollinaire. De Beyer ne s'attendait pas à cette résistance ; voyant ses troupes décimées, il leur donna l'ordre de reculer et il mit en batterie trente-six bouches à feu qui jetèrent sur Dijon une pluie d'obus. La nuit était venue, des incendies avaient éclaté sur plusieurs points et une profonde émotion régnait dans la ville. Dijon capitula dans la nuit pour s'épargner le danger d'un nouveau bombardement ou les horreurs d'une prise d'assaut qu'il n'était pas possible d'empêcher avec les forces dont on disposait. La ville fut occupée par les Allemands le 31 octobre.

De Dijon, l'ennemi menaçait notre armée en formation à Bourges et à Nevers. Garibaldi prit ses dispositions pour lui barrer le passage dans la vallée de la Saône, vers Nuits et Beaune ; il place une partie de ses troupes à Saint-Jean-de-Losnes et à Jeurre, il fait couvrir Auxonne par la brigade du général polonais Bossack-Hauké et fixe son quartier général à Dôle d'où il peut accourir au premier danger. Le général Michel venait de remplacer à Besançon le général Cambriels, malade des suites d'une blessure à la tête qu'il avait reçue à Sedan. Des engagements partiels à Genlis et à Saint-Jean-de-Losnes tournèrent entièrement à notre avantage : la marche des Badois sur Auxonne fut arrêtée par ces brillants faits d'armes.

Cependant le ministère de la guerre se décidait à abandonner la ligne du Jura, en laissant toutefois des garnisons à Besançon et à Auxonne ; l'ennemi paraissait se porter sur le Morvan et vouloir gagner Nevers en évitant Chagny. En conséquence, le délégué à la guerre, M. de Freycinet, écrit à Garibaldi de conduire ses troupes dans les montagnes du Morvan et d'en occuper les défilés. « Merci de votre confiance, répond Garibaldi, j'exécuterai le mouvement commandé. » Le commandant en chef de l'armée des Vosges continuait à se plaindre de manquer d'armes à tir rapide, de munitions et d'artillerie. L'armée des Vosges commença son mouvement et se replia sur Autun. Tandis que s'opérait cette marche de Dôle sur Autun, l'armée dite de l'Est, dont le général Crouzat venait d'être nommé commandant en chef à la place du général Michel, quittait Besançon et était dirigée par les voies ferrées sur les bords de la Loire. Nous avons raconté ailleurs la part qu'elle prit aux opérations de Beaune-la-Rolande et de Mon-

LA TROISIÈME RÉPUBLIQUE FRANÇAISE

GÉNÉRAL GARIBALDI.

Degorce-Cadot, édit. Paris. Rouge et C inip.

targis. L'armée des Vosges restait seule chargée de la défense de l'est. On était alors au 11 novembre.

Des travaux de fortification étaient entrepris autour d'Autun, tandis que Garibaldi faisait garder par ses troupes les défilés du Morvan et méditait de se jeter brusquement sur Dijon et d'en chasser de Werder. Ricciotti Garibaldi fut chargé d'opérer une diversion vers Semur pour détourner l'attention de l'ennemi de cette tentative. Deux engagements très-brillants avaient lieu sur ces entrefaites et par leur issue exaltaient les courages. Dans la première, à Châtillon-sur-Seine, l'avant-garde de Ricciotti avait surpris pendant la nuit un détachement prussien d'un millier d'hommes, en avait tué une partie et fait le reste prisonnier. Dans la seconde, à Auxon-sur-Aube, les francs-tireurs du Doubs avaient dispersé un détachement de trois cents hommes environ. Garibaldi pensa qu'il fallait agir immédiatement contre Dijon.

Le 21 novembre, il part en voiture pour Arnay-le-Duc; toutes les troupes qui doivent concourir à l'attaque se concentrent et les instructions sont données aux chefs : Menotti Garibaldi commande l'aile gauche, Bossack l'aile droite; un détachement des meilleures troupes doit éclairer notre marche sur la route de Lartenay. Le village de Pâques fut enlevé le premier; on attaqua ensuite Prenois, entouré de jardins crénelés. Garibaldi, entraînant ses soldats par son admirable sang-froid, y pénètre le premier. Restait à enlever Parois, où l'ennemi installe son artillerie. A la tombée de la nuit, les Prussiens sont en pleine déroute et fuient vers Dijon. « Eh bien ! colonel, dit Garibaldi à son chef d'état-major Bordone, allons-nous souper à Dijon? » On marche sur Dijon. A l'entrée de la ville, le commandant en chef debout sur sa voiture stimule les troupes qui passent devant lui : « Allons enfants, du courage, à la baïonnette, pas un coup de fusil, » et le clairon sonne la charge. Les troupes s'élancent et pénètrent dans Dijon, chassant l'ennemi qui se replie; mais il met son artillerie sur la rue principale où débouchent les soldats de Garibaldi. Quelques décharges répétées déterminent une véritable panique. Il faut abandonner dès lors l'attaque. Garibaldi donne l'ordre de battre en retraite. L'armée revint occuper le plateau de Lartenay. Elle se retira bientôt à Autun, après avoir essuyé divers combats sur les hauteurs de Pâques [1]. De Werder s'apprêtait à l'attaque

---

[1] Après l'affaire de Dijon, Garibaldi reçut du gouvernement la dépêche suivante :

dans Autun même, avec des renforts qui lui arrivaient du plateau de Langres. Son avant-garde rencontrait les troupes de Ricciotti à Arnay-le-Duc. Garibaldi se hâta de visiter les travaux de défense entrepris autour de la ville et de pratiquer des meurtrières aux murs des faubourgs. La possession d'Autun était la clef des routes de Nevers et de Lyon; sa perte pouvait donc entraîner les plus graves conséquences. Malheureusement toutes ses précautions se trouvèrent déjouées par le départ subit de la guérilla d'Orient, qui gardait l'un des faubourgs. Les Prussiens pénétraient déjà dans la ville, lorsque Garibaldi, prévenu de ce déplorable incident, fit ouvrir le feu de son artillerie sur les batteries prussiennes déjà installées à l'entrée des faubourgs. En même temps, Ricciotti à la tête de ses francs-tireurs se précipitait sur l'ennemi et le chassait des faubourgs. Les masses prussiennes essayèrent alors de se concentrer non loin de la forêt de la Planoise, mais les troupes cachées dans les bois sortirent brusquement et, combinant leur feu de mousqueterie avec le feu des canons, refoulèrent les Prussiens. La nuit protégea leur retraite : Garibaldi n'avait pas de cavalerie pour les poursuivre; il le regretta plus que jamais. L'échec d'Autun aurait pu, en effet, se changer en déroute. Garibaldi avait remporté ce brillant succès avec la moitié seulement de son effectif, l'autre moitié étant chargée de couvrir la vallée d'Ouche et les routes du Creuzot, dont les établissements avaient été transformés en un vaste atelier national où l'on fabriquait les engins de guerre.

La bataille d'Autun avait eu lieu le 1er décembre.

Cependant le général Cremer s'avançait de Beaune dans la direction de Bligny-sur-Ouche, à la recherche de l'ennemi qui, à la suite de son échec d'Autun, s'était aventuré dans la vallée dans l'espoir d'y prendre une revanche, Cremer ne commandait que cinq ou six mille mobilisés et ne possédait que huit pièces à longue portée. Il atteignit vers Bligny les Prussiens refoulés d'Arnay-le-Duc par Garibaldi et leur fit essuyer un échec très-sensible. Quatre cents hommes hors de combat restèrent sur le champ de

---

« Félicitons l'illustre général Garibaldi du brillant fait d'armes que ses troupes ont accompli hier sous les murs de Dijon ; nous désirons faciliter la glorieuse tâche poursuivie par le général et lui demandons s'il désire que nous lui envoyions des renforts. et de quelle quantité.

« De Freycinet. »

bataille, Cremer, fit, enoutre près de trois cents prisonniers. L'ennemi fut poursuivi jusque sous les murs de Dijon, et les troupes de Ricciotti seraient entrées dans la ville, si les Prussiens n'avaient eu la précaution de garnir ses abords de pièces d'artillerie auxquelles nous ne pouvions opposer une artillerie suffisante. A la suite de ce brillant fait d'armes Ricciotti fut nommé chevalier de la Légion d'honneur. Garibaldi refusa pour son fils cette distinction, qu'il n'avait pas sollicitée.

Vers le 15 décembre, le cercle de nos troupes se resserrait de plus en plus autour de Dijon ; tout le pays environnant était semé d'embuscades fatales aux coureurs prussiens devenus, du reste, très-prudents depuis leur arrivée en Bourgogne. Le général Cremer reçut l'ordre de tenter un coup de main sur Dijon après s'être concerté avec Garibaldi pour le succès de l'opération. Cremer devait quitter son quartier général de Beaune et s'avancer par la route de Nuits, tandis que les forces de Garibaldi, venant d'Autun, protégeraient son flanc gauche pendant la marche. Le 18 décembre, Cremer est attaqué dans trois directions différentes par dix-huit mille hommes et plus de quarante pièces d'artillerie ; il n'avait que douze mille hommes et dix-huit bouches à feu. La bataille, autour de Nuits, dura toute la journée avec des alternatives émouvantes.

Vers quatre heures, les munitions faisant défaut [1], on sonne la retraite. Nuits tomba au pouvoir des Allemands, mais ils n'osèrent pas y rester, parce qu'ils étaient menacés sur leur flanc droit par les troupes de Ricciotti, et, qu'en outre, ils pouvaient craindre un retour offensif de Cremer; ils se replièrent donc précipitamment sur Dijon. C'est ainsi que, par d'habiles mouvements de Garibaldi, cette défaite équivalait à une victoire. Les pertes des Allemands étaient considérables : on évalue à 4,000 le nombre des hommes mis hors de combat; le général Glümer et le prince Guillaume de Bade étaient blessés. Les légions du Rhône et de la Gironde étaient, de leur côté, fort éprouvées ; elles s'étaient admirablement battues. La bataille de Nuits fut

____

(1) Cremer télégraphie de Chagny à Garibaldi, le 18 au soir :

« Je reçois vos officiers d'ordonnance ; désirant m'appuyer sérieusement avec les renforts qui me viennent de Lyon, demain je reprends l'offensive. J'ai été attaqué par toute la force de Dijon, *nous nous sommes retirés faute de munitions*, mais nous n'avons pas été entamés.

« Signé . CREMER. »

célébrée par les Allemands comme une victoire ; mais on vient de montrer que cet avantage était plus apparent que réel, eu égard aux pertes subies par l'ennemi et à la précipitation qu'il mit à remonter vers Dijon. Ici, comme dans la vallée de la Loire, il ne s'était pas attendu à cette résistance opiniâtre, qui, brisée sur un point, s'affirmait immédiatement sur un autre avec une nouvelle énergie.

Cette bataille de Nuits eut à Lyon un sinistre contre-coup.

La légion du Rhône, qui venait de se couvrir de gloire, était composée en grande partie d'ouvriers de la Croix-Rousse et de la Guillotière, hommes très-ardents, très-indisciplinés au départ, braves cependant et ne marchandant pas leur vie en présence de l'ennemi. La légion avait, en effet, perdu six cents hommes ; son colonel, Celler, était mortellement blessé ; le commandant Clot, du troisième bataillon, était blessé également ; un grand nombre d'officiers étaient morts. Quand ces tristes nouvelles, grossies par la distance, parvinrent dans la grande cité, on considéra la bataille de Nuits comme un désastre, comme une trahison du gouvernement ; de perfides agitateurs prétendirent dans les clubs que la légion lyonnaise avait été massacrée sous les yeux de l'armée, qui était restée indifférente. Aussitôt l'émotion la plus vive s'empare des quartiers populaires ; le préfet, M. Challemel-Lacour, est condamné à mort dans les clubs, on sonne le tocsin, on bat le rappel, une grande manifestation se prépare. On résout de marcher sur l'hôtel de ville, de mettre à mort le préfet et d'instituer la Commune. C'est ainsi qu'une poignée de malfaiteurs excitent une population crédule et affolée.

Le quartier de la Croix-Rousse était le centre de l'agitation. Les meneurs venaient d'arrêter un officier de la garde nationale, et ils étaient en train de le juger, lorsque le commandant Arnaud veut pénétrer dans la salle et modérer la foule. Antoine Arnaud est un chef d'atelier, très-connu pour la fermeté de ses opinions démocratiques ; il se flatte qu'on écoutera ses conseils ; il veut avancer on l'arrête ; il essaye de parler, sa voix est couverte sous les huées ; une lutte s'engage ; Arnaud veut forcer l'entrée et arriver jusqu'au simulacre de tribunal qui juge le commandant Chavant ; des femmes déchirent ses vêtements et lui crachent au visage ; un homme le menace d'un coup de sabre. Il tire alors un coup de pistolet en l'air pour intimider la populace. La foule se rue sur lui et l'accuse d'avoir voulu massacrer le peuple. Il est désarmé, traîné devant de lâches bandits qui s'érigent en juges et le condamnent à mort. On décide que la sentence sera immédiatement exécutée. On entraîne le malheureux Arnaud dans un jardin, en plein midi, au milieu des cris de fureur de quelques femmes sans nom qui agitent un drapeau noir et un drapeau rouge Pendant cette promenade lugubre à travers la ville, personne ne tente d'arracher l'infortuné à l'horrible mort qui l'attend. Arrivé au pied du mur où il doit être assassiné, Arnaud ôte sa tunique et son gilet découvre bravement sa poitrine et s'écrie trois fois : « Vive la république ! » Un feu de peloton le renverse. On le voit, sanglant, se débattre dans les convulsions de l'agonie : « Achevez-le, » criaient les uns ; « Grâce ! grâce ! » disaient les autres. Quelques minutes après, il était mort.

En apprenant cette horrible nouvelle, la ville fut saisie d'épouvante et d'horreur. Cet assassinat commis en plein jour dans une ville de trois cent mille âmes, par un ramassis de scélérats frappa tous les honnêtes gens au cœur, et les bandits eux-mêmes furent si effrayés de leur crime qu'ils renoncèrent à renverser le gouvernement. Les funérailles du commandant Arnaud furent célébrées le lendemain au milieu d'une foule immense, protestant par sa douleur indignée contre l'assassinat perpétré dans le clos Jouve. Pendant la cérémonie, le drapeau noir fut hissé sur l'hôtel de ville ; le conseil municipal, le préfet, M. Gambetta, de passage à Lyon, les autorités civiles et militaires accompagnèrent le cercueil de l'honnête républicain. La garde nationale et des détachements de troupes complétaient l'imposant cortége. La ville de Lyon adopta les trois enfants d'Antoine Arnaud. Les misérables impliqués dans le crime furent arrêtés, déférés aux tribunaux et punis.

L'assassinat d'Arnaud et l'agitation qui en fut le prélude dévoilent une situation politique qui appelle quelques éclaircissements. Au 4 septembre, il s'était formé à Lyon un comité de salut public qui prétendait agir en dehors du gouvernement central. M. Challemel-Lacour, nommé préfet du Rhône, comparut le 6 septembre devant ce comité. Le président lui demanda de quel droit il se présentait à Lyon. Il répond qu'il est préfet et envoyé par le ministre de l'intérieur ; cette réponse ne parut pas satisfaisante. Le comité de salut public voyait avec dépit

cet agent du pouvoir central qui venait contrarier le gouvernement de la Commune lyonnaise. Cette Commune était divisée en
comités des finances, des intérêts publics, de la police et des
approvisionnements ; elle occupait l'hôtel de ville et prétendait
gouverner seule. M. Challemel-Lacour put néanmoins rentrer
à la Préfecture, mais il y fut comme prisonnier. On lui déclara
qu'une carte de circulation lui serait nécessaire pour entrer et
sortir. Il fut considéré comme un simple intermédiaire entre la
Commune souveraine et le pouvoir central, et l'on n'eut recours à
lui que dans des cas extrêmement rares. Cette situation anormale
se prolongea assez longtemps ; le préfet parvint à force d'adresse
et d'habileté à ressaisir les pouvoirs qui lui revenaient de droit.
L'autorité préfectorale fut reconnue à la fin de septembre. Le 28,
l'hô'el de ville avait été envahi par des bandes conduites par
le Russe Bakounine et par le général Cluseret, cet agitateur qui
avait été forcé de quitter Paris peu de jours avant l'investissement ; les fauteurs de désordre furent chassés de l'hôtel de
ville par deux bataillons de la garde nationale, commandés par
Chavant et par Arnaud, dont les noms devaient se retrouver unis
plus tard dans le lugubre drame du 21 décembre. Le conseil
municipal fut aussitôt réinstallé, et si l'ordre complet ne fut pas
rétabli dans Lyon à dater de ce jour, le désordre, du moins, cessa
d'y régner. Comme à Paris, les révolutionnaires socialistes atten-
dirent pour se montrer de nouveau qu'une faute ou un malheur
public leur en fournît le prétexte. La bataille de Nuits fut l'occasion désirée ; on sait comment l'assassinat d'Arnaud suspendit
brusquement leurs mauvais desseins.

· Quelques-uns de ces hommes étaient égarés de bonne foi par
les espérances qu'ils avaient placées dès la première quinzaine de
septembre sur une vaste association connue sous le nom de
ligue du Midi. Cette ligue, qui n'a jamais eu d'organisation régulière, s'était formée alors que les communications de Paris avec
la province avaient été interrompues, à un moment où l'action
de la délégation de Tours ne se faisait pas suffisamment sentir.
Elle agita beaucoup les esprits, mais elle ne produisit rien. Des
délégués de plusieurs départements étaient venus à Marseille
pour organiser la ligue : le but était de pourvoir à la défense des
départements du sud-est et de former une sorte de gouvernement local indépendant du pouvoir central. M. Esquiros, préfet de

Marseille, en fut nommé président. Le ministre de l'intérieur M. Gambetta, ayant destitué M. Esquiros et lui ayant donné pour successeur à la préfecture de Marseille M. Alphonse Gent, des scènes violentes signalèrent l'arrivée de ce dernier. Les gardes ci-viques, dévoués à Esquiros, ne voulurent pas reconnaître le pou-voir du nouveau préfet. Cette garde civique, composée d'ouvriers travaillant dans les ports, occupait la préfecture ; elle s'était rendue coupable d'arrestations arbitraires et de vexations qui l'a-vaient rendue odieuse à la population marseillaise. M. Gambetta résolut de la supprimer et de rétablir l'action du gouvernement central en faisant disparaître les traces de cette ligue du Midi dont quelques membres peu instruits professaient des doctrines dangereuses au point de vue du patriotisme. A cet effet, il nomme Gent à la préfecture des Bouches-du-Rhône, Gent, républicain énergique et convaincu, auquel certains groupes avaient offert la présidence de la ligue et qui l'avait refusée. La joie causée à Mar-seille par l'arrivée du nouveau préfet fut très-grande. La garde nationale alla au-devant de lui, sans armes ; les gardes civiques, tout dévoués à Esquiros, vinrent aussi et armés. Sur le parcours de la gare à la préfecture, les uns criaient : *Vive Gent!* les au-tres : *Vive Esquiros!* A peine M. Gent était-il arrivé à la pré-fecture qu'on lui disait : « Gouvernez avec Esquiros, ou donnez votre démission. » Il répondit courageusement : « Je suis ici par les ordres du gouvernement, je dois accomplir la mission qui m'a été donnée, je ferai mon devoir. On obtiendra peut-être de moi ce qu'on n'obtiendrait pas de tout autre, mais je ne peux pas ab-diquer des pouvoirs qui m'ont été remis par le gouvernement : tuez-moi, si vous voulez. »

A l'instant une voix s'écria en patois : « *Fè véni li caïmans.* Faites venir les crocodiles. » Une porte s'ouvre : quelques hommes entrent, la baïonnette au bout du fusil, et se précipitent sur le pré-fet. Des amis s'interposent pour le sauver et cherchent à l'en-traîner, un civique lui tire un coup de pistolet à bout portant et le blesse à l'aine. Gent fut renversé et on le crut mort ; il resta prisonnier des bandits qui avaient attenté à ses jours. Le même jour, les gardes civiques, faisait une décharge sur la foule dans les allées de Meilhan, tuaient et blessaient plusieurs personnes. L'indignation était à son comble. Bien que le général Cluseret, que l'on retrouve encore au milieu de ces abominables violences, cût menacé de faire fusiller quiconque battrait le rappel, la garde nationale se réunit spontanément et vint mettre le siége devant la préfecture occupée par les gardes civiques. Le combat allait s'engager, lorsque les civiques, voyant le sort qui les attendait, demandèrent à capituler. A partir de ce jour, l'ordre fut rétabli et la ligue du Midi disparut, sans avoir eu jamais d'influence que sur quelques esprits exaltés.

La situation militaire et politique de la France départementale à la fin de l'année 1870 est celle-ci : La 1re armée de la Loire sous les ordres du général Bourbaki, va être portée par les voies rapides à Châlons-sur-Saône, Beaune et Dôle, ayant pour aile droite l'armée de Lyon à Besançon, dont l'objectif est de débloquer Belfort assiégé par le général de Trescow, et pour aile gauche l'armée des Vosges. A l'ouest, Chanzy a reconstitué ses troupes au Mans et se trouve prêt à reprendre l'offensive et à opérer entre Dreux et Chartres. Au nord, Faidherbe n'attend qu'un signal pour coopérer aux opérations de Chanzy. « Nos bonnes chances augmentent tous les jours, écrit M. Gambetta à ses collègues de Paris. Les Prussiens s'inquiétent de la prolongation de la guerre, nos ressources s'accroissent et les leurs diminuent ; ils reconnaissent que la guerre est entrée dans une phase nouvelle et que la France voit chaque jour surgir de nouveaux soldats. Malgré la plus prodigieuse activité, nous n'avons pu acheter et surtout réaliser jusqu'ici autant d'armes que nous aurions voulu, ce qui limite le nombre de nos soldats, mais le pays tout entier comprend et veut la guerre sans merci, même après la chute de Paris, si cet horrible malheur doit nous arriver... La France, continue le ministre de la guerre, est complétement changée depuis deux mois ; l'âme de Paris s'est répandue sur elle et l'a transfigurée, et si vous veniez à succomber, c'est un cri de vengeance qui sortirait de toutes les poitrines. »

L'esprit public est tout entier tourné à la guerre, mais il s'inquiète de la présence des fonctionnaires du régime déchu dans toutes les branches de l'administration. C'est, dit M. Gambetta, parce que les ennemis de la République redoutent de le voir assurer la délivrance de la patrie, qu'ils profitent de l'extrême liberté dont ils jouissent pour entraver, dénigrer ou travestir les mesures militaires prises par le gouvernement. Les conseils généraux de l'Empire ont été dissous à la demande des préfets. Ces corps, refuges des candidatures officielles, peuplés d'agents plébiscitaires, étaient en opposition directe avec les représentants du pouvoir et constituaient plutôt une menace qu'un secours dans les conjonctures actuelles ; leur dissolution fut favorablement accueillie par l'opinion publique.

Le tableau politique de la France à la fin de l'année 1870, tracé par M. Gambetta, se terminait par ces mots : « J'ai parcouru plusieurs fois la France depuis que je vous ai quittés et partout, dans les villes comme dans les villages, je recueille les mêmes sentiments et les mêmes acclamations pour la République. Cet état de l'esprit public nous permet d'envisager sans trouble, sans passion, les intrigues des partis réactionnaires et monarchiques. Les bonapartistes n'ont d'autre force que celle qu'ils tirent de la présence inexplicable et injurieuse des anciens agents décembristes dans l'administration. Un décret suffirait pour nous débarrasser, quand il vous plaira de le rendre. Le parti légitimiste se divise en deux fractions : les braves qui vont au feu et se font tuer pour la France, même sous le drapeau de la République ; les intrigants qui spéculent sur les malheurs du pays pour nous couvrir d'injures dans leurs feuilles et chercher à la suite de l'invasion une restauration de la branche aînée. Leur thème quotidien est la convocation immédiate d'une Assemblée pour choisir la forme du gouvernement, trancher la paix ou la guerre, et restaurer les anciens principes d'autorité et de religion de l'État. Ils sont assez en veine d'anachronismes pour demander, quatre-vingts ans après la Révolution française, des états généraux où l'on ne dit pas si la France serait partagée de nouveau en trois ordres : clergé, noblesse et tiers état. Tout cela est parfaitement innocent et usé.

« Reste le parti orléaniste, dont les menées méritent plus d'attention et une description plus détaillée. Remis de leurs premières inquiétudes sur le maintien de l'ordre à l'intérieur, la protection des personnes et des propriétés, toutes choses que notre gouvernement a su assurer sans effort et rien que par son ascendant moral, les chefs de ce parti se sont mis à l'œuvre depuis déjà deux mois pour substituer à la République, qu'ils se chargeraient de conduire à sa perte sous le couvert d'une Assemblée nationale, le gouvernement de leurs vœux, l'installation de M. le comte de Paris et le rétablissement de cette monarchie constitutionnelle qu'ils se représentent entre eux comme le port de refuge dans lequel le vaisseau de la France viendra enfin se reposer des orages et des tourmentes de la haute mer. J'emprunte cette image à une lettre de M. Dupanloup adressée à M. Thiers, à l'époque où il était notre ambassadeur extraordinaire, et dans laquelle l'éloquent évêque, interprétant finement le concours prêté par M. Thiers à cette République abominée des honnêtes gens, le considérait comme le pilote de ce vaisseau déjà en rade. La persistance avec laquelle les anciens amis de M. Thiers ont depuis lors traité notre gouvernement d'usurpateur, la guerre d'insensée, la prolongation de la résistance de criminelle, l'héroïsme de Paris de bataillerie sans résultat, l'adhésion hautement donnée aux propositions de M. de Bismarck offrant de garantir la liberté des élections sans armistice, l'exagération de tous nos revers, l'apologie timide mais sans cesse reprise en sous-œuvre de l'abominable Bazaine, le dénigrement systématique de toutes les mesures politiques, financières et militaires de notre gouvernement, la défiance et l'inertie partout encouragées, les prédictions les plus sinistres sur l'avenir de la France et l'impuissance du régime républicain, telles sont les pratiques et les manœuvres familières aux serviteurs de la branche cadette. Plusieurs de ses membres ont été signalés comme ayant tenté des visites sur notre territoire. J'ai donné des ordres formels pour faire respecter les lois et ne pas permettre à des prétendants de venir, sous couleur de patriotisme, jeter la discorde et exciter des luttes civiles dans le pays et commettre par là des actes de haute trahison contre la France. L'un d'eux s'est glissé jusqu'au milieu de notre armée de la Loire [1]. Il a été découvert sous un nom d'emprunt, et je le fais mettre en état d'arrestation. On doit me l'amener ici même. J'exigerai de lui un engagement écrit de ne plus remettre le pied sur le territoire, et s'il n'y consent, je le ferai purement et simplement reconduire à la frontière.

« Le gouvernement a l'œil ouvert sur ces intrigues et ces agitations, d'ailleurs sans aucune importance, et il trouverait, s'il était besoin, dans le dévouement de la garde nationale sur tous les points du territoire, un concours dont il n'y a pour le moment qu'à modérer l'ardeur. Le reste du pays tout entier est exclusi-

---

[1] Le prince de Joinville était venu dans le corps du général Martin des Paillères, sous le nom de Lutteroth.

vement absorbé par les préoccupations de la guerre et l'anxiété patriotique que nous inspire Paris. »

Les difficultés politiques n'étaient guère plus redoutables que ne l'était pour le gouvernement le problème financier. Les dépenses occasionnées par la guerre étaient considérables ; elles n'exigeaient pas moins de huit ou dix millions par jour : l'achat des armes, les marchés conclus sur toutes les places du monde, l'équipement des soldats, leur nourriture absorbaient ces sommes immenses. La rentrée des impôts était devenue très-difficile et très-irrégulière ; il fallait chercher ailleurs des ressources nouvelles. La Banque de France prêta 150 millions ; quand cet argent fut épuisé, on eut recours à un emprunt de 250 millions : mais comment contracter cet emprunt, dans l'état où nos revers avaient mis le cérdit de la France ?

M. Laurier, secrétaire général du ministère des finances, homme très-versé dans la connaissance des questions financières, se rendit en Angleterre. Il se fit accompagner de M. de Germiny, ancien inspecteur des finances et régent de la Banque de France. Arrivés à Londres, les deux négociateurs trouvent notre crédit national dans un état d'avilissement qui rappelait les temps les plus désastreux. Les banquiers hésitaient à prêter à un gouvernement non reconnu et à la merci des vicissitudes d'une guerre désastreuse. MM. Laurier et de Germiny ne perdirent pas courage ; avec une habileté et une prudence qui les honorent, ils réussirent à trouver des prêteurs au taux de 7,44 0/0 et ils conclurent un traité aussi avantageux qu'il pouvait l'être dans le moment. Ils avaient emprunté pour un temps très-court ; la France avait ainsi l'avantage de rembourser au moment où elle le voudrait et de se décharger promptement de ce fardeau. C'était donc une opération de trésorerie plutôt qu'un emprunt. Les négociateurs disaient : le véritable emprunt se fera le jour où les finances de la France seront assez rétablies pour qu'elle puisse emprunter à 4 ou 5 0/0 ; ce jour-là, usant de la faculté que nous lui avons réservée, le gouvernement remplacera notre emprunt à 7,40 par un emprunt à 5 0/0. Ce dernier seul sera l'emprunt définitif et véritable ; l'autre n'aura été qu'un expédient coûteux, mais passager.

C'était peu cependant qu'un emprunt de 250 millions, qui n'en donne que 210 en chiffres ronds, pour faire face à une situation qui dévore près de 10 millions par jour. Le comité des finances fit un nouvel appel à la Banque de France. On dit à la Banque : Vous êtes une institution d'État qui bat monnaie avec le crédit de l'État. Le droit d'émettre des billets payables au porteur et à vue vous appartient en vertu d'un contrat : mais le droit de donner cours forcé à vos billets appartient à l'État. Si vous refusez de nous prêter et que l'État soit obligé d'émettre du papier à lui, quelle en sera la conséquence ? C'est qu'il y aura deux papiers-monnaie : le papier de la Banque et le papier du gouvernement. Or, quand deux papiers-monnaie coexistent ayant cours forcé l'un et l'autre, il arrive qu'un cours identique s'établit. Si nous émettons·un papier d'État qui ne peut manquer d'être déprécié à l'instant même, les billéts de banque vont baisser d'autant. Ainsi votre stock de billets, qui est à peu près de deux milliards, va immédiatement baisser de 25 0/0, ce qui revient à dire que, si vous ne voulez pas nous prêter, nous allons infliger du jour au lendemain à votre papier une perte de 500 millions qui va rejaillir sur l'ensemble de la fortune publique et privée. Ces considérations étaient trop justes pour n'être pas écoutées.·La Banque ouvrit au gouvernement un nouveau crédit, crédit illimité, avec lequel on put, jusqu'à la fin de la campagne, faire face aux dépenses de la guerre [1].

Pendant que la France se préparait à ouvrir l'année 1871 par un effort suprême au nord, à l'ouest, à l'est et sous les murs de Paris, l'Europe, toujours indifférente au spectacle sanglant qui se déroulait devant elle, commençait à prêter son attention à une revendication subite de la Russie touchant le traité qui lui avait été imposé en 1856. Depuis la guerre de Crimée, la Russie supportait impatiemment l'article 14 de ce traité qui neutralisait les eaux de la mer Noire et limitait le nombre des bâtiments qu'elle pouvait y entretenir pour le service des côtes. Elle attendit nos désastres pour déclarer hautement qu'elle entendait s'affranchir de cette chaîne. La France et l'Angleterre étaient, comme on sait, avec la Russie, les principaux garants du traité de 1856. Envahie par l'Allemagne et tout occupée à se défendre, le France était dans l'impossibilité de faire entendre sa voix ; l'Angleterre, inquiète de

---

[1] Voir pour l'ensemble des opérations financières du gouvernement de la défense nationale en province, la déposition de M. Clément Laurier devant la commission d'enquête, tome II, pages 16-21.

l'alliance secrète de l'Allemagne avec la Russie, privée du concours de la France meurtrie, oserait-elle seule s'opposer aux prétentions du cabinet de Saint-Pétersbourg? Le prince Gortschakoff était tranquille à cet égard; il lança donc la circulaire qui dénonçait le traité et provoquait une réunion des puissances cosignataires. Le 10 novembre, notre ambassadeur à Vienne, M. de Mosbourg, télégraphiait à M. de Chaudordy, délégué du ministre des affaires étrangères à Tours, « que le ministre de Russie lui avait fait la veille une communication de laquelle il résultait que son gouvernement ne se considérait plus comme lié par les stipulations du traité de 1856. » Le gouvernement français se berça de l'espoir que ce conflit naissant lui créerait une situation diplomatique nouvelle et lui ouvrirait peut-être les portes d'un armistice.

« Je ne sais, écrit M. Jules Favre à M. de Chaudordy le 19 novembre, je ne sais quelle sera la réponse de la Prusse, mais c'est le cas pour nous, en restant sur ce point dans une réserve absolue, de presser l'Angleterre d'amener une solution. Elle a tout intérêt à obtenir un arrangement entre nous et la Prusse, et maintenant elle doit comprendre la faute qu'elle a commise en laissant aller les choses si avant. Si, par son intermédiaire, nous avions traité au mois de septembre sur la base de l'intégrité du territoire, ces complications européennes n'auraient pas été soulevées. Je suppose que l'Angleterre se retire et laisse les événements s'épuiser, elle court forcément à un congrès dans lequel peuvent s'opérer des modifications qui lui seraient défavorables. Elle a donc un intérêt considérable à terminer les hostilités. Pour cela, il nous faut une Assemblée, et pour une Assemblée un armistice avec ravitaillement. »

L'Angleterre était, en effet, blessée du langage hautain de la circulaire russe, non moins que de la brusque dénonciation du traité; mais, retenue par l'alliance secrète de la Russie et de la Prusse, elle se contenta de proposer la réunion d'une conférence à Londres entre les puissances signataires du traité. La France y fut invitée d'une manière pressante. Devait-elle y envoyer un représentant? Le gouvernement français se prononçait pour l'affirmative, mais à la condition que la réunion du congrès serait précédée d'un armistice pendant lequel une Assemblée serait élue pour faire cesser la guerre. « Mais si la guerre continue comme elle est engagée, écrit M. Jules Favre, si les puissances ne jugent pas à propos d'en arrêter les inutiles massacres, je trouve exorbitant qu'elles nous demandent de siéger dans un congrès où l'on débattrait avec nous la question d'Orient. Sans doute nous avons à la solution de cette question un intérêt de premier ordre ; sans doute encore, tant qu'il reste quelque chose de nous, il est difficile d'oublier que nous étions partie aux conventions de 1856; mais c'est précisément parce que les puissances ont quelque peine à se passer de nous que je suis d'avis de leur refuser absolument notre concours, si elles ne veulent pas résoudre notre question en même temps que la leur. Mon esprit se révolte à la pensée d'une conversation diplomatique sur la mer Noire, conversation dans laquelle un plénipotentiaire français discuterait gravement des embouchures du Danube et des Dardanelles, pendant que son voisin, le Prussien, ouvrirait une dépêche lui annonçant que Paris est en flammes, bombardé par les philosophes qui le tiennent à la gorge pour le piller et le détruire. Je n'accepterai jamais une telle humiliation. Je ne consens pas à ce que ma malheureuse patrie, trahie, abandonnée par ceux qui devaient la soutenir, écrasée par la force brutale de ceux qui abusent de leur victoire, aille, en compagnie des potentats qui la perdent, jouer le jeu dérisoire qu'on voudrait lui imposer[1]. »

Cette opinion ne fut point partagée par la délégation de Bordeaux. M. Gambetta conseillait d'aller à Londres, même alors que nous n'aurions ni armistice, ni promesses préalables, et il pressait M. Jules Favre de sortir de Paris. « Faites, écrit-il le 12 décembre, faites ce que vous croyez possible pour sortir de Paris et venez négocier ou préparer la paix. » La majorité du gouvernement de l'Hôtel-de-Ville semblait, au contraire, incliner vers l'abstention. Il se décida cependant, après une longue délibération (17 décembre), à se faire représenter à la conférence de Londres, pour ne pas encourir la responsabilité d'un refus. Le représentant désigné par le gouvernement de Bordeaux fut M. Jules Favre : « Vous devez venir, écrit M. de Chaudordy au ministre des affaires étrangères. Agir autrement serait commettre une faute irréparable. » M. Gambetta écrit à son tour (31 décembre) : « Je me figure les déchirements que vous allez éprouver d'abandonner Paris et vos collègues au

<hr>

[1] *Gouvernement de la défense nationale*, par M. Jules Favre, vol. II, p. 253.

moment de la crise suprême, j'entends d'ici l'expression de vos douleurs et de vos premiers refus, et cependant je dois à l'intérêt de notre cause de vous dire qu'il le faut. Il le faut pour deux raisons supérieures : la première, c'est qu'une fois sorti de la capitale et prêt à vous asseoir au milieu des représentants de l'Europe qui vous attendent, vous les forcerez à reconnaître la République française comme gouvernement de droit... La seconde raison pour laquelle je désire ardemment vous voir sortir de Paris, c'est que vous pouvez échapper à l'atmosphère troublée et obscure qui vous entoure. Vous pourrez voir par vous-même où en est la France, reconnaître ses ressources, visiter ses armées, apprendre enfin quels sont ses efforts, quelles sont aussi ses espérances, et quelle admiration sa résistance héroïque inspire à l'univers entier. Vous vous rendrez compte de l'état des esprits, de la légitimité de nos demandes, de la détresse dans laquelle on nous a laissés et de l'appareil formidable que nous avons réussi à créer. Vous nous prêterez alors l'autorité de votre intervention pour la solution des questions politiques et de la ratification de nos opérations financières, dont la calomnie jointe à l'imprévoyance a pu seule suspecter un instant la nécessité et la probité ! Enfin, effort plus grand encore, vous nous aiderez à soutenir le sentiment national et à poursuivre la guerre jusqu'à la victoire, même après la chute de Paris, si un tel malheur ne peut être évité. » M. Gambetta ajoutait que la chute d'une capitale, si grande qu'elle soit, ne doit pas entraîner la chute de la patrie elle-même, et que l'unité française devait survivre à Paris, si Paris succombait. Nous prolongerons, disait-il, la guerre jusqu'à l'extermination, nous empêcherons qu'il y ait en France un homme ou une Assemblée pour ratifier les victoires de la force.

Cette dépêche, expédiée de Bordeaux le 31 décembre, n'arriva à Paris que le 9 janvier, un froid intense ayant retenu les pigeons voyageurs. Pendant l'intervalle, des saufs-conduits avaient été demandés pour M. Jules Favre par l'ambassadeur d'Angleterre. M. de Bismarck profita du bombardement de Paris pour priver le ministre des affaires étrangères du moyen de sortir de la ville. C'était pour lui une façon de gagner du temps et d'empêcher l'arrivée de M. Jules Favre à la conférence en temps opportun. La conférence avait été renvoyée une première fois afin de donner au plénipotentiaire français le temps de faire son voyage ; elle fut remise au 3 janvier ; quand la dépêche fut connue à Paris, il n'était donc plus temps. D'ailleurs, le bombardement sévissait avec fureur. M. Jules Favre ne croyait plus pouvoir s'éloigner de ses collègues. La fin du drame lugubre approchait : le ministre des affaires étrangères estimait que sa présence était désormais plus utile à Paris qu'à Londres.

TABLE DES MATIÈRES

LIVRE PREMIER.

WISSEMBOURG, FRŒSCHWILLER, FORBACH.

Pages.

LIVRE DEUXIÈME.

BATAILLES AUTOUR DE METZ.

LIVRE TROISIÈME.

SEDAN.

LIVRE QUATRIÈME.

LE QUATRE SEPTEMBRE.

LIVRE CINQUIÈME.

LA PATRIE EN DANGER.

LIVRE SIXIÈME.

SIÉGE DE STRASBOURG.

LIVRE SEPTIÈME.

SIÉGE DE PARIS. (Du 30 septembre à la capitulation de Metz.)

LIVRE HUITIÈME.

LE MARÉCHAL BAZAINE.

LIVRE NEUVIÈME.

LE 31 OCTOBRE.

TABLE DES MATIÈRES

LIVRE DIXIÈME.

COULMIERS.

LIVRE ONZIÈME.

SIÈGE DE PARIS.

BATAILLE DE CHAMPIGNY (30 novembre — 2 décembre).

Apogée du siége de Paris. — Nécessité d'opérations importantes. — Exaspération de l'opinion publique; mortalité; symptômes d'indiscipline. Les vivres s'épuisent. Date extrême assignée par le gouvernement lui-même aux subsistances. — Dépêches de M. Jules Favre à M. Gambetta à ce sujet. — Création d'un comité de subsistances. Mode de distribution des vivres par le ministère du commerce aux municipalités parisiennes. — Distribution des farines par la mairie centrale, dirigée par M. Jules Ferry. — Rationnement de la viande. Prix des denrées au milieu de novembre. — Les classes pauvres ne sont pas celles qui souffrent le plus. — Admirable résignation de la population parisienne. — Les « queues » devant les boucheries et les boulangeries. — État moral de Paris; les clubs excentriques; ils sont sans influence sur la majeure partie de la population. — Fragments des discours qui y étaient prononcés. — Préparatifs du général Trochu. — Travaux de contre-approche en avant des forts, dans la presqu'île de Gennevilliers, au Moulin-Saquet, à Villejuif. — Proclamation du 28 novembre. — Ordre du jour mémorable du général Ducrot. — Appel du gouvernement. — But des opérations qui vont commencer. — Diversions destinées à tromper l'ennemi

LIVRE DOUZIÈME.

OPÉRATIONS DE L'ARMÉE DE LA LOIRE (Décembre).

LIVRE TREIZIÈME.

OPÉRATIONS DANS LE NORD ET DANS L'EST (Du commencement de la guerre à la fin de décembre).

FIN DE LA TABLE DU TOME PREMIER.

Clichy. — Imprimerie Paul Dupont, rue du Bac-d'Asnières, 12.